■ 创业教育与实践系列规划教材 ■

创业实务

CHUANGYE SHIWU

主　编：张少平　杨　俊
副主编：梁瑞明　梁嘉慧　王经珠
主　审：李旭穗

华南理工大学出版社
SOUTH CHINA UNIVERSITY OF TECHNOLOGY PRESS
·广州·

内容简介

本书在分析创业企业特点及其成长规律的基础上，广泛吸取国内外创业企业经营与管理的最新成果，以创业工作任务及流程为主线，设计了相应的项目和任务模块，阐述了创业实践及其发展中必须解决的诸多问题。全书分17个项目内容进行讲述，具体内容包括认识创业、创业者素质及创业资源、创业调研与创业机会寻找与选择、创业项目决策、商业模式、创业组织形式选择、创业团队的组建、创业计划书制定、创业融资、创业企业营业地点选择、创业企业的设立流程、创业企业团队的管理、企业管理制度、营销管理、财务管理、风险管理、成熟企业的再创业等。

本书适合于高等院校本科及高职相关专业的学生使用，也可供有志于创业的人员参考。

图书在版编目（CIP）数据

创业实务/张少平，杨俊主编．—广州：华南理工大学出版社，2012.6
创业教育与实践系列规划教材
ISBN 978-7-5623-3645-7

Ⅰ. ①创… Ⅱ. ①张… ②杨… Ⅲ. ①大学生—职业选择—高等学校—教材 Ⅳ. ①G647.38

中国版本图书馆CIP数据核字（2012）第074459号

创业实务
张少平 杨俊主编

出版发行：华南理工大学出版社
（广州五山华南理工大学17号楼，邮编510640）
http://www.scutpress.com.cn E-mail：scutc13@scut.edu.cn
营销部电话：020-87113487 87111048（传真）
策划编辑：毛润政
责任编辑：毛润政
技术编辑：杨小丽
印 刷 者：广东省农垦总局印刷厂
开 本：787mm×1092mm 1/16 **印张**：23 **字数**：575千
版 次：2012年6月第1版 2012年6月第1次印刷
定 价：43.00元

创业教育与实践系列规划教材
编　委　会

编委会主任：李旭穗

编委会副主任：杨　俊　俞　彤

总　主　编：张少平

企业顾问：朱拉伊（广东新南方集团有限公司总裁）

廖东升（广州豪森威市场调查公司总经理）

管仲华（广州仲衡保险公估公司总经理）

孙　岩（侨鑫集团培训学院副院长）

编　　委：（排名不分先后）

陈建兰　何善安　王经珠　易丹华　牛玉清

梁瑞明　黄　鹏　李明珍　陈　斐　许　波

梁嘉慧

前 言

创业无论对于创业者个人还是对于整个社会都具有重要意义，因而创业成为许多人心中一个美好的梦想。当今，越来越多的人选择了创业，并投入了艰辛的创业历程，创办了一个属于自己的企业。可是，创业并不难，难的是创业成功。据权威部门统计，私人创业真正成功的还不到15%，60%处于不盈利不亏本的消耗人生、磨炼自己的状态，有25%因做不下去而宣告失败。那么，如何才能使创业真正走上成功呢？

早在1989年11月，在北京召开的“面向21世纪教育国际研讨会”首次提出并讨论了创业教育的概念，创业教育被视为未来的人应掌握的“第三本教育护照”。创业教育一经提出，即得到联合国教科文组织、世界劳工组织、世界银行和国际教育署的大力支持和积极倡导。为此，21世纪的大学生除了接受传统意义上的学术教育和职业教育外，还增加了创业教育。

创业是一个复杂、艰辛的过程。除了外在的环境因素、资源因素，创业者的能力和素质决定着创业的成功与否。所以健全高校的创业教育，让创业能力和素质得到培养，是保证大学生创业成功的前提。为此，我们编写了创业系列教材：《创业筹划》、《创业实施》、《创业企业经营与管理》、《创业实务》和《创业案例分析》。

《创业实务》包括十七大项目模块，每个项目模块由若干工作任务构成。本教材在分析创业企业特点及其成长规律的基础上，广泛吸取了国内外有关创业企业经营与管理的最新成果，以创业工作任务及流程为主线，设计了相应的项目和任务模块，阐述了创业实践及其发展中的诸多问题，旨在降低创业风险和经营风险，从而提高创业企业的经营成功率和管理绩效，推动创业企业的健康持续发展。

《创业实务》具有以下几方面的特点：

（1）结构新颖，内容创新。教材根据创业企业创立及经营管理的主要工作流程设置相应的项目模块，每个项目模块有明确的能力目标、知识目标和综合训练要求；在能力与知识目标导向下，各项目模块分解为若干工作任务，内容选取机动、灵活，针对性强，体现了“够用、实用”的原则，配以大量相关的实际案例、技能训练、问题思考等，把基础理论教学与提高实际操作技能结合起来。

（2）通俗易懂。教材语言通俗、流畅，案例翔实，鲜活生动，逻辑关系清晰，对基本理论、基本方法和技能训练的阐述力求深入浅出，使那些没有多少经营管理理论知识的读者也能轻松理解。

（3）注重实用。教材编写人员大多数不仅具有丰富的教学经验，而且具有创办和经营企业方面的实际经验。教材的结构安排、内容组织和教学方式等方面能够紧密结合工作实际和学生实际，注重培养学生运用基础理论分析、解决实际问题的能力。

本书立意新，针对性、实用性强，在一定程度上填补了国内此类教材的空白，既可以作为本科和高职高专中小企业创业管理、工商企业管理、市场营销等经管类专业（方向）学生的教材，也适合致力于中小企业管理的社会人士和广大创业人员参考阅读。

本教材的参编单位有广东岭南职业技术学院、广州工商职业技术学院、广东河源职业技术学院、广东科技学院、广州康大职业技术学院和广东技术师范学院。具体编写分工如下：项目一：陈建兰、何善安；项目二：陈建兰、杨俊；项目三：张芳、孔发第；项目四：张少平、李贤民；项目五：廖伟；项目六：王经珠；项目七：梁瑞明；项目八：王小飞；项目九：张少平、黄鹏、赵娟、杨愿成；项目十：牛玉清；项目十一：罗丽娜；项目十二：梁嘉慧、刘莎；项目十三：李明珍；项目十四：冉春艳；项目十五：李明珍、李军霞；项目十六：许波；项目十七：陈斐、林青、李明珍。全书由张少平统稿，李旭穗主审。

在本教材的编写过程中，我们参阅和借鉴了大量的相关书刊和网络资料，同时引用了部分文献资料和案例，在此谨向这些书籍、论文、案例及其他资料的作者表示诚挚的谢意！同时，感谢华南理工大学出版社的大力支持！由于编者水平有限，加之编写时间仓促，对教材中的疏漏和不足之处，恳望老师和学生提出批评和建议，以使本教材不断充实和完善。

编　者

2012 年 4 月

目　录

项目一　认识创业 …… (1)
任务1　认识创业环境　点燃创业激情 …… (1)
任务2　了解创业的内涵 …… (5)
任务3　了解中小企业 …… (8)

项目二　创业者素质及创业资源 …… (17)
任务1　创业知识 …… (17)
任务2　创业能力 …… (20)
任务3　创业者的个性特质 …… (24)
任务4　创业资源积累 …… (29)

项目三　创业调研及机会寻找、评估 …… (39)
任务1　创业宏观环境调研 …… (39)
任务2　行业调研 …… (43)
任务3　市场调研 …… (48)
任务4　创业机会的寻找与发现 …… (55)
任务5　创业机会的评估与选择 …… (59)

项目四　创业项目决策 …… (67)
任务1　市场分析 …… (67)
任务2　市场定位 …… (73)
任务3　财务分析 …… (77)
任务4　项目决策 …… (84)

项目五　商业模式设计 …… (92)
任务1　认识商业模式 …… (92)
任务2　理解商业模式的赚钱逻辑 …… (96)
任务3　了解商业模式的设计框架 …… (101)

项目六　创业组织形式选择 …… (107)
任务1　创业的单一业主模式 …… (107)

任务2　合伙经营模式……（109）
任务3　公司模式……（111）
任务4　其他创业模式……（119）

项目七　创业团队的组建……（127）
任务1　了解创业团队及类型……（127）
任务2　创业团队如何组建……（133）

项目八　创业计划书制定……（145）
任务1　了解创业计划书……（145）
任务2　掌握创业计划书的内容和要点……（159）
任务3　创业计划书的自我完善及评估……（165）

项目九　创业融资……（169）
任务1　认识创业者面临的最大难题……（169）
任务2　了解创业融资的特点……（173）
任务3　融资渠道与方式的比较和选择……（176）
任务4　创业融资程序……（184）

项目十　创业企业经营地点的选择……（193）
任务1　选址的基本原则和技巧……（193）
任务2　选址的步骤……（198）

项目十一　创业企业的设立流程……（209）
任务1　创业企业名称设计……（209）
任务2　命名要求……（213）
任务3　登记注册……（215）

项目十二　创业企业团队的管理……（220）
任务1　团队精神与企业文化的培植……（220）
任务2　团队的培养与维护……（225）
任务3　做好创业团队领导者……（231）
任务4　创业团队的管理……（235）

项目十三　管理制度的建立……（241）
任务1　认识企业管理制度……（241）

任务 2　熟悉企业管理制度体系……………………………………………………（244）
任务 3　创业企业管理制度的制定……………………………………………………（247）

项目十四　创业企业的营销管理 ……………………………………………………（254）
任务 1　创业企业的目标市场定位……………………………………………………（254）
任务 2　创业企业的市场营销策划……………………………………………………（263）
任务 3　市场营销策划书的制定………………………………………………………（279）

项目十五　创业企业的财务管理 ……………………………………………………（284）
任务 1　认识创业企业财务管理………………………………………………………（284）
任务 2　财务制度制定与执行…………………………………………………………（287）
任务 3　做好企业财务指标分析………………………………………………………（292）
任务 4　努力避免财务危机……………………………………………………………（302）
任务 5　认识创业企业税收筹划………………………………………………………（304）
任务 6　三大主导税种的税收筹划……………………………………………………（306）

项目十六　创业企业的风险管理 ……………………………………………………（316）
任务 1　了解创业企业失败的原因……………………………………………………（316）
任务 2　识别创业风险的类型…………………………………………………………（321）
任务 3　企业危机的诊断与分析………………………………………………………（325）
任务 4　创业各阶段风险与防范………………………………………………………（329）
任务 5　解决企业危机的措施…………………………………………………………（333）

项目十七　成熟企业的再创业 ………………………………………………………（339）
任务 1　再创业的本质：持续发展……………………………………………………（339）
任务 2　再创业的核心：战略转型……………………………………………………（341）
任务 3　再创业的焦点：创新推进……………………………………………………（345）
任务 4　再创业的支撑：组织变革……………………………………………………（347）
任务 5　再创业的保证：管理重组……………………………………………………（353）

参考文献 ………………………………………………………………………………（357）

项目一　认识创业

【能力目标】

1. 通过案例分析，使学生全面理解创业的含义；
2. 培养理性评估创业环境的能力；
3. 了解中小企业的发展现状及未来趋势。

【知识目标】

1. 了解创业环境；
2. 理解创业的内涵；
3. 掌握国家促进中小企业发展的优惠政策。

你想过创业吗？你理解什么是创业吗？你知道“创业”中涉及的企业是什么吗？通过本项目的学习，你将会对创业有一个全面的理解，对我国创业优惠政策和中小企业发展的现状和未来走势有一个明确清楚的判断。

任务 1　认识创业环境　点燃创业激情

“创业精神是个人于当今不断裁员和充满变化之世界立足的最佳武器”。创业是件有意义、有意思、有利益的事情；创业是为了追求梦想、创造社会财富所强化的一种理念、一种价值。

一、什么是创业环境

创业环境是指那些与创业活动相关联的因素的集合，包括宏观环境、行业环境和微观环境。

宏观环境又叫总体环境，是指那些给企业造成市场机会或环境威胁的主要社会力量，内容包括政治、经济、社会、技术、自然和法律等因素。

行业是指提供同一类产品（或服务）或提供具有可替代性产品（或服务）的企业群。行业环境的内容包括行业的生命周期阶段、行业的进入与退出障碍、行业的需求及竞争状况、行业主导技术的发展趋势及行业的发展前景。

微观环境是指对企业营销活动有直接影响的各种因素，包括企业的顾客、竞争者、营销渠道和有关公众等。

二、创业环境的内容

创业环境应该包括以下方面。

1. 政府政策

政府的创业政策对创业活动的开展和创业企业的发展有重大的影响。

就政策的内容讲，包括激励创业的政策，对创业活动和创业企业成长的规定、就业的规定、环境和安全的规定、企业组织形式的规定、税收的规定等；还包括政策的执行情况、落实情况和实施上的效率情况等。

2. 政府项目支持

提供项目支持是政府政策的具体化，是我国政府支持创业和创业者的基本形式。这种支持，既包括提供资金和项目，也包括提供服务支持和建立扶植创业企业的相关组织和机构，以及通过这些组织和机构举办和开发的大量创业项目。

3. 金融支持

创业企业的资金来源主要有三种途径：一是私人权益资本，包括自有资金、亲戚朋友借贷和引入私人股权筹集资金；二是创业资本融资；三是二板上市融资。

中国的民间资本还很少进入创业市场，已经实施的、给创业者提供的小额贷款，数量和范围都还很有限，中国创业的金融支持最主要的来源还是以自有资金、亲戚朋友投资或其他的私人股权投资为主。可以说，中国的创业活动中，创业资本的支持力度还很不够。

4. 教育与培训

教育培训是创业活动得以开展的必要条件，也是创业者将潜在商机变为现实商机的基础。中国与其他 GEM（Growth Enterprises Market，创业板）参与国家和地区在教育与培训方面相比，尚处于落后水平。

5. 研究开发转移效率

研发成果的市场化转移过程是否顺利，不仅表明我们商业化步伐大小，而且表明创业研发和研发后转化为生产力的效率和水平，更反映出创业者是否能抓住商业机会。

在知识产权保护方面，我国比较落后。知识产权法规的制定和实施效果不明显，非法销售盗版软件、影像制品的情况非常普遍，很多应该得到保护的专有技术没能得到有效的保护。

6. 进入壁垒

中国的市场正处于双高时期。一是市场的增长率高，每年的市场都在不断扩大；二是市场的变化率高，产品更新快，产业成长和衰退快。因此，对于创业企业来说，在中国目前的市场环境下，是一个难得的机遇。

7. 商务环境和有形基础设施

一个良好的商务环境和充足的、有形的基础设施是创业成功的物质基础，又是创业的重要环境因素。我国创业企业在获得资源和是否使用得起这些服务和资源方面，还处于 GEM 总体较差的状况。

8. 文化和社会规范

文化和社会规范是重要的创业环境要素。

在我国的文化和社会规范中，鼓励创业和创业者，鼓励人们通过个人努力取得成功，也鼓励创造和创新的精神，更鼓励通过诚实劳动致富，让创业者勇敢地承担和面对创业中的各种风险。这为建立崭新的创业文化奠定了坚实的基础。

案例1 中国为什么出不了乔布斯？

过去两天，数百万中国人在人气极高的新浪微博上发帖表达对乔布斯（Steve Jobs）去世的哀悼之情。他们同时还提出了一个问题：中国为什么出不了乔布斯？

讨论的调子几乎是一边倒的悲观，甚至是愤世嫉俗。跟中国互联网每次的情形一样，讨论很快就转向了中国的政治、经济和法律制度的种种问题。中国金融博物馆理事长王巍发布微博说："在一个商业垄断、文化守成、科技仿窃的社会中，创新与成就大师：Not a chance! Do not even to think about it."

中国或许是世界"制造工厂"，但很多人不满中国公司更擅长仿冒原创产品而不是拿出创意理念。对乔布斯天才的纪念又突出了中国的这一窘境。

李开复在微博上对他的800万关注者说，中国公司本身的表现可以赶上苹果，但他们的产品赶不上。他在微博上说："苹果式的财富市值、苹果式的商业模式都可以在10年内期待。但是苹果式的创新会很难。"

李开复曾为谷歌中国（Google China）掌门人，后来创建专门支持初创公司的"创新工场"。他在电话采访中说，中国学校教育太注重背诵和记忆，不鼓励批判性思维。不是中国人不够聪明，也不是没有潜力（成为乔布斯这样的人）。看看雅虎创始人杨致远和YouTube创始人陈士骏就知道了。这两位互联网企业家都出生于台湾，从小移居美国。

耶鲁大学金融经济学教授陈志武在微博上说，"在中国学校里，老师们首先做的是把每个与众不同学生的棱角磨平"。

在有关乔布斯传奇的帖子中，人气最高的一条来自学者吴稼祥，他写道："苹果是树上的一枚果实，它的枝条是思想和创造自由，它的根系是宪政民主。专制国家可以有巨大集体工程，但绝不会诞生科技巨匠。"对此，易凯资本有限公司创始人王冉补充道："它的树干是承认知识产权价值的法治社会。"

（资料来源：http：//www. cye. com. cn/chuangyeguancha/20111008096482. htm）

三、大学生创业

在商品经济时代，越来越多的大学生选择了创业作为实现就业的手段，也有越来越多的人开始关注大学生创业。国家也出台了相关的政策，扶持、帮助大学生自主创业，社会也通过舆论和导向引导大学生健康创业。同时，大学生创业也是缓解扩招所带来的大学毕业生就业压力的一个重要手段和措施。

大学生创业的主要形式集中于两个方面：（1）新兴技术行业；（2）小投资传统行业。

大学生创业同时会面临社会经验缺乏和资金缺乏的困难，这需要社会越来越重视大学生创业，同时营造更好的大学生创业环境，为大学生创业提供更好的条件和机会。

案例2 大学生创业有五忌

知名IT人士、创新工场董事长兼首席执行官李开复日前在上海举办的"全球创业周”峰会上，为急于创业的应届大学毕业生“支招”，建议年轻人在创业过程中避免五种急功近利的误区。

误区一：一毕业就创业

国内很多大学生尚未准备好就过早出来“主导”创业，这导致大学生创业的失败率很高。李开复表示，先参与创业，再主导创业，这对大学生而言是一个更好的选择。“国内教育更关注专业发展，而忽视对于学生执行力、团队经验、市场研究等方面的培养。”他强调，创业能力、创业教育是以上所有因素全方位的整合，而中国教育尚需走一段较长的路。

误区二：创意等于创业

针对国内很多大学生有了自己的创意却不愿意让投资者知道的做法，李开复认为，“点子改变一切”的情况在现实生活中其实很少见。“点子不是最值钱的，如果让投资者在‘创意’和‘创业人’之间选择其一的话，肯定有更多投资者选择后者。创业人身上包含了所谓的非智力因素，包括创业方向、人的性格、创业团队以及执行力等。”

误区三：创业等于上市

“创业的目的不仅是为了上市和赚钱，更不是为了打倒竞争对手。年轻创业者更要有胸怀，打造正面的创业生态系统。”李开复提醒道，上市、赚钱等并非创业的最终目标，大学生创业者的最大理想应该是创造、完善行业产业链，用技术来造福用户。

“例如在互联网行业，当网络用户、内容生产商和广告商都能够分享你的技术，并达成收益和经验上的共赢时，才算得上是成功。”

误区四：对市场不够重视

将“创业”直接等同于“科技创业”，又将“科技创业”直接等同于“获得专利”，是目前国内大学生创业者中一种较为多见的想法。在李开复看来，创业成功与否，很大程度上取决于大学生创业者是否“知悉市场”，包括对市场的理解、对用户的深刻洞悉力以及对用户利益的了解和尊重。

误区五：创业等于赢得风险投资

“风险投资提供的不仅是钱。”李开复表示，据他观察，当第一笔资金拿到手后，有的创业者便开始排斥投资者的共同参与，把他们的意见当成对自己的干涉。“风投的价值远在金钱之上。除了投钱之外，他们还能为涉世未深的大学生介绍人脉、客户、伙伴，帮助大学生了解市场、管理财务以及吸引下一轮融资等。”正是基于这个原因，好的投资人的标准不仅在于他是否愿意投钱、投多少钱，更在于投钱之后他能否为创业者提供持续的、有价值的帮助。

李开复说，五大误区中首当其冲的是简单地认为“一毕业，就应该创业”。他说，大量经验和实证案例表明，“一毕业，就创业，往往失败率更高。更恰当的方法是，毕业后首先加入一个创业团队，从团队中学习创业经验，逐步积累个人实力，在几年后再正式创业。”

他说，其余的四大误区中两项与“钱”有关，分别是认为“创业等于上市”、“创业等于赢得风险投资”。他认为，这两个误区，都把创业过程中的融资手段当成了目的，是非常短视的行为，不利于创业者将新企业做大做强。

他分析，最后两大误区，一是认为“创意等于创业”，二是认为“科技创新等于创业”。他说，时下一些大学毕业生往往以为自己手里握着“点子”和“发明专利”，就是万能的，结果一创业就败下阵来。这大多是因为在创业过程中忽视了团队合作和执行力，这两种能力比“点子”更重要。他指出，“合作与执行”是目前国内大学应当着力培养的大学生就业和创业能力，建议设置相关课程。

（资料来源：http：//www. studentboss. com/html/news/2011－08－17/86352. htm）

任务2 了解创业的内涵

一、了解创业的内涵

（一）创业定义

创业就是创业者对自己拥有的资源或通过努力能够拥有的资源进行优化整合，从而创造出更大经济或社会价值的过程。创业是一种劳动方式，是一种需要创业者“运气、组织、运用服务、技术、器物作业的思考、推理、判断的行为”。根据杰夫里·提蒙斯（Jeffry A. Timmons）所著的创业教育领域的经典教科书《创业创造》（New Venture Creation）的定义：创业是一种思考、推理结合运气的行为方式，它为运气带来的机会所驱动，需要在方法上全盘考虑并拥有和谐的领导能力。

（二）创业的类型

按不同的标准，可以将创业分为不同的类型。

从新创企业建立的渠道看，可将创业分为独立型创业、母体分离型创业和企业内创业；

从创业项目看，可将创业分为高新技术型创业、传统技能型创业、知识服务型创业、体力服务型创业；

从创业主体看，可将创业分为失业者创业、退休者创业、残疾人创业、大学生创业、辞职者创业、兼职者创业和农民创业等。

根据创业者创业动机的差异，可以把创业行为分成以下三类：

1. 机会拉动型创业

该种创业是指创业的动机在于个人抓住现有机会的强烈愿望，是一种个体的偏好，并将创业作为实现某种目标（如实现自我价值、追求理想等）的手段。

2. 贫穷推动型创业（生存型创业）

该种创业的动机出于别无更好的选择，是一种被迫的选择，而不是个人的自愿行为。创业者必须依靠自己的创业为自己的生存和发展谋求出路，改变贫穷状况是创业的动机。

3. 混合型创业

该种创业是介于机会拉动型和贫穷推动型创业之间的创业行为，在经济比较窘迫，同时又有很好的机会时，抓住机会进行创业活动。

中国的创业活动以生存型为主，与全球的以机会型创业为主的情况相反。中国的生存型创业主要集中在现有市场和创造的小市场上捕捉市场机会。

在行业上，中国的生存型创业主要集中在零售、旅馆和餐馆行业。据调查，男性的创业活动高于女性，男性创业与女性创业的比率是1.24，男性创业活动的年龄主要在18～34岁，而女性创业活动的年龄主要在24～44岁；而且，中国的男性创业活动水平则与其受教育程度没有明显的关系，女性的创业活动水平与其受教育程度有一定的关系。

20世纪90年代后期，随着国家鼓励创业活动和各地高新技术园区中创业园区的成立，我国掀起了新一轮创业高潮，而且创业者中高学历比率增加。特别是高新技术行业，如果没有一定的科技知识基础，创业很难成功。

（三）创业层次

创业层次一般包括四个阶段。

第一阶段：生存阶段。

以手上的产品、技术、渠道为优势，获得生存空间；只要有想法（点子）、肯努力、会销售，就可以获得相应的机会。在这一阶段，与其说是在“创业”，更不如说是“做生意”。

第二阶段：稳定阶段。

通过规范运营，建立稳定的系统，来增加机构效益，关键是“建立一套持续稳定的运作系统”和“被动现金流”，让企业不再依赖于创业者的个人能力和背景获得发展。这需要创业者的思维从想法提升到思考的高度；而原先的做生意转变成成就事业，创办企业，创业团队也初步形成。

第三阶段：发展阶段。

这时依靠的是硬实力（产业化的核心竞争力），整个商业机构形成了系统平台，依靠的是一个个团队通过系统平台来完成管理（人治变成了公司治理），销售变成了营销，区域性渠道转变成一个个地区性的网络，从而形成了系统，思维从平面到三维。这时你就可以“退休”了，创业者就有了被动现金流系统（赚钱机器），它是24小时为你工作的，这就是许多创业者梦想达到的理想状态。

第四阶段：成熟扩张阶段。

这是创业者的最高境界，是一种无国界的经营，也就是俗称的跨国公司。集团总部的系统平台和各子集团的运营系统形成的是一种体系。集团总部依靠的是一种可跨越行业边界的无边界核心竞争力（软实力），子集团形成的是行业核心竞争力（硬实力），这样将使集团的各行各业取得它们在单兵作战的情况下所无法取得的业绩水平和速度。思维已从三维到多维，这是企业发展所能追求和达到的最高境界。

二、创业者

（一）创业者的定义

创业者必须贡献出时间，付出努力，承担相应的财务的、精神的和社会的风险，只有做到这些才可以获得金钱的回报、达到个人的满足和经济的独立自主。

对于一个真正的创业者，创业过程不但充满了激情、艰辛、挫折、忧虑、痛苦和徘徊，而且还需要付出坚持不懈的努力，当然，渐进的成功也将带来无穷的欢乐与分享不尽的幸福。创业是一种劳动方式，是一种无中生有的财富现象，是一种需要创业者组织、运用服务、技术、器物作业的思考、推理、判断的行为。

香港创业学院院长张世平的最新定义：创业者（Entrepreneurship）是一种主导劳动方式的领导人，是一种无中生有的创业现象，是一种需要具有使命、荣誉、责任能力的人，是一种组织、运用服务、技术、器物作业的人，是一种具有思考、推理、判断的人，是一种能使人追随并在追随的过程中获得利益的人，是一种具有完全民事权利能力和行为能力的人。

（二）创业者的角色

创业者有多重角色，大致可分为以下几种：

1. 推动者

创业者是推动者，是因为创业者不但能审视环境，识别机会，整合资源，并且能够实施企业想法。

2. 合作者

由于下列原因，创业者会要求他人参与，影响企业成败：生意的复杂性可能会要求多人经营；可能需要借助他人的影响、经验和能力；通过合作经营增进友谊和联系。

3. 股东

创业者在下列情况下可能会作为股东参与创业：当企业需要较多投资的时候；当他们不希望全职投入企业的时候；当分散投资可以降低投资风险的时候；当他们没有能力管理一个企业的时候。

4. 董事

创业者作为董事参与企业事务，提出建设性想法，实现企业目标，包括：确保企业依法经营；维护员工利益特别是女职工权益；维护股东在投资收益方面的利益；确保企业诚实运作、勤勉经营、避免欺诈；确保承担相应的社会责任。

5. 组织者

创业者想要有效控制或监控企业运作，较好地与员工沟通，最好为企业设立一个组织机构，这个组织机构可以是正式的，也可以是非正式的。如：将家庭成员分配到不同的岗位上，将聘请来的助手分配到企业不同的管理岗位上。

6. 创意者

创业者要能不断地提出新的想法，如有关产品的设计和应用。对创业者来说，这是一个关系到企业发展的重要问题。

7. 风险承担者

创业者在创办企业的过程中是要承担风险的，比如，创办企业可能成功，但也可能失败。同样，辞去一份有保障的工作去创办一个企业，本身也是要承担风险的。

8. 计划者

创业者应清楚计划在上述各个角色中的重要性和局限性。

9. 控制者

创业者是领导者而不是追随者，他们要做最终的决定，控制着企业运作的各个方面。

10. 协调者

创业者必须协调企业的各种生产要素，如资本、人力、土地等。

（三）创业者类型

1. 生存型创业

生存型创业者大多为下岗工人、失去土地或为种种原因不愿困守乡村的农民，以及刚刚毕业找不到工作的大学生。清华大学的调查报告表明：这种情况占创业者总数的90%。这些创业者往往有一种迷茫的心理和盲目创业的特点，他们不重视自己是否适合创业，常常赔多赚少。创业成功的人数占总创业人数的0.7%。

2. 变现型创业

变现型创业者——过去在党、政、军、行政、事业单位掌握一定权力，或者在国企、民营企业当经理期间聚拢了大量的人脉资源，在机会适当的时候，下海开公司、办企业，实际是将过去的权力和市场关系变现，将无形资源变现为有形的货币。

3. 主动型创业

主动型创业者又包括盲目型创业者和冷静型创业者。

盲目型创业者：极为自信，做事冲动，这种创业者很容易失败，但一旦成功，往往就是一番大事业。

冷静型创业者：创业者中的精英，特点是谋定而后动，不打无准备之仗，或是掌握资源，或是拥有技术，一旦行动，成功概率通常很高。

（四）创业者的特征

创业者在知识、行为、能力、心理等方面应该具备以下特征。

1. 知识特征

投资创业就是创业者想在某一行业中脱颖而出，但如果没有厚实的知识基础就等于建造空中楼阁。所以，作为一个创业者，应该具备相应的基础知识和专业知识。

2. 行为特征

创业者在行为方式上主要有勤学好问、执著、灵活应变、吃苦耐劳、脚踏实地、雷厉风行、有良好的商业道德和责任感等特点。

3. 能力特征

创业者要成功创业需要多种能力，主要有经营能力、管理能力及人际关系能力等。

4. 心理特征

从成就动机理论出发，对成功创业者特征进行分析可以发现，那些拥有创业心理特征的人员比不具备创业心理特征的人员具有更高的实施创业行为的倾向。作为成功的创业者，一般具备以下六个心理特征：成就需要、控制欲、自信、开放的心态、风险承担倾向、创业精神。他们有明确的目标，能全身心地投入到事业的发展中。

任务3　了解中小企业

企业是从事生产、流通、服务等经济活动，以生产或服务满足社会需要，实行自主经营、独立核算、依法设立的一种盈利性的经济组织。企业主要指独立的盈利性组织，并可进一步分为公司和非公司企业，后者如合伙制企业、个人独资企业等。中小企业是指与所处行业的大企业相比，其人员规模、资产规模与经营规模都比较小的经济组织。

一、企业的概念

企业的界定：只有在工商局登记注册的，才能称为企业。行政单位、事业单位、社会团体或者非企业性单位不能以“企业”来称呼。从企业登记的角度来看，企业分为以下几种类型：

1. 有限责任公司

有限责任公司包括：

（1）有限责任公司，它可再细分为：自然人独资、法人独资、自然人投资或控股、国有独资、外商投资、外商独资。它还可以下设分公司，其性质为“有限责任公司分公司”。

（2）股份有限公司，它可再细分为：上市和非上市两种。它也可下设分公司，性质为“股份有限公司分公司”。

2. 个人独资企业

个人独资企业由一个自然人投资设立，它的下设分支机构性质为“个人独资企业分支机构”。

3. 合伙企业

合伙企业的合伙人可以是两个以上的自然人，也可以是有限公司、企业法人、事业法人、社团法人等。它分为普通合伙和有限合伙。如下设分支机构，则其性质为“合伙企业分支机构”。

4. 全民所有制企业

“国有”和“全民”统称为全民所有制。它分为企业法人和营业单位两种。营业单位也可以由企业法人下设成立。

5. 集体所有制企业

它也分为企业法人和营业单位两种。集体所有制企业法人主办单位一般是事业单位、社团组织、工会、村委会等。营业单位可以由企业法人下设成立，也可由事业单位、社团组织、工会、村委会等法人组织直接下设成立。

6. 个体工商户

需说明的是，平时人们所说的私营企业主要指“个人独资企业、合伙企业和有自然人投资的有限公司”。还有种类型为“个体工商户”，它规模较小，单从名称上看，可能会与个人独资企业和合伙企业区分不大，但核发的营业执照不同，并且，“个体工商户”不是企业，不能以企业来对待。

二、中小企业划分标准

（一）世界主要工业国家和地区的划分标准

不同国家、不同经济发展阶段、不同行业，对中小企业界定的标准不尽相同，且随着经济的发展而动态变化。各国一般从质和量两个方面对中小企业进行定义，质的指标主要包括企业的组织形式、融资方式及所处行业地位等，量的指标则主要包括雇员人数、实收资本、资产总值等。量的指标较质的指标更为直观，数据选取容易，大多数国家都以量的标准进行划分，如美国国会2001年出台的《美国小企业法》对中小企业的界定标准为雇员人数不超过500人，英国、欧盟等在采取量的指标的同时，也以质的指标作为辅助。

1. 美国

雇员人数不超过500人。

2. 英国

质的指标：

市场份额较小；所有者亲自管理；企业独立经营。

量的指标：

小制造业：从业人员在200人以下

小建筑业、矿业：从业人员在25人以下

小零售业：年销售收入在18.5万英镑以下

小批发业：年销售收入在73万英镑以下

3. 欧盟

雇员人数在250人以下、年产值不超过4000万埃居，或者资产占年度负债总额不超过2700万埃居、且不被一个或几个大企业持有25%以上的股权的企业。其中：雇员少于50人、年产值不超过700万埃居，或者资产年度负债总额不超过500万埃居、并且有独立法人地位的企业。①

4. 日本

制造业：从业人员300人以下或资本额3亿日元以下

批发业：从业人员100人以下或资本额1亿日元以下

零售业：从业人员50人以下或资本额5000万日元以下

服务业：从业人员100人以下或资本额5000万日元以下

（二）我国中小企业的划分标准

2003年5月，国家统计局根据原国家经贸委、国家计委、财政部和国家统计局4部委联合发布的《中小企业标准暂行规定》，制定了《统计上大中小型企业划分办法（暂行）》，并于2003年统计年报开始执行。

本次制定的《统计上大中小型企业划分办法（暂行）》，并未涉及《国民经济行业分类》（GB/T 4754—2002）中的全部企业和单位，具体仅对以下5个类别规定了划分标准：第一类为工业，包括采矿业、制造业、电力、燃气及水的生产和供应业，共三个行业门类；第二类为建筑业；第三类为批发和零售业；第四类为交通运输、邮政业（不包含仓储业）；第五类为住宿和餐饮业。这5个类别涵盖了《国民经济行业分类》中的7个行业

---

① 埃居［ECU］是欧洲货币单位［European Currency Unit］的简称。由欧洲经济共同体会员国货币共同组成的一篮子货币，是欧共体各国之间的清算工具和记账单位。在1999年1月1日欧元诞生之后，埃居自动以1:1的汇价折成欧元［EUR］。

门类，673 个行业小类，占全部行业小类的 74% 左右。

《统计上大中小型企业划分办法（暂行）》以三个指标作为划分标志，即企业的“从业人员数”、“销售额”、“资产总额”（见表 1－1）。其主要原因是：第一，“从业人员数”作为企业的划分指标，具有简单、明了的特点，也与世界主要国家的通行做法一致，具有国际可比性。第二，“销售额”可以客观反映企业的经营规模和市场竞争能力，也是我国现行统计指标中数据比较完整的指标，容易操作。第三，“资产总额”可以从资源占用和生产要素的层面上反映企业规模。因此，采用这三个指标进行划分具有一定的科学性和可操作性。

表 1－1　我国中小企业的划分标准

行业名称	指标名称	计算单位	大型	中型	小型
工业企业	从业人员数	人	2 000 及以上	300 ～ 2 000 以下	300 以下
	销售额	万元	30 000 及以上	3 000 ～ 30 000 以下	3 000 以下
	资产总额	万元	40 000 及以上	4 000 ～ 40 000 以下	4 000 以下
建筑企业	从业人员数	人	3 000 及以上	600 ～ 3 000 以下	600 以下
	销售额	万元	30 000 及以上	3 000 ～ 30 000 以下	3 000 以下
	资产总额	万元	40 000 及以上	4 000 ～ 40 000 以下	4 000 以下
批发企业	从业人员数	人	200 及以上	100 ～ 200 以下	100 以下
	销售额	万元	30 000 及以上	3 000 ～ 30 000 以下	3 000 以下
零售企业	从业人员数	人	500 及以上	100 ～ 500 以下	100 以下
	销售额	万元	15 000 及以上	1 000 ～ 15 000 以下	1 000 以下
交通运输企业	从业人员数	人	3 000 及以上	500 ～ 3 000 以下	500 以下
	销售额	万元	30 000 及以上	3 000 ～ 30 000 以下	3 000 以下
邮政企业	从业人员数	人	1 000 及以上	400 ～ 3 000 以下	400 以下
	销售额	万元	30 000 及以上	3 000 ～ 30 000 以下	3 000 以下

（三）中小企业特点

1. “小”、“灵”、“快”

与大型企业相比较，中小企业的首要特征之一，即在于企业规模小、经营决策权高度集中。凡是小企业，基本上都是一家一户自主经营，使资本追求利润的动力完全体现在经营者的积极性上。由于经营者对千变万化的市场反应灵敏，实行所有权与经营治理权合一，既可以节约所有者的监督成本，又有利于企业快速作出决策。其次，中小企业员工人数较少，组织结构简单，个人在企业中的贡献能轻易被识别，因而便于对员工进行有效的激励，不像大企业那样在庞大的阶层化组织内容易产生怠惰与无效率的情况。可见，中小企业在经营决策和人员激励上与大企业相比具有更大的弹性和灵活性，因而能对不断变化的市场作出迅速反应。即所谓企业小、动力大、机制灵活且有效率。当有些大公司和跨国企业在世界经济不景气的情况下不得不压缩生产规模的时候，中小企业却在不断调整经营方向和产品结构，从中获得新的发展。

2.“小而专”和“小而精”

中小企业由于自身规模小，人、财、物等资源相对有限，既无力经营多种产品以分散风险，也无法在某一产品的大规模生产上与大企业竞争，因而，往往将有限的人力、财力和物力投向那些被大企业所忽略的细小市场，专注于某一细小市场的经营上来不断改进产品质量，提高生产效率，以求在市场竞争中站稳脚跟，进而获得更大的发展。从世界各国的类似成功经验来看，通过选择能使企业发挥自身优势的细分市场来进行专业化经营，走以专补缺、以小补大，专精致胜的成长之路，是众多中小企业在激烈竞争中获得生存与发展的最有效途径之一。此外，随着社会生产的专业化、协作化发展，越来越多的企业摆脱了“大而全”、“小而全”的组织形式。中小企业通过专业化生产同大型企业建立起密切的协作关系，不仅在客观上有力地支持和促进了大企业的发展，同时也为自身的生存与发展提供了可靠的基础。

3. 小批量、多样化

一般来讲，大批量、单一化的产品生产才能充分发挥巨额投资的装备技术优势，但大批量的单一品种只能满足社会生产和人们日常生活中一些主要方面的需求，当出现某些小批量的个性化需求时，大企业往往难以满足。因此，面对当今时代人们越来越突出个性的消费需求，消费品生产已从大批量、单一化转向小批量、多样化。虽然中小企业作为个体普遍存在经营品种单一、生产能力较低的缺点，但从整体上看，由于量大、点多、行业和地域分布面广，它们又具有贴近市场、靠近顾客和机制灵活、反应快捷的经营优势，因此，利于适应多姿多态、千变万化的消费需求；但凡在零售商业领域，居民日常零星的、多种多样的消费需求都可以通过千千万万中小企业灵活的服务方式得到满足。

4. 中小企业是成长最快的科技创新力量

现代科技在工业技术装备和产品发展方向上有着两方面的影响：一方面向着大型化、集中化的方向发展；另一方面又向着小型化、分散化方向发展。产品的小型化、分散化生产为中小企业的发展提供了有利条件。在新技术革命条件下，许多中小企业的创始人往往是大企业和研究所的科技人员或者大学教授，他们经常集管理者、所有者和发明者于一身，对新的技术发明创造可以立即付诸实践。正因为如此，20 世纪 70 年代以来，新技术型的中小企业如雨后春笋般出现，它们在微型电脑、信息系统、半导体部件、电子印刷和新材料等方面取得了极大的成功，有许多中小企业仅在短短几年或十几年里，迅速成长为闻名于世的大公司，如惠普、微软、雅虎、索尼和施乐等。

三、我国中小企业现状及发展

中小企业是推动国民经济发展，构造市场经济主体，促进社会稳定的基础力量。特别是当前，在确保国民经济适度增长、缓解就业压力、实现科教兴国、优化经济结构等方面，均发挥着越来越重要的作用。为此，正确指导国有小企业改革，大力扶持各类中小企业发展，已成为当前一项刻不容缓的战略任务。

（一）中小企业的基本情况

改革开放以来，特别是党的十五大以来，我国的中小企业发展迅速，在国民经济和社会发展中的地位和作用日益增强。

1. 中小企业在国民经济中占有十分重要的地位

目前，全国工商注册登记的中小企业占全部注册企业总数的99%。中小企业工业总产值、销售收入、实现利税分别占总量的60%、57%和40%；流通领域中，小企业占全国零售网点的90%以上。中小企业大约提供了75%的城镇就业机会。近年来的出口总额中，有60%以上是中小企业提供的。

2. 中小企业已成为拉动经济的新增长点

在20世纪90年代以来的经济快速增长中，工业新增产值的76.7%来自中小企业。1998年全国工业企业中，小型企业销售额增长率和工商税收增长率分别为10.27%和11.64%，均高于大中型企业。同年，私营中小企业户数同比上升25.10%；注册资本同比增长40.04%；总产值同比增长49.22%；营业收入同比增长71.29%；消费品零售额同比增长64.95%。

3. 中小企业是缓解就业压力，保持社会稳定的基础力量

中小企业创业及管理成本低，市场的应变能力强，就业弹性大，具有大企业无可比拟的优势。1978—1996年，我国从农村转移出的2.3亿劳动力绝大多数在中小企业特别是乡镇企业中就业。在全国工业企业就业的1.5亿职工中，有1.1亿人分布在中小企业，约占总数的73%。特别是在近年经济结构调整和国有企业改组力度加大，国有、集体企业下岗职工增加，新增就业人口居高不下，农村富余劳动力继续向城市转移，以及政府机关精简人员等就业压力很大的情况下，中小企业尤其是非公有制中小企业吸纳就业再就业的“蓄水池”作用更加明显。据统计，1998年国有企业下岗职工610万人，有418万人在非国有企业中再就业，占国企下岗职工总数的68.5%。由于中小企业是社会就业的主要场所，是地方财政的主要来源，稳定了中小企业就是稳定了社会就业，稳定了地方财政基础，从而全社会的稳定就有了物质保障。

4. 科技型中小企业蓬勃发展，是经济增长与社会进步的不竭动力

近年来，科技型中小企业悄然兴起并迅速发展，成为技术进步中最活跃的创新主体。截至1998年底，全国科技型中小企业已逾7万户，占全国中小企业总数的15.22%；全年技工贸总收入超过6 000亿元，占同口径销售收入总数的16.57%。1998年与1992年相比，科技型中小企业的技工贸总收入、利润总额、上缴税金、出口创汇等分别增长了20倍、15倍、23倍和50倍。

5. 中小企业是市场经济体制的微观基础，是深化改革的主要推动力量

中小企业大多数从事第三产业，贴近市场，贴近用户，活跃在市场竞争最为激烈的领域，是市场经济的主体和市场体制的微观基础。

相对大企业而言，中小企业改革成本低、操作便利、社会震荡小、新机制引入快，因此，在改革进程中，中小企业往往是试验区、突破口和马前卒。中小企业的各项改革成果，为大企业的改革实践提供了有益经验，也为创造多种经济成分共同发展的大好局面作出了贡献。

（二）我国中小企业的主要特点

（1）投资主体和所有制结构多元，非国有企业为主体，决定了当前中小企业工作要

以发展为重点

（2）劳动密集度高，两极分化突出，决定了当前中小企业发展重在"二次创业"

（3）发展不平衡，优势地区集中，决定了当前中小企业推进要区别特点，先易后难，以点带面

此外，以地方企业为主体，决定了中小企业的支撑层面在地方；中小企业自身基础薄弱，决定了其要么成为大企业的摇篮（即小巨人），要么成为大企业的伙伴。

综上所述，促进我国中小企业改革与发展要注意调整好五大关系：一是改革与发展的关系；二是吸纳劳动力与科技含量的关系；三是点与面的关系；四是中央与地方的关系；五是中小企业与大企业的关系。处理好上述关系，把握好重点，才能在中小企业的改革与发展上取得事半功倍的效果。

（三）中小企业面临的困难与问题

近年来中小企业的发展虽然取得了一定成效，但也面临一些困难和问题。

1. 体制不顺，"六龙治水"

目前，中小企业依然按照所有制、部门及区域分属于不同部门。由于政出多门、职能交叉、多头管理，致使口径不一、管理分散，使地方和企业无所适从。在项目审批、产品鉴定、职称评定等方面职责不清、多方插手、重复收费，"三乱"现象极为突出。加之社会中介服务体制尚不健全，也造成中小企业特别是个体私营企业在产品开发、市场定位、资金投向等方面存在较大的盲目性。办理商务出国环节多、效率低，也往往使中小企业坐失商机。

2. 政策不公，市场无序

近年出台的政策多是按照企业规模和所有制设计操作的，对大企业优待多，对中小企业考虑少；对公有制企业优待多，对非公有制企业考虑少。政策适用不够公平。在税收政策上，国有企业可先缴后退，非国有企业无此待遇；中小企业特别是个体私营企业往往是小额纳税人，增值税发票难以抵扣，实际税负增加；个体私营企业存在双重纳税等。在土地政策上，国有企业可享受土地使用权出让金、增值税减免政策，而非国有企业无此优惠；特别是在银行呆坏账准备金核销上，大企业可列入国家计划及时优化资产负债结构，中小企业无此厚遇。在行业准入上，中小企业尤其是个体私营企业还受到诸多限制。此外，市场交易规则缺乏，市场秩序混乱，致使中小企业正常经营困难重重。

3. 融资困难，借贷无门

一是供应不足。我国尚无专门为中小企业贷款的金融机构。加之商业银行体制改革后权力上收，以中小企业为放贷对象的基层银行有责无权，有心无力；实行资产负债比例管理后，逐级下达"存贷比例"，使本来就少的贷款数量更为可怜，贷款供应缺口加大。二是保证缺乏。银行只认可土地、房产等不动产作抵押，中小企业担保机构少，担保品种单一，寻保难。三是辅导薄弱。中小企业贷款难、寻保难与其资信等级不够有关。建立以企业资信档案为基础的信用制度已迫在眉睫。此外，中小企业借贷成本高，也影响了其融资能力。

4. 产权不清 ，缺乏动力

由于政策不公、行业限制，个体私营企业戴"红帽子"（集体、乡镇企业）、穿"洋

外衣”（三资企业）现象普遍。据调查，上海市“假集体”占全市集体企业的20%左右，泉州市乡镇企业中有相当部分为个体私营企业。由于产权不清，一些中小企业发展到一定程度就不愿做大，企业的进一步发展受到人为限制。

除上述企业的外部问题外，就中小企业自身而言，主要是存在企业体制和组织制度不适应经济发展的需要，管理水平和人员素质不适应经济发展的需要，管理水平和人员素质有待提高，技术含量不高、开发能力不强，盲目投资及低水平重复建设严重等问题。

（四）促进中小企业发展的现行政策

目前实行的一些优惠政策，虽大部分并不是专为中小企业制定的，但从受益主体来看，基本上或相当大部分是中小企业。

1. 乡镇企业政策

乡镇企业所提税可按应缴税款减征10%，用于补助社会性开支，不再税前提取10%；国家在信贷上重点支持乡镇企业的出口创汇、东西部合作和农村适用技术转让（星火计划项目）三个方面。

2. 鼓励安置城镇待业人员就业政策

新办城镇劳动就业服务企业，当年待业人员超过企业从业人员总数60%的，经主管税务机关审查批准，可免征所得税3年；免税期满后，当年新安置待业人员占企业原从业人员总数30%以上的，经主管税务机关审核批准，可减半征收所得税2年。

3. 支持高新技术企业政策

国务院批准的高新技术产业开发区内企业，经有关部门认定为高新技术企业的，可按15%的税率征收所得税；国务院批准的高新技术产业开发区内新办的高新技术企业，自投产后年度起免征所得税2年。企事业单位进行技术转让及发生的相关技术咨询、服务、培训所得，年净收入在30万元以下的，免征所得税。

4. 支持贫困地区发展改革政策

国家确定的“老、少、边、穷”地区新办企业，经主管税务机关批准后，可减征或免征所得税3年；民族自治地方企业，需照顾鼓励的，经省政府批准，可定期减征或免征所得税3年。

5. 支持和鼓励第三产业政策

（1）农业生产的行业企业，其提供的技术服务或劳务所得免征所得税；

（2）科研单位和大专院校技术成果转让、技术培训、技术咨询、技术服务、技术承包取得的技术性服务收入免征所得税；

（3）新办独立核算的咨询、信息、技术服务企业或单位，自开业之日起，第一至二年免征所得税；

（4）新办独立核算的交通运输、邮电通信企业或单位，自开业之日起，第一年免征所得税，第二年减半征收所得税；

（5）新办独立核算的公用事业、商业、物资、外贸、旅游、仓储、居民服务、饮食、文教卫生企业或单位，自开业之日起，报经主管税务机关批准，可减征或免征所得税1年。

6. 福利企业政策

民政部门举办的福利生产企业可减征或免征所得税；安置“四残”（盲、聋、哑和肢体残疾）人员占生产人员总数的35%以上免征所得税；安置“四残”人员占生产人员总数超过10%不足35%，减半征收所得税。

7. 小型企业所得税政策

1994 年税制改革确定的企业所得税税率为33%。为照顾小型企业的税赋能力，对年利润在3万元以下企业，减按18%征收所得税；3～10万元企业，减按27%征收所得税。1998年7月1日国务院决定，年销售额180万元以下的小型商业企业，增值税率由6%调减为4%。

实操训练

1. 思考：如果你从没打算过自己创办一家公司，学习“创业”还有意义吗？
2. 与同学分享一个你熟悉的创业者的故事，谈谈你对他的评价。
3. 国家有哪些大学生创业的优惠政策？

项目二　创业者素质及创业资源

【能力目标】

1. 提高创业素质自我认知能力；
2. 培养学生系统理解创业者素质内涵的能力；
3. 促进学生对创业资源概念的理解。

【知识目标】

1. 了解创业者素质构成内容；
2. 了解创业者应具备的基本知识、能力、经验和个性特质；
3. 掌握综合运用创业资源的能力。

知识与能力、经验和个性特质共同构成人的素质，成为胜任某项任务的条件。在创业环境不断优化的今天，要实现成功创业，不仅对创业者素质的要求在不断提高，而且对创业资源的认可也有了新的界定。

任务1　创业知识

一、创业知识的类型

创业者要成功创业，离不开各类型创业知识的引导，具体包括以下几大类：

1. 合法开业知识

（1）有关私营及合伙企业、有限公司的法律法规；
（2）怎样进行验资；
（3）怎样申请开业登记；
（4）哪些行业不允许私营；
（5）哪些行业的经营须办理有关行业管理手续；
（6）怎样办理税务登记；
（7）纳税申报有哪些规定和程序；
（8）如何领购和使用发票；
（9）银行开户程序和有关结算规定；
（10）成为一般纳税人有哪些条件；
（11）应该交哪些税费，如何交纳；
（12）怎样获得税收减征免征待遇；

（13）怎样进行账务票证管理；

（14）国家对偷漏税等违法行为有哪些制裁措施；

（15）增值税率及计征方法；

（16）工商管理部门怎样进行经济检查；

（17）行业管理部门如何进行行业管理和检查。

2. 营销知识

（1）市场预测与调查知识；

（2）消费心理、特点和特征知识；

（3）定价知识和策略；

（4）产品知识；

（5）销售渠道和方式知识；

（6）营销管理知识。

3. 货物知识

（1）批发、零售知识；

（2）货物种类、质量和有关计量知识；

（3）货物运输知识；

（4）货物保管贮存知识；

（5）真假货物识别知识。

4. 资金及财务知识

（1）货币金融知识；

（2）信用及资金筹措知识；

（3）资金核算及记账知识；

（4）证券、信托及投资知识；

（5）财务会计基本知识；

（6）外汇知识。

5. 服务行业知识

（1）服务行业管理的法律法规；

（2）各专业服务行业的行业规则、业务知识。

6. 经济法常识

7. 劳动用工及社会保障知识

8. 公关及交际基本知识

对自谋职业者来说，上述知识不需要全部掌握，只需掌握与自己选择的创业方法有关的知识即可，各取所需，学以致用。

上述知识的取得，可以通过专业培训、就业指导咨询、广播电视媒体讲座、自学或向别人请教等多种方式获得。可以边干边学，边学边干，带着问题学，学以致用，逐渐了解和掌握。

二、大学生学习创业知识的途径

创业已经成为高校毕业生选择就业的一大主题，创业前景中的美丽风景也诱惑着大批莘莘学子，但很多学生却非常缺乏创业的基本知识。那么，大学生学习创业知识可以通过哪些途径呢？

途径一：大学课堂、大学图书馆与大学社团。创业者通过课堂学习能拥有一门过硬的专业知识，在创业过程中将受益无穷；大学图书馆通常能找到创业指导方面的报刊和图书，广泛阅读能增加对创业市场的认识；大学社团活动能锻炼各种综合能力，这是创业者积累经验必不可少的实践过程。

途径二：媒体资讯。一是纸质媒体，人才类、经济类媒体是首要选择。例如比较出名的《21 世纪人才报》、《21 世纪经济报道》、《IT 经理人世界》等。二是网络媒体，管理类、人才类、专业创业类网站是必要选择。例如比较出名的中国营销传播网、中华英才网、中华创业网等。此外，各地创业中心、创新服务中心、大学生科技园、留学生创业园、科技信息中心、先导民营企业的网站等都可以学到创业知识。

途径三：与商界人士广泛交流。商业活动无处不在。你可以在你生活的周围，找有创业经验的亲戚、朋友、同学、网友、老师交流。从他们那里，你将得到最直接的创业技巧与经验，更多的时候比看书本的收获更多。你甚至还可以通过 E－mail 和电话拜访你崇拜的商界人士，或咨询与你的创业项目有密切联系的商业团体，你的谦逊总能得到他们的支持。

途径四：曲径创业。先就业、再创业是时下很多学生的选择。毕业后，由于自己各方面的阅历和经验都不够，因而到实体单位锻炼几年，积累了一定的知识和经验再创业也不迟。先就业再创业的学生跳槽后，所从事的创业项目通常也是在过去的工作中密切接触的。而在准备创业的过程中，你可以利用与老板交流的机会获得更多的来自市场的创业知识。

途径五：创业实践。真正的创业实践开始于创业意识萌发之时。大学生的创业实践是学习创业知识的最好途径。

间接的创业实践学习可借助学校举办的某些课程的角色性、情景性模拟参与来完成。例如积极参加校内外举办的各类大学生创业大赛、创业计划书大赛、发明专利展赛、工业设计大赛等，对先导企业家的成长经历、对先导企业的经营案例开展系统研究等也属间接学习的范畴。

直接的创业实践学习主要可通过课余、假期在外的兼职打工、求职体验、参与策划、参与市场调研、试办公司、试申请专利（知识产权局）、试办著作权登记（版权局）、试办商标申请（工商局）、业余参加某些职业知识与证书班培训等来完成；也可通过举办创意项目活动、参加或参观高交会展览、创建电子商务网站、谋划书刊出版事宜、尝试做自由撰稿人等多种方式来完成。

总之，创业知识广泛存在于大学生的学习、生活的视野之中，只要善于学习，总能找到施展才华的途径。但在信息泛滥的社会里，“去粗取精，去伪存真”也是很重要的。善于学习和总结永远是赢者的有力武器。

任务2　创业能力

创业能力是一种以专业知识为基础，以创新和创造为载体，以持续改进为主线，以创业实绩为核心尺度的综合能力；是创办企业和经营发展的必要条件，它直接决定创业的成功与否。随着我国经济环境的不断改善，很多人在完成一定的工作经验和资金积累之后，大多会萌发自我创业的想法，不断创造和体现自我价值，以获得社会认可。是否每个人都适合创业呢？有经验、有资金是否就预示创业成功了呢？现实案例中，成功者凤毛麟角，失败者比比皆是，推行有效的创业培训和创业项目，必将促进更多人的成功创业。

从当代创业实践看，创业者必须具备以下九大能力。

一、自控能力

创业是一个整合和驾驭人、财、物、信息等资源，不断追求成功的艰难过程。创业者要有效地管理别人和各种其他外部资源，首先就必须能够有效地管理好自己。应该肯定，自控能力是居于首要地位的创业者的必备能力。凡成功的创业者无不具备出色的自控能力。

自控能力表现为自主管理、自我约束和自我控制的能力，表现为稳定的积极情绪状态、一致的敬业态度、良好的行为习惯和可靠的人格特征，这些都是充当优秀领导者的基础。

自控能力强的人在面对挫折和压力时，能够顺利实现心理调适，面对各种突发事件时能够冷静处置。兴趣分散、目标漂浮不定、行为习惯散漫、不能控制自己的欲望、不能有效管理自己的时间，这些都是自控能力差的表现。缺乏自控能力的人连自身行为表现都无法把持，所以，很难适应创业过程中的各种挑战，难以带领新创企业走向成功。

调查发现，在我国，被称为“80后、90后”的新生代独生子女人群普遍有“小皇帝”的童年经历。他们往往养尊处优，与生长于艰苦环境的人们相比，其自控和自律能力相对较弱。如果要创业，显然首先要在提高自控能力和自律能力上下功夫。

不能够自主管理、自我约束和自我控制的人，不可能成为优秀的创业人才。

二、谋划能力

创业者最重要的任务是制定战略，而人和财是战略的两个核心要素。创业家的谋划能力表现在：确定企业的战略目标，对企业的人、财、物、技术、信息等资源进行合理分配和有效安排，确定竞争战略，构建和积累企业的竞争优势等。

在创业过程中，创业者必须认真谋划的重要课题包括：我们拥有什么资源？能做什么？擅长什么？在目标市场中，有哪些需求还没有得到充分满足？与竞争对手相比较，我们的产品或者服务在价格、质量、响应速度上是否有优势？我们凭什么赢得客户？等等。市场“不相信眼泪”。只有在创业前认真谋划，我们的创业行动才能减少盲目性，多一线成功的希望。

三、学习能力

学习能力主要表现为学习的速度、效率和学以致用的实际效果。

有专家指出，在竞争加剧的知识经济时代，“比竞争对手更善于学习”或许就是唯一可靠的竞争优势！事实上，善于学习比愿意学习更重要。人类已经进入知识经济时代，专业知识增长迅猛，科学技术日新月异，产业环境复杂多变，不学习必将落伍。创业者面临着大量未曾经历过的新课题、新挑战，而且必须掌握有效的解决方案，必须善于学习掌握最新变化，不能指望直接照搬某种固定模式而成功。

创业者的学习能力在很大程度上代表着企业的发展后劲，影响着创业的进程和效果，是衡量创业者能力的重要砝码。学习是最合算的投资，我们只要花 1 ～ 2 个小时就可以学到别人几乎毕生的经验，节省了大量的摸索时间。大凡成功的创业者，都是虚心好学之士。创业家要想取得事业的稳定成功，就必须拥有超群的学习能力。

创业者只有树立终身学习的概念，不断学习、终身学习才能够站稳脚跟，才能够实现事业发展。

四、创新能力

企业家的创新能力是企业成长的基本要素。发展经济学家熊彼特强调，“创新”是企业家的核心使命和必备素质。创新理论认为，只有打破固有的经济循环，在经营实践中不断引进新要素，并有效推动经济发展的人，才配称为“企业家”。世界知名企业家之所以能在激烈的市场竞争中获得成功，与他们所一贯奉行的独特创新理念、创新实践是密不可分的。在竞争激烈的市场中，缺乏创新能力的人注定会遭遇严峻挑战。优秀的创业者应当是具有创新精神、并能带领企业走在时代前沿的人。创新能力体现在观念创新、技术创新、组织创新、制度创新、管理创新、产品创新、市场创新等多方面。创新是创业家的灵魂。创业者凭借创新能力，往往能抓住容易被别人忽视的市场机会，避开别人容易犯的错误，从而赢得相对优势。

可以说，创新是企业生存与发展的命脉，是企业进步的不竭动力，是企业竞争力的重要源泉。因此，创业家应该矢志不渝地做创新的实践者。保守自满和固步自封是创新的大敌。创业者要善于不断否定保守的思维定势，鼓励部下的“问题意识”，不断地追寻是否还有更好的主意，才会有持续的创新和进步。

创新有风险，因而需要胆略、毅力和勇气，需要大胆挑战“想不到”和“不可能”。创新需要知识和智慧，需要能力积累。创新能力越强，创新就越容易。创新与创新意识有关，与时间地点无关。创新始于创意但不停留于创意。创新是创意 + 行动。创新是创业者的永恒使命，创业者应当乐于全面创新和持续创新。

五、沟通能力

通用电气公司前总裁杰克 · 韦尔奇强调：“管理就是沟通、沟通、再沟通。”杜邦公司前执行总裁夏皮罗认为：“沟通是管理的关键，如果把最高主管的责任列一张清单，没有一项对企业的作用比得上沟通。”

提高沟通能力的要领是：

1. 学会倾听

成功的沟通总是起于倾听、终于回答。倾听是尊重对方表达权的应有姿态，是商务交往中的基本修养，更是营造和谐气氛、实现深度沟通和准确把握对方观点的前提条件。目前，许多年轻人都存在以自我为中心、只顾自我表达、喜欢插话、缺乏耐心倾听的缺陷。这种不良习惯通常会导致负面效果，阻碍沟通的顺利进行，不仅容易将有效信息拒之门外，而且容易引起对方的反感，使自己沦为不受欢迎的人。

2. 善于表达

提高语言表达的针对性、准确性、逻辑性和艺术性，做到简洁明快、幽默风趣。创业者通常多种事务缠身，时间总不够用，必须节省时间，提高沟通效率，所以简洁、明快、准确的表达方式更加适用。表达中务必相互尊重、真诚相待，尽可能做到不责备、不抱怨、不攻击、少批评，避免使用破坏性的言辞，绝不可恶言伤人。要懂得欣赏和赞美对方的优点，学会运用风趣幽默的语言和智慧，赢得对方的悦纳。

3. 恰当反馈

要善于换位思考，准确领悟对方的需求、意图和情绪状态，给予恰当的共鸣和反馈。要注重非语言因素和形体语言的运用，要热情有度，注重表情达意的方式方法。反馈时要善于求同存异，不可舍本求末，或偏离主题。自己有过失时要敢于认错和道歉，以取得谅解和信任。恰当反馈是融洽双方情感、拓展人际关系的基础。

4. 促成合作

商务沟通的意义和价值，主要在于增进理解与互信，在于达成共识、促成合作共赢。合作是创业成功的重要支持因素，是走向成功的必由之路。在当代社会，没有合作的创业注定难以成功。创业者一定要学会设身处地为对方着想，善于把握对方的兴趣和需求，找寻对方利益诉求，从双方资源的互补性出发确定合作的切入点，必须善于通过合作满足各方面的利益：股东投资求回报，银行借贷图利息，经营伙伴需赚钱，员工打工为收入……有时候，一个新合作伙伴的起用，就足以改变创业者的命运。

5. 重视人脉

人际关系在创业中的作用逐渐加大，人脉资源已经日益成为创业信息、资金、经验的源头。一位资深人士总结出一条经验：创业中许多问题的解决，Know - how 不如 Know - who，也就是说，人脉比知识更能影响竞争的胜负。的确，重要的人脉资源有时候甚至能起到四两拨千斤的神奇功效。所以，不断拓展人脉、扩大社交圈，通过朋友掌握更多信息、聚集更多资源、寻求更快更好的发展，是创业成功的捷径和秘诀之一。无形的客户资源网络、良好的商业生态支持网络或许就是竞争制胜的“杀手锏”，创业者对此应有全面、准确的感悟和认识。

六、理财能力

资金短缺是多数创业者必须面对的主要创业难题，理财能力是创业者必不可少的重要基本功，缺乏理财能力的人，其创业成功的希望必定是渺茫的。所有创业者必须凭借充分的理财能力，把握创业企业的现金流，学会运用资本、资金和人脉杠杆，按互利互惠的市场规律整合、聚集和运作好各类经营资源。

创业者应当自觉培养对数字和报表的敏感度和运用能力。数据是理财的重要工具，创业者的理财能力不仅体现在看懂财务报表、理解财务原则、办理日常会计业务，更重要的是借助数据做好财务分析、规划、检查和管理，利用数字来分析企业的优劣势，找准企业经营中的问题，控制财务风险，降低经营管理成本，精确评判经营绩效，推动经营业绩持续改进。

理财能力的另一种表现，就是当事业发展起来之后，随着资金流的不断扩大，创业家依然能够自如地驾驭。缺钱的时候理财能力重要，钱多起来之后理财能力同样重要，甚至更加重要。因为财富意味着责任。现实社会中，很多企业家失败的原因往往不是缺钱，而是因为钱太多，超出了自己的理财能力。

七、领导能力

创业者最大的本事，应当就是能够团结带领一帮有本事的人来为实现预定的目标而共同奋斗。

现代企业竞争表面上是单一的企业与企业，或者企业家与企业家之间的竞争，实际上是供应链和供应链之间的竞争、资源网和资源网之间的竞争。我们每个人的知识、经验、技能和拥有的资源都是有限的。如今，成功不再是个人的事，单纯依靠自身资源就能够创业成功的时代已经过去，我们已经走进了靠团队制胜的新时代。

俗话说，“一个篱笆三个桩，一个好汉三个帮。”在由各种人与人之间的关系构成的社会里，没有人能独自成功。尤其对于创业者来说，“人脉就是财脉”。能否构筑良好的人际关系，是检验领导能力的重要尺度之一。

统一的目标、合理的分工，以及优势资源的互补对创业成功有着决定性影响。携程计算机技术（上海）有限公司总裁季琦指出，“携程网”的成功，除了抓住当初互联网快速发展的契机外，有一个良好的创业团队是关键。“携程网”的团队成员来自美国 Oracle 公司、德意志银行和上海旅行社等，是技术、管理、金融运作、旅游人才的完美组合。大家在一起创业，分享各自的知识和经验，同时也避免了很多创业“雷区”。

可以说，建设一个优秀的创业团队是创业者事业持续健康发展的必备基础，除非只满足于永远当个体户，要想事业不断发展壮大，就必须掌握驾驭团队的领导能力。离开了优秀团队，新创企业的发展必将成为无本之木、难以为继。许多创业者之所以最终惨遭破产的厄运，根本原因就在于没有建成一个优秀的创业团队。

八、耐挫能力

有统计显示，我国初次创业的失败率达 70% 以上。可见，挫折和失败是中外创业者必须时刻面对的“家常便饭”，没有足够的耐挫能力就不可能在艰辛的创业道路上坚持下去，不可能登上成功的高峰。

美国硅谷被誉为“创业大本营”。在这里，每年都有 90% 的新创企业破产，但也有成千上万的创业者实现各自的致富梦想。如今，硅谷依然堪称全世界最伟大的创业家乐园。美国知名创业教练约翰·奈斯汉说：“造就硅谷成功神话的秘密，就是失败。失败的结果或许令人难堪，但却是取之不尽的活教材，在失败过程中所累积的努力与经验，都是缔造下一次成功的宝贵基础。”

成功需要经验积累，创业的过程就是在不断的失败中跌打滚爬。不允许失败，就是不允许成功。失败是成功的阶梯。只有在失败中不断积累经验财富，不断前行，才可能到达成功的巅峰。

如何才能提高耐挫能力呢?

第一，正确认识挫折和失败对于成功的重要意义。挫折和失败只表示你尚未成功、努力不够；挫折和失败是最好的老师，它在用一种“哑语”向你披露成功的规律，深刻反思和有效纠错才是真正的“成功之母”；挫折和失败说明你没有领悟和顺应商业规律，思路、方法和行动存在缺陷；挫折和失败是成功学堂“毕业”前必修的学分，挫折和失败是成功者必经的驿站，舍此别无它途；挫折和失败表示或许“上帝”另有安排，表示你有理由重新开始。

第二，要从挫折和失败中汲取教训，悟出规律，积累自己的商业智慧，进而增强信心、鼓足勇气，加倍努力，为未来的成功铺平道路。也许成功者和失败者并没有多大差别，失败者跌倒的次数比成功者多一次，成功者站起来的次数永远比失败者多一次。

第三，正视现实，改变“完美主义”想法，适当调整自己的目标，可以减少挫折感的产生。但要坚持对成功的追求，绝不轻言放弃，直到成功。

总之，成功者之所以成功，只不过是他能够从失败中站起来，不被失败所屈服。只要积极应对，挫折和失败就一定能够成为成功征途上的铺路石。创业家在面对企业的兴衰祸福时，尤其需要镇定自若、从容应对，勇于和自己的员工一起，与公司荣辱与共、生死同舟。

九、应变能力

管理学家认为，21 世纪唯一不变的真理，就是“凡事都会改变”。我们创业的环境是动态变化的，企业的目标、策略和方法必须根据环境的变化进行必要的调整。创业者要善于观察形势，能够认识和把握客观环境中变与不变的东西，抓住矛盾的主要方面，把握事物的主流。不仅逆境中要主动应变，顺境中也需不断创新和应变；否则，每次成功都可能导致未来的失败。

引入新要素的创新是应变能力的重要表现。创业者一定要敢于尝试、敢于实践、敢于创新。商务活动中的一个新理念、新项目、新技术、新市场、新资金渠道的发现和利用，都可以大大增强企业的生存适应能力。只有针对具体的变化提出应对措施，才能在变化的环境中趋利避害，化被动为主动，最终赢得胜利。

任务3　创业者的个性特质

事实证明，不是每个人都适合创业或做企业家。如有些人的主要天赋是管理和激励他人，在现有的组织中能找到展示这些技能的良好舞台；有些人将稳定性看得非常重要，创业的风险太大与他们的习惯不符；有些人喜欢埋头研究，不喜欢与琐碎事务打交道，创业的奔波操劳使他们难以胜任。根据霍兰德的人职匹配理论，一定个性和心理特征的人适合从事某种职业。有些学者对创业者人格进行了研究，提出了E型人格，认为这种人格的人更适合创业。那么创业者的人格有哪些特点呢？想一想你所知的创业者或者大众知名人物，如比尔·盖茨、史蒂夫·乔布斯、新东方校长俞敏洪、盛大老总陈天桥……这些创业者的人格特点有哪些共同点呢？

最好的创业者能察觉到他们自身、伙伴、竞争对手的优劣势，他们能冷静地分析自己能做及不能做的事情，不自欺欺人。特别值得一提的是，成功的创业者自信心高，他们不相信事业的失败取决于命运的安排或其他外界因素，他们认为自己具有影响结果的能力，具有成就动机，愿意负起个人责任，并高度自信。这种远见和了解自己的优缺点的能力，使得创业者更能放松自己、更能笑口常开、更能在不利的条件下开创有利的事业方向。

一、创业者应具备的主要特质

一项普查认为成功创业家的特质主要有如下六个，它们都是可以由学习得到的。

1. 追求卓越的动机

创业者常会挑战自己设立的标准，去追求具有挑战性的目标，他们有高度的成就动机。设立高但可达到的目标，使创业者能集中精力，精算各种机会，懂得对什么说"不"，他们也可借此排定优先级，并衡量自己的成果。成功创业者重视自己正直形象的树立，他们说了就会去做，这种高标准的个人特质使他们具有良好的人际关系，也使他们的事业能更持久。

一本名为《做交易的艺术——特拉蒙普自传》的书描写一个美国著名地产商沉浮的书，开篇之语就是："我这么干不是为了钱，我得到的钱足够了，比我需要的多得多，我是为了做交易本身而这么干，交易是我的艺术形式，别人在画布上绘出美丽的图画或写出绝妙的诗句，我则喜欢做交易，特别爱做大交易，我就这样从中得到快乐。"这句话体现出创业者不满足现状、追求发展的心态。

2. 才识——发现和把握商机的能力

企业家应具有长远的预见力，使他们能够抓住转瞬即逝的商机。这种远见卓识，对当前和未来的市场的敏锐洞察力，对自身所处的产业、顾客与竞争态度的熟悉，使他们能掌握机会，制造机会，走上创业成功和持续发展之路。南京普通市民蒋嫂就是由一碗产妇营养汤走上了创业成功之路。

案例1

"蒋嫂汤"

蒋瑞颖，一位很普通的南京市民，在很长一段时间里，因创业无门而苦苦寻觅，没想到一碗汤让她名声远扬，当上了创业明星，大家都亲切地叫她"蒋嫂"。靠熬汤创业并不新奇，但蒋嫂的思路特别明确而且有针对性，她专门给自己家对面南京妇幼保健医院的产妇熬营养汤。产妇是一个极大的消费群体，她们最集中的消费就是营养。绝大多数产妇家属为了产妇的身体和未来的宝宝，也为了产妇生产时能够更顺利、产后恢复更快，通常是不计金钱，只认好的、有营养的食品。蒋嫂恰好抓住产妇及其家属的这一心理，开门红自然手到擒来，精心熬制的营养汤大受欢迎，后来经中央台半边天栏目报道后，其创业模式受到了极大关注，现在很多地市以加盟形式生产销售“蒋嫂汤”，这也给蒋嫂带来了名气和效益。

3. 胆略——较强的行动力

创业通常伴随很高的风险、模糊与不确定性，且常常是事业的范围和规模越大，其能够取得的成就就越大，伴随的风险也越大，需要承受风险的心理负担也就越大。美国福特公司总裁凯德威说过：冒风险是人类发展臻于成功境界的首要推动力。假如前人缺乏冒险精神，今天就不会有电源、激光光束、飞机、人造卫星，也没有青霉素和汽车，成千上万的成果将不能存在。同样，对于个人，尤其是从事创业活动的人来说，假如没有第一个吃螃蟹的冒险精神，那是什么也干不成的。成功创业家，愿意承担风险，以增加他们成功的机会。他们也会和别人分享财务与事业风险，小心定位想达到的目标，监控达成的方法。创业家在创业初期通常没有收入，过着没有组织与秩序的生活，改变经常发生，工作没有清楚的定义，顾客、伙伴都是新的，挫折与意外经常发生，而且时间总是显得不够用。成功创业家会在压力下极大化其绩效。

4. 极强的心理承受能力

创业家有各种不同的品味、个性及道德水平，只有一点是他们都相同的，就是他们从不放弃。这个特质比其他特质更加重要，因为有此项特质的创业家可以克服令人难以想象的障碍，弥补创业家的其他弱点。创业家经常活在极大的压力下——首先求公司能生存，然后还要能成长。一个新事业需要耗费企业家很多的时间、情感与精力，因此极强的心理承受能力也就成了企业家的重要素质。创业者在方向目标确定之后，就朝着既定的目标一步一步走下去，纵有千难万险，迂回曲折，也不轻易改变初衷，半途而废，这是企业家十分可贵的个性品质。他们是有耐心的领导者，能建立清楚的远景，提供持久的、对世界有贡献的产品与服务，并且能容忍时间滞延，知道一个投资案通常得经过 5 ～ 10 年，或更长的时间之后才能回收投资。

5. 团队合作和社会交往能力

创业者不会单打独斗，他们会建立一个团队，信任团队成员，给予团队成员适当的权责，使他们成为能完成任务的英雄。他们会以自己愿意被对待的方式去对待别人，会和真正有贡献的人分享财富。这种团队合作精神，使得事业可以变得更大更好。他们具有凝聚团队成员共识，一起为共同目标努力的能力。

案例2　俞敏洪与新东方领导团队

新东方学校是中国最大、最有名望的出国考试培训、国内考试培训、英语口语、基础英语培训等大学英语培训基地，由被号称“中国留学教父”的俞敏洪创办。在经历了3年的艰苦创业之后，到1995年，新东方小有名气，俞敏洪不再满足于依靠搞英语培训赚点出国费的教书匠，他选择了把事业做大这条道路，但他深感自己力量有限，于是不遗余力四处挖掘人才，制订“责任承包制”，优惠合作条件（加盟者每人负责一块，业务自理，开班后交15%管理费，其余归自己），邀请徐小平、王强、包凡一、胡敏等加盟新东方，徐小平管留学、签证、移民等出国咨询业务，王强负责基础英语培训，包凡一则分到了图书出版地盘。新东方团队的组成，使新东方开始了迅速发展的第二个黄金时期，公司业务发展十分迅速，到1999年，俞敏洪和他的团队将新东方推向另一个高峰，他们的学校已被年轻人尊称为“出国预备学校”。

6. 创造力、自信与适应力

面对高度的不确定性及非常快速的改变，组织必须快速、有效地反应。创业家相信自己，他们相信成就来自自我的控制力、影响力，并相信自己能影响结果。成功创业家能看到最细小的地方，并且具有概念化的能力，研究结果也显示创业家是行动者，他们愿意承担营运的成败责任，愿意采取行动去处理没有人能解决的问题。成功创业家有很强的适应力，他们总想知道自己表现的结果，常使用反馈的方式去获得相关的信息，这也是从错误中学习，因此，成功的创业家也常被称作是优秀的倾听者与快速的学习者，使他们在未来不会犯相同的错误。

二、创业者应具备的次要特质

创业者除了具备主要特质外，一般还应具有以下次要特质。

1. 精力、健康与情绪稳定

创业者面临的额外工作负担与压力常耗去他们过多的精力，需要身体及心理都很健康，这两者当然都与基因有关，但是仍然可以藉由培养均衡的饮食习惯、运动及适度的休息等方式去改善。

2. 创意

创意通常被认为是天生的能力，但是比较不同民族文化后发现，有愈来愈多的学术研究支持创意可以被学习的说法。

3. 智慧

智慧与概念化能力是创业者最大的优势，通常成功的创业者不会被当作傻瓜或平庸的人，他们的触觉被当成特殊的智慧表现，有很多例子可以发现学校的退学者变成具有特殊成就的创业家。肯德基创办人 Colonel Sanders 曾说过：当我上学了解 X 等于未知数 Y 时，我就觉得自己已经学得差不多了，并决定退学去工作。当然这不是鼓励大家都去休学，这只是在说，即使在一些领域表现并不是那么好的个人，也可能具有足以成为创业家的智慧。

4. 激励他人的能力

愿景是领导力特质的表现，可以产生领袖魅力与高度激励他人的能力，所有伟大的领导者经常和他人分享愿景，创业家的愿景透过领导风格表现出来，创业家的理念，无论形式如何，将通过激励他人塑造出事业特有的风貌。

案例3　三大特质辅就李彦宏成功之道

李彦宏无疑是成功的。这位帅哥头上罩着两个光环：中国最大搜索引擎公司“百度”的创始人和董事长；个人资产达94亿美元的中国内地“首富”。

不但事业有成，而且财源滚滚。李彦宏是如何成功的？他的成功给了我们什么启示？

常言说得好：性格即命运。一个人能否成功，除客观因素外，与其性格密不可分。李彦宏的哪些性格特质助推了他的成功呢？

其一，目标明确。

1968 年 11 月，李彦宏出生于山西阳泉一个普通职工家庭，在家中排行老二，是五姐弟中唯一的男孩。由于自小备受宠爱，他养成了自负、独立和争强好胜的个性。在阳泉最好的中学上学时，他发现成绩好的学生都去了理科，于是他很快放弃文科，进了理科班。在北大上学时，他读的是图书情报专业，下工夫最多的，却是已经初显生命力的计算机。在美国读完硕士后，他果断放弃继续读博士的机会，转而投身华尔街和硅谷。在积累了足够的经历和知识回到中国后，几经摸索，他创立了以搜索引擎为核心业务的百度公司。

百度的生存发展并非一帆风顺，然而，李彦宏总能在转折关头或一时看不清方向的情况下，咬牙坚持走自己认为该走的道路。其搜索引擎主营业务的认定与长期坚持不懈，其竞价排名赢利模式的逐步确立与屡屡经受风雨，其百度网页自始至终简洁朴实的设计风格与多年的顽强坚守……无不让人感到，在李彦宏心目中，似乎早已勾画了一幅清晰的未来路线图。他总能以坚定的目标引导百度埋头前行，迅猛发展，短短 11 年间，公司市值已从 IPO 时的 8.7 亿美元狂升至 506 亿美元，公司总人数也已从创办之初的 7 人迅速增长至上万人。

其二，大事清楚。

大事清楚，小事糊涂，是与李彦宏共事多年的伙伴对这位年轻老板的印象。一个可做佐证的事实是，在百度这样一个现代网络公司，不但员工上班不用打卡，而且谁都可以穿短裤上班，甚至可以穿着拖鞋在办公室溜达。因为，在这位海归老板看来，打卡穿着之类，都是无关企业发展宏旨的小事，没有必要搞得那么正规。

什么算是大事？什么是小事？李彦宏心中自有标准。近些年，百度因成长迅速而与外界的种种质疑和重重矛盾相伴相生，也正因此，隔不了多久，公司就会遇到动辄扬言要对簿公堂的一次次“公关危机”。对此，李彦宏大都深藏不露，既不表态，亦不出面，而将应付事宜交给他的副手，甚至再下一级部门。这固然可以看作是百度的自负与高傲，但了解李彦宏的人都知道，只要部属能够搞定的事，老板一定不会出面，他肯定还是躲在他那小小的自我封闭的世界里，成天琢磨着企业发展战略和如何在竞争中击败对手之类的大事情。

其三，坚定不移。

遇到小事，李彦宏大都糊涂，既不较真，亦不深究。但是，碰到事关企业发展前途命运的大事，需要坚持，需要拍板，需要下定决心之时，他那种九头牛也拉不回头的倔犟和韧劲儿，也非常人可比。

百度创立之初，迟迟未能赢利，成了摆在李彦宏面前苦苦求索、一时找不到答案的心病。自从以“竞价排名”方式向用户收取费用并逐渐取得成效后，尽管非议与谴责从未间断，但李彦宏从未有过退缩与动摇。或许，他会有所收敛；或许，也会有所改良，但是，骨子里认定的事情，决不改变。在百度，此类因事关公司发展前景而决不妥协的事情，还有许多。

李彦宏确实成功了，因为他碰上了网络蓬勃发展的时代大环境，也因为他自己独特的个性。这个乍看比较内向，甚至有点腼腆，但绝对自负甚至相当偏执的男人，是否会续写辉煌呢？人们拭目以待。

任务4　创业资源积累

一、创业资源定义

创业资源是指新创企业在创造价值的过程中需要的特定的资产，包括有形资产与无形资产，它是新创企业创立和运营的必要条件，主要表现形式为：创业人才、创业资本、创业机会、创业技术和创业管理等。

二、创业所需的资源

通俗地说，创业需要本钱；严格地说，创业需要一定的资源投入。凡是可用于企业创业及生产经营的一切要素，都是创业资源。创业资源主要包括人、财、物、信息、关系、环境等六个方面。技术也是一项重要的资源，但由于技术已经包括在人力资源（如技术人员）和物力资源（如先进设备）中，可以独立转让的专利技术也是物（无形资产）的一种，所以这里不把技术单独列为资源的一个大类。

（一）人力资源

1. 创业者

创业者是企业最重要的人力资源。之所以这么说，是由于以下三方面的原因：

（1）创业者为企业带来了最早的创业思路和方案。

（2）创业者一般都具有比较强烈的成功欲望、勇敢的冒险精神和坚定的自信心。

（3）创业者能够带来信息、关系等其他资源。

正因为创业者对企业的生存发展有至关重要的影响，因此，创业者必须不断地学习，不断提高自身的能力和水平。同时，创业者的体力、脑力毕竟是有限的，必须充分利用其他方面的人力资源，企业才能得到更好的发展。

2. 管理人员

创业者虽然可以自己管理企业，但当企业规模稍大时，就需要聘请他人进行管理。管理人员一般都具有较高的文化素质、较强的工作能力，还会有一定的社会关系，掌握一定的市场信息，因此，管理人员对企业的生存、发展和开拓、创新也有非常重要的影响。

为了更好地利用管理人员这一人力资源，创业企业应着力组建一支团结、高效、开拓、创新并且能力互补的管理队伍，并用好这支队伍。

3. 技术骨干

对于产品技术含量比较高的企业，应该有若干名能够独当一面而且比较稳定的技术骨干。技术骨干可以分为三类：第一类是能够保证生产经营活动正常进行的技术骨干；第二类是具有研发能力的创新型技术骨干；第三类是拥有自主知识产权的技术拔尖人才。创业者可根据需要配备相应的技术骨干。

4. 普通员工

普通员工是指在非重要管理岗位和非重要技术岗位的员工，他们往往承担较大的工作量，尤其是苦、脏、累的工作，都由普通员工承担。对普通员工的一般要求是：能吃苦耐劳，遵守纪律，具有认真负责的精神。进一步的要求是：团结合作，认同企业文化。

建立一支结构合理、能征善战的员工队伍，保持业务熟练的骨干员工群体的相对稳定，对企业的发展是极为重要的。

5. 兼职人员和顾问

企业除了自身的专职人员外，还可以充分利用社会的人力资源，聘请一些兼职人员和顾问，这样既可以弥补企业专职人员能力的不足，又可以在一定程度上节约成本。聘请兼职人员和顾问时，应注意各类人员的背景、能力、作用的互补性。

（二）财力资源

财力资源必不可少。在创业时应对日后可能发生的各项支出有比较相近的估计，看自己有无足够的财力支持企业的正常运作，如果事先没有很好地进行估计，就有可能在经营中陷入困境。企业所需要的财力资源可分为两部分，一是用于企业创办过程的资金，二是用于企业运作过程的资金。

企业的财力资源总是有限的，因此，既要开源也要节流。创业者在制定创业计划、考虑资金供需的时候，要从以下三方面入手：

（1）做好各项开支的预算。分清哪些是必要的开支，哪些是不必要的开支；哪些是急需的开支，哪些是可以暂缓的开支。同时，考虑资金需求的数量、时间，在操作中尽可能按照预算的金额与时间控制好各项开支。

（2）保证资金按时、足额供应。创业中的资金主要来源于自有资金、银行贷款、政府基金、风险基金和部分客户资金，通过融资租赁、赊购等方式也可以解决部分资金问题。创业者可根据自身条件，大力拓宽资金渠道，充分利用各种社会资源。此外，也可通过边投资、边生产、边销售、边回收资金的方式，滚动投入，减轻一次投入的资金压力。更重要的是，要做好现金收支平衡的管理。不但要在数量上，还要在时间上保证资金的供应，千万注意不要让资金链断裂。

（3）控制资金成本，降低资金风险。各种不同来源的资金，其成本各不相同；而来源单一的资金，其风险一般较大。因此，最好能有各种来源资金的组合，使资金的成本较低，风险也较低。

（三）物力资源

创业者一般缺少资金，所以当然是有钱出钱，有物出物。对创业有较大帮助的物力资源有土地、房屋及其他建筑物、设备、工具器具、交通工具、原材料、燃料和动力、动植物与矿产资源等。

当企业融资困难时，可以考虑“融物”，使用别人闲置或利用率不高的土地、房屋、设备、工具等物力资源，既能满足企业的需要，也可以降低成本。

一些可以进行产权转移的无形资产，也可以看成广义的“物品”，如专利技术、数据资料、计算机软件、各种设计方案等。随着知识经济的发展，无形资产占企业总资产的比例越来越高，有些企业无形资产的比例已超过60%，无形资产对企业发展的重要性越来越突出。在此，有必要对无形资产做进一步的介绍。

按照无形资产的生成属性，可以分为知识类无形资产、权利类无形资产、关系类无形资产以及其他类型的无形资产。

（1）知识类无形资产主要指在科学、技术、文化艺术等领域从事智力活动而创造的智力成果，如专有技术、专利技术、驰名商标、计算机软件、工业外观设计和集成电路布线设计等。

（2）权利类无形资产主要指由契约、合同或政府授权所形成的无形资产，如对物产权（土地使用权、矿产开采权、租赁权等）和行为权利（专营权、出口许可证、生产许可证等）。

（3）关系类无形资产是指企业在长期经营过程中与外界或内部员工之间形成的可获盈利条件的关系。如发达的销售网络、稳定的客户关系、良好的员工素质、先进的管理经验等。

（4）其他类型的无形资产是指除上述三类以外的无形资产，如反映企业形象并在市场环境中创造附加获利能力的商誉。

（四）信息资源

信息是重要的资源。有利于企业创业的信息主要包括以下内容：

（1）经济信息。包括国家、地区、产业、行业发展趋势与发展快慢的信息，各地区经济差异的信息，国民收入与消费能力的信息，物价及其变动信息，就业信息等。这些信息大多可从相关的文件、资料、统计数字中获得。

（2）市场信息。包括原材料供应信息，如性能、价格、质量、远近等；竞争对手的信息，如市场占有率、优势、劣势、发展趋势等；产品销售的信息，如不同品种、不同规格的销量、售价、分布等；客户群体的信息，如性别、年龄、收入、偏好等。

（3）技术信息。如哪些是落后技术，哪些是实用技术，哪些是先进技术；技术应用与发展趋势；技术标准与管理要求等。

（4）管理信息。如管理理念、管理制度、管理方法等信息。借鉴别人好的管理理念、管理制度和管理方法，可以使企业降低管理成本，提高管理效率。

（5）社会信息。如人口数量、文化习俗、社会潮流等。

了解和掌握以上信息，可以帮助创业者做出正确的判断和决策，更迅速地采取相应措施，在竞争中抢得先机，获得主动。有时候，一条信息就可以让企业得到突破性的发展，实现质的飞跃。

（五）关系资源

关系资源主要包括以下内容：

（1）政府关系。与政府部门建立良好的关系，有利于获得政府管理部门各种必要的许可，较快地获得准确的政策信息，以期争取到可能的支持。

（2）银行关系。任何企业都少不了和银行打交道，如贷款融资、现金结算、储蓄存款、投资理财等。良好的银行服务，可以使企业免去诸多麻烦，也可以增强资金实力，降低财务风险。对于中小企业而言，更需要银行的支持。

(3) 企业关系。企业之间的关系，主要是竞争与合作的关系。相关的企业可分为上游企业、下游企业和同行企业。例如，对于生产彩色显像管的企业来说，所有的电子元件厂都是它的上游企业，所有的电视机厂都是它的下游企业，其他彩管厂是同行企业。每个企业都会与上、下游企业发生业务往来，所以，应该加强对它们的了解与联系。

有人说，“同行如敌国”，这是强调了同行竞争的一面。其实，同行企业之间加强合作，互相学习，取长补短，有利于增强实力，降低成本，使企业得到快速发展。尤其是刚开始创业的时候，多多向同行学习，可以少走很多弯路。

(4) 客户关系。与企业有直接业务关系的其他企业、机构与个人，都可以成为客户。如原材料供应商、水电气等燃动力供应商，当然更主要的是购买自己产品的顾客。维持良好的客户关系，了解客户的需求，向客户提供优质的产品和服务，对客户诚实守信，是企业持续发展的重要保证。

(5) 社会关系。包括亲戚、朋友、同学、邻里、乡亲等关系，他们能够为企业带来一定的人、财、物、信息等方面的支持。

中国人讲究和气生财，所以，应该保持与各方面的良好关系，为企业发展提供一个良好的外部环境。

(六) 环境资源

环境资源主要包括以下内容：

(1) 气候环境资源，包括温度、日照、雨水、冰雪、风力等资源。一方面，人们可以直接利用这些资源。如太阳能利用、风力发电、制作冰雕艺术品，或者利用适宜的气候发展农业生产。另一方面，人们可以利用气候对消费需求的影响，开发一系列相关的产品。如在炎热地区开发空调、风扇及各类消暑食品，在寒冷地区开发保暖产品，在多雨地区开发防雨产品等。

(2) 交通环境资源，包括机场、车站、码头等设施和飞机航班、铁路、公路、船运航班等交通线路的资源。可以在企业选址和网点布置的时候充分利用这些资源，降低经营成本。

(3) 地理与矿产环境资源，包括江、河、湖、海、山，以及隐含其中的各类动物、植物、矿产资源。俗话说，靠山吃山，靠水吃水，地理与矿产资源是很有利用价值的。如利用水资源发电、航运、发展水产养殖，利用独特的地理景观发展旅游业，开发各类矿产等。

(4) 人口环境资源，主要指人口的数量、收入状况、年龄结构、文化风俗、教育背景等。人口数量较多、人均收入越高，消费市场的潜力就越大。年龄结构则影响着消费市场的特点，给企业带来各种不同的机会。不同的文化风俗和教育背景，也会影响市场的消费结构，企业要从广大的人口中找到自己的目标客户群。对创业来说，赢得了客户就赢得了成功。

(5) 经济环境资源，主要指经济基础、经济发展速度、产业结构特点、行业分工情况等。在经济基础比较好或者经济发展比较快的国家或地区，人们的投资欲望较高，消费能力较强，创业成功的概率较大。产业结构与行业分工主要影响创业者对行业的选择，如广东番禺、东莞等地盛产玩具，浙江温岭盛产皮鞋，江西景德镇盛产陶瓷等。在这些地方，选择其特色产业或相关行业进行创业，就可以获得很多公共资源，如信息、客户、技术等，创业就更容易成功。

（6）政策环境资源，包括国家财政政策，如税收政策、预算政策、投资政策等；金融政策，如货币政策、利率政策、信贷政策、外汇政策等；行政管理政策，如工商行政管理政策、财务管理政策、进出口管理政策、行业准入管理政策等。

一个国家或地区的政策对企业的生存与发展有非常重要的影响。好的政策可以大大促进企业的发展，不好的政策会使企业发展受到制约。同一个政策，对不同企业也会有不同影响。例如，为了降低房地产业的风险，政府要求提高房地产开发项目中自有资金的比例，这一政策使资金实力较弱的企业失去了开发某些项目的机会，而资金实力比较雄厚的企业则得到更多的机会。

以上各种资源，对企业发展都有利用价值，但企业无法也不必利用所有的资源，关键是要了解能够利用哪些资源，哪些资源对自己更为重要，如何利用这些资源。

三、获取和利用创业资源的一般方法

有无足够的创业资源是创业成功与否的关键。因此，创业者考虑的第一个问题是：如何获得创业所需的资源？第二个问题是：如何更好地使用这些资源？

（一）创业资源的竞争

社会资源是有限的，而企业对资源的需求是无限的。当不同企业要求获得同样的资源，但现有资源无法满足所有企业的要求时，就形成了资源的竞争。如资金的竞争、人才的竞争、地理位置的竞争、配额的竞争等。如何进行资源竞争？竞争的方式主要由资源获得方式决定。

1. 时间竞争

有些资源的获得，主要是由时间的先后来决定的。

人才资源、信息资源、环境资源等都具有先到先得的特性，要得到这些资源，就要抢占先机。资源的时间竞争现象在创业中是很普遍的，有一句俗语叫“一招先，吃遍天”，说的就是如果抓住了第一次机会，以后就会不断得到新的机会和新的资源，以致有“吃遍天”般的左右逢源。

2. 价格竞争

有些资源的获得，要靠价格的竞争。资源的价格有两种：一是获得资源所有权的价格，二是获得资源使用权的价格。在市场比较完善的情况下，一般是价格优者得。最典型的是拍卖和投标，出价最高或最低者获胜。

3. 关系竞争

有些资源的获得，主要由关系来决定。有关系者得之，无关系者免谈。需要以关系来竞争才能获得的资源，主要是一些政策性资源和稀缺性资源，这些资源的配给、转让往往难以通过市场来进行。如某些行业的准入许可、某些经营权的获得、土地的买卖租赁、旅游点开发权的争夺、重要信息的获取、融资项目的批复、建设项目的立项等，都需要一定的关系。

我国处于市场经济的初级阶段，在许多经济领域，市场不够完善、政策不够透明、信息不够公开、政府部门和垄断性行业对经济发展有很大的影响，因此，关系竞争就显得非常重要。甚至有人说“关系就是生产力”，这话不无道理。

4. 智力竞争

有些资源主要靠智力竞争来获取。如通过聪明的老板吸引优秀的人才，通过精心的策划盘活闲置的资产，通过先进的技术吸引别人的投资，通过成功的宣传赢得客户的关注，等等。有人认为，当今世界是知识经济时代，主宰经济发展的生产要素已经不是资本，而是知本；有了知本，有了好的创意、设计，就能够吸引人才、得到资金、获取信息、拓展关系，其他资源也能一一得到，创业成功就指日可待了。

事实上，要获得更多的创业资源，时间竞争、价格竞争、关系竞争、智力竞争都是必不可少的，需要综合考虑。

（二）创业资源的整合

创业资源的竞争，讲的是如何在竞争中获得更多的资源。创业资源的整合，要解决的是如何低成本地充分利用现有的资源。

1. 外部资源的整合

外部资源的整合主要考虑两个方面：一是如何利用免费的或低成本的公共资源，二是如何利用其他企业或机构的闲置资源。

首先，免费的或低成本的公共资源俯拾皆是。阳光、空气、湖水，政策、信息、知识，还有人口资源、经济环境、地方特色等，都是可以利用的资源。所以，要创业，先要有资源；要拥有资源，不妨先想到廉价的或免费的公共资源；要利用公共资源，先要寻找、挖掘和整合对自己有用的公共资源。

其次，企业的“板”总会有长有短，每个企业都会有自己的优势资源，也会有自己的劣势资源。也就是说，每个企业都会有某些方面的资源不足，也可能会有某些方面的资源过剩或暂时闲置。所以，敏锐地发现别人的闲置资源，用别人的“长板”补自己的“短板”，就是一个聪明的选择。

2. 内部资源的整合

内部资源的整合也包括两个方面：一是把内部闲置的资源调动起来，用来开发、经营新的产品或项目；二是将自己闲置或利用率不高的资源出租、出售、剥离，以改善企业的资源结构。

（三）创业资源的自我积累

除了从外界获取资源，还要考虑企业资源的自我积累。例如，随着企业各项业务的发展，创业者、管理者、技术人员、普通员工的个人能力会不断提高，其配合更加默契，其效率也不断提高，从而使人力资源水平得到提高。随着企业的发展，自有资金、社会关系等资源也会不断得到积累。

资源自我积累的最大好处，就是不会引起资源结构的突然变动，保持经营业务的相对稳定，避免生产管理的动荡和资源的浪费。例如，从外面引进一个高水平的人才，他可能对企业的业务未必了解，对企业的制度未必接受，对企业的文化未必认同，因此他的才能未必能够得到很好的发挥；相反，可能会引起观念上的冲突。又如，从外面引进资金、设备，开发新的产品，但企业的转产、转型未必能够成功，而风险可能会增加。因此，资源的自我积累是非常必要的。

四、创业资源的作用

创业者获取创业资源的最终目的是为了组织这些资源追逐并实现创业机会、提高创业绩效和获得创业的成功。无论是要素资源还是环境资源，无论它们是否直接参与企业的生产，它们的存在都会对创业绩效产生积极的影响。

（1）要素资源可以直接促进新创企业的成长。

（2）环境资源可以影响要素资源，并间接促进新创企业的成长。

五、创业资源分析

要创业，第一步是先分析一下自身的资源，并对自己的优点和缺点做一个综合、客观的分析和评价，在此基础上对自己的创业进行定位。

资源可以分为有形资源和无形资源。健康的身体、资产的存量和流量是有形资源；而人际关系网、心理结构与特征、知识结构与特征以及个人品牌则是无形资源。

（一）健康的身体

身体是革命的本钱，其重要性不言而喻。大凡事业成功的人士，大多数都是精力旺盛、斗志昂扬之辈。人生创业，需要一个健康的体魄，才有精力去对付未来繁重的劳动，才更能保持一个开朗健全的心理。

（二）资产的存量

资产的存量，就是目前为止所拥有的资产。资产的种类很多，包括你拥有的资金、房产、有价证券及其他有价值的资产，都可以转化为创业资本。资产的流动性有大有小，有的流动性比较大，如现金；有的流动性比较小，如房产。但在市场经济完善的国家，各类资产的转换和交易是相当容易的，如房产你既可以做抵押贷款，也可以直接变卖套取现金。市场经济越发达，资产转换就越容易。资产也可以分期转换，如房产可以决定出租以换取租金，就是一种分期转换。

（三）资产的流量

实际上一个人的财富主要取决于资产流量，而不是存量。对于普通人来说，资产的流量主要是工资收入和消费支出。只有资产的流入大于支出，财富才能逐步积累，否则财富将逐渐减少。对有产者来说，还有一种方法取得收入，就是对资产存量进行投资，取得投资收入，这就是资产的时间价值。市场发达的国家，资产还可以取得另外的收入，称为溢价。通常在经济景气的时候，资产价值会上升，如房子涨价会产生溢价收入。因此，在计算资产时，要把资产存量和流量都计算在内，计算资产存量的时候，还要考虑资产的时间价值。

以上的资产都是有形资产，因为摸得到、看得见，通常也可以进行精确计算。下面谈到的人际关系网则是一种无形资产了。

（四）人际关系网

人是社会的人，一生下来就处在一定的社会关系中，等工作了，关系网就会急剧扩大，这些人包括亲戚、朋友、同事、同学、邻居及通过其他方式交往而认识的人，如客户。这些人际关系有的以利益为纽带，有的以感情为纽带联接起来。亲戚、朋友、同学，往往是重感情的，必须珍惜。在中国这个讲究人情的国家中，千万不能忽略人际关系的力量。在人际关系网中，有的人有钱，有的人有权，有的人有信息，有的人有产品和渠道，有的人有关系网。在创业的时候，也有必要加以适当的利用。

在人际关系中，特别要注意一点，就是个人信用。市场经济从某种意义上说也是信用经济，信用很宝贵，以诚为本，以信处世。现代社会，即使纯粹的利益交换关系，诚信也是必不可少的东西，何况是朋友？你在人际关系中诚信值越大，你可以调用的资源就越多。这种诚信值是通过社会交往日积月累的，必须珍惜。积累诚信是一个长期的过程，但破坏诚信却很容易，很可能你一个不恰当的行为就破坏了诚信形象。

在人际关系中，人与人除了感情的交流，还有利益的交换，而且实际生活中两者一般是交织在一起的，例如你帮别人做了某事，人家就会感激你。人常常是自私的，你从别人那里取得收益，你必须考虑有所回报（当然这种回报不一定是即时的回报）；否则，如果你只贪图收益而不考虑回报，形象就会遭到破坏，时间一长，你就无法调用人际关系这部分资源。

（五）心理结构与特征

心理结构和特征是指性格、气质、心理素质、爱好等。大家知道，现在除了智商的概念，还有一个情商的概念，情商在事业成功中有至关重要的作用。一般对创业者来说，以下性格是领导者（创业者）最好能拥有的心理特征：外向，善于处理人际关系，胆大而富于激情并有自己的信念，能吃苦，有恒心，意志坚定、心理稳定、能承受压力，有主见，有责任心，喜欢决策和支配他人，喜欢有一定挑战性的事物。你可以试着分析一下自己的性格，并进行适当的自我激励，以利于自己性格的塑造，使之适合创业。

（六）知识结构与特征

知识结构和特征，包括个人办事能力、拥有的信息尤其是市场信息，在此不再单列，统统列入这一项中。在这一项目中，包括的内容有智商、能力、信息、技能、经验、知识结构、特长等。这里谈谈知识结构。知识结构一般与个人受到的教育和专业有关，但一般来说，除了专业知识外，经商者要求的知识结构是广博但不需要精通。专业的知识如管理学、市场营销学、必要的财务和税收知识等。其他智商（抽象思维和形象思维能力、想象力等）、技能等概念在这里不再展开分析了，读者可以结合自己的情况和创业方向对自己进行一些分析，看自己的知识结构、技能、经验等适合从事什么行业。

（七）个人品牌

企业有品牌，人也可以有品牌。个人品牌对职业经理人来说很重要，甚至是饭碗。有了个人品牌，即使你不在此企业做了，也很容易被猎头公司给聘去。个人品牌是你各项因素的综合效应，这些因素包括知识结构、信用、经营管理能力、知名度、从业经验等。一旦你在圈子里有了良好的个人品牌，假使你自己想创业，就可以很轻易地利用个人品牌吸引投资者。

在这个所谓的知识经济社会里，资本和有形资产的重要性有所下降，而知识和品牌等无形资产的重要性变得越来越重要。无形和有形资产的结合，所产生的效益要远远高于单方面产生的效益，在成长性和持久性方面也要远优于单一的有形资源。维护有形资产和无形资产的手段和方法是很不一样的。

六、创业资源的管理

企业的创业资源主要有资金、时间、人才、市场等，而其管理则包括这些资源的获取、分配和组织等方面的内容。

（一）资金管理

这是因为企业创业在内部发生，一般新业务由旧业务的收入来支撑，使得资金来源有保障。在这种资金获取办法下，由于新业务本身不但没有收益，反而必须投入大量的资金而导致“新业务招损”，因此，可能打击旧业务员工的积极性，对企业发展不利，特别是当企业从专业化向多元化转变时更是如此。解决这个问题的办法有：对新项目使用种子支助资金，采取内部风险投资的方式，或其他有偿使用资金的办法。

（二）人才分配

企业创业的另一个问题是人才支持。当项目处于种子阶段时，主要由少数几个人在运作和管理，一旦进入了孵育发展阶段，就必须有得力的人才来进行规划管理，因此，这里也存在一个新、旧项目争夺人才的问题。为了使新、旧项目的发展不受人才问题的影响，企业必须注意在发展过程中培养新的人才，稀释各部门的人才密度，给人才加压力。

（三）工作时间分配

企业创业相对首创业来说，一个大问题是创业者的工作时间和精力难有保障。一般来说，企业内部的创业者既要完成当前的工作，又要进行开发工作，因此，工作时间分配经常顾此失彼。为了保障员工有充足的时间来孵化创新性的想法，组织应该从制度上给他们以保证，同时调整他们的工作负担，避免对员工各方面施加过多的时间压力，允许他们长时间解决创新问题。如柯达公司的创业者可以将 20% 的工作时间用于完善创业设想。如果设想可行，创业者可以离开原岗位。

（四）企业创业的营销资源管理

主要是指营销资源的分配和新市场的开拓。企业创业是一种以市场为导向的活动，市场对新产品的接受程度直接关系到创业成败，但开始时，新产品在市场中几乎不为人所知，因此，企业必须集中销售资源，致力于新产品的市场开拓。这里也存在新、旧项目营销资源竞争的问题。为了解决这个问题，企业必须加大营销投入。

实操训练

一、问题讨论：大学生创业面临哪些知识瓶颈？

二、全面评估个人的创业能力。

三、在下列空白处填写这些人成为企业家的有利因素和不利因素。

1. 商业人士

(1)

(2)

2. 大学毕业生

(1)

(2)

3. 管理者

(1)

(2)

四、完成以下创业资源的问卷调查。

1. 你目前的创业资源有哪些?

2. 这些资源从哪里获取?

3. 怎样获取这些资源?

4. 做的时候需要什么?

5. 你打算怎样利用这些资源?

项目三　创业调研及机会寻找、评估

【能力目标】

1. 能撰写创业调研报告；
2. 通过分析、讨论，初步具有根据外部环境发现商业机会的能力；
3. 根据自身资源优、劣势评估选择合适的创业机会。

【知识目标】

1. 了解行业调研的内容，掌握市场调研的内容；
2. 了解市场机会的类型；
3. 掌握发现市场机会的方法；
4. 掌握如何进行创业机会的评估与比较。

任务 1　创业宏观环境调研

成功的创业要讲究天时、地利、人和。所谓“天时”，实质上就是创业时的政策环境和经济环境。所以，对国家和地方的经济与政策进行调查和了解，并进行一定的预测，是创业前必不可少的功课。否则创业就可能失败。

宏观经济指总量经济活动，即国民经济的总体活动，指整个国民经济或国民经济总体及其经济活动和运行状态。如：总供给与总需求；国民经济的总值及其增长速度；国民经济中的主要比例关系；物价的总水平；劳动就业的总水平与失业率；货币发行的总规模与增长速度；进出口贸易的总规模及其变动等。宏观经济的主要目标是高水平的和快速增长的产出率、低失业率和稳定的价格水平。

宏观经济政策是指政府有意识、有计划地运用一定的政策工具，调节控制宏观经济运行，以达到一定的政策目标。从西方国家战后的实践来看，国家宏观调控的政策目标一般包括充分就业、经济增长、物价稳定和国际收支平衡等四项。

宏观经济形势的发展与国家经济政策的变动，在各个方面影响着创业活动。如果不了解国家经济与政策的情况，创业成功了也不知道为什么会成功，就像瞎猫碰到了死老鼠，这样的运气不是什么时候都有的；失败了也不知道为什么会失败，以为是自己运气不佳，以后可能还会在原来跌倒的地方再次跌倒。

从扶持中小企业发展的角度来看，国家宏观经济政策主要包括以下内容。

一、法律法规

2002 年 6 月 29 日，第九届全国人民代表大会常务委员会第二十八次会议通过了《中华人民共和国中小企业促进法》，并从2003年1月1日起施行。《中小企业促进法》共7章45条。第一章，总则；第二章，资金支持；第三章，创业扶持；第四章，技术创新；第五章，市场开拓；第六章，社会服务；第七章，附则。

长期以来，由于中小企业在发展中缺乏专门的法律保障和扶持，也遇到了许多障碍和问题，主要是融资困难、技术设备落后、信息不畅、人才匮乏等。随着我国加入世界贸易组织，中小企业将面临更为激烈的市场竞争。这些问题制约了中小企业的健康发展，影响了它们潜力的充分发挥。日趋突出的就业矛盾也对政府促进中小企业的发展提出了迫切的要求。《中小企业促进法》正是在这种背景出台的，它以"改善中小企业经营环境，促进中小企业健康发展，扩大城乡就业，充分发挥中小企业在国民经济和社会发展中的重要作用"为立法宗旨，确立了中小企业在国民经济中的法律地位，明确了政府管理部门的职责，并将扶持和促进中小企业发展的主要政策上升到了法律的高度。

《中小企业促进法》借鉴国际通行的做法和有益经验，在资金支持、创业扶持、技术创新、市场开拓、社会服务等方面做出了明确规定，从法律上有效地解决了中小企业发展中面临的突出问题。

二、宏观经济政策

当经济发展过热或经济陷入萧条时，国家为了保护大多数人的利益，保证经济的稳定发展，往往会对宏观经济进行调控，并使经济形势发生较大的变化。这时，可能会给某些企业带来新的机会，也会给某些企业带来新的风险，尤其会对创业带来较大的影响。国家对宏观经济的调控，主要是通过财政政策和金融政策来实施的。

（一）财政政策

保持国民经济的长期稳定发展，是宏观经济调控的主要目标。财政政策主要运用预算、税收、国债和补贴等手段来实现这一目标。具体政策包括财政预算政策、税收政策、财政信用政策、补贴政策、固定资产折旧政策等。

1. 财政预算政策

财政预算是指财政收入与财政支出的计划。政府的财政收入有两大类：一是税收收入，二是其他收入。税收收入包括国家和地方在各个税种上的收入；其他收入包括规费收入、事业收入、固定资产管理收入、罚没收入等。财政支出有三个方面：一是国家行政事业费支出，二是基本建设投资支出，三是社会保障支出。也有人归纳为政府购买性支出、政府投资性支出和政府转移性支出三大类。

国家可以通过赤字预算、平衡预算和节余预算的方式来调控经济。赤字预算，就是编制财政支出大于财政收入的计划。其目的是增加政府的支出，特别是增加投资性支出，以达到拉动生产、增加消费、扩大内需、促进经济增长的目标。节余预算，就是编制财政支出小于财政收入的计划。其目的是减少政府的支出，以达到防止投资过热和消费膨胀、平抑物价、降低经济增长速度的目标。当经济发展比较平稳时，一般编制预算收支基本平衡的计划。

中小企业创业者应该了解：国家每年都有巨额的经费支出，安排这些支出的目的，可能是为了改善社会经济环境，也可能是为了对经济发展状况进行调整和控制。在这个过程中，许多企业可以获得好处；但由于宏观经济的走势可能发生变动，所以不同企业会受到不同的影响。

2. 税收政策

税收政策是国家以税收方式参与国民收入的分配过程，以强制和无偿的方式调节各方面的经济利益，从而调节社会经济发展的方式。

对投资进行征税是对生产环节的调控，是税收政策的第一层次；对流转额进行征税是对流通环节的调控，是税收政策的第二层次，这一层次涉及生产、分配和消费；对所得进行征税是对分配环节的调控，是税收政策的第三层次，这一层次通过控制各方面的收入水平，从而控制投资和需求，影响生产、流通和消费；对财产和消费进行征税是对消费环节的调控，是税收政策的第四层次，这一层次通过调节消费需求而影响生产和流通。

税收政策的调控方法主要有两种：一是改变税收负担水平，二是改变税率结构。改变税收负担水平就是提高税率或者降低税率。提高生产、流通、消费环节的税率，会增加生产者和消费者的负担，减少他们的收益，从而使生产和消费受到抑制；降低生产、流通、消费环节的税率，会减少生产者和消费者的负担，增加他们的收益，从而刺激生产和消费的增加。改变税率结构，是指对不同收入水平的单位和个人、不同的产业和行业，采用不同的税率。税率的高低，直接关系着纳税人的负担，影响着纳税人的利益，因此，纳税人对税率的反应最为灵敏、最为迅速。改变税率结构，企业将把业务转向低税率、高收益的行业，国家从宏观经济的角度就达到了调整产业结构、协调各部门发展的目的。

我国现有 24 个税种，按其性质和作用大致分为 7 类（见表 3－1）。每一个税种，针对不同的行业，都有不同的优惠政策。在创业时应对所在行业的税收政策进行一定的了解。

表 3－1　我国现行税法体系

种　类	税　　种
流转税类	增值税、营业税、消费税
资源税类	资源税、城市土地使用税
所得税类	企业所得税、外商投资企业和外国企业所得税、个人所得税
特定目的税类	投资方向调节税（已停征）、筵席税、城市维护建设税、土地增值税、车辆购置税、耕地占用税
财产和行为税类	房产税、城市房地产税、车船使用税、车船使用牌照税、印花税、屠宰税、契税
农业税类	农业税、牧业税（已停征）
关税	关税

（二）金融政策

金融政策也称货币政策，主要是通过控制货币的供给来影响产品总供给与总需求的平衡关系，从而达到控制经济发展的目标。金融政策的制定和实施是由中央银行来承担的，其控制方式主要有以下三种手段。

1. 调控法定存款准备金率

中央银行提高或降低法定存款准备金率，意味着增加或减少商业银行及其他金融机构存放于中央银行的现金准备数量，相应减少或增加商业银行的可贷资金，再通过乘数原理，以一定倍数收缩或扩大货币供应量。在经济萧条时期，中央银行可以降低存款准备金率，使商业银行上交中央银行的准备金减少，扩大商业银行信贷能力和增加货币供给量，促进经济复苏；在经济繁荣时期，中央银行为了防止经济过热增长，抑制信用膨胀，可以采取紧缩银根、提高存款准备金率的措施，起到防止商业银行信用扩张和减少货币供应的作用，以减少总需求，从而抑制经济过热的势头。

2. 调控再贴现率

再贴现率是指商业银行将贴现收进的票据再向中央银行贴现时所用的利率。如果中央银行调高再贴现率，商业银行的资金成本提高，就会使商业银行减少从中央银行再贴现数量，收缩信贷供给；反之则会扩大商业银行信贷能力。另一方面，再贴现率的提高会促使商业银行信贷利率相应提高，这就抑制了贷款需求；反之则刺激信贷的供给与需求。

3. 调控公开市场业务

公开市场业务是中央银行在金融市场上买卖各种有价证券，以增加或减少货币供应量的业务活动。当经济萧条时，中央银行用货币在金融市场上买进有价证券，使社会的货币供应量增加，刺激生产的发展；当经济过热时，中央银行则向市场抛售有价证券，收回部分货币，以达到紧缩银根、抑制经济过热的作用。

当国家采取以上政策进行宏观调控时，创业者应该懂得对未来经济发展的走势做出判断，并做出对自己有利的决策。

三、地方经济政策

在我国不同的地方，会有各自不同的经济政策。其原因主要有二：一是我国地域广阔，各地区在地形、气候、生产资源、文化、经济等各方面有较大的差异，客观上要求有各自不同的政策；二是在管理上，中央政府已逐步向地方下放权限，地方有相对独立的财政，有权根据自身的条件和特色，在不违背国家政策的基础上，制定自己的经济政策。因此，中小企业不但受国家宏观经济政策的影响，也受地方经济政策的影响。对中小企业创业影响较大的地方政策大致有以下几个方面。

（一）主导产业政策

由于各地的经济条件和经济状况不同，各地会有不同的主导产业。如有的地方以采矿业为主，有的地方以制造业为主，有的地方以服务业为主等。在大的产业中，又有重点发展的行业。中小企业若能选择当地重点发展的行业进行创业，意味着有较多的发展机会、较大的发展空间，而且该行业的繁荣发展可以持续较长的时间。因此，了解地方的产业政策，对中小企业来说是非常必要的。

中小企业在创业时应注意不要进入趋于萎缩的行业和生产限制、淘汰、禁止类的产品。

（二）中小企业扶持政策

目前，各地均制定了对中小企业进行扶持的政策，主要包括两个方面：一是建立比较完善的中小企业社会化服务体系，二是为中小企业直接提供资金的支持。

（三）地区合作政策

我国地域广阔，各地区在地形、气候、资源、文化、经济等方面有着较大的差异。这种差异的存在，使地区之间产生了互通有无、取长补短、彼此合作的需要。久而久之，各地区就会形成自己比较独特的资源结构、产业结构和产品结构。两地区之间在资源、产业和产品结构上差异越大，互补性就越强，彼此合作能够为双方带来的好处越多；相反，如果两地区之间在资源、产业和产品结构上越相似，其互补性就越弱，竞争性越强，彼此合作能够为双方带来的好处就越少。

我国各地区之间的差异本来就比较大，经过一段时期的发展、调整和选择，正在逐步克服低水平重复建设的问题，形成了比较明确的地区分工，地区之间合作的空间非常广阔。

由于地区之间的合作可以优化资源配置，降低成本，提高效益，所以近期各地开展了积极的合作。地区间的经济合作是很活跃的，其中有很多可供选择的机会。中小企业创业者应该了解本地区和相邻地区或关系密切地区的资源结构、产业结构和产品结构的特点，积极利用其他地区的经济资源和市场机会。

任务2　行业调研

随着社会的发展，行业越来越多，新的行业还会不断出现。常言道，隔行如隔山。你在某一个行业做得好，不等于你在另一个行业也能做得好。所以，创业者必须根据自身的资源情况，选择一个最适合自己的行业进行创业。什么样的行业最合适自己？这就需要做行业调研。

一、产业发展与创业机会

各产业、各行业是不断发展变化的，旧的产业衰落，新的产业崛起。在这个过程中，为创业者带来了许许多多新的商业机会。创业者必须懂得趋利避害，把握机遇。

（一）产业演变的规律

了解产业变动的规律并预测其变化，对企业来说非常重要。如果企业能够根据其变化趋势做出相应的战略调整，把握其中的投资机会或者避免其风险，就能在商战中抢得先机。

1. 产业的生命周期

某一产业由相近的行业组成，某一行业生产相近的产品或提供相近的服务。产品有生命周期，使得行业和产业也形成了生命周期。

产品的生命周期可分为四个阶段：导入期、增长期、成熟期和衰退期。产品的销售额在不同时期的变化呈S形曲线。与此相似，产业总销售额的增长和变化随着新产品的投放和推广也呈S形曲线。以产业销售额增长率曲线的拐点划分，可以把产业的发展分为推出、上升、成熟、衰退四个阶段。

（1）推出阶段。

随着新型产品和服务的不断推出，形成了新的行业或产业。顾客对新型产品或服务逐步认识、逐步接受，行业或产业得到初步发展。这时候，只有少量企业进入该行业。

（2）上升阶段。

新型产品和服务代表着市场发展的方向，它们越来越多地吸引着消费者的目光，并使老产品逐步遭到淘汰，行业或产业的发展快速上升。这时候，有较多的企业进入了该行业，开始出现明显的竞争。

（3）成熟阶段。

由于受到全社会的普遍接受，原先推出的新产品已变为成熟产品，市场上产销两旺。但这时候竞争已趋于激烈，包括质量、价格、品牌的竞争，出现收购、兼并、重组等现象。

（4）衰退阶段。

本行业的产品和服务已经老化，新的替代产品和新的行业出现，本行业产品和服务的销售额开始下降，利润率也下降。这时，一些企业被淘汰或自动退出该行业。

要注意的是，产业或行业的S形曲线主要是由产品的S形曲线“合成”的，而同一行业在不同时期都会有新产品推出，所以，虽然产业发展的一般趋势可以用S形曲线表示，但其实际发展会有不同的变化。例如，有些产业跳过成熟阶段，直接从上升走向衰亡；有些产业一开始就发展迅速，似乎跳过了缓慢发展的推出阶段；有些行业则在一段时间衰退后又重新上升，如自行车行业。因此，不能单单依靠推测来了解产业的变化，还需要进行必要的调研才能把握产业变动的情况。

2. 产业演变的影响因素

产业的发展、演变主要受到投资和消费两大因素的影响，具体表现在以下七个方面。

（1）人口因素。

人口的年龄结构、教育程度、生活情趣、社会风气、工作方式等的变化，带来市场需求的变化，进而引起产业发展的变化。

（2）收入因素。

随着收入的增加，人们需求的层次将不断提高。如对汽车的消费、对旅游休闲的消费等。

（3）技术因素。

技术进步的影响，一是创新生产流程，改变了生产同一产品的投资额和生产成本，使选择进入本行业的企业数量、规模发生改变；二是创新产品，增加功能，提高质量，保持对顾客的吸引力，使本行业的发展得到延续；三是产生了本行业产品的替代品，替代品的价格、性能、质量等影响着本行业的发展。

（4）管理因素。

管理上的创新可以从多方面影响行业的发展，如营销渠道的创新可以找到更多新的顾客；管理方法的创新可以提高效率、降低成本、增加效益，可能带来新的资金投入。

（5）相关产业的变动。

相关产业的变动会引起本行业劳动力成本、原材料成本、资金成本、运输成本、通讯成本等方面的变动，影响投资者进入或者撤离本行业。

（6）政策变动。

政策对行业发展的直接影响是行业准入、价格管制等，直接限制了投资者的数量和规模；政策的间接影响是通过对产品质量及安全性、环境保护、关税等限制来实现的。

（7）企业自身的影响。

本行业各企业的行为也能影响产业的发展。如某些企业为了自身利益积极创新，推动了产业的发展演变；而某些企业为了自身利益可能联合抵制产业外创新向本行业的渗透；另外，行业内的收购、兼并、重组等行为也影响着产业的发展。

总的来说，产业的发展变化是可以通过分析预见得到的，对于某一个企业来说，应努力踏准产业发展的节拍，做到进退有据。

（二）近年产业变化的趋势

从近年的情况看，产业发展表现出集群化、融合化、生态化三大趋势。了解产业发展的趋势，可以为创业者进行行业选择时提供重要的参考。

1. 产业发展的集群化

产业集群是指在某个特定产业中相互关联的、在地理位置上相对集中的若干企业或机构的集合；集群化是产业呈现区域集聚发展的态势。例如，上海的漕泾化学工业园区、浙江温州的皮鞋生产企业群，都是产业集群的形式。最早的产业集群主要是由于地理环境、资源禀赋和历史文化原因形成的，如法国波尔多的葡萄业、瑞士的钟表业、中国景德镇的瓷器业等。后来，人们发现了集群化发展的很多优点，于是集群化就成为产业发展的一个趋势。这些优点主要表现在资源共享、成本低廉和相互促进上。

（1）资源共享。

由于产业集群内众多的企业在产业上具有关联性，同类的企业可以共享专业人才、技术、信息、营销渠道等资源；互补的企业可以提供专门化的、高质量的产品和服务。

（2）成本低廉。

产业集群需要利用大量的经济资源，引起人、财、物、信息等外部资源的流入。资源的大量集聚和高效利用，在特定范围内产生了规模效应，使低成本、高效率得以实现。

（3）相互促进。

产业集群内的企业既有竞争又有合作，既有分工又有协作，企业之间的互动关系既形成了竞争压力也形成了创新动力，由此带来了一系列的产品创新，并促进产业不断升级。

位于美国加利福尼亚州的酒业集群，以酿酒业为主导产业，然后，逐步形成了葡萄种植业、酿酒设备加工业等辅助性产业；接着，形成了专门为酿酒业设置的科研、教育培训、管理咨询等服务行业的机构；最后，还出现了旅游业、中介服务业、金融业等机构。以上企业和机构形成了竞争与合作的共同体，使产业水平不断提高，竞争力不断增强。

从以上例子可看到，在产业集群形成、发展的过程中，会不断产生新的商业机会，对创业者来说，这正是选择合适的行业进行创业的好时机。

2. 产业发展的融合化

产业融合是指不同产业或同一产业内的不同行业相互渗透、相互交叉，最终融为一体，逐步形成新产业的动态发展过程。产业融合表现为产业间的渗透发展，你中有我，我中有你，产业界限趋于模糊，新兴产业不断产生。

产业融合的主要方式有下面三种。

（1）高新技术的渗透融合。

即高新技术及其相关产业向其他产业渗透、融合，并形成新的产业。如发生在20世纪90年代后期的信息技术和生物技术对传统工业的渗透融合，产生了诸如机械电子、航空电子、生物电子等新型产业。又如电子网络技术向传统商业、运输业渗透，产生了电子商务、物流业等新型产业。

（2）产业间的延伸融合。

即通过产业间的功能互补和延伸，实现产业间的融合。例如，观光农业是第三产业的旅游业与农业之间的融合。第三产业的研发、营销、售后服务等向第二产业渗透，使第二产业原先比较注重产品制造过程这一中间环节的“橄榄型”生产模式，向注重研发和销售两头的“哑铃型”生产模式过渡，极大地提高了企业的竞争力。

（3）产业内部的重组融合。

如农业内部重新整合，通过生物链把产业内部的种植业、养殖业与畜牧业融合起来，形成了生态农业，既适应了市场的需求，又提高了农业生产率。又如第三产业中的房地产业与教育融合，形成了富有竞争力的“教育地产”概念，促进了两个行业的发展。

产业融合是生产力进步和产业结构向高级化发展的必然结果，产业间的关联性和对效益最大化的追求，是产业融合发展的内在动力，技术创新与技术融合是产业融合发展的助推器。

3. 产业发展的生态化

产业发展的生态化是指产业依据自然生态的有机循环原理建立发展模式，在不同产业、不同企业之间形成类似于自然生态链的关系，从而达到充分利用资源，减少废物产生，循环利用物资，消除环境破坏，达到提高经济发展规模和质量的目的。产业的生态化具有循环性、群落性、增值性等显著特征。

（1）循环性。

按照自然生态原理建立的产业体系具有循环性。它把“资源—产品—废物”的物质单向流动生产过程，重新构造成“资源—产品—再生资源—再生产品”的反馈式流程和“低开采、高利用、低排放”的循环利用模式。在这个产业发展模式中，每一个生产过程产生的废物都变成下一个生产过程的原料，所有物质都得到了循环利用。

（2）群落性。

生态产业具有类似于生物群落的特性，它由多个彼此相关联的企业共同组成产业共生系统，群落内的企业互相进行合作，特别是互相利用废料，使群落内的总体资源得到最优化利用。具体表现为一定区域范围内一群大小不等、资源互补的企业的松散结合。

（3）增值性。

产业共生系统的形成应该是自发的，系统内所有企业都能得到好处，取得增值效应。生态产业摒弃了传统产业发展中把经济效益与环境保护对立起来的观念，使发展经济与防治污染、保护环境有机结合起来，实现两者的共赢。

实现人与自然的和谐发展是当今经济发展的主题，产业的生态化为产业自身的持续发展注入了不衰的动力。

以上所述的产业发展趋势，是在国家制定的产业政策、产业内部的升级优化、企业之间的效率竞争、科技创新的有力推动等多种因素的共同作用下形成的。中小企业创业者必须始终坚持顺势而为的原则，与经济发展、产业发展、科技发展的节奏保持同步，不断挖掘新的机会。

二、行业发展状况调研

要了解行业发展的状况，需要分析其规模、结构、速度、效益，以及发展趋势、竞争情况等。需要注意的是，如果企业的目标市场是全国，那么就要调研全国的状况；如果目标市场是某个省，就要收集这个省的资料；如果目标市场是某个市，就要了解这个市的情况。下面以广东省为例，说明行业分析的一般方法。

（一）行业发展现状

行业发展的现状主要通过其规模和结构来反映。规模主要用总量指标反映，如某一产品的总产量、总销售量、总库存量等。

在了解总量的基础上，还应该进一步分析其结构。结构一般用不同组成部分所占数额或比例来说明。例如，在商品销售总额中，批发和零售分别是多少，各类商品分别是多少等。

在创业时，如果选定了某一个具体的行业，就可以根据实际需要，针对该具体行业进行更深入、更详细的调查与分析。

（二）行业的发展空间

在了解行业的规模、结构后，还要分析行业今后的发展趋势和发展速度。如：有些行业是新兴的行业，其规模不断扩大；有些行业是衰落的行业，其规模不断萎缩。有些行业发展较快，有些行业发展较慢。有些行业可以维持长期的发展，而有些行业只能维持短期的发展。这些都需要进行对比分析。发展趋势和发展速度主要用时间数列来反映，通过不同时间的数量变化，说明其增减的趋势和幅度。

另外，有些行业产品的生产或销售是下降的，一般情况下不要轻易进入这些行业。如果认为凭自己的条件可以在这些行业做得比较好，也应该在充分了解和仔细分析行业收缩的原因、客户需求的变动、自身的优势等情况下才做出决定。

（三）行业竞争

任何一个行业，只要有两个以上的企业，就会有竞争。竞争有两种极端的情况：一种是全行业只有两个特大型企业，这种竞争可称为寡头竞争；另一种是全行业有无数个小企业，每个企业都比较弱小，没有一个企业能够单独影响市场，这种竞争可称为完全竞争。

在第一种情况下，两个企业都比较强大，势均力敌，各有所长，如果能够相互妥协、相互克制，将能保持市场的稳定并可谋求高额的垄断利润；但如果一旦发生利益冲突并引发竞争，相互攻击、相互报复，则可能引起市场的混乱，最后两败俱伤。在第二种情况下，由于企业众多，不可能形成妥协并取得一致意见，竞争是不可避免的和随处可见的；但是因为没有一个企业有决定市场的能力，所以整个市场将保持一种动态的平衡。事实上，绝大部分行业都是介于上述两者之间。创业者应该对所进入行业的竞争情况进行调研，以便在日后的竞争中取得主动。主要调研如下几个方面。

(1) 企业的数量及变动。

本行业内企业的数量越多，说明竞争对手越多。竞争对手数量的变动也是值得注意的，尤其是当企业数量大幅增加或减少的时候，可能反映了行业演变的大趋势。

(2) 市场份额及动态。

某企业占有的市场份额越大，说明其竞争力越强；如果某企业的市场份额稳步上升或不断下降，则反映了其竞争实力的变化。企业的竞争力可以通过各方面来反映，如注册资金、融资能力、人才实力、技术力量、管理水平等内部指标，市场份额等外部指标。市场份额是从外部进行评价的最综合的指标，具有较强的说服力。

(3) 产销平衡情况。

如果市场上产品供不应求或产销平衡，说明竞争暂时还不会太激烈；如果供过于求或产能过剩，说明竞争将越来越激烈。

(4) 利润率的变动。

随着竞争的加剧，企业的利润率将逐渐下降。

创业者在创业之前应充分了解本行业竞争的态势。

任务3　市场调研

一、市场调研概述

(一) 市场调研的作用

创业是对市场机会的把握。要发现和把握市场机会，就一定要进行市场调研。市场调研是指收集和提供与企业决策有关的信息的过程。这包含了三个方面的意思：第一，市场调研的内容，是收集和提供各种数据资料等企业所关注的市场信息，并通过分析表面现象来把握市场现状与发展的本质；第二，市场调研的过程，是统计学、社会学、心理学等多门学科知识的综合运用，有较强的专业性；第三，市场调研的目的，是为企业的科学决策提供依据。

市场开拓的关键是发现和满足消费者的需求。为了判断消费者的需求，实施满足消费者需求的营销策略计划，创业者需要对消费者、竞争者和市场上的其他力量有深入的理解。特别是近年来由于许多因素的影响，使企业对信息的质和量有了更高的要求：随着经济全球化的发展，国际化营销促使企业对信息有更高更广的需求；随着消费者消费意识的提高，企业的营销决策人员需要对消费者的消费习惯和趋向有更准确和更深入的了解；由于市场竞争的加剧，市场的变化速度加快，必须在日常管理和项目决策中做出更快速的反应。

市场调研的作用可用图3-1来说明。从图中可见，市场调研的目的就是了解消费者的情况、预测市场的趋势、分析企业所遇问题的原因和检验营销策略的正确与否，最后做出下一步如何进行的决定。

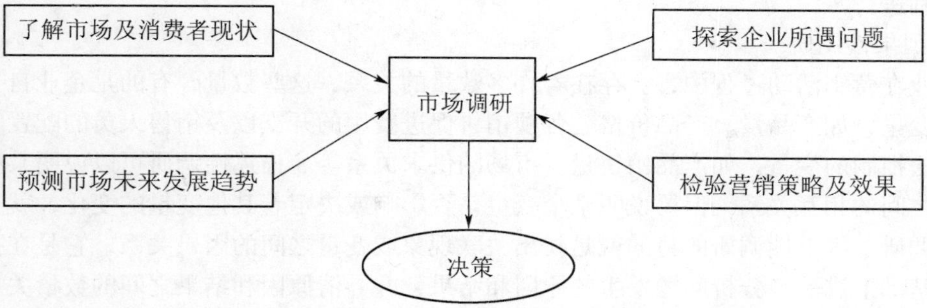

图 3－1　市场调研的作用图示

市场调研是一项科学性很强、工作流程系统化很高的工作。它是由调研人员收集目标材料，并对所收集的材料加以整理统计，然后对统计结果进行分析或对未来的情况进行预测。市场调研必须围绕一个主题进行，其工作应遵照严格的程序，一般包括：明确调研任务、调查收集材料、分析与预测三个部分。

（二）市场调研的类型

按照调研的目的、性质和形式的不同，可以分为探索性、描述性、因果性和预测性市场调研四种类型。

1. 探索性调研

探索性调研用于探询企业应该重点研究什么问题。在开始时，企业对所研究的问题或范围还不是很清楚，不能确定研究的重点到底是什么。探索性调研主要是发现问题和提出问题，确定调研的重点。例如，近几个月来，某企业产品销售量一直在大幅度下降，是什么原因造成的？是竞争者抢走了生意还是市场上出现了替代产品？或者是顾客的爱好发生了变化？或者是企业经营不善？由于影响企业销售量的因素很多，一时难以分清，又不可能逐一调查。为了寻求可能的原因，应先从一些用户或中间商那里去收集多方面信息，从分析中发现问题，以便进一步调查。

探索性调研的目的是明确的，但研究的问题和范围比较大。在研究方法上比较灵活，事先不需要进行周密的策划，在研究过程中可根据情况随时进行调整。探索性调研一般都通过收集第二手资料，或请教一些内行、专家，让他们发表自己的意见，谈自己的看法，或参照过去类似的实例来进行，多以定性研究为主。

2. 描述性调研

描述性调研时通过详细的调查和分析，对市场某个方面的情况进行客观的描述，是对问题的如实反映和具体回答。多数的市场调研都为描述性调研。例如，对市场潜力和市场占有率、竞争对手的状况描述等。在调查中，收集与市场有关的各种资料，并对这些资料进行分析研究，解释市场发展变化的趋势，为创业决策和营销决策提供科学的依据。

与探索性调研相比，描述性调研的目的更加明确，研究的问题更加具体。在进行调研时，通常会根据决策的内容，把需要研究的问题分解为许多更细的问题。描述性调研需要事先拟定周密的调研方案，并列出详细的调研计划和提纲，包括各项准备工作（如调查表的设计、样本的选择、调查人员的选择与培训以及调查过程的管理等），以确保调研工作的顺利进行。

3. 因果性调研

企业在营销活动过程中，会存在着许多数量的关系。这些数量，有的是企业自身可以控制的变量，如产品量、产品价格、各项销售促进费用的开支以及销售人员的配置等；有的是无法控制的变量，如产品销售量、市场的供求关系等。描述性调研可以说明某些现象或变量之间的相互关系，但要说明某个变量是否影响或决定着其他变量的变化，就要用到因果性调研。因果性调研的目的就是找出关联现象或变量之间的因果关系，它是在描述性调研的基础上进一步分析问题发生的原因和结果，并弄清原因和结果之间的数量关系。还要揭示和鉴别某一变量的变化究竟受哪些因素的影响，以及各种影响因素的变化会对变量产生何种程度的影响。

因果性调研同样要有详细的计划和做好各项准备工作。在调研过程中，实验法是一种主要的研究方法。

4. 预测性调研

预测性调研是根据市场以前和近期的表现及其变动情况，对未来市场的情况进行估计。如市场需求量的预测、市场价格的预测、产品产量的预测等。由于市场是不断变化的，企业在进行决策时必须尽可能预见到市场未来的情况，因此，市场预测是进行创业决策和制定市场营销方案的前提。它对企业做出正确的决定，制定有效的营销计划，避免较大的风险和损失有着特殊的意义。

（三）市场调研的步骤

市场调研是一项比较复杂的工作，要想顺利完成调研任务，必须依据科学的程序，有计划、有组织、有步骤地进行。严格地说，市场调研并没有一个固定的程序。一般根据调研活动中各项工作的自然顺序和逻辑关系，把市场调研分为三个阶段，即准备阶段、设计阶段、实施阶段，每个阶段又包括若干个步骤。

1. 准备阶段

市场调研通常是由创业和经营活动中一些特定问题而引起的。但是，这些问题本身并不一定构成调研的主题，还要对这些问题进行分析和研究。准备阶段的主要任务就是界定研究主题、选择研究目标、形成研究假设，并确定需要获得的信息内容。

（1）界定研究主题。

进行市场调研是为制定市场营销战略提供依据，或是为了解决在营销过程中存在的某些实际问题。所以，市场调研的首要工作就是要根据企业的战略方针和意图，确定企业在市场营销中需要解决的主要问题。

（2）选择研究目标。

市场调研通常是由某些具体问题引起的。但在有些情况下，调研的目的很模糊。例如，某企业近来销售形势不好，销售量大幅度下降。此时的研究目的很可能是“发现引起企业销售量下降的原因”。但如果企业知道销售量下降的原因是由于竞争对手产品的大幅度降价造成的，在此情况下，研究的目的就不是寻找原因，而是“寻求解决这一问题的策略”了。研究目的确定以后，调研人员还需要把研究目的分解为具体的研究目标。研究目标通常以研究问题的形式出现，表明了创业者或管理者所需要的信息内容。例如，研究目的是寻求策略，以解决竞争对手产品降价造成本企业产品销售滑坡的对策，可能的研究目标为：①获得顾客对本企业产品的态度和改进的意见；②找出本企业产品与竞争对手的不同特点；③测定顾客愿意接受的产品价格范围。

（3）形成研究假设。

研究问题确定之后，调研人员将根据研究目的选择一组研究目标，还要针对实际可能发生的情况形成适当的研究假设。形成假设的作用是使研究目的更加明确，假设的接受和拒绝都会达到研究的目的。例如，假设之一：“顾客的购买行为受价格的影响很大”，假设之二：“产品的目标市场应为农村青年”等。

2. 设计阶段

研究设计是保证调研工作顺利进行的指导纲领，其主要内容有：内容设计、方法设计、工具设计、抽样设计、方案设计等。

（1）内容设计。

内容设计就是根据调研的目的，确定调研的范围以及信息资料的来源。

调研的范围是根据调研的目标，确定所需信息资料的内容和数量。例如，是调查创业的宏观经济环境还是调查各企业的市场营销手段；是一般性调查还是深度调查等。信息资料的来源，是指获取信息资料的途径。市场调研所需的信息资料，可以从企业内部和企业外部两方面得到。除此之外，还要确定收集信息资料的地区范围。如调查研究的课题涉及全国范围（如全国电风扇市场调研），就要在全国范围内收集资料；如调查研究的课题涉及某一地区范围（如东北市场的润滑油需求调研），就要到黑龙江、吉林和辽宁去收集资料。

（2）方法设计。

市场调研的方法主要有三大类：询问法、观察法和实验法，各类方法适用面不同。究竟采用何种调研方法，要根据调研的目的、性质以及研究经费的多少而定。

（3）工具设计。

在确定了调研方法之后，就要进行工具设计。所谓的工具设计是指采用不同的调研方法，需要准备不同的调研工具。如采用询问法进行调研时，需要使用调查问卷。调查问卷设计中关键的问题是提什么问题、提问的方式等。又如，采用观察法中的行为记录法进行调研时，需要考虑使用何种观察工具，如照相机、监视器等。

（4）抽样设计。

抽样设计就是根据调研的目的确定抽样单位、样本数量以及抽样的方法。抽样单位即向什么人或什么企业调查问题；样本数量即对多少人或多少企业进行调查。抽样分为概率抽样和非概率抽样两类，其中每一类又有若干种不同的方法。在其他条件相同的情况下，样本越大越有代表性。样本数量的多少影响结果的精度，但样本数量过大也会造成经济上的浪费。合适的抽样方法可以平衡调查的精度要求和费用控制之间的矛盾。

（5）方案设计。

调研方案或计划是保证市场调研工作顺利进行的指导性文件，它是调研活动各个阶段主要工作的概述。调研计划虽无固定格式，但基本内容应包括：课题背景、研究目的、研究方法、经费预算及进度安排。

3. 实施阶段

实施阶段就是将调研计划付诸实施。此阶段包括：实地调查、资料处理和提交调研报告。

（1）实地调查。

实地调查也称现场调查，是调研人员根据调研计划规定的途径与方式，实地获得各种信息资料的过程。在实地调查中，企业常常要聘请一些企业之外的调查员，因此需要做好调查人员的选择、调查人员的培训及调查人员的管理等工作。

①调查人员的选择。参与实地调查的人员素质的高低，将会直接影响到此次调查的结果，因此，调查人员的选择就显得非常重要。应选取一些责任心强、思想水平较高、口齿伶俐、有一定调研经验的人。

②调查人员的培训。当调查人员的选择工作完成之后，就要对他们进行培训，特别是一些临时性的调查人员必须进行培训，因为他们缺乏必要的知识和实际经验。

③调查人员的管理。对调查人员的管理工作要贯穿于整个调查过程的始终，以保证获得的信息资料的真实性。要对调查人员收集的资料进行查看，验证是否符合要求，若发现问题，及时纠正。要对被调查对象进行复查，以防止有的调查人员不讲职业道德，自行乱填调查问卷，使调查结果失真。

（2）资料处理。

未经过处理的原始资料是杂乱无章的，因而要对收集的信息资料和回收的调查问卷要进行处理。为了更好地发挥信息资料的作用，必须根据调查的目的和要求，对得到的资料进行系统的整理和分析。

①整理。对所得到的资料进行筛选，剔除无效问卷（包含不实、含糊的问卷，缺项过多的问卷，回答前后矛盾的问卷等）。

②分类。对所得资料，依据调研目的，按一定的标准归类，统一编码。

③列表。依据所得资料，编制成各种图表，供进一步分析之用。

对资料的统计、计算、分析等，在计算机上进行比人工操作要快捷、准确得多。

（3）提交调研报告。

市场调研的最后一项工作是撰写和提交调研报告。调研报告是对调研结果的总结和调研结论的说明，应满足以下几个基本要求：第一，简明扼要，重点突出；第二，对象明确，讲求实用；第三，说明调研结果的局限性和误差范围。

调研报告的主要内容包括：①调研的目的与方法；②调研结果的分析；③主要结论；④对策建议；⑤附件（有关的图表、附录等）。

二、市场调研的内容

（一）市场基本环境调研

企业的生存和发展总是在一定的市场环境下进行的。企业在生产经营中必须遵守国家政策、法律法规和宏观经济调控的要求，必须遵守国际惯例和准则，必须了解科技及社会文化发展对企业生产经营的影响和约束。只有这样，创业活动才能正常进行，才能在竞争中取得主动。主要包括：

（1）政治环境调查。

（2）经济环境调查。

（3）文化环境及社会问题调查。

（4）法律环境调查。

（5）科技环境调查。

（6）地理和气候环境调查。

（二）市场需求调查

决定一个国家或地区在一定时期内的市场容量的主要因素有三个，即消费者人口状况、社会购买力水平及其影响、消费者购买动机和行为，故对这三方面内容的调查是市场需求调查的重点。

1. 消费者人口状况调查

某一国家或地区购买力总量及人均购买力水平的高低，决定了该国或地区市场需求的大小。在购买力总量一定的情况下，人均购买力的大小直接受消费者人口总数的影响。为了研究人口状况对市场需求的影响，便于进行市场细化，应对人口情况进行调查，以了解总人口、人口地理分布、家庭总数及家庭平均人数、民族构成、年龄构成、性别构成、职业构成和受教育程度等情况。

2. 社会购买力水平及其影响调查

社会购买力是指一个时期内，全社会在市场上用于购买商品和服务的货币支付能力。社会购买力包括三个部分，即居民购买力、社会集团购买力和生产资料购买力。其中，居民购买力尤其是居民消费品购买力是社会购买力最重要的内容，历来是社会调查的重点。

3. 消费者购买动机和行为调查

消费者购买动机和行为调查就是对消费者购买模式和习惯的调查，即通常所讲的“3W”、“1H”调查。主要内容有：消费者在何时购买（When）；消费者在何处购买（Where）；谁负责家庭购买（Who）；消费者如何购买（How）。

了解消费者的购买动机和行为，对企业的营销活动意义重大。例如，假定有一个三口之家，在购买住房时是由谁做主呢？一般认为是由作为一家之主的丈夫决定。事实正好相反，购买住房时往往主要是由妻子决定的。因为丈夫一般对工作更看重，希望拥有更好的工作、好的职位、好的收入；而妻子则对家庭更看重，希望能够按照自己的意愿来购买和布置自己的房子。当夫妻双方有争议时，大多数情况都是丈夫做出让步。

（三）市场供应调查

企业在市场经营过程中除了要掌握市场需求情况外，还必须了解整个市场的货源状况，包括货源的总量、构成、质量、价格和供应时间等一系列情况，应对本企业的供应能力和供应范围了如指掌。

1. 商品供应来源及影响因素

商品供应量的形成有着不同的来源。从全部商品供应量的宏观角度看，除由国内工农业市场部门提供的商品、进口商品、国家储备拨付和挖掘社会潜在物资外，还有期初结余的供应量。可以先对不同的来源进行调查，了解本期市场全部商品供应量变化的特点和趋势，再进一步了解影响各种供应量来源的因素。

2. 商品供应能力调查

商品供应能力调查主要包括以下几个方面的内容：

（1）现有商品生产或者商品流转的规模、速度、结构状况如何？能否满足消费者的要求？

（2）各主要企业现有经营设施、设备条件如何？

（3）各主要企业是否有投资扩建或者更新改造打算？

（4）各企业资金状况如何？

（5）各企业现实盈利状况如何？综合效益怎样？

（6）各主要企业现有员工的数量、构成、素质、业务水平如何？

3. 商品供应范围调查

此项调查主要包括以下内容：

（1）商品销售市场的区域。在调查中要了解有哪些地区、哪些类型的消费者可能使用本企业的商品，了解他们在今后一段时期的购买习惯和行为是否会发生变化。同时，还要了解通过宣传能否使他们对本企业的商品发生兴趣，以及当地社会集团的购买情况等。

（2）商品所占比例有何变化。在现实生活中，各企业的商品都占有一定的市场比例，即市场份额。市场份额不是固定不变的，它会受到消费者的喜好、商品的改进等因素的影响而发生变化。

（四）市场营销调查

市场营销调查包括竞争对手状况调查、商品实体和包装调查、价格调查、销售渠道调查等。

1. 竞争对手状况调查

竞争对手状况调查是对与本企业经营存在竞争关系的企业情况的了解。对于创业者来说，了解竞争对手的情况，可以更好地学习、借鉴和创新，是企业获得生存和发展的有效方法。调查内容主要有：

（1）有没有直接或间接的竞争对手，如果有的话，是哪些；

（2）竞争对手的所在地和活动范围；

（3）竞争对手的生产经营规模和资金状况；

（4）竞争对手生产经营商品的品种、质量、价格、服务方式及在消费者中的声誉和形象；

（5）竞争对手的销售渠道；

（6）竞争对手的宣传手段和广告策略；

（7）潜在的竞争对手。

2. 商品实体和包装调查

商品实体和包装调查是对商品本身各种性能好坏程度的了解，包括商品性能调查，商品的规格、型号、式样、颜色和品味等方面的调查，商品制作材料调查等。

3. 价格调查

价格调查通常可以从宏观和微观两个角度进行。

（1）国家在价格水平上有何控制和具体的规定；

（2）产品或服务在市场的平均价格、最低价格、最高价格分别是多少；

（3）消费者对什么样的价格易于接受，接受的程度，消费者的价格心理状态如何；

（4）商品需求和供给的价格弹性有多大，影响因素是什么，等等。

4. 销售渠道调查

销售渠道调查应了解以下几个方面的情况：一是企业现有销售渠道能否满足销售商品的需要；二是企业是否有通畅的销售渠道，如果不通畅，那么阻塞的原因是什么；三是销售渠道中的每个环节对商品销售提供哪些支持；四是市场上是否存在经销某种或某类商品的权威性机构，如果存在，其市场份额是多少；五是市场上经营本商品的主要中间商对经销本商品有何具体要求，等等。

任务4 创业机会的寻找与发现

创业是发现市场需求，寻找市场机会，通过投资经营企业满足这种需求的活动。创业需要机会，可以说机会无时不有，无处不在。机会要靠发现，在茫茫的市场经济大潮中要想寻找到合适的创业机会，需要创业者具备一定的素质并掌握发现市场机会和抓住市场机会的方法。

寻找、识别与评估创业机会是新企业创业过程的起点，也是创业过程中的关键点。一个新企业创业过程的核心就是发现创业机会，新企业的创立过程是由机会驱动的。从动态的角度看，创业机会并不简单等同于新产品、新服务、新原材料和新的组织方式。机会是将资源创造性整合，通过市场需求（或兴趣、愿望）分析预测，传递实现价值的可能性。

一、挖掘创业机会

通常，新企业产生的过程为：商业创意——商业机会——新创企业。在这个过程中，商业创意是发掘商业机会的开始。

（一）创业机会的界定

“创业机会”就是：一个创意可以在市场环境中行得通。这个创意要提供的产品或服务不但能给某些人带来实际的好处和用处——他们肯买，而且他们付的价钱使你可以得到利润。没人要的东西肯定不是创业机会，有人要不给钱或给的钱不能令你有利润也不是创业机会。

（二）商业创意的来源

商业创意的来源包括：个人生活经历和工作经历、个人爱好、偶然发现（旅途、参加活动、看节目……）、有目的地深入调查研究（阅读相关报刊、资料、书籍、访谈等）、他人建议、教育（课程）、亲友从事的行业、家庭企业等。

台湾67名学者依据一项针对200位杰出企业家的调查研究发现，创意的主要来源有三个方面：

（1）针对现有的产品与服务，重新设计改良。改进现有商业模式比创造一个全新的产业模式要容易。许多新企业创办者可以从过去任职公司的经验中，发现大量的机会或是可以改进的缺失。包括：掌握原来公司的资源或运营模式，或是发现未被满足的客户需要和作业程序。

（2）抓住新趋势潮流，进行系统分析。当一个新兴的产业出现之际，必然能够提供大量的创业机会，引发创业热潮，同时产生连锁反应，例如个人电脑的出现，引发大量的上下游相关产品与配套服务的创业机会。

（3）时机合适。有些人将创意的产生归为机会的垂青，也就是所谓的“无心插柳柳成荫”，其实没有平时的积累，商业创意也不会来得如此凑巧。例如：当旧金山形成淘金热时，无数人满怀希望奔向金山，而有人却看到“供应坚固耐用的帆布牛仔裤”的商机。

（三）商业创意的产生

商业创意无外乎三类：一是新市场，即用原来的产品或服务满足新的市场需求；二是新技术，即创造人们需要的新产品或新服务；三是新利益，即使产品或服务质量更好，功能更多，成本或价格更低。

很多人认为创意是瞬间产生的，然而通过系统分析研究也可以获得商业创意。

（1）通过分析特殊事件，寻找商业创意。例如，美国一家炼钢厂因为资金不足，不得不购买迷你型钢炉，而后竟然发现后者的获利率要高于前者，后来经过分析，钢品市场结构已发生变化，因此该厂将投资重点放在迷你型炼钢技术上。

（2）通过分析矛盾，寻求商业创意。如金融机构提供的服务与产品大多针对专业投资大户，但占市场很大比例的一般投资者却没有受到应有的重视。这样的矛盾显示出为一般大众投资提供服务的市场是极具潜力的。

（3）通过分析作业程序，寻求商业创意。例如分析很多行业的生产作业流程，可以挖掘软件开发和信息服务。

（4）通过分析产业与市场结构变迁的趋势，寻求商业创意。例如在国有体制改革和公共事业产业开放的调整中，可以在能源、电信、交通产业中挖掘更多的商业构思。

（5）通过分析人口统计资料的变化趋势，寻求商业创意。例如人口的老龄化、教育程度的变化、社会竞争导致业余充电学习等，均为创意的产生提供了很多的机会。

（6）通过分析价值观念和认识的改变，寻求商业创意。例如人们对于饮食需求认识的改变，造就健康食品市场的兴起。当人们看到两岸三地未来互相依存的前景，有关到香港、澳门等地求学、就业、移居的市场商机，也会形成众多的商业创意。

（7）通过新知识的产生寻找创意。例如：人类基因图谱的破译，可以预计会给生物与医疗服务领域产生商机。

（8）通过复制外地市场，寻找创意。商业创意也可以来自生活中的观察和体验。如个人生活经历和工作经历、个人爱好、偶然发现、通过媒体获得相关信息（报纸、电视、书籍、资料等）、交流、接受培训或教育……

（四）创业机会的类型

创业机会一般分为 3 种，分别是：内部机会、外部机会以及生态机会。

（1）内部机会。无论创业要创立的是什么业务，都必须满足消费者需求。但许多成功的创业者，开始创立的公司并没有满足消费者的需求。他们只是在凭借激情创业。内部的机会可能来源于一个爱好或热情。这种热情通常难以造就成功的事业，除非能找到一种方法使其他人分享创业的热情或找到那些已经开始做这类事的人。

（2）外部机会。当向周围搜索商业点子时，就会发现外在的机会。也许周围的人正在抱怨日常生活整理的缺乏，你可以成立整理中心。这种业务也许会成功，但假如不是那种喜欢整天叫卖产品的人，就很可能会崩溃。这正是外部机会存在的问题。

最好的商业机会是既满足内部，又满足外部需求的。理想地说，创业者感兴趣的业务应该满足市场中的巨大外部需求。

（3）生态机会。创业者不仅需时刻了解可能产生商业机会的技术变化，还要了解环境和社会问题的变化，这些都能产生巨大的商业机会。比如清理我们的土地、空气和水，节能减排等环保话题，最近已成为人们关注的问题。对环境的日益关注正在为创业者创造许多机会。

环境专家推荐了三个比较好的商业手段，它们能帮助创业者降低成本并提高赢利水平：

一是减少，即削减或购买量减少。

二是再使用，为产品找到再次利用的机会，或送给其他人使用。

三是循环使用，将产品分解再重新组合成新的产品。

创业者能做的一件有道义的事是合理、经济地使用资源——土地、空气、水等。这样，未来的一代人也能使用它们。一般来说，有效地使用各种资源不仅能降低污染，而且能保持业务的竞争性。

二、创业机会的来源

创业要从商业机会中产生，那么，哪些情况又代表着机会呢？机会无时不有，无处不在。寻求机会的简便方法，可以关注以下六个方面：

1. 问题

创业的根本目的是满足顾客需求。而顾客需求在没有满足前就是问题。寻找创业机会的一个重要途径是善于去发现和体会自己和他人在需求方面的问题或生活中的难处。比如，上海有一位大学毕业生发现远在郊区的本校师生往返市区交通十分不便，创办了一家客运公司；双职工家庭没有时间照顾小孩，于是有了家庭托儿所；没有时间买菜，就产生了送菜公司等，这些都是把问题转化为创业机会的成功案例。

2. 变化

创业的机会大都产生于不断变化的市场环境，环境变化了，市场需求、市场结构必然发生变化。著名管理大师彼得·德鲁克将创业者定义为那些能“寻找变化，并积极反应，把它当作机会充分利用起来的人”。这种变化可以包括：产业结构的变动、消费结构升级、城市化加速、价值观与生活形态的变化、政府政策的变化、人口结构的变化、居民收入水平提高、全球化趋势等诸方面。比如居民收入水平提高，私人轿车的拥有量将不断增加，这就会派生出汽车销售、修理、配件、清洁、装潢、二手车交易、陪驾等诸多创业机会。人口因素变化可以产生以下一些机会：为老年人提供的健康保障用品、为独生子女服务的业务项目、为年轻女性和上班女性提供的用品、为家庭提供的文化娱乐用品等。

3. 创造发明

创造发明提供了新产品、新服务，更好地满足了顾客需求，同时也带来了创业机会。比如随着电脑的诞生，电脑维修、软件开发、电脑操作的培训、图文制作、信息服务、网上开店等创业机会随之而来，即使你不发明新的东西，你也能成为销售和推广新产品的人，从而给你带来商机。

4. 新知识、新技术的产生

随着科技的发展，开发高科技领域是时下热门的课题，例如美国近年来设立的风险性公司，电脑占25%，医疗和遗传基因占16%，半导体、电子零件占13%，通信占9%。新知识、新技术的产生也带来了许多市场机会。例如，人类基因图像获得完全解决，可以预见必然给生物科技与医疗服务等领域带来极多的新事业机会；又如随着健康知识的普及和技术的进步，围绕“水”就带来了许多创业机会，上海就有不少创业者加盟“都市清泉”而走上了创业之路。

5. 竞争

机会并不只属于“高科技领域”。在运输、金融、保健、饮食、流通这些所谓的“低科技领域”也有机会，关键在于开发。如果你能弥补竞争对手的缺陷和不足，这也将成为你的创业机会。看看你周围的公司，你能比他们更快、更可靠、更便宜地提供产品或服务吗？你能做得更好吗？若能，你也许就找到了创业机会。

6. 顾客的差异

机会不能从全部顾客身上去找，因为共同需要容易认识，基本上已很难再找到突破口。而实际上每个人的需求都是有差异的，如果我们时常关注某些人的日常生活和工作，就会从中发现某些机会。因此，在寻找机会时，应习惯把顾客分类，如政府职员、农民、大学讲师、杂志编辑、小学生、单身女性、退休职工等，认真研究各类人员的需求特点，机会自见。

三、培养发现商机的能力

发现创业机会不是一件容易的事情，对于创业者来说，发现创业机会的能力也是当老板必备的素质之一。创业者在日常生活中须有意识地加强实践，培养和提高这种能力。

1. 要培养市场调研的习惯

市场机遇的出现和捕捉，离不开对市场信息的把握和处理。发现创业机会的关键点是深入市场进行调研，了解市场供求状况和变化趋势，考察顾客需求是否得到满足，注意观察竞争对手的长处与不足等。

2. 要多看、多听、多想

见多识广，识多路广。每个人的知识、经验、思维以及对市场的了解不可能做到面面俱到，多看、多听、多想能广泛获取信息，及时从别人的知识、经验、想法中汲取有益的东西，从而增强发现机会的可能性和几率。

3. 要有独特的思维

机会往往是被少数人抓住的。要克服从众心理和传统的习惯思维模式，才能发现和抓住被别人忽视或遗忘的机会。要以超前的意识把握机遇，要发扬敢闯敢试、敢为天下先的精神，只有这样才能及时认识和把握国际国内市场为我们提供的良机。

4. 要用积极的心态去发现创业机会

有一些人将创业点子的产生归因于机缘凑巧，所谓“无心插柳柳成荫”。但是，研究创意的专家认为，创意只是冰山上的一角，没有平日的用心耕耘，机缘也不会如此地凑巧。所谓的机缘凑巧或第六感的直觉，主要还是因为创业者在平日培养出侦测环境变化的敏锐观察力，因此，能够先知先觉形成创意构想。著名成功学大师拿波伦·希尔说：“一切成功，一切财富，始于意念”。一个想创业的朋友，如果你暂时还没发现机会或抓住机会，你不要怨天怨地怨别人，先想一想自己的态度是否积极？思想观念、思维方式是否正确？

任务5　创业机会的评估与选择

一、如何评估创业机会

有的创业者认为自己有很好的想法和点子，对创业充满信心。有想法、有点子固然重要，但是并不是每个大胆的想法和新异的点子都能转化为创业机会的。许多创业者因为仅仅凭想法去创业而失败了。那么如何选择一个好的商业机会呢？这就需要了解创业机会的特征并根据自身的资源选择创业机会。

（一）创业机会的四大特征

《21世纪创业》的作者杰夫里·A·第莫斯教授提出，好的商业机会有以下四个特征：

第一，它很能吸引顾客。

第二，它能在你的商业环境中行得通。

第三，它必须在机会之窗存在的期间被实施。机会之窗是指商业想法推广到市场上去所花的时间，若竞争者已经有了同样的思想，并已把产品推向市场，那么机会之窗也就关闭了。

第四，你必须有资源（人、财、物、信息、时间）和技能才能创立业务。

（二）选择适合自己的创业机会

1. 要根据自身资源优势选择创业机会

环境机会对不同的创业者来说，并不一定都是最佳的机会。因为这些环境机会不一定符合创业者的目标和能力，不一定能取得最大的竞争优势。环境机会中，只有那些符合创业者目标和能力、有利于发挥自己资源优势的机会，才是可以考虑的。所谓优势，比如你有现成客户，如果你出去自己创业，可以把自己积累的客户带去新公司；或者你拥有技术，比如学徒工满师后自己开店，比如你先天具备某一领域的专长；或你的至亲好友中有着某方面特殊资源的人等。

2. 分析创业机会的可行性

当你看到了创业商机之后，接下来就是考察商机的可行性。有想法、有点子只是第一步，并不是每个大胆的想法都能转化为创业机会。那么，如何判断一个好的商业机会呢？在评估创业机会是否可行时，创业者应该考虑三个相互作用的因素：创业的目标、外部环境变化带来的契机，以及竞争的基础是专有资产还是快速行动。对创业机会的吸引力（即风险和回报）进行评估和比较，是必不可少的。此外，创业者还应该以现实的态度评估自己的风险、倾向等个人偏好。

二、评估创业机会

所有的创业行为都来自于绝佳的创业机会，但是如何才能知道自己的创业机会是否具有发展前景呢？我们都知道，几乎九成以上的创业梦想最后都落空了。事实上，新创业获得高度成功的几率不到1%。成功与失败之间，除了不可控制的机遇因素之外，显然一定有许多创业机会在开始的时候，就已经注定未来可能失败的命运。创业本身是一种做中学的高风险行为，而且失败也可能是奠定下一次创业成功的基础。

不过这些先天“体质不良”、市场进入时机不对，或者具有致命瑕疵的创业构想，如果创业者能先以比较客观的方式进行评估，那么许多悲剧结局就不至于一再发生，创业成功的几率也可以因此而大幅提升。

（一）影响机会评估的因素

1. 机会评价总是受到人的价值观的制约

由于机会评价受到人的价值观的制约，因此参与机会评价的人如能具备以下条件将更能准确评估机会：

（1）创办新企业的经历；

（2）国外专家研究表明，至少具有5～10年以上的企业经验，才能识别出各种商业行为，并获得创造性的预见能力和捕捉商机的能力；

（3）具有管理经验，尤其是担任过决策层管理职务者的经验。

创业机会的开发和识别，至少要求新企业决策者与别人的价值判断不同。如果资源所有者和新企业决策者对资源生产力的判断一致，那么资源所有者就可以通过提高资源的定价来分享利润，从而使得创业者的利润趋向零。如果其他创业者也有同样的创业判断，就会产生竞争，直到利润消失。

2. 商业机会的开发与识别与时间有关

某些时候，此时看起来似乎不太有成功可能的机会，到下一时间段可能有完全不同的结果。通常人们所说的“时机”这两个字，代表市场机会的价值与时间密切关联。而时间的机会窗口也不是永远打开的。很多时候也需要判断一个机会窗口是否有足够的获利回收投资的时间长度。美国风险投资业内的一项研究调查发现，当机会窗口的时间短于3年时，新创企业的失败率高达80%以上，而如果机会窗口的时间超过7年，则几乎所有投资的新企业都能获得丰厚的回报。

3. 影响市场机会评估的因素，是否具备配套的资源和专业能力

好的机会必须在适当的环境和良好的执行下才能验证其盈利能力。

（二）评估准则

如何评估创业机会？针对创业机会的市场与效益面，刘常勇教授提出了一套评估准则，可以作为创业者评估创业机会及项目投入的决策参考。

1. 市场评估准则

（1）市场定位。

一个好的创业机会，必然具有特定市场定位，专注于满足顾客需求，同时能为顾客带来增值的效果。因此评估创业机会的时候，可由市场定位是否明确、顾客需求分析是否清晰、顾客接触通道是否流畅、产品是否持续衍生等，来判断创业机会可能创造的市场价值。创业带给顾客的价值越高，创业成功的机会也会越大。

（2）市场结构。

针对创业机会的市场结构进行分析，包括进入障碍，供货商、顾客、经销商的谈判力量，替代性竞争产品的威胁，以及市场内部竞争的激烈程度。由市场结构分析可以得知新企业未来在市场中的地位，以及可能遭遇竞争对手反击的程度。

（3）市场规模。

市场规模的大小与成长速度，也是影响新企业成败的重要因素。一般而言，市场规模大者，进入障碍相对较低，市场竞争激烈程度也会略为下降。如果要进入的是一个十分成熟的市场，那么纵然市场规模很大，由于已经不再成长，利润空间必然很小，因此这项新企业恐怕就不值得再投入。反之，一个正在成长中的市场，通常也会是一个充满商机的市场，所谓水涨船高，只要进入时机正确，必然会有获利的空间。

（4）市场渗透力。

对于一个具有巨大市场潜力的创业机会，市场渗透力（市场机会实现的过程）评估将会是一项非常重要的影响因素。聪明的创业家知道选择在最佳时机进入市场，也就是市场需求正要大幅成长之际，你已经做好准备，等着接单了。

（5）市场占有率。

从创业机会预期可取得的市场占有率目标，可以显示这家新创公司未来的市场竞争力。一般而言，想成为市场的领导者，最少需要拥有 20% 以上的市场占有率。但如果低于 5% 的市场占有率，则这个新企业的市场竞争力不高，自然也会影响未来企业上市的价值。尤其是处在具有赢家通吃特点的高科技产业，新企业必须拥有成为市场前几名的能力，才比较具有投资价值。

（6）产品的成本结构。

产品的成本结构，也可以反映新企业的前景是否亮丽。例如，从物料与人工成本所占比重之高低、变动成本与固定成本的比重，以及经济规模产量的大小，可以判断企业创造附加价值的幅度以及未来可能的获利空间。

2. 效益评估准则

（1）合理的税后净利。

一般而言，具有吸引力的创业机会，至少需要能够创造 15% 以上的税后净利。如果

创业预期的税后净利是在 5% 以下，那么这就不是一个好的投资机会。

（2）达到损益平衡所需的时间。

合理的损益平衡时间应该能在两年以内达到，但如果三年还达不到，恐怕就不是一个值得投入的创业机会。不过有的创业机会确实需要经过比较长的耕耘时间，通过这些前期投入，能够创造进入障碍，保证后期的持续获利。在这种情况下，可以将前期投入视为一种投资，才能容忍较长的损益平衡时间。

（3）投资回报率。

考虑到创业可能面临的各项风险，合理的投资回报率应该在 25% 以上。一般而言，15% 以下的投资回报率是不值得考虑的创业机会。

（4）资本需求。

资金需求量较低的创业机会，投资者一般会比较欢迎。事实上，许多个案显示，资本额过高其实并不利于创业成功，有时还会带来稀释投资回报率的负面效果。通常，知识越密集的创业机会，对资金的需求量越低，投资回报反而会越高。因此在创业开始的时候，不要募集太多资金，最好通过盈余积累的方式来筹得资金。而比较低的资本额，将有利于提高每股盈余，并且还可以进一步提高未来上市的价格。

（5）毛利率。

毛利率高的创业机会，相对风险较低，也比较容易取得损益平衡。反之，毛利率低的创业机会，风险则较高，遇到决策失误或市场产生较大变化的时候，企业很容易遭受损失。一般而言，理想的毛利率是 40%。当毛利率低于 20% 的时候，这个创业机会就不值得再予以考虑。软件业的毛利率通常都很高，所以只要能找到足够的业务量，从事软件创业在财务上遭受严重损失的风险相对会比较低。

（6）策略性价值。

能否创造新企业在市场上的策略性价值，也是一项重要的评价指标。一般而言，策略性价值与产业网络规模、利益机制、竞争程度密切相关，而创业机会对于产业价值链所能创造的价值效果，也与它所采取的经营策略与经营模式密切相关。

（7）资本市场活力。

当新企业处于一个具有高度活力的资本市场时，它的获利回收投资机会相对也比较高。不过资本市场的变化幅度极大，在市场高点时投入，资金成本较低，筹资相对容易。但在资本市场低点时，投资新企业开发的诱因则较低，好的创业机会也相对较少。不过，对投资者而言，市场低点的成本较低，有的时候反而投资回报会更高。一般而言，新创企业活跃的资本市场比较容易创造增值效果，因此资本市场活力也是一项可以用来评价创业机会的外部环境指标。

（8）退出机制与策略。

所有投资的目的都在于回收，因此退出机制与策略就成为一项评估创业机会的重要指标。企业的价值一般也要由具有客观鉴价能力的交易市场来决定，而这种交易机制的完善程度也会影响新企业退出机制的弹性。由于退出的难度普遍高于进入，所以一个具有吸引力的创业机会，应该要为所有投资者考虑退出机制，以及退出的策略规划。

（三）评价创业机会价值的方法

常用的评价创业机会价值的方法有：标准打分矩阵 、Westinghouse 法、Hanan Potentionmeter 法和 Baty 的选择因素法。

1. 标准打分矩阵

通过选择对创业机会成功有重要影响的因素，由专家小组对每一个因素进行最好（3 分）、好（2 分）、一般（1 分）三个等级打分，最后求出每个因素在各个创业机会下的加权平均分，从而对不同创业机会进行比较。

方法用表格工具，如表 3－2 所示。

表 3－2　标准打分矩阵

标　　准	专家评分			加权平均分
	极好（3 分）	好（2 分）	一般（1 分）	
易操作性	8	2	0	2.8
质量和易维护性	6	2	2	2.4
市场接受度	7	2	1	2.6
增加资本的能力	5	1	4	2.1
投资回报	6	3	1	2.5
专利权状况	9	1	0	2.9
市场的大小	8	1	1	2.7
制造的简单性	7	2	1	2.6
广告潜力	6	2	2	2.4
成长的潜力	9	1	0	2.9

2. Westinghouse 法

此法实际上是计算和比较各个机会的优先级。计算公式如下：

机会优先级＝技术成功概率×商业成功概率×年销售数量×（价格－成本）×投资生命周期/总成本

对于不同的创业机会将具体数据代入计算。特定机会的优先级越高，该机会就越有可能成功。

3. Hanan Potentionmeter 法

此法是由创业者针对不同因素进行评分，预先设好权重值，通过对所有因素得分的加总得到最后的总分，以评估其成功的潜力。对于每个因素，不同选项得分可以从－2 到＋2。总分越高，说明特定创业机会成功的潜力越高。只有那些最后得分高于 15 分的创业机会，才值得创业者进行下一步策划，低于 15 分的都应被淘汰。所用表格工具如表 3－3 所示。

4. Baty 的选择因素法

此法通过 11 个选择因素的设定来对创业机会进行判断。如果某个创业机会只符合其中 6 个或更少，那么这个创业机会就很可能不可取；相反，如果某个创业机会符合其中 7 个或者 7 个以上的因素，那么这个创业机会将大有希望。所使用的表格工具如表 3－4 所示。

表 3－3　Hanan Potentionmeter 法

因　素	得　分
对于税前投资回报率的贡献	
预期的年销售额	
生命周期中预期的成长阶段	
从创业到销售额高速增长的预期时间	
投资回收期	
占有领先者地位的潜力	
商业周期的影响	
为产品制定高价的潜力	
进入市场的容易程度	
市场实验的时间范围	
销售人员的要求	

表 3－4　Baty 的选择因素法

这个创业机会在现阶段是否只有你一个人发现？
初始的产品生产成本是否可以承受？
初始的市场开发成本是否可以承受？
产品是否有高利润回报的潜力？
是否可以预计产品投放市场达到盈亏平衡点的时间？
潜在市场是否巨大？
你的产品是否是一个高速成长的产品家族中的第一个成员？
你是否拥有一些现成的初始用户？
是否可以预计产品的开发成本和开发周期？
是否处于一个成长中的行业？
金融界是否能够理解你的产品和顾客对它的需求？

实操训练

在“逛大街”中寻找和识别商机

商机无处不在，可到哪里去找呢？其实办法有很多：看报纸、电视；参加展销会；听创业讲座；等等。但这些都是别人给您商机，而对于多数人来说，机会应该自己寻找，然后经过思考，这样才能找到适合自己的商机。

1. 逛大街，找商机

这里说的“逛大街”，不是陪同爱人和朋友购物，而是独自一个人，或骑车，或漫步，用心去看，深入去想，无拘无束，入微入理，您会发现以前没有看到的东西——商机。

2. 记录你所发现的商机

您可以先到服装市场，您会发现甲摊位和乙摊位的同一款衣服卖价不一样，大商场的卖价也和地摊不一样，甲市场和乙市场的卖价不一样，如果有中意的，您可以试着买下，告诉摊主，您是××单位的业务员，单位要给职工统一购买，您先带一份样品，讨价还价，波澜不惊，您肯定能买到最低价。

您再到副食市场，同去服装市场一样，反复比较，选家里需要的买一份，说给××单位搞样品或者说××朋友要结婚，同样能买到最低价。

逛到用餐时刻，您可以选一地摊或小吃店坐下来，要一份食物细嚼慢咽，留心观察来往的客人，算一下主人的营业额，推测一下主人的费用，没准能发现主人挣钱的秘密，不起眼的小店其收入可能是您工作单位工资的几倍。

把城内的吃穿市场逛遍了，您就知道怎样为家庭生活省钱了。省钱就是挣钱，同时看透了市场就成了半个商人。吃穿是常人容易起步的行当，如果您从中发现了机会，就着手亲自干，如果没发现，也不忙，继续逛街。

同时，留心街上的信息栏和中介公司，看看有没有好单位在招聘，为自己将来的实习或就业做好准备。另外，重点看哪一类行当在招工，不断扩充招工的行业，一定是效益好的行业，盯住他们，也许就能找到发财的机会。

再一次逛街，您留神身边的建设，看看哪里在盖楼，哪里在修路，上前问问盖楼做什么，还缺不缺什么材料，是不是全卖了，卖给了谁。再去修路那里，问问路修到哪里，路两边要不要盖营业房，等等，也许就能找到一个突破口。

夜晚逛街，您盯住街上的霓虹灯，哪家不亮，您一定要记下来。第二天，去问一下他们，要不要修理，没有的，要不要安装。

3. 分析和识别商机

结合电视、报纸、网络等媒体上的信息，进行深入分析，写一份“逛大街，找商机”的心得与体会。

【实训任务】

1. 发现身边的创业机会

以4～6人为一小组，分组讨论自己身边存在哪些创业机会。列出不同来源的创业机会，作为备选的创业方案。

2. 评估你的创业机会

根据小组自身的资源特点及优势，并在进行适当的调查后，运用所学的创业机会评估方法，对上述创业方案进行评估，选择适合自身的创业项目，提出创业计划（包括经营的产品、市场定位、经营策略等）。

3. 培养发现创业机会的能力

每个小组成员根据各自的情况，制定一个培养发现创业机会能力的训练计划。

项目四　创业项目决策

【能力目标】

1. 提高学生的市场分析水平和能力；
2. 培养学生掌握市场定位的能力；
3. 培养学生掌握财务分析工具；
4. 通过综合训练，培养学生应用项目决策知识和技能解决实际问题的能力。

【知识目标】

1. 理解项目决策的含义及其对创业成败的关键作用；
2. 掌握项目决策的内容和程序；
3. 掌握项目决策的工具；
4. 了解创业项目决策应把握的原则。

创业项目决策要解决的问题是：通过对备选项目的评估，判断所选择进入的行业和打算生产的产品或服务是否可行，并最终做出是否投入启动项目的决定。为了作出正确的决策，就要进行市场分析，找准市场定位，测算财务数据。

任务1　市场分析

市场分析的目的是为下一步的市场定位打好基础，其主要内容包括顾客分析（也称客户分析）、渠道分析、竞争者分析、企业分析（即自我分析）四个方面。

一、顾客分析（客户分析）

顾客分析（客户分析）是市场开拓的首要任务，它体现了市场导向的经营管理理念。顾客分析（客户分析）就是根据各种关于客户的信息和数据来了解客户需要，分析客户特征，评估客户价值，目的是选择不同的市场细分变量对市场进行细分，进而找出目标市场。

（一）市场细分

市场细分是指企业根据市场需求的多样性和购买者行为的差异性，把整体市场的全部顾客和潜在顾客划分为若干个具有某种相似特征的顾客群。这些不同的顾客群称为细分市场或子市场。

细分市场的目的是为了便于企业确定自己的目标市场。有效的客户细分是深度分析客户需求、应对客户需求变化的重要手段。通过合理、系统的客户分析，企业可以知道不同的客户有着什么样的需求，分析客户消费特征与商务效益的关系，对于创业者来说，可以发现潜在客户，从而寻找到适合创业的项目。

细分市场应该注意以下几点：

（1）市场细分的实质是将顾客分类，而不是对产品分类；

（2）市场细分的基础是消费者对同一产品需求存在差异性，否则不能细分；

（3）市场细分的目的是选择适合自己的目标市场并制定恰当的营销策略。

通常所用的细分变量有如下几类：

人口因素：年龄、性别、家庭规模、收入、职业、宗教、种族、国籍、行业等；

地理因素：区位、地形、城市规模、气候等；

心理因素：生活方式、消费态度、价值观、社会阶层、文化特点等；

行为因素：消费者的地位、消费频率、忠诚度、新事物接受度、对产品的态度、使用场合、关注的利益点等。

（二）顾客研究

通过细分变量细分市场后，由于每个细分市场的顾客都有特定的需求以及营销风险和障碍，即每个细分市场的机遇和风险是不同的，因此要对客户进行分析和研究。

一般来说，开发低端市场和开发高端市场要面临不同需求、风险与障碍。高端市场重视质量和服务，对价格不敏感，客户资源可能不足。低端市场对价格敏感，主要风险是市场份额的争夺和要求低成本经营的必要投资。

此外，还要了解顾客的购买过程和购买过程中的主要参与者。

顾客购买过程的大致顺序如下：识别问题和要求；收集信息；确认需求；进行筛选；做出决策；筹集资金；评估最终选择；确认卖方；洽谈交易条件；实施购买；在使用中检验性能。

网络的应用普及改变了顾客的购买行为，网上购物呈现出与传统购物不同的消费行为特性，主要表现为：寻找目标网站；浏览网站内容；购买所需物品；分享购物体验。特别是分享购物体验，对于潜在消费者的购物行为影响巨大。

顾客在购买行为中有不同的参与者，包括首倡者、把关者、影响者、决策者、购买者和使用者。每种角色在购买过程中所起的作用都不同。

具体来说，客户分析可以包含以下六个方面的内容：商业行为分析、特征分析、忠诚度分析、注意力分析、营销分析和收益率分析。

二、渠道分析

渠道是产品从企业到达顾客手中的途径。渠道分析就是要了解各细分市场的可行渠道，然后做出渠道选择。

（一）渠道形式

渠道有多种形式，包括销售者的网络、企业销售人员、邮购目录、厂商代表等。渠道的选择因行业、企业、产品的不同而不同。

直销是最短的渠道，由生产商的销售人员直接与最终用户联系。使用经销商也是一个较短的渠道，由生产商将产品卖给经销商，再由经销商卖给最终用户，这也称一层分销。两层分销也比较常见，就是从厂商到经销商、零售商，再到最终用户。多数企业是采用渠道组合来有效销售产品的。

（二）渠道分析方法

渠道分析是借鉴顾客分析的方法，对渠道成员不同的需求、需要、风险和障碍进行分析，以说明企业应该选择何种渠道。需要注意的是，无论企业选择长渠道、短渠道、宽渠道、窄渠道，也无论将权利、义务在渠道成员和企业中进行怎样的分配和转移，都要记住所有层次和类型的渠道成员都是顾客。因此，不论是最终顾客，还是对经销商、分销商、零售商，都要进行顾客分析，才能有效地满足渠道成员的要求，获得高效的渠道资源。

第一步：分析渠道形势。

这一步骤的核心是比较自身与目标竞争对手在货物周转、市场覆盖和成本变动趋势等方面的差别。

第二步：从市场背后开始设计渠道。

（1）渠道中提供的服务项目的价值。这要求撇开产品的特点和性能，只考虑顾客最重视的渠道服务项目。

（2）细分顾客。不同顾客对渠道服务项目的重要性认识不同，这取决于他们的需要和购买行为。如果不同顾客之间的差异程度很大，则很难用一条渠道满足所有顾客的要求。

（3）顾客对各种渠道选择的看法。为顾客设计的渠道是否能够满足顾客的需要，应该询问顾客。在询问顾客过程中特别要注意的是，顾客对现有渠道在总体上的满足往往会掩盖某些关键服务项目上的缺陷。研究顾客不满的目的是得出新的构建渠道的方式，以克服各种问题。

第三步：渠道决策的经济性。

在比较不同渠道选择的获利能力时，必须判断不同组合的收入、成本和资金需求情况。通过盈亏平衡分析，判别某种特定的分销方式是否值得采用。在确定了某种选择后，还应详细估算相对收入、成本以及流动资金和固定资金需求。

第四步：战略适应性和可行性。

渠道战略的决策是在一个广泛的背景中做出的，这一步的目的就是要把先前的步骤中识别出的最优渠道暴露在现实条件之下。如果确认某项选择适应当前的战略，是可行的，还必须看它是否适应将来的战略需要，并让竞争对手陷入困境。如果一种渠道战略很容易被竞争对手模仿和超越，它就不能提供一种实质性的优势。

三、竞争者分析

市场导向的营销观念不仅包括顾客导向，也应包括竞争者导向，只有达到两者平衡，才是真正意义上的市场导向。

企业参与市场竞争，不仅要了解谁是自己的顾客，而且还要弄清谁是自己的竞争对手。从表面上看，识别竞争者是一项非常简单的工作，但是，由于需求的复杂性、层次性、易变性，技术的快速发展和演进、产业的发展使得市场竞争中的企业面临复杂的竞争形势，一个企业可能会被新出现的竞争对手打败，或者由于新技术的出现和需求的变化而被淘汰。企业必须密切关注竞争环境的变化，了解自己的竞争地位及彼此的优劣势，只有知己知彼，方能百战不殆。

竞争者分析目的是为了准确判断竞争对手的战略定位和发展方向，并在此基础上预测竞争对手未来的战略，准确评价竞争对手对本组织的战略行为的反应，估计竞争对手在实现可持续竞争优势方面的能力。对竞争对手进行分析是确定组织在行业中的战略地位的重要方法。

竞争者分析一般包括以下五项内容和步骤：

（1）识别企业的竞争者。识别企业竞争者必须从市场和行业两个方面分析。

（2）识别竞争者对手的策略。

（3）判断竞争者目标。

（4）评估竞争者的优势和劣势。

（5）判断竞争者的反应模式。

（一）从不同的角度来划分竞争者的类型

从行业的角度来看，企业的竞争者包括：

（1）现有厂商。指本行业内现有的与企业生产同样产品的其他厂家，这些厂家是企业的直接竞争者。

（2）潜在加入者。当某一行业前景乐观、有利可图时，会引来新的竞争企业，使该行业增加新的生产能力，并要求重新瓜分市场份额和主要资源。

（3）替代品厂商。与某一产品具有相同功能、能满足同一需求的不同性质的其他产品，属于替代品。

从企业所处的竞争地位来看，竞争者的类型有：

（1）市场领导者（Leader）。指在某一行业的产品市场上占有最大市场份额的企业。

（2）市场挑战者（Challenger）。指在行业中处于次要地位（第二、三甚至更低地位）的企业。

（3）市场追随者（Follower）。指在行业中居于次要地位，并安于次要地位，在战略上追随市场领导者的企业。

（4）市场补缺者（Nichers）。多是行业中相对弱小的一些中、小企业，它们专注于市场上被大企业忽略的某些细小部分，在这些小市场上通过专业化经营来获取最大限度的收益，在大企业的夹缝中求得生存和发展。

综上所述，企业应从不同的角度，识别自己的竞争对手，关注竞争形势的变化，以更好地适应和赢得竞争。

（二）确认竞争者的目标

在识别了主要竞争者之后，企业经营者接着应回答的问题是：每个竞争者在市场上寻求什么？什么是竞争者行动的动力？最初经营者推测，所有的竞争者都追求利润最大化，并以此为出发点采取各种行动。

竞争者虽然无一例外关心其企业的利润，但它们往往并不把利润作为唯一的或首要的目标。在利润目标的背后，竞争者的目标是一系列目标的组合，对这些目标竞争者各有侧重。所以，我们应该了解竞争者对目前盈利的可能性、市场占有率的增长、资金流动、技术领先、服务领先和其他目标所给予的重要性权数。了解了竞争者的这种加权目标组合，我们就可以了解竞争者对目前的财力状况是否感到满意，他对各种类型的竞争性攻击会作出什么样的反应等。如：一个追求低成本领先的竞争者对于他的竞争对手因技术性突破而使成本降低所作出的反应，比对同一位竞争对手增加广告宣传所作出的反应强烈得多。

企业必须跟踪了解竞争者进入新的产品细分市场的目标。若发现竞争者开拓了一个新的细分市场，这对企业来说可能是一个发展机遇；若企业发现竞争者开始进入本公司经营的细分市场，这意味着企业将面临新的竞争与挑战。对于这些市场竞争动态，企业若了如指掌，就可以争取主动，有备无患。

（三）市场竞争者优劣势分析

在市场竞争中，企业需要分析竞争者的优势与劣势，做到知己知彼，才能有针对性地制定正确的市场竞争战略，以避其锋芒，攻其弱点，出其不意，利用竞争者的劣势来争取市场竞争的优势，从而实行企业营销目标。

竞争者优劣势分析的内容包括：

（1）产品。竞争企业产品在市场上的地位；产品的适销性；产品系列的宽度与深度。

（2）销售渠道。竞争企业销售渠道的广度与深度；销售渠道的效率与实力；销售渠道的服务能力。

（3）市场营销。竞争企业市场营销组合的水平；销售队伍的培训与技能。

（4）生产与经营。竞争企业的生产规模与生产成本水平；设施与设备的技术先进性与灵活性；专利与专有技术；生产能力的扩展；质量控制与成本控制；区位优势；员工状况；原材料的来源与成本；纵向整合程度。

（5）研发能力。竞争企业内部在产品、工艺、基础研究、仿制等方面所具有的研究与开发能力；研究与开发人员的创造性、可靠性、简化能力等方面的素质与技能。

（6）资金实力。竞争企业的资金结构；筹资能力；现金流量；资信度；财务比率；财务管理能力。

（7）组织。竞争企业组织成员价值观的一致性与目标的明确性；组织结构与企业策略的一致性；组织结构与信息传递的有效性；组织对环境因素变化的适应性与反应程度；组织成员的素质。

（8）管理能力。竞争企业管理者的领导素质与激励能力；协调能力；管理者的专业知识；管理决策的灵活性、适应性、前瞻性。

只有对竞争对手的目标、战略及资源情况有透彻的认识，创业企业才能选对细分市场和市场地位，才能制定正确的营销战略，确保企业的生存和发展。选择错误的市场，或者攻击强大的竞争对手，或者忽视弱小的潜在竞争对手，意味着战略上的失败，而且往往是难以挽回的，因为创业企业资源的有限性不允许战略的失败和无效。

从竞争角度而言，创业企业的理想情况是找到一个细分市场，在这个市场能充分发挥优势，向对手展开进攻，而对手在当前情况下无法报复。这可能就是对手准备不足、热情不足、不具备优势或目标矛盾的细分市场。

四、企业分析

对于创业者来说，这一部分实际上就是自我分析，知己知彼，百战不殆。市场分析不仅要求了解顾客、渠道、竞争者，还要求了解企业本身的资源和技能。通过同竞争者比较，发现企业自身的优势和劣势，以便扬长避短、趋利避害。下面是企业（自我）资源与技能分析的主要内容，它同样适用于渠道成员和竞争者的优势和劣势分析。企业分析的主要内容包括：

1. 产品

创业者的第一要务，就是要解决以何种产品、何种方式最快、最有效地满足客户的要求，以吸引和留住客户。因此，新创企业的立足根基是：创造优于他人的产品。产品分析要着重对拟推出的产品的总体进行评估，包括产品的合理性评估和产品的需求度评估。

2. 分销网络与营销

包括渠道成员的实力、覆盖的地域、服务水平和能力、市场调研能力、研发能力、产品质量、企业声誉、市场份额、促销效果、销售队伍、顾客忠诚度等。

3. 运作能力

包括规模经济及产能利用、设施工艺水平、专有技术、质量水平、设备维护、原材料来源与成本、纵向整合程度、人员成本、物流成本、单项产品成本等。

4. 财务实力

包括财务杠杆比率、现金率、筹资能力、盈利能力、资金成本等。其中评估新创企业的资本需求、同类企业的盈利能力及新创企业的财务吸引力尤为重要，特别是财务吸引力，常常是影响项目决策的关键因素。较好的财务吸引力应满足以下四个条件：

（1）三年内新创企业在目标市场上销售额能够稳步增长，两年内就可以靠自我盈余支持企业发展；

（2）客户回头率高，而且能给新创企业带来可观的收入；

（3）创业者具有较强的资金运筹能力，能够较准确地预测收入与支出情况；

（4）投资者的退出机会较少。新创企业的利润率及增长率越高，其财务吸引力就越大，反之亦然。

5. 组织实力

包括经营管理人员的素质及业务水平、员工素质和业务水平、组织结构的合理性、组织对外界变化的敏感性和反应灵活性、管理深度、综合计划能力、协调效率、执行能力等。

6. 技能

包括创新能力、学习能力、规划能力、信息与数据处理能力、沟通能力、管理能力和分析解决问题能力。

任务2 市场定位

在完成市场分析的基础上，确定新创立企业的基本定位和拟推出的产品或服务的定位，使本企业和本企业的产品或服务能够为市场所接受。为了达到这个目的，首先要选择市场，然后考虑企业和产品的特色，最后确定自己的定位。

一、市场选择

创业企业在划分好细分市场之后，可以进入既定市场中的一个或多个细分市场。目标市场选择是指估计每个细分市场的吸引力程度，并选择进入一个或多个细分市场。目标市场选择有以下标准。

（一）有一定的规模和发展潜力

创业企业进入某一市场是期望能够有利可图，如果市场规模狭小或者趋于萎缩状态，企业进入后难以获得发展，此时，应审慎考虑，不宜轻易进入。当然，创业企业也不宜以市场吸引力作为唯一取舍，特别是应力求避免“多数谬误”，即与竞争企业遵循同一思维逻辑，将规模最大、吸引力最大的市场作为目标市场。大家共同争夺同一个顾客群的结果是，造成过度竞争和社会资源的无端浪费，同时使消费者的一些本应得到满足的需求遭受冷落和忽视。现在很多企业动辄将城市尤其是大中城市作为其首选市场，而对小城镇和农村市场不屑一顾，很可能就步入误区，如果转换一下思维角度，说不定会出现“柳暗花明”的局面。

（二）细分市场结构具有吸引力

细分市场可能具备理想的规模和发展特征，然而从盈利的观点来看，它未必有吸引力。波特认为有五种力量决定整个市场或其中任何一个细分市场的长期的内在吸引力。这五个群体是：同行业竞争者、潜在的新参加的竞争者、替代产品、购买者和供应商。他们具有如下五种威胁性：

1. 细分市场内激烈竞争的威胁

如果某个细分市场已经有了众多的、强大的或者竞争意识强烈的竞争者，那么该细分市场就会失去吸引力。如果该细分市场处于稳定或者衰退状况，生产能力不断大幅度扩大，固定成本过高，撤出市场的壁垒过高，竞争者投资很大，那么情况就会更糟。这些情况常常会导致价格战、广告争夺战，并使推出新产品参与竞争的新创企业付出高昂的代价。

2. 新竞争者的威胁

如果由于某个细分市场的吸引，会引入争夺市场份额的新的竞争者，会增加新的生产能力和大量资源，那么该细分市场就有可能变得没有吸引力。问题的关键是新的竞争者能否轻易地进入这个细分市场。如果新的竞争者进入这个细分市场时遇到森严的壁垒，并且遭受到细分市场内原来的公司的强烈报复，他们便很难进入。保护细分市场的壁垒越低，原来占领细分市场的公司的报复心理越弱，这个细分市场就越缺乏吸引力。根据行业利润的观点，最有吸引力的细分市场应该是进入的壁垒高、退出的壁垒低。

3. 替代产品的威胁

如果某个细分市场存在着替代产品或者有潜在替代产品，那么该细分市场就失去吸引力。替代产品会限制细分市场内价格和利润的增长。公司应密切注意替代产品的价格趋向。如果在这些替代产品行业中技术有所发展，或者竞争日趋激烈，这个细分市场的价格和利润就可能会下降。

4. 购买者讨价还价能力加强的威胁

如果某个细分市场的购买者的讨价还价能力很强或正在加强，该细分市场就没有吸引力。购买者便会设法压低价格，对产品质量和服务提出更高的要求，并且使竞争者互相斗争，所有这些都会使销售商的利润受到损失。如果购买者比较集中或者有组织，或者该产品在购买者的成本中占较大比重，或者产品无法实行差别化，或者顾客的转换成本较低，或者由于购买者的利益较低而对价格敏感，或者顾客能够向后实行联合，购买者的讨价还价能力就会加强。销售商为了保护自己，可选择议价能力最弱的购买者。较好的防卫方法是提供顾客无法拒绝的优质产品供应市场。

5. 供应商讨价还价能力加强的威胁

如果公司的供应商——原材料和设备供应商、公用事业、银行、公会等，能够提价或者降低产品和服务的质量，或减少供应数量，那么该公司所在的细分市场就会没有吸引力。如果供应商集中或有组织，或者替代产品少，或者供应的产品是重要的投入要素，或转换成本高，或者供应商可以向前实行联合，那么供应商的讨价还价能力就会较强大。因此，与供应商建立良好关系和开拓多种供应渠道才是防御上策。

（三）符合企业目标和能力

某些细分市场虽然有较大吸引力，但不能推动企业实现发展目标，甚至分散企业的精力，使之无法完成其主要目标，这样的市场应考虑放弃。另一方面，还应考虑企业的资源条件是否适合在某一细分市场经营。只有选择那些企业有条件进入、能充分发挥其资源优势的市场作为目标市场，企业才会立于不败之地。

除了上述三个选择标准，创业企业在进入细分市场时还需要考虑其他因素。企业可能会选择进入一个吸引力弱或者企业自身竞争地位不强的市场，这样做可能有以下几种原因：

（1）企业看到该市场上有未被满足的现实需求；

（2）在该市场中有竞争者，企业为获取竞争关联而参加该细分市场竞争；

（3）企业试图阻止竞争者进入该市场作为后续进攻的立足点；

（4）该市场中存在具有创新性的顾客，他们有助于改进企业的产品；

（5）该细分市场的政治风险和金融风险小。

市场选择并非一个轻而易举的过程，包括了对市场的定量分析和定性分析。权衡宏观环境因素、企业实力、市场需求以及企业长期目标战略之间的平衡有时是相当困难的。

目标市场的选择通常有几种形式，即单一市场集中化、选择性专业化、产品专业化、市场专业化、全面进入和大量定制。由于创业企业资源有限，一般不能选择全面进入和大量定制这两种形式，采取前四种方式选择目标市场具有可行性，因为这些都不违背集中化原则。

二、特色选择

在选择市场后，就要考虑本企业以及拟推出的产品或服务在市场上应该具有什么样的特色。使自己的企业、产品、服务区别于竞争对手的策略称为差别化战略。差别化是避开过于激烈的市场竞争，找准自己的市场定位，营造自己的竞争优势的重要战略，对创业企业的生存和发展尤为关键。

波特的三大基本战略本质上就是一种战略：差异化战略。企业的经营实践告诉我们，低成本战略的道路十分艰辛。有些成本具有刚性，不是想降就能降得下来的，再说，低成本也有底线和尽头。低成本只是手段，低价格才是真正的目的，通过降低成本而调低售价来吸引顾客才是企业最关心的事情。低成本其实是一种特殊的差异化，即价格差异化。同理，聚焦战略也是差异化战略中的一种，即范围或区域上的差异化。因此，企业要从根本上获得竞争优势，应通过实施差异化战略，让自己的产品或服务与众不同，具有异质性。

实施差异性战略必须做好以下几方面的工作：

1. 研究顾客

差异化的逻辑起点是顾客需求和顾客的价值主张，最终依归为顾客愿意为厂商提供的独特效用而付出高昂价格。客户对差别化的喜好程度越高，他们同公司的联系就越紧密，公司所获得的竞争优势也就越强。成功的差异性战略能够使企业以更高的价格出售其产品，并通过使客户高度依赖产品的某些特征而得到他们对企业产品的忠诚。

2. 研究竞争对手

要获得持续性的竞争优势，企业应密切注视竞争对手的一举一动和产业中的各种变化，努力把自身产品的属性与竞争对手明显地区分开来。企业应尽量将自己的产品与竞争对手作详尽对比，在此基础上寻求差异化和比较优势的途径。

3. 清晰直白地向客户传递产品的价值和特色

现在的市场不再是卖方市场而是买方市场，供过于求普遍存在，加之广告资讯泛滥，消费者的眼球和注意力越来越稀缺。因此，企业不仅要通过技术进步、产品创新等手段创造与竞争对手异质的、内在差别化的产品属性；同样重要的是，要通过多渠道、多途径的营销手段，清晰直白地向客户传递产品的特色，强调（有时以巧妙暗示的方式）自己产品与竞争对手的卓然之处，大张旗鼓地宣传自身产品差别化的价值。

4. 不要过度差异化

出售产品所带来的总收入和生产该产品发生的总支出之间的关系，是判断是否过度差异化的重要依据。在任何时候，都要确保产品所获得的收益超过为获得差别化而花费的总成本，使差别化的产品有利可图。

5. 集中稀缺资源于关键性的经营职能

一般来说，在不同的产业领域中，成功要素分别维系于竞争者如何发挥最具决定性的经营职能。这些职能可能是采购、设计、研发和生产制造，也可能是市场营销、出厂后勤、分销及客服等。经营职能性差异是差异性战略的核心指导思想，一家企业，即使其人力物力与竞争对手相差无几，也可获得竞争优势。办法就是事先确定提高市场占有率及盈利能力最强、最关键的要素，然后明智地将资源重新调配，重点布局，把关键职能做深做透，形成主推力量，以实现纲举目张。

6. 创新思维

差别化其实就是取得某种独特性。为此，企业往往需要利用匠心独具的构思，卓尔不群的技术和工艺，新奇奥妙的原料配方，别具一格的服务形式，为客户提供独特价值。有时即使产品本身并无稀奇之处，但通过包装、广告也能达到差异化的效果。

7. 持续差异化

持续差异化有两层含义。一是通过多次、不断地差异化，使自身的产品始终与众不同，从而获得持续的竞争优势；二是提高一次性差异化的模仿难度，使差异化的成果能在相当长的时间内得以保留。

8. 加强组织工作和环境建设

成功的差异化战略对一般组织工作的要求包括：建立提升员工创造性的激励体制和管理体制，提供能够吸引科学家和创造性人才的宜人环境和工作氛围；加强研究开发和市场营销功能的强有力协调，构建与差异化战略相匹配的组织结构，再造企业的业务流程和管理方式。同时，高度重视企业文化建设。对高技术企业而言，格外需要良好的创造性文化，要大力倡导勇于创新、宽容失败的理念，鼓励技术人员大胆创新。

无论各种战略的表现形式如何多种多样，它们都应尽力体现为顾客价值的最大化，即顾客认为能最大程度满足自己的需要。不同的企业体现在顾客价值的各个方面是不尽相同的，这种顾客价值方面的差别就是企业特色定位的依据。

三、市场定位

市场定位是指为了使自己生产或销售的产品获得稳定的销路，从各方面为产品增添一定的特色，树立一定的市场形象，以求在顾客心目中形成一种特殊的偏爱。定位是在目标市场上向顾客诉求企业或产品在顾客价值方面与众不同的独特卖点，是将市场选择和差别化选择结合起来的过程。即定位 = 市场选择 + 差别化。

市场定位并不是你对一件产品本身做些什么，而是在潜在消费者的心目中你做了些什么。市场定位的实质是使本企业与其他企业严格区分开来，使顾客明显感觉和认识到这种差别，从而在顾客心目中占有特殊的位置。市场定位也称作“营销定位”，是市场营销工作者用以在目标市场（此处目标市场指该市场上的客户和潜在客户）的心目中塑造产品、品牌或组织的形象或个性（identity）的营销技术。

（一）市场定位的操作步骤

定位可分为三个步骤：

第一，找出竞争对手之间的所有差别；

第二，运用某种标准对自己进行特色定位；

第三，与目标市场进行有效的定位沟通。

（二）市场定位所依据的原则

总的来讲，市场定位所依据的原则有以下四点：

（1）根据具体的产品特点定位；

（2）根据特定的使用场合及用途定位；

（3）根据顾客得到的利益定位；

（4）根据使用者类型定位。

（三）市场定位的形式

（1）产品差别化战略。即从产品质量、产品款式等方面实现差别，寻求产品特征是产品差别化战略经常使用的手段。

（2）服务差别化战略。即向目标市场提供与竞争者不同的优异服务。企业的竞争力越充分地体现在对顾客的服务上，市场差别化就越容易实现。

（3）人员差别化战略。即通过聘用和培训比竞争者更为优秀的人员以获取差别优势。

（4）形象差异化战略。即在产品的核心部分与竞争者雷同的情况下塑造不同的产品形象，以获取差别优势。

任务3 财务分析

财务分析的目的是说明创业者计划经营的业务在财务上的表现如何。财务分析的前提是对市场的预测，而市场预测又以市场调查的数据资料为基础。

一、市场预测

所谓市场预测，就是运用科学的方法，对影响市场供求变化的诸因素进行调查研究，分析和预见其发展趋势，掌握市场供求变化的规律，为经营决策提供可靠的依据。

预测遵循的基本原理：从已知→未知，从过去、现在→将来。总结事物发展的规律、趋势、逻辑、经验，实质是分析问题的能力和手段。即依据过去和现在的市场需求情况所表现出来的客观规律性，来推断未来市场需求的发展趋势。首先通过市场调查收集资料；然后运用科学方法拟合出反映市场运行规律的模型；最后按照数学模型对未来的情况进行估算。

（一）市场预测的内容

市场预测的内容十分广泛丰富，从宏观到微观，二者相互联系、相互补充。具体主要包括以下几个内容：

（1）预测生产发展及其变化趋势。这是对市场中商品供给量及其变化趋势的预测。

（2）企业生产经营产品的需求预测。

①消费者购买力预测。预测消费者购买力要做好两个预测：

第一，人口数量及变化预测。人口的数量及其发展速度，在很大程度上决定着消费者的消费水平。

第二，消费者货币收入和支出的预测。

②预测购买力投向。消费者收入水平的高低决定着消费结构。消费结构即消费者的生活消费支出中商品性消费支出与非商品性消费支出的比例。消费结构规律是收入水平越

高，非商品性消费支出会增大，如娱乐、消遣、劳务费用支出增加；在商品性支出中，用于饮食费用支出的比重大大降低。另外还必须充分考虑消费心理对购买力投向的影响。

③预测商品需求的变化及其发展趋势。根据消费者购买力总量和购买力的投向，预测本企业所经营商品需求的数量、花色、品种、规格、型号、质量、包装、需要时间等变动趋势。

（3）产品经济寿命期以及新产品投入市场的适销性预测。

（4）市场价格的变化趋势、生产经营成本、价格弹性及盈利变化预测。企业生产中投入品的价格和产品的销售价格直接关系到企业盈利水平。在商品价格的预测中，要充分研究劳动生产率、生产成本、利润的变化，市场供求关系的发展趋势，货币价值和货币流通量变化，以及国家经济政策对商品价格的影响。

（5）资源供应与利用预测。

（6）本企业产品销售量、销售费用、市场占有率预测。

（二）市场预测的基本步骤

预测应该遵循一定的程序和步骤，以使工作有序化、统筹规划和协作。市场预测的过程大致包含以下步骤：

1. 确定预测目的

明确目的，是开展市场预测工作的第一步，因为预测的目的不同，预测的内容和项目、所需要的资料和所运用的方法都会有所不同。根据预测目的，拟定预测的项目，制定预测工作计划，编制预算，调配力量，组织实施，以保证市场预测工作有计划、有节奏地进行。

2. 搜集资料

进行市场预测必须掌握充分的资料。有了充分的资料，才能为市场预测提供分析、判断的可靠依据。在市场预测计划的指导下，调查和搜集有关资料是进行市场预测的重要一环，也是预测的基础性工作。

3. 选择预测方法

根据预测的目的以及各种预测方法的适用条件和性能，选择出合适的预测方法。有时可以运用多种预测方法来预测同一目标。预测方法的选用是否恰当，将直接影响到预测的精确性和可靠性。运用预测方法的核心是建立描述、概括研究对象特征和变化规律的模型，根据模型进行计算或者处理，即可得到预测结果。

4. 预测分析和修正

分析判断是对调查搜集的资料进行综合分析，并通过判断、推理，使感性认识上升为理性认识，从事物的现象深入到事物的本质，从而预计市场未来的发展变化趋势。在分析评判的基础上，通常还要根据最新信息对原预测结果进行评估和修正。

5. 编写预测报告

预测报告应该概括预测研究的主要活动过程，包括预测目标，预测对象及有关因素的分析结论，主要资料和数据，预测方法的选择和模型的建立，以及对预测结论的评估、分析和修正，等等。

（三）预测方法选择

市场预测的方法很多，根据创业项目评估的要求，下面分两类列出常用的预测方法，供创业者选用。

1. 市场潜量预测方法

可选用的方法主要有：需求量近似值法、购买力估算法、相关产品法（消费水平法）、最终用途法（消费系数法）、抽样调查法、市场试销法等。每一种方法的计算公式及具体运用在这里不做一一介绍，需要时可查阅有关预测的文献资料。

2. 市场发展趋势预测方法

关于市场发展趋势的预测方法很多，大致可分为以下四大类。

一是直观法（判断法），包括经理人依据法、基层销售人员意见法、用户（购买者）意图调查法、专家意见法（德尔菲法）等。

二是历史引伸法（趋势外推法），包括移动平均法、指数平滑法、季节变动分析法、趋势预测法等。

三是因果分析法，包括回归分析法、相关分析法。

四是产品寿命期分析，包括销售趋势分析、相关产品分析、产品普及率分析、销售增长率分析等。

二、销售计划

（一）制定产品销售计划

为达到项目预期销售目标，必须在详细的销售研究结果的基础上，确定所需的销售措施，并利用各种可能的销售工具，制订一份产品销售活动计划。产品销售计划需综合考虑企业的发展和现实的市场情况，制定一定时间范围的销售指标（数量或金额），是产品销售策略的具体化。由于在项目评估与决策阶段企业尚未投资建设，亦未正式投产，没有必要编制详细的产品销售计划，只需要编制一份产品销售计划纲要。销售计划纲要具体内容主要包括以下几个方面：

（1）商品计划。确定投入市场的产品或服务，制定产品价格，包括淡旺季价格和地区价格。

（2）销售总额计划。确定在项目计划期内，包括投产前和达产期的各年产品销售量。

（3）渠道计划。制定产品销售渠道计划。

（4）区域市场计划。确定产品销售的地区范围，各地区的销售比重。

（5）推广宣传计划。包括广告及产品促销计划。

（6）成本计划。

销售计划的最后一步是编制行动计划表及预测销售费用，即将相应的销售费用加总起来计入销售费用预算中。在销售行动计划表中应归纳出所有的对项目成功起重要作用的措施，这是项目评估以及在项目建成投产后，调控项目经营和执行情况所必需的，它还应有助于项目实施后期的调整和确定详细的产品销售计划。

（二）销售费用估算

销售费用估算，是指为了实现销售预算所需支付的费用估算。它以销售计划为基础，要分析销售收入、销售利润和销售费用的关系，力求实现销售费用的最有效使用。产品销售费用是指企业在销售产品、自制半成品和提供劳务过程中，各项销售活动所产生的所有费用，以及专设销售机构的各项经费。

对于创业项目决策评估，产品销售费用的估测一般有两种方法：

一是产品销售费用率法。即用项目产品销售收入乘以产品销售费用率（如1% ～ 5%）求得。产品销售费用率可根据同类企业的调查数据确定。

二是分类详细估算法。即将项目产品销售费用构成中的主要内容分门别类，逐项依据不同费用标准进行估算，然后将它们汇总，求得产品总销售费用，列入总销售费用估算表。

根据研究范围和分析深度要求不同，销售费用可以按每个产品单独预测，也可以就每一类产品做出预测。

三、财务基础数据测算

财务基础数据的测算与评估是对项目进行成本分析、效益分析和风险分析的重要依据，它对最后形成的决策意见具有决定性的影响。

财务基础数据的测算应包括项目计算期内各年的经济活动情况及全部财务收入的结果。具体包括总投资、生产成本费用、销售收入与税金、利润总额等方面。

（一）总投资的测算

项目总投资由固定资产投资总额和流动资金两大部分组成。

1. 固定资产投资总额的估算

固定资产投资总额由工程费用、工程建设其他费用、工程预备费、建设期利息组成。其中，工程费用包括：建筑工程费用、安装工程费用及设备购置费用。工程建设其他费用包括：建设单位管理费、工程建设监理费、工程质量监督费、可行性研究费、工程勘察设计费、环境影响评价费、工程保险费、招标代理服务费等。估算时要调查有关部门、行业和地区的规定和要求，根据项目的投资计划，编制“固定资产投资估算表”。

2. 流动资金的估算

流动资金是指生产经营性项目投产后，为进行正常生产运营，用于购买原材料、燃料，支付工资及其他经营费用等所需的，以及用于在制品、半成品、产成品上的周转资金。流动资金估算一般是参照现有同类企业的状况采用分项定额估算法，个别情况或者小型项目可采用扩大指标法。

分项定额估算法。对计算流动资金需要掌握的流动资产和流动负债这两类因素应分别进行估算。在项目评估中，为简化计算，仅对存货、现金、应收账款这三项流动资产和应付账款这项流动负债进行估算。所谓分项定额估算，就是根据企业每天平均生产消耗量和定额最低周转天数或周转次数，分别估算货币资金、应收及预付款项、存货的金额，加总后就可以得到流动资金的需要量。

扩大指标估算法是根据现有同类企业的实际资料，求得各种流动资金率指标，亦可依据行业或部门给定的参考值或经验确定比率。公式为：

年流动资金额 = 年费用基数 × 各类流动资金率

或　　　　　　年流动资金额 = 年产量 × 单位产品产量占用流动资金额

（二）生产成本费用的估算

总成本费用系指在运营期内为生产产品或提供服务所发生的全部费用，等于经营成本与折旧费、摊销费和财务费用之和。生产成本与费用的估算有两种方法，可以按照生产成本加期间费用法计算，也可以完全成本法为基础进行计算。

1. 生产成本加期间费用法

把项目的总成本费用分为产品制造成本和期间费用两大项，其中制造成本包括直接材料、直接人工、制造费用和其他直接支出；期间费用包括管理费用、财务费用和销售费用。分别对这些项目进行估算并加总，就可以知道项目的总成本费用。总成本费用构成如图 4－1 所示。

- 总成本费用
  - 生产成本
    - 直接费用（直接计入成本）
      - 直接材料（含燃料、动力）
      - 直接工资及福利费
      - 其他直接支出
    - 制造费用——间接费用（分摊计入成本）
  - 期间费用（不计入成本）
    - 管理费用
    - 财务费用
    - 营业费用

图 4－1　总成本费用构成

制造费用是指企业为生产产品或提供劳务而发生的各项间接费用。管理费用是指企业为管理和组织生产经营活动所发生的各项费用。营业费用是指企业在销售商品过程中发生的各项费用以及专设销售机构的各项经费。

2. 以完全成本法为基础进行计算

完全成本法是把总成本费用分为可变成本和固定成本两大项，其中可变成本包括外购原材料、外购燃料和动力、计件工资和福利费；固定成本包括计时工资及福利费、修理费、其他费用（含销售费用）、折旧费、摊销费、利息支出。分别对这些项目进行估算并加总，就可以得到项目的总成本费用。

（三）销售收入与税金的估算

销售收入是指企业在生产经营活动中，由于销售产品、提供劳务等取得的收入，包括产品销售收入和其他销售收入。产品销售收入包括销售产成品、自制半成品和提供工业性劳务所取得的收入。其他销售收入包括材料销售、固定资产出租、包装物出租、外购商品销售、无形资产转让和提供非工业性劳务等取得的收入。项目评价中的销售收入，一般是指销售产成品和自制半成品的货币收入。

销售收入的估算按下列步骤进行：

（1）明确产品销售市场，根据项目的市场调查和预测分析结果，分别估算外销和内销的销售量。为计算便捷，假定生产量即为销售量，即不考虑市场波动而引起的库存变化。

（2）根据产品的销售去向和市场需要，并考虑国内外产品价格变动趋势来确定产品的销售价格。内销产品以国内市场价格为依据进行估算，外销或替代进口的产品以外贸部门掌握的国际市场价格为依据进行估算。销售价格应按企业实际发生的价格计算。

（3）确定销售收入，具体可按下列公式进行估算：

$$S = \sum_{i=1}^{n} Q_i \times P_i$$

式中，Q_i 为第 i 种产品的年产量（销售量），P_i 为第 i 种产品的销售单价。

（4）确定产品销售税金及附加。销售税金及附加是根据国家税法规定的税目、税率、税种和计税依据，以及企业的经营项目，估算各年产品销售所应缴纳的各种税金。一般包括增值税、消费税、营业税、城市维护建设税和教育附加费、资源税等。

（四）利润总额的估算

利润总额可按下式计算：

利润总额 = 销售利润 + 投资净收益 + 营业外收入 − 营业外支出

分别计算出以上各项就可以估算出总利润。

1. 销售利润

销售利润 = 产品销售利润 + 其他销售利润 − 管理费用 − 财务费用

其中：产品销售利润 = 产品销售收入 − 产品制造成本 − 产品销售费用 − 产品销售税金及附加

其他销售利润是指除产品销售收入以外其他业务活动（如提供服务）的销售利润。

2. 投资净收益

投资净收益指企业投资收益减去投资损失后的净额。投资收益和投资损失是指企业对外投资所取得的收益或发生的损失。投资收益扣除投资损失后的净收益，是企业利润总额的构成项目。投资收益包括对外投资分得的利润、股利和债券利息，投资到期收回或者中途转让取得款项大于账面价值的差额，以及按照权益法记账的股票投资、其他投资在被投资单位增加的净资产中所拥有的数额等。投资损失包括对外投资到期收回或者中途转让取得款项少于账面价值的差额，以及按照权益法记账的股票投资、其他投资在被投资单位减少的净资产中所分担的数额等。

3. 营业外收入

营业外收入是指与企业生产经营活动没有直接关系的各种收入。营业外收入并不是由企业经营资金耗费所产生的，不需要企业付出代价，实际上是一种纯收入，不可能也不需要与有关费用进行配比。因此，在会计核算上，应当严格区分营业外收入与营业收入的界限。营业外收入主要包括：固定资产盘盈、处置固定资产净收益、罚款净收入等。

4. 营业外支出

营业外支出是指企业发生的与其生产经营活动无直接关系的各项支出。包括固定资产盘亏、处理固定资产净损失、出售无形资产净损失、罚款支出、捐赠支出、非常损失等。

在估算利润总额时应注意，投资净收益是企业创办并正常运作后对外投资产生的，在对创业项目进行评估时可以暂不计入；营业外收入和支出如果没有明确的来源和支出项目需要单独列出，一般也不计入。

四、财务指标

财务分析主要是利用财务报表和其他相关的核算资料，计算一些必要的财务指标，以反映企业的财务成果、财务状况及变动情况。因此，对于创业者来说，必须根据前面预测的财务数据，编制预计的财务报表。最常用、最重要的财务报表是资产负债表、损益表和现金流量表。由于现金流量表要根据实际发生情况进行编制，所以在项目决策中只能编制预期资产负债表和预期损益表，但同时也要对项目现金流量进行分析。应注意的是，预计财务报表的格式与普通财务报表的格式是一样的，不同的是，其中数据来自于预测，所以，预测结果准确与否对项目的分析与决策影响巨大。

财务指标是指企业总结和评价财务状况和经营成果的相对指标。中国《企业财务通则》中为企业规定的三种财务指标为：偿债能力指标（包括资产负债率、产权比率、流动比率、速动比率）；营运能力指标（包括应收账款周转率、存货周转率）；获利能力指标（包括资本金利润率、销售利税率（营业收入利税率）、成本费用利润率）等。

（一）偿债能力指标

1. 短期偿债能力指标

（1）流动比率＝流动资产/流动负债×100%

一般情况下，流动比率越高，短期偿债能力越强。从债权人角度看，流动比率越高越好；从企业经营者角度看，过高的流动比率，意味着机会成本的增加和获利能力的下降。

（2）速动比率＝速动资产/流动负债×100%

其中，速动资产＝货币资金＋交易性金融资产＋应收账款＋应收票据

一般情况下，速动比率越高，企业偿债能力越强；但却会因企业现金及应收账款占用过多而大大增加企业的机会成本。

2. 长期偿债能力指标

（1）资产负债率＝负债总额/资产总额×100%

一般情况下，资产负债率越小，表明企业长期偿债能力越强；从企业所有者来说，该指标过小表明对财务杠杆利用不够；企业的经营决策者应当将偿债能力指标与获利能力指标结合起来分析。

（2）产权比率＝负债总额/所有者权益总额×100%

一般情况下，产权比率越低，企业的长期偿债能力越强，但也表明企业不能充分地发挥负债的财务杠杆效应。

（二）运营能力指标

运营能力主要用资产的周转速度来衡量，一般来说，周转速度越快，资产的使用效率越高，则运营能力越强。资产周转速度通常用周转率和周转期（周转天数）来表示。

计算公式为：

周转率（周转次数）＝周转额/资产平均余额

周转期（周转天数）=计算期天数/周转次数=资产平均余额×计算期天数/周转额

（三）获利能力指标

获利能力指标包括营业利润率、成本费用利润率、成本费用总额、总资产报酬总额、息税前利润总额以及净资产收益率。如表4-1所示。

表4-1　获利能力指标

计算公式	指标分析
营业利润率=营业利润/营业收入×100%	该指标越高，表明企业市场竞争力越强，发展潜力越大，盈利能力越强
成本费用利润率=利润总额/成本费用总额×100% 成本费用总额=营业成本+营业税金及附加+销售费用+管理费用+财务费用	该指标越高，表明企业为取得利润而付出的代价越小，成本费用控制得越好，盈利能力越强
总资产报酬率=息税前利润总额/平均资产总额×100% 息税前利润总额=利润总额+利息支出	一般情况下，该指标越高，表明企业的资产利用效益越好，整个企业盈利能力越强
净资产收益率=净利润/平均净资产×100%	一般认为，净资产收益率越高，企业自有资本获取收益的能力越强，运营效益越好，对企业投资人、债权人的保证程度越高

任务4　项目决策

创业者通过对所选择项目的深入调研评估，对项目是否可行作出判断，如果可行，就可以进一步编制商业计划书并付诸实施；如果不行，则考虑新的创业项目。这就是项目决策。

在考虑项目可行性的时候，要考虑四个方面：一是市场推广的可行性，即有无市场需求，顾客是否接受？二是资源可行性，即自己是否掌握足够的资源保证项目的实施？三是技术上的可行性，就是能否在技术上把项目的设想变成现实？四是经济上可行，即投资的项目在经济上是否合算？在此，我们主要对投资项目经济上的可行性进行分析。

一、盈亏平衡分析

盈亏平衡分析是通过盈亏平衡点（BEP）分析项目成本与收益的平衡关系的一种方法。各种不确定因素（如投资、成本、销售量、产品价格、项目寿命期等）的变化会影响投资方案的经济效果，当这些因素的变化达到某一临界值时，就会影响方案的取舍。盈亏平衡分析的目的就是找出这种临界值，即盈亏平衡点（BEP），判断投资方案对不确定因素变化的承受能力，为决策提供依据。

盈亏平衡点越低，说明项目盈利的可能性越大，亏损的可能性越小，因而项目有较大的抗经营风险能力。因为盈亏平衡分析是分析产量（销量）、成本与利润的关系，所以也称量本利分析。

我们知道，利润 = 收入 - 成本。盈亏平衡点就是当收入等于成本，或者说是利润等于0时的销售量或销售收入。在盈亏平衡图上表现为成本函数曲线与收入函数曲线的交点。

假定产量等于销售量，用 x 表示；把产品成本分为固定成本 a 和变动成本 b；销售价格为 p，则销售收入 Y 和成本 C 分别为：

$$Y = px,\quad C = a + bx$$

当销售收入等于成本时，有：

$$x = a/(p-b)$$

这就是盈亏平衡销售量。

用盈亏平衡点分析进行项目决策时，评判的标准是：

（1）盈亏平衡点的高低。如果盈亏平衡点高，说明要达到或超过盈亏平衡点不容易，项目要盈利比较困难；反之，如果盈亏平衡点低，说明容易达到或超过盈亏平衡点，项目要盈利比较容易。

（2）根据自己的市场开拓能力，什么时候销售量可以达到或超过盈亏平衡点。如果很快可以达到，则项目前景看好；如果要花很长时间才能达到，则项目前景不佳；如果企业难以达到盈亏平衡，则必须放弃该项目。

案例1

某企业生产并销售一种产品，固定成本为100 000元，单位变动成本为100元/件，销售价格为125元/件，则该企业的盈亏平衡销售量为：

$$x = a/(p-b) = 100\,000/(125-100) = 4\,000\ (件)$$

也就是说，当企业每年的产品销售量达到4 000件时，企业不赚不赔；如果销售量超过4 000件，则收入超过成本，实现盈利；如果销量小于4 000件，则收入少于成本，出现亏损。

盈亏平衡点的表达形式有多种。它可以用实物产量、单位产品售价、单位产品可变成本以及年固定成本总量表示，也可以用生产能力利用率（盈亏平衡点率）等相对量表示。其中产量与生产能力利用率是进行项目不确定性分析中应用较广的。根据生产成本、销售收入与产量（销售量）是否呈线性关系，盈亏平衡分析可分为：线性盈亏平衡分析和非线性盈亏平衡分析。

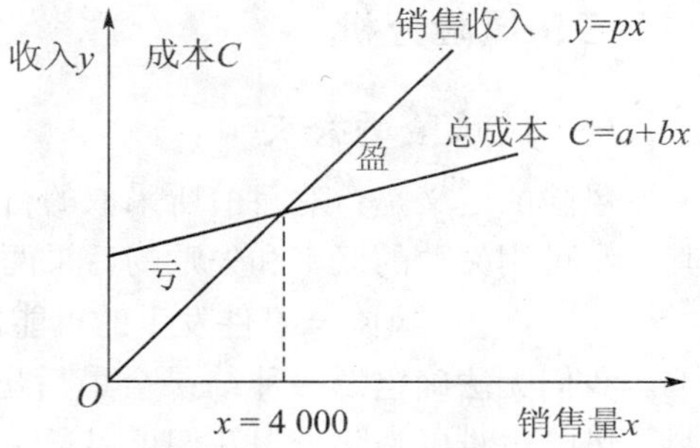

图4－2 盈亏平衡图

以上例子可以用盈亏平衡图（图4－2）来反映。

（资料来源：温志宏《中小企业创业与管理（上）》，华中科技大学出版社，2004年9月）

二、敏感性分析

敏感性分析是投资项目的经济评价中常用的一种研究不确定性的方法，是指从众多不确定性因素中找出对投资项目经济效益指标有重要影响的敏感性因素，并分析、测算其对项目经济效益指标的影响程度和敏感性程度，进而判断项目承受风险能力的一种不确定性分析方法。用来分析的经济指标主要有利润、投资收益率、投资回收期等。若某一因素的小幅度变化能导致经济效果指标的较大变化，则称此因素为敏感性因素，反之则称其为非敏感性因素。

敏感性分析是从定量分析的角度，研究有关因素发生某种变化对某一个或一组关键指标影响程度的一种不确定分析技术。其实质是通过逐一改变相关变量数值的方法，来解释关键指标受这些因素变动影响大小的规律。

敏感性分析可以通过计算敏感系数来进行。敏感系数 R 的计算方法是：

$$R = \text{效益指标变化幅度}/\text{影响因素变化幅度}$$

案例2

某企业生产并销售一种产品，固定成本为 100 000 元，单位变动成本为 100 元/件，销售价格为 125 元/件。假定企业正常运作时，年销售量稳定在 8 000 件，也就是说，利润 = 收入 − 成本 = $px-(a+bx)$ = 125 × 8 000 −（100 000 + 100 × 8 000）= 100 000（元）。如果销售量增长 20%，即销售量为 9 600 件，则利润为 125 ×9 600 −（100 000 + 100 ×9 600）= 140 000（元），即利润增长了 40%。所以，利润对销售量的敏感系数为：

$$R = 40\%/20\% = 2\ (\text{倍})$$

也就是说，利润以 2 倍于销售量的幅度发生变化。同理可以算出，如果销售量降低 20%，利润将降低 40%。

（资料来源：温志宏《中小企业创业与管理（上）》，华中科技大学出版社，2004 年 9 月）

三、风险分析

（一）风险的含义

风险的定义是：对目前所采取的行动，在未来没有达到预期结果（失败）的可能性。其大小可用失败的概率和失败的后果两个变量来标识。

风险 = 事件发生的可能性 × 以货币或死亡计价的负面影响。

我们无法确定哪一种结果会最后出现，因此可能造成决策的错误。由于结果无法预料，风险也难以消除，但我们可以通过计算风险的大小，回避风险大的项目，选择风险较小而收益较高的项目，达到控制风险的目的。

（二）风险的分类

1. 根据风险对企业影响的普遍性分类

依此分类，有系统性风险和非系统性风险（参见表 4 − 2）。

表 4－2 系统性风险与非系统性风险

种 类	含 义	致险因素	与组合资产数量之间的关系
非系统风险（企业特有风险、可分散风险）	指由于某种特定原因对某特定资产收益率造成影响的可能性，它是可以通过有效的资产组合来控制的风险	它是特定企业或特定行业所特有的	可通过增加组合中资产的数目而最终消除
系统风险（市场风险、不可分散风险）	是影响所有资产的，不能通过资产组合来消除的风险	这部分风险是由那些影响整个市场的风险因素所引起的	不能随着组合中资产数目的增加而消失，它是始终存在的

2. 依据风险的成因分类

企业内部的各种风险可据其成因分为经营风险、财务风险和投资风险。

经营风险是指在企业的生产经营过程中，供、产、销各个环节不确定性因素的影响所导致企业资金运动的迟滞，产生企业价值的变动。经营风险时刻影响着企业的经营活动和财务活动，企业必须防患于未然，对企业经营风险进行较为准确的计算和衡量。

财务风险是指公司财务结构不合理、融资不当，使公司可能丧失偿债能力而导致投资者预期收益下降的风险。当债务资本比例较高时，投资者将负担较多的利息支出，可能会因为经营不善而造成到期债务的本息无法偿还，甚至使企业破产；也可能因经营良好而获得超常的收益，这时的风险是较大的。反之，当债务资本比率较低时，财务风险较小。

投资风险是指对未来投资收益的不确定性，在投资中可能会遭受收益损失甚至本金损失的风险。在理解投资风险的含义时应注意：投资项目亏损，不等于有风险；投资项目盈利，也不等于没有风险。投资风险主要与未来收益的不确定性有关。例如，假设确定地知道投资 A 项目每年会亏损 5%，企业决定不投资这个项目，这个项目对企业来说，没有任何风险；该企业也可能决定投资这个项目，因为该项目关乎国计民生，即使亏损也要投资。也就是说，当结果可以确定时，决策不会发生错误，风险为零。又如，企业预计投资 B 项目可能只盈利 5%，于是只做少量投资或不投资，但结果发现该项目的盈利却达到 50%，企业错过了一次良机；或是企业认为某投资项目有高额收益，于是大量投资，结果却发生亏损。这就是投资项目未来收益的不确定性，导致了决策的失误。因此，风险在于实际结果与投资者的预期不一致。

四、投资项目决策

项目投资评价指标分为非折现评价指标和折现评价指标两类：前者在计算中没有考虑时间价值因素，包括投资利润率和静态投资回收期；后者在计算中考虑了时间价值因素，包括净现值、净现值率和内部收益率。

非折现评价指标有计算简单、含义清晰等优点，但没有考虑时间价值，从而可能导致决策失败。静态投资回收期指标只说明投资回收的时间，但不能说明投资回收后的收益情况。一般说来，在投资额相等的情况下，静态投资回收期越短的，方案越好，但是投资回收后有无收益及收益多少却无法揭示，从而造成决策失败。投资利润率指标虽然以相对数弥补了静态投资回收期指标的第一个缺点，但却无法弥补由于没有考虑时间价值而产生的第二个缺点，因而仍然可能造成决策失败。

折现评价指标由于考虑了时间价值，因而弥补了非折现评价指标的缺点。

（一）净现值的计算

净现值是指投资项目未来现金流量的总现值超过原投资现值的金额。即：

净现值 = 未来现金流量的总现值 - 原投资现值

或：

$$\mathrm{NPV} = \sum_{t=i}^{n} \frac{\mathrm{NCF_t}}{(1+i)^t} = \sum_{t=i}^{n} [\mathrm{NCF_t} \cdot (1+i)^{-t}]$$

其中，NCF_t 为投资项目第 t 年的现金净流量；i 为折现率。

对于任何投资方案，我们都希望未来取得的收益总额比原投资金额大。净现值是指项目计算期内各年现金净流量的现值和与投资现值之间的差额，它以现金流量的形式反映投资所得与投资的关系：当净现值大于零时，意味着投资所得大于投资，该项目具有可取性；当净现值小于零时，意味着投资所得小于投资，该项目则不具有可取性。净现值的计算过程实际就是现金流量的计算及时间价值的计算过程（主要表现为复利现值和年金现值的计算）。

值得注意的是，如果投资额不同或者项目计算期不等，应用净现值指标可能作出错误的选择。因此还需要借助净现值率和内部收益率概念。

（二）净现值率和内部收益率

如果能够注意净现值率指标与净现值指标之间的关系，就能够很好地掌握这两个指标的计算和应用：净现值率实际是将净现值与投资的现值进行比较，以现值形式反映投资所得与投资的对比关系。净现值率是以相对数形式将项目计算期内各年现金净流量的现值和与投资现值进行比较，而净现值则是以绝对数形式将项目计算期内各年现金净流量的现值和与投资现值进行比较。前者是除的关系，后者是减的关系，计算区别仅在于此。净现值率的基本判断标准是否大于零，而获利指数的基本判断标准则是否大于 1。净现值率往往作为净现值的辅助指标使用，通常并不单独使用。

内部收益率是一个非常重要的项目投资评价指标，它是指一个项目实际可以达到的最高报酬率，用于与资本的机会成本收益率比较，为投资决策提供依据。

投资项目决策的方法较多，需要计算的指标也较多。许多创业者觉得通过计算财务指标进行项目决策比较麻烦，需要较大工作量的调研、分析、估算，认为没有必要。这样的想法是错误的。随着市场的逐步完善，竞争日趋激烈，单凭经验、感觉和胆量已经不能保证创业的成功。进行充分的调研和科学的决策是非常必要的。如果项目较小，投资额较小，同时创业者对计划进入的行业比较熟悉，则财务数据的测算可以简单一些，粗略一些。如果项目较大，投资额较大，或者创业者对计划进入的行业不太熟悉，则财务数据的测算必须详细一些，准确一些。必要时财务数据的调研和测算可以请比较权威的机构和人士帮助。

总之，创业者一定要在投资之前精打细算，如果等到发现项目运作出问题时再打算，就悔之晚矣。投资决策对于创业者的重要性是毋庸置疑的。

实操训练

一、案例背景

A 集团公司于 2000 年 6 月完成对山核桃加工企业长久公司的收购，收购时，长久公司考虑进行两项投资，主项投资是建设山核桃基地林，此外还有 200 余万元投资规模的雪米饼项目，合作双方同意合资后延续此两项投资。

2000 年 7 月 14 日，公司总经理王二明将投资计划上报股东会，并提出项目前期工作已经完成，希望能在近期完成投资。

股东会审核后，认为预期投资效益可行，于 8 月 26 日批准。

2000 年 8 月 20 日，公司支付了 145 万元的设备款。

2000 年 8 月，集团公司派出本部人员担任该公司新任财务经理，不久，发现该公司存在相当多的经营不规范的问题。

2000 年 9 月以后，雪米饼市场价格开始下降，公司的雪米饼开始滞销。

2001 年春节时，市场价格继续下降，已跌至生产成本线，雪米饼已无法盈利。

2001 年中，公司原总经理王二明被撤销职务，A 集团重新聘任了新的总经理。

2001 年 12 月，长久公司正式报告雪米饼投资失败，并要求报损购置不到一年半的雪米饼设备 145 万元，股东会经过审核，确认公司雪米饼生产无法继续盈利，批准报损，后雪米饼以 40 万元的价钱转让，该项目投资损失超过 100 万元。

二、相关资料：长久公司提交股东会的雪米饼投资计划

关于建立山核桃系列产品雪米饼生产线的投资报告

鉴于本公司自 1994 年建厂以来，所生产的主要产品是椒盐、奶油山核桃果，多味、奶油山核桃仁及山核桃糖之类，该产品的特点是保持山核桃的原汁原味和醇香。但对如何开发更深层次的产品，取得更好经济效益还在进一步开发之中。经过近半年时间探索、考察和论证，目前已选定了以山核桃仁为主要原料之一的雪米饼食品将期待上马，对拟建这条生产线的投资说明如下：

山核桃系列产品——雪米饼是在主要的原料中配有山核桃仁成分。该产品应为老少皆宜的休闲食品，在雪米饼的原料中掺有山核桃仁的配比，其产品超越了市场上原有的雪饼，起到降血脂、补肾、清心的保健功效，预计它的消费对象主要面向中老年，尤其对熟悉山核桃的人来说会更加喜爱，因此，开发山核桃雪米饼出发点就在于此，预计通过广告

效应促销，市场前景是好的，也是可行的。

销售方式可与山核桃其他产品一样，通过办事处销售网点，特别是进入超市，可以最快速度全面登场，面向消费者，减少中间环节。另一种方式是直接与批发商成交，根据出厂价批发。第三种方式是我公司在大城市建立零售专卖网点，打出自己的品牌，扩大影响面，提高市场占有率。

膨化食品近几年发展较快，特别是江、浙、粤及河北、湖南等地，上规模、上档次的生产厂家有知名品牌“旺旺”，还有湖北的“银欣”、广东的“米利”、临安的“小王子”，市场竞争较为激烈。但尽管如此，我公司上马山核桃仁雪米饼为期并不晚，其一，我们生产的雪米饼原料成分与众不同，有自己的特色；其二，该类产品从全国来讲还未饱和，尤其是在西南、西北地区，此类厂家还很少；其三，销售成本可低于同类厂家，我们可利用现有的销售渠道运作，对拓展市场是轻车熟路的事。为此，上马山核桃系列产品——雪米饼基本成熟，风险不会太大，能为企业产生一定的经济效益。

成本测算和投资方案如下：

雪饼成本计算：

每吨成本构成：

原料：

大米 0.8 吨 ×1 600 元/吨 =1 280 元

食糖 100 公斤 ×2 200 元/吨 =220 元

油 200 公斤 ×7 500 元/吨 =1 500 元

山核仁 200 元

添加原料 100 元

小计 3 300 元

能源

耗煤 1 吨/班　　　　260 元

电 90 度 ×12 小时 ×0.8 元/度 =864 元

液化气 26 公斤 ×12 小时 ×2 元/公斤 =624 元

小计 1 748 元

包装：

小包装 10 000 ×0.26 元/只 =2 600 元

纸箱 800 ×2.6 元/只 =1 300 元

小计 3 900 元

工资 30 人 ×15 元/班 =450 元

税金 800 元

折旧费 80 元

总成本 10 278 元

每公斤成本 10 278/100 公斤 =10.278 元/公斤

效益分析：

按日产量 2.5 吨计算（月生产 24 天）：

按现行出厂价15 000元/吨计算×2.5吨=37 500元

成本价10 278元/吨×2.5吨/天=25 695元

增值：绝对值为37 500−25 695=11 805元

每吨增值：11 085元/2.5吨=4 722元

增值率：11 805/37 500=31.48%

全年按288天计算年增值11 805×288天=339.984万元

总产值37 500元×288=1 081万元

主要设备投资：

雪米饼成套流水线设备140万元

包装机2台×5 500元/台=11万元

小计　　　　151万元

扩建厂房投资：

征田2亩×18万元/亩，计36万元

新建车间1 022平方米土建部分35.259万元

厕所浴室36平方米2万元

水泥坦600平方米×55元/平方米=3.3万元

小计76.559万元

以上两大项合计投资227.559万元

【实训任务】

请分析案例并回答：

1. 此项投资失败的根本原因在哪里？

2. 长久公司提交的投资项目计划是当时决策的主要依据，请仔细阅读该计划，并指出作为投资决策的必要条件，该报告存在哪些需要进一步论证清楚的问题？如果由你来审核这份投资计划，你会提出什么审核意见？

3. 应如何防止类似事件的再次发生？

（资料来源：http：//ishare. iask. sina. com. cn/f/13471421. html？retcode=0）

项目五 商业模式设计

【能力目标】

1. 提高学生对商业模式的认知水平；
2. 培养学生掌握商业模式的设计能力；
3. 培养学生掌握商业模式设计的步骤和应用工具；
4. 培养学生应用商业模式的知识来分析和解决实际问题的能力。

【知识目标】

1. 理解商业模式的含义及其对创业成败的关键作用；
2. 掌握商业模式设计的内容和程序；
3. 掌握商业模式分析和设计的工具；
4. 了解创业商业模式设计应把握的原则。

商业模式是每一位创业者都要面对的决定事业成败的关键问题，它凝聚着创业者对自身企业盈利模式的思考和运营机制的设计，反映了创业者对于宏观行业和微观企业的发展方向的思考。管理大师彼得·德鲁克说："当今企业之间的竞争，不是产品之间的竞争，而是商业模式之间的竞争。"

全面了解商业模式的概念、本质和核心特征，并认知商业模式的构建对企业成功的影响，才能正确地透过变化多端的市场竞争，看到企业商业运作的本质。

任务1 认识商业模式

一、商业模式的定义

商业模式是一种包含了一系列要素及其关系的概念性工具，用以阐明某个特定实体的商业逻辑。它描述了公司所能为客户提供的价值以及公司的内部结构、合作伙伴网络和关系资本（Relationship Capital）等用以实现（创造、推销和交付）这一价值并产生可持续盈利收入的要素。

简言之，商业模式就是公司通过什么途径或方式来获取商业利润。举几个常见的例子：饮料公司通过卖饮料来获取利润；快递公司通过送快递来获取利润；网络公司通过点击率来获取利润；通信公司通过收话费来获取利润；超市通过平台和仓储来获取利润等。通俗的理解是，只要有获取商业利润的途径和空间，就有商业模式存在。

事实上，商品社会里的任何一个商业组织都有其特定的商业活动业务流程，这一业务流程汇集了物流、信息流、资金流，最终将增值的商品和服务传递到客户，并产生每个组织所赖以生存和发展的收益。这一与每个商业组织相联系的业务流程和其核心环节的抽象，就可以认为是它的商业模式。

二、商业模式的核心元素和分类

（一）商业模式的核心元素

商业模式是一个非常宽泛的概念，通常所说的跟商业模式有关的说法很多。商业模式是一种简化的商业逻辑，依然需要用一些元素来描述这种逻辑。

价值主张（Value Proposition）：公司通过其产品和服务所能向消费者提供的价值。价值主张确认公司对消费者的实用意义。

消费者目标群体（Target Customer Segments）：公司所瞄准的消费者群体。这些群体具有某些共性，从而使公司能够（针对这些共性）创造价值。定义消费者群体的过程也被称为市场划分（Market egmentation）。

分销渠道（Distribution Channels）：公司用来接触消费者的各种途径。这里阐述了公司如何开拓市场。它涉及公司的市场和分销策略。

客户关系（Customer Relationships）：公司同其消费者群体之间所建立的联系。通常所说的客户关系管理（Customer Relationship Management）与此相关。

价值配置（Value Configurations）：资源和活动的配置。

核心能力（Core Capabilities）：公司执行其商业模式所需的能力和资格。

合作伙伴网络（Partner Network）：公司同其他公司之间为有效地提供价值并实现其商业化而形成合作关系网络。这也描述了公司的商业联盟（Business Alliances）范围。

成本结构（Cost Structure）：所使用的工具和方法的货币描述。

收入模型（Revenue Model）：公司通过各种收入流（Revenue Flow）来创造财富的途径。

商业模式是一个整体的、系统的概念，而不仅仅是一个单一的组成因素。如收入模式（广告收入、注册费、服务费）、向客户提供的价值（在价格上竞争、在质量上竞争）、组织架构（自成体系的业务单元、整合的网络能力）等，这些都是商业模式的重要组成部分，但并非全部。商业模式的组成部分之间必须有内在联系把各组成部分有机地关联起来，使它们互相支持，共同作用，形成一个良性的循环。

（二）商业模式的主要分类

根据上述理解，可以把商业模式分为两大类，即策略性商业模式和运营性商业模式。

1. 策略性商业模式

重点解决企业与环境的互动关系，包括与产业价值链环节的互动关系。策略性商业模式创造企业的核心优势、能力、关系和知识，主要包含以下几个方面的内容：

（1）产业价值链定位。企业处于什么样的产业链条中，在这个链条中处于何种地位，企业结合自身的资源条件和发展战略应如何定位。

（2）盈利模式设计（收入来源、收入分配）。企业从哪里获得收入，获得收入的形式有哪几种，这些收入以何种形式和比例在产业链中分配，企业是否对这种分配有话语权。

2. 运营性商业模式

运营性商业模式对策略性商业模式加以扩展和利用。应该说运营性商业模式涉及企业生产经营的方方面面。

（1）业务模式。企业向客户提供什么样的价值和利益，包括品牌、产品等。

（2）渠道模式。企业如何向客户传递业务和价值，包括渠道倍增、渠道集中或压缩等。

（3）组织模式。企业如何建立先进的管理控制模型，比如建立面向客户的组织结构，通过企业信息系统构建数字化组织等。

三、商业模式对企业的影响

（一）企业竞争的最高形态

管理大师彼得·德鲁克说："当今企业之间的竞争，不是产品之间的竞争，而是商业模式之间的竞争。"据《科学投资》杂志调查显示：在创业企业中，因为战略原因而失败的只有23%，因为执行原因而夭折的也只不过是28%，但因为没有找到盈利模式而走上绝路的却高达49%。没有一个合理的盈利模式或曰商业模式，不管企业名气有多大，资产有多大，也必定走向衰亡！商业模式是关系到企业生死存亡、兴衰成败的大事，企业要想获得成功就必须从制定适合该企业的商业模式开始，新成立的企业是这样，发展期的企业更是如此。商业模式是企业竞争制胜的关键。

21世纪企业竞争的最高境界，不再是产品的竞争、人才的竞争、营销的竞争、服务的竞争……其最高境界是一种商业模式的竞争。2000年互联网泡沫破裂时，原时代华纳首席技术官迈克尔·邓恩在接受美国《商业周刊》采访时反思说："一家新兴企业，它必须首次建立一个稳固的商业模式，高技术反倒是次要的。在经营企业的过程中，商业模式比高技术更重要，因为前者是企业能够立足的先决条件。"日本日产汽车公司CEO戈恩·卡洛斯这样看待企业的盈利模式："这是一个盈利至上的时代，在这个时代里，谁能持续获得比同行更高的利润，谁就是真正的赢者，所以我们需要一个有效的盈利模式，让我们的希望变成现实。"

对于企业而言，商业模式的实体表现形式是：为了实现客户价值最大化，把能使企业运行的内外各要素整合起来，形成高效率的具有独特核心竞争力的运行系统，并通过提供产品和服务，达成持续盈利目标的组织设计的整体解决方案。其中"整合"、"高效率"、"系统"是基础条件，"核心竞争力"是手段，"客户价值最大化"是主观目的，"持续盈利"是客观结果，也是检验一个商业模式是否成功的唯一的外在标准。

商业模式决定企业的现在和未来，所有的成功的经济英雄都是从小企业秉持成功的商业模式一步步走过来的。每个成功的企业，都是找到了适合自己发展的独特的经营思路和商业模式才发展壮大的，并不断随着经营环境、竞争因素以及消费者变化来调整和升级自己的商业模式。

沃尔玛其实是开杂货店的，可口可乐是卖汽水的，微软是卖软件的，国美是开电器店的，小肥羊是开火锅店的。百度的竞价排名、蒙牛的虚拟经营、国美的多成分系统模式、海尔的专注服务、联想的多元经营、李宁的运动员品牌经营、娃哈哈的渠道联营……无论是新兴的互联网行业还是传统的线下实体行业，这些企业的成功说明了什么？

其实都说明一个道理：无论高科技、低科技，都能成功，关键是你要找出成功的商业模式，并把商业模式的盈利能力快速发挥到极致。没有夕阳的产业，只有夕阳的企业；没有夕阳的企业，只有夕阳的思维。直面挑战，有的企业无可奈何，有的企业整合资源、缔造神话。变幻莫测的经济环境营造了英雄辈出的年代，风起云涌的世界经济引领了激情燃烧的岁月，波澜壮阔的巨人时代是挑战更是机会。设计和实施优秀的商业模式，任何企业都可以成为市场上的佼佼者。

（二）创业与商业模式

阿里巴巴 CEO 马云先生说过："创业，要真正想清楚你解决了什么问题，创造了什么独特价值。"当然，比这更重要的是：市场愿意为这个价值支付你想的价格。而最重要的是：如何能够实现价值到价格的这一跳跃，即成功将价值销售出去。

创业者很多会执著于自己的创业概念。事实上，概念到今天这个时代已经不能卖钱了，太阳底下没有新鲜事。所谓的新概念，其实很多已经被人谈论过千百遍，甚至正在实践中。因此，必须将概念变为具体的东西，不能让概念在空中飞。否则，概念就只能是理念和幻想。那个比概念更重要的事情，就是商业模式。

如今是市场竞争白热化的阶段，如果能开创一个市场潜力大而又空白的市场，显然竞争低，风险小，而收益高。这是每个创业者所梦寐以求的，然而市场上还存在这样的创业项目吗？

"这个市场是否真实存在？"

"为什么这么大的空白市场没有人进入？"

"这样的市场要怎么才能打开？"

"后续如何进行开发？"

"采取怎样的销售模式？如何进行渠道建设？"

"产品采取何种价格策略？如何保证自己的价格具有竞争优势？"

……

在所有的创新之中，商业模式创新属于企业最本源的创新。离开商业模式，其他的管理创新、技术创新都失去了可持续发展的可能和盈利的基础。商业模式不是某一个点的突破，而是贯穿于企业资源开发研发模式、制造方式、营销体系、市场流通等各个环节。对于创业者而言，一个成功的商业模式应该具有三大特征：

（1）持续盈利。企业能否盈利是判断商业模式优劣的外在最为明显的标准。一个无法实现盈利的商业模式，绝对是不成功的。当然，大多数情况下，商业模式开始之初并不能实现盈利，但必须找到能够说服自己该商业模式能够实现盈利的理由。

（2）客户价值最大化。一个商业模式能否持续盈利，是与该模式能否为客户提供价值有必然联系的。一个不能提供客户价值的商业模式，即使能盈利也是暂时的，不会具有持续性。而一个能为客户提供价值的商业模式，即便暂时不盈利，但终究会走向盈利。基于此，成功的商业模式，都是将为客户提供最大价值作为设计的基本原则。

（3）自我保护。在竞争激烈的商场，越是不容易复制的商业模式就越能够实现持续盈利。因此，成功的商业模式一定具有自我保护功能。例如在商业模式设计中，在分销渠道设计时，采取签订排他性分销协议。其他诸如品牌、核心技术等都是自我保护的一种体现。商业模式是一个企业创造价值的核心逻辑，在此基础上形成企业竞争力与持续发展力。其核心就是从产品→销售→运营→资本嬗变的过程逻辑。商业模式的设计，实际就是对资源有效整合的设计。

基于此，创业之初一定要弄清楚你的商业模式是什么，这可比你头脑中的概念重要得多！成功一定有方法，经营一定有思路，任何企业都能成为经济强者，只要你能分析和设计出适合自己的商业模式。

任务2　理解商业模式的赚钱逻辑

著名管理学家迈克尔·波特指出："没有不能赚钱的行业，只有赚不到钱的模式。"无可争辩，企业必须选择一个适合自己的、有效的商业模式，并且随着客观情况的变化不断加以创新，才能获得持续的竞争力。商业模式即是企业创造价值、销售价值和传达价值的方式。

商业模式的本质是关于企业做什么、怎么做、怎么盈利的问题，实质是商业规律在经营中的具体应用。商业模式的创新贯穿于企业经营的整个过程中，贯穿于企业资源开发、研发、制造、营销、流通等各个环节。每个环节的创新都可能塑造一种崭新的、成功的商业模式。

商业模式就是企业创造经营收入与利润的手段和方法，概念上没什么惊人之处，但每一个个案的商业模式创新，却是我们无法不关注的。不单因为相同行业的商业模式不同，企业价值也会大相径庭，更重要的是许多具创意且能实现价值的创新商业模式，不仅颠覆了传统的赚钱模式，而且成为引领行业发展方向的关键因素。

一、商业模式的价值设计模型

商业模式的设计基于企业战略产生，从内部环境、市场、资源、产品/服务、价值主张等开始，是基于企业的产品/服务能力、价值网络关系、价值要素等的一种资源整合和价值匹配，是企业的一系列价值活动过程，是从价值发现到价值实现的过程。商业模式的价值设计模型，包含价值发现（Value Find）、价值主张（Value Proposition）、价值创造（Value Creation）、价值管理（Value Management）、价值配置（Value Configuration）、价值实现（Value Realization）六大要素。

1. 价值发现

价值发现是基于企业愿景目标，通过内外部环境的SWOT分析，对企业的战略进行定位，进而利用核心优势创造市场价值的过程。价值发现是建立在用户精准分析上的关注客户、思维创新、合作共赢、资源整合等一系列理念的应用。价值发现主要立足于发现市场需求，深入分析企业价值链环节和客户需求，判定企业的利润区分布和市场容量，分析产品/服务的市场价值。商业模式最核心的部分就是发现别人没有发现的顾客需求。顾客需求的空间是无限的，企业必须持续不断地发现市场需求，适时调整并设计商业模式，抓住并掌握企业发展的时机和机遇。

2. 价值主张

价值主张是公司通过其产品或者服务向消费者提供的价值。一个能为参与者理解和接受的价值主张应该能使每一个参与者都增加经济效用。价值主张的阐述必须清楚准确。如果价值主张表述得太复杂，会使顾客在购买的时候产生犹豫。价值主张必须对客户及其偏好深刻理解，必须是真实的、可信的、独立的、具有销售力的。价值主张的渗透力越强就越能打动消费者的心理，通过产品和服务创造价值就越持久。

3. 价值创造

价值创造研究的是价值是如何被创造出来的，即价值的源泉是什么。商业模式是企业创新的焦点，是企业为自己、供应商、合作伙伴及客户创造价值的决定性来源。产品研发和制造或服务是公司价值创造的核心。越来越多的顾客开始参加公司的价值创造活动，无论对于产品开发还是服务提供，顾客的参与都是价值创造的重要来源。商业模式价值创造在于便携性、成本低廉、新颖性、用户黏性、锁定、创新性。

4. 价值管理

价值管理本质上是一种管理模式，一套指导原则，是一种以促进组织形成，注重内外部业绩和价值创造激励的战略性业绩计量行动。价值管理能够传承落实公司的愿景，设定员工守则和工作信条等方法，通过团队激励和价值优化等核心内容沟通组织内外部，凝聚组织与个人目标成为共同信念，增加组织成员与顾客满意度，提高组织持续竞争力。价值管理取决于企业价值和企业的经营目的。

5. 价值配置

价值配置是资源和活动的配置。价值配置是为了实现企业资源和能力的有效配置和协同发展。价值配置涉及价值链的各个环节，涵盖了企业的整个运营流程。价值配置能够有效地整合价值网络中的各种资源，实现资源的最优配置，促进网络价值创造活动，优化产出。价值配置以利益相关者需求满足和合作共赢为目标，以利益相关者价值网络构建为核心，通过对资源和活动的有效整合与配置，建立合作共赢的价值网络体系。

6. 价值实现

价值实现是指企业创造的价值被市场认可并接受，完成要素投入到要素产出的转化。价值实现主要靠一系列商业策略来完成。微利时代的到来使得企业需要依靠独特的价值主张，吸引更多的用户来获取利润。

二、商业模式与盈利模式

盈利模式是在给定业务系统中，各价值链所有权和价值链结构已确定的前提下，企业利益相关者之间利益分配格局中企业利益的表现。简单地说，盈利模式就是企业赚钱的渠道，通过怎样的模式和渠道来赚钱。盈利模式是企业在市场竞争中逐步形成的企业特有的商务结构及其对应的业务结构。构成企业盈利模式的商务结构主要是指企业外部所选择的交易对象、交易内容、交易规模、交易方式、交易渠道、交易环境、交易对手等商务内容及其时空结构。

盈利模式分为自发的盈利模式和自觉的盈利模式两种，前者的盈利模式是自发形成的，企业对如何盈利、未来能否盈利缺乏清醒的认识，企业虽然盈利，但盈利模式不明确、不清晰，其盈利模式具有隐蔽性、模糊性、缺乏灵活性的特点；后者，也就是自觉的盈利模式，是企业通过对盈利实践的总结，对盈利模式加以自觉调整和设计而成的，它具有清晰性、针对性、相对稳定性、环境适应性和灵活性的特征。

在市场竞争的初期和企业成长的不成熟阶段，企业的盈利模式大多是自发的，随着市场竞争的加剧和企业的不断成熟，企业开始重视对市场竞争和自身盈利模式的研究，即使如此，也并不是所有企业都有找到盈利模式的运气。

设计商业模式和盈利模式的目的都是为了企业盈利。任何企业都有自己的商务结构及其相应的业务结构，但并不是所有企业都盈利，因而并不是所有企业都有盈利模式。盈利模式就是企业赚钱的渠道，通过怎样的模式和渠道来赚钱。商业模式就是公司通过什么途径或方式来赚钱，它是一个复合的模式，包括公司做什么产品、定位什么样的客户、用什么市场营销手法，盈利模式只是其中的一个环节。

三、典型商业模式的赚钱逻辑

从价值发现到价值实现，企业要经过多少环节的设计来获取最终的商业价值、赚取商业利润？在实际的市场竞争中，不同的行业属性和经营特点有不同的商业模式构建形式。我们通过以下几个典型市场领域的商业模式来分析其价值的实现过程。

（一）制造业领域的商业模式

1. 直供商业模式

直供商业模式主要应用在一些市场半径比较小、产品价格比较低或者是流程比较清晰、资本实力雄厚的国际性大公司。直供商业模式需要制造商具有强大的执行力，现金流状况良好，市场基础平台稳固，市场产品流动速度很快。

由于中国市场战略纵深很大，市场特点迥异，渠道系统复杂，市场规范化程度比较低，在全国市场范围内选择直供商业模式是难以想象的，因此，即使强大如可口可乐、康师傅等跨国企业也开始放弃直供这种商业模式。但是，利润比较丰厚的行业与产业还是会选择直供方式商业模式，如白酒行业，很多公司就选择了直供的商业模式。云峰酒业为了精耕市场，在全国各地成立了销售性公司，直接控制市场终端；广州云峰酒业、西安云峰酒业、合肥云峰酒业、湖北云峰酒业等公司在当地市场上均具备一定的实力与良好的基础；很多 OTC 产品也会选择直供市场。

2. 代理制商业模式

这种商业模式为中国广大的中小企业所广泛使用。由于中国广大的中小企业在发展过程中面临着两个最为核心的困难：其一是团队执行力比较差，他们很难在短时间内构建一个庞大的执行团队，而选择经销商代理可以省去很多当地市场执行上的困难；其二是资金实力上的困难，中小企业普遍资金实力比较薄弱，选择总代理制商业模式，他们可以在一定程度上占有总代理的一部分资金，更有甚者，他们可以通过这种方式完成最初原始资金的积累，实现企业快速发展。

3. 联销体商业模式。

随着大量中小企业选择采取总代理商业模式，市场上好的经销商成为一种稀缺的战略性资源，很多经销商对于鱼目混珠的招商产生了严重的戒备心理。在这样的市场状况下，很多比较有实力的经销商为了降低商业风险选择了与企业进行捆绑式合作，即制造商与经销商分别出资，成立联销体机构。这种联销体既可以控制经销商市场风险，也可以保证制造商始终有一个很好的销售平台。联销体这种方式受到了很多有理想、有长期发展企图的制造商的欢迎。如食品行业的龙头企业娃哈哈就采取了这种联销体的商业模式；空调行业的巨头格力空调也选择了与区域性代理商合资成立公司共同运营市场，取得了不错的市场业绩。

4. 仓储式商业模式

仓储式商业模式也是很多消费品企业选择的商业模式。很多强势品牌基于渠道分级成本很高，制造商竞争能力大幅度下降的现实，选择了仓储式商业模式，通过价格策略打造企业核心竞争力。比如20世纪90年代，四川长虹电视在中国大陆市场如日中天，为降低渠道系统成本，提高企业在市场上的价格竞争能力，长虹集团就选择了仓储式商业模式，企业直接将产品配送到消费者手里。

仓储式商业模式与直供最大的不同之处是：直供模式企业不拥有直接的店铺，通过第三方平台完成产品销售，企业将货源直接供应给第三方销售平台；而仓储式商业模式是企业拥有自己的销售平台，通过自己的销售平台完成市场配货功能。

5. 专卖式商业模式

随着中国市场渠道终端资源越来越稀缺，越来越多的中国消费品企业选择专卖形式的商业模式。如TCL幸福村专卖系统、五粮液提出的全国两千家专卖店计划、蒙牛乳业提出的蒙牛专卖店加盟计划、云南乳业出现的牛奶专卖店与牛奶总汇等。选择专卖式商业模式，需要具备以下三种资源中的任何一种模式或者三种特征均具备。其一是品牌。选择专卖商业模式的企业基本上具备很好的品牌基础，消费者自愿消费比较多，而且市场认知度也比较高。其二是产品线比较全。要维系一个专卖店具有稳定的利润，专卖店产品结构就应该比较合理，因此，选择专卖渠道的企业必须具备比较丰富的产品线。其三是消费者行为习惯。必须看到，在广大的农村市场，可能我们这种专卖模式很难发挥推动市场销售的功能，因此，专卖商业模式需要成熟的市场环境。

专卖式商业模式与仓储式商业模式完全不同，仓储式商业模式是以价格策略为商业模式核心，而专卖式商业模式则是以形象与高端为核心。

6. 复合式商业模式

由于中国的市场环境异常复杂，中国很多快速消费品企业在营销策略上也选择了多重形式。复合式商业模式是基于企业发展阶段而作出的策略性选择。但是，要特别注意的是，一般情况下，无论多么复杂的企业与多么复杂的市场，都应该有主流的商业模式，而不能将商业模式复杂化作为朝令夕改的借口，使得营销系统在商业模式上出现重大的摇摆。而且，我们应该了解，一旦我们选择了一种商业模式，往往需要在组织建构、人力资源配备、物流系统、营销策略上做出相应的调整，否则，我们就不能认为这个企业已经建立了成熟的商业模式。

（二）互联网领域的商业模式

1. 虚拟货币与黏度社区

提到虚拟货币，首当其冲的要数国内虚拟货币的始作俑者腾讯Q币。数以亿计的注册用户规模、最全面的网络产品线、极高的用户社区黏度共同催生了腾讯Q币这一独特盈利方式，QQ游戏、QQ秀、虚拟空间布设、黄钻收费会员等越来越多的收费服务，让Q币的生存空间无限扩展。Q币成功的关键还在于其大规模、高黏度的用户数量，再加上丰富多样的网络服务，形成了一个虚拟消费的环境。如今这类通过虚拟物品的使用与买卖展开的商业模式已在国内许多社区网站流行。

虚拟货币与黏度社区的三个绝对基础，一是用户的黏度足够高，二是网络产品有足够的吸引力，三是消费体验具有不可替代性。三者无论缺少哪一个都可能造成用户的流失。另一方面，对于初创的互联网企业，虚拟货币更多地体现在提高用户的黏度上。

2. 威客模式——个性化的服务规模化

威客（WitKey）是一个通过互联网解决科学、技术、工作、生活问题的平台。它是一个交易知识、智慧、技能和经验的超级市场。全国有4 000万中小企业需要各种各样的设计，如果平均每个企业花1 000块钱设计一个标志，那就是400亿元的市场，不光做标志设计，还有店招、POP、宣传册等，市场规模不容小觑。“创意创造生意”成为Web 2.0盈利模式的一个有益尝试。

目前国内的主要设计师多集中于北京、上海、广州等大城市，而设计需求强烈的中小企业和创业企业很多偏安于全国各地，通过互联网，一方面将全国各地的设计师聚集在一起，另一方面又将有设计需求的用户通过网络聚合在一起，用户通过网站发布需求和标的，设计师参与竞标设计，网站获取竞标额的20%作为管理费用。盈利模式清晰而简单。然而，由于威客网站本身的技术门槛有限，威客网客户之间的竞争也很激烈，人气和任务数量成为网站胜出的关键。

3. 竞价排名 VIP 服务网络化

以百度为代表的竞价排名模式，是近几年网络营销中最成熟的模式之一，很多数据库类的网络服务，如Sogou、有道、白兰鸽等在操作上都是采用这种模式。这一模式就是一个类似于银行贵宾卡的VIP服务，和前几年拿张金卡就可在银行里插队办业务没啥区别，卖的就是效率。

竞价排名也有一个难题：竞价排名模式必然会影响搜索结果的客观性，造成用户的忠诚度下降。另外，如何识别无效点击或欺骗性点击的技术，也是一个需要不断改进的问题。

4. 视频、游戏嵌入式广告——发掘用户的闲散注意力

如今，看一下视频网站的加载、缓冲，早已被网络广告替代，再看一下各类网游，从计费登陆到场景切换，再到暂停退出，网络广告都见缝插针混迹其中。对用户而言，这类广告感觉上要比弹窗、横幅好得多，毕竟闲着也是闲着，看看广告也无妨。其实想来，这和众多的楼宇广告都是一个理念，发掘用户的闲散注意力，用广告来填充人们的视觉空闲。

5. 外部资源嫁接模式

手机报是个典型的例子，手机报参与者由报社、移动运营商和SP共同组成，三方对手机报订阅用户每月5到15元不等的包月费和WAP网站浏览费进行分成。从模式上看，报社有内容、运营商有用户、SP有渠道和经验，资源互补，三方协作，缺少哪一环也无

法运营。利用网络渠道和用户的优势，嫁接外部资源也是个不错的盈利方式。

百度的数字音乐联盟、中国网吧院线的网吧正版视频都是类似的模式。北京网尚文化的中国网吧院线买断了香港 TVB、台湾东森集团等在互联网和网吧的发行权，通过网吧渠道进行销售。网吧网民可以在网吧看到最新正版大片，也可以看到在传统渠道上看不到的影视节目，不过这些都是需要付费收看的，平均每部影片两三元钱不等。据称该业务已经实现盈利，不过国内网民对于正版音像产品的付费收看习惯恐怕还有待培养，网吧渠道的规模也是一个瓶颈。

6. 广告分成模式

最经典的要数 KU6 网，这家号称投入资金最少、发展速度最快的视频分享网站，在网站上线刚开始就提出了“有钱大家一起赚，注册就送 6 元钱”的广告分成模式，是视频网站中最早的明确盈利方式，也是最早提出和用户分享利润的视频网站。虽然开始速度慢了点，但就这一个分享利润的理念，迅速得到草根网民的支持，一年内 KU6 冲入视频网站前三甲。

与用户一同赚钱的合作模式主要是根据广告展示次数与作者共同分享广告收入。不仅仅视频网站，新浪博客的广告分成模式也与此类似，其根据人气把博客分为九段，段位越高分成比例也越高，通过这样的分成模式，使更多优秀的内容持续上传到网站，保证了内容的质量，也在量上有了显著的提升。Web 2.0 倡导的一个重要理念就是分享，对于商业模式的设计，分享的不仅仅是网民之间的分享，还包括商家和用户的利润分享。

7. 个性化定制模式

www. threadless. com，是一个为 37 万人左右的 T 恤爱好者群体提供服务个性定制的网站，用户每周都会发布约 800 个新的设计放在网上，对别人的作品发表评论，上传 T 恤照片，以及更新个人设计网站，Threadless 每周会将其中的四个设计方案投入生产，并向其设计者支付一千美金，还会将他们的名字印在制成品的标签上。当网站会员为某一设计评分时，他们会表明，如果这一设计方案投产他们是否会购买此 T 恤。Threadless 便利用这些回复来确定产量。迄今为止还没有一款 Threadless 的 T 恤是失败的。

让顾客来进行设计，让用户来选择风格，用户的每一次参与都在积聚一点商业价值。用户生成的内容是 Web 2. 0 的核心，用户创造和分享创意价值正是 threadless 的核心理念。国内的定制网站 udooo. com 也在试图传递同样的理念。

8. 门户模式

门户网站模式是互联网最早的商业模式，也是最成功的。顾名思义，门户意味着上网用户的第一站。早期的门户网站主要是搜索引擎，雅虎最早建立门户网站也只是为一些比较知名的网站分类。门户最清晰的模式在于内容造流量、流量变广告，这也成为如今资讯类网站最主要的盈利模式。网站广告价值的衡量指标，也不仅是注册数量、点击率等，目录又增加了类似平均在线时间等体现用户黏度的指标。

任务 3　了解商业模式的设计框架

商业模式是一个企业创造价值的核心逻辑，价值的内涵不仅仅是创造利润，还包括为客户、员工、合作伙伴、股东提供的价值，在此基础上形成的企业竞争力与持续发展力，将战略、策略、战术打包成怎样盈利的一整套方法。因此商业模式就是战略的应用工具，商业模式的核心就是资源的有效整合。

一、核心战略

商业模式解决企业的生存问题，战略规划解决企业的发展问题。商业模式的设计应该遵循的核心战略包括五个方面：以价值创新为灵魂、以占领客户为中心、以经济联盟为载体、以应变能力为关键、以信息网络为平台。商业模式设计的五条核心战略原则也是创新商业模式的指导原则和基本要求。

（一）以价值创新为灵魂

商业模式的灵魂在于价值创新。企业经营的核心是市场价值的实现，必须借助商业模式进行价值创造、价值营销和价值提供，从而实现企业价值最大化。商业模式应该回答一系列的问题：向什么顾客提供价值、向顾客提供什么样的价值、怎么样为顾客提供价值等。所谓轻资产经营，是在资源有限的基础上科学配置各种资源，以最少投入的商业模式实现企业价值最大化。

1. 注重虚拟（轻）资产经营

要求有效率的知识型员工组合成高度绩效的工作小组，整合顾客与供应商等企业资源，利用网络技术做有效的沟通和协调，提供有价值的生产和服务。轻资产经营的行为主体是企业价值链上的所有利益共同体，包括企业的员工、企业的供应商、企业的客户等。轻资产经营不仅要有战略规划、流程优化，更重要的是要有一种与轻资产经营相适应的企业文化，用相应的激励措施保证轻资产经营创造最大的价值。

2. 加强企业市值管理

必须尊重价值规律，做好股票价格与价值的有效匹配。影响股票价格的两大因素：一是内因，即股票的内在价值；一是外因，即市场对股票内在价值的发现和认同。

3. 构造企业价值网

随着竞争的不断加剧和企业联盟的建立与发展，今后的竞争不再是企业与企业之间的竞争，也不是单一线性价值链之间的竞争，企业正从独立创造价值走向合作创造价值，有多条价值链构造企业价值网。在价值网中，企业可将众多的合作商连在一起，通过有效的资源整合，构成快速、可靠、便利的系统，以适应不断变化的市场环境。

4. 为广义的客户创造价值

顾客价值——能够为顾客提供一流的产品和服务，努力为顾客创造价值。

股东价值——能够为股东提供持续、稳定、高水平的价值回报。

员工价值——能够为员工创造良好的成长和发展空间，让员工与企业的发展共同成长。

社会价值——能够努力回报社会，为社会发展做出积极贡献。

（二）以占领客户为中心

商业模式创新必须以客户为中心，由企业本位转向客户本位，由占领市场转向占领客户，为客户创造价值。从消费者的角度出发，认真考虑顾客所期望获得的利益，只有把竞争的视角深入到为用户创造价值的层面中，才能进入到游刃有余的竞争空间。

（三）以经济联盟为载体

当今科技的高速发展和产品的日益复杂化，无论企业实力多么雄厚，单独控制所有产品和所有技术的时代已一去不复返。而传统的价值链中可挖掘的潜力已越来越少，向组织内部寻找有效的生产力提高的来源也越来越难。

（四）以应变能力为关键

如果说商业模式决定了企业的成败，应变能力则是商业模式成败的关键。应变能力是企业面对复杂多变市场的适应能力和应变策略，是竞争力形成的基础。

（五）以信息网络为平台

随着互联网的迅速崛起，全球经济网络化、数字化已成为时代主旋律，网络经济正以经济全球化为背景，以现代信息技术为手段，深刻地影响着人类经济和社会的发展。新的商业模式必须重视信息网络的力量，脱离信息网络平台，企业将无竞争力可言。

构造虚拟经济的竞争力——比如以“虚拟+现实”的商业模式，在网络时代首次实现了“真实生活”与“虚拟生活”的对接。

加快企业商务电子化——传统企业管理只有与信息技术有机融合，通过企业商务电子化，强化物流、资金流、人员流及信息流的集成管理，推动企业全面的管理变革，才能不断提高运行效率和应变速度，为企业的发展带来新的增长空间。

推动流程再造——信息技术的飞速发展，从根本上改变了组织收集、处理、利用信息的方式，从而推动组织形式的巨大变革。

二、战略资源

（一）企业战略资源

企业战略资源是指企业用于战略行动及其计划推行的人力、财力、物力等资财的总和。这其中也包括时间与资讯，因为它们是无形的，因此很少被人关注。而时间和资讯在某种条件下可能会成为影响企业战略实施的关键性战略资源。企业这些战略资源是战略转化行为的前提条件和物资保证。

企业必须有核心的资源，必须在整个价值链的某一个或者几个方面有核心的竞争力，才能在价值链中作为主导者，业务体系才能按自己的想法设计。商业模式的设计首先就需要对自身的以下战略资源进行考察和统筹。

（1）采购与供应实力。企业是否具备有利的供应地位，与自己的供应厂家关系是否协调，是否有足够的渠道保证，能否以合理的价格来获取所需的资源。

（2）生产能力与产品实力。企业的生产规模是否合理，生产设备、工艺是否能够跟得上潮流，企业产品的质量、性能是否具有竞争力，产品结构是否合理。

（3）市场营销与促销实力。企业是否具备了开发市场的强大实力、是否有一支精干的销售队伍、市场策略是否有效等。

（4）财务实力。企业的获利能力与经济效益是否处于同行前列，企业的利润来源、分布及趋势是否合理，各项财务指标及成本状况是否正常，融资能力是否强大等。

（5）人力资源的实力。企业的领导者、管理人员、技术人员等素质是否一流，其知识水准、经验技能是否有利于企业的发展，其意识是否先进，企业的凝聚力如何等。

（6）技术开发的实力。企业的产品开发和技术改造的力量是否具备，企业与科研单位、高校的合作是否广泛，企业的技术储备是否能在同行业中处于领先地位。

（7）管理经营的实力。企业是否拥有一个运行有效、适应广泛的管理体系，企业对新鲜事物的灵敏度如何，反应是否及时、准确，企业内是否有良好的文化氛围，在企业内是否形成了良好的分工与合作，能否进行有力的组织等。

（8）时间、资讯等无形资源的把握能力。企业是否能充分去获取、储备和应用各种资讯，时间管理是否合理等。

（二）战略资源的特点

企业的这些战略资源的整合基本上就构成了竞争实力。战略资源本身也具有如下特点：

（1）战略资源的流动方向和流动速度取决于战略规划的决定。

（2）企业中可支配的资源总量和结构具有一定的不确定性，在战略实施的过程中，资源的稀缺程度、结构会发生各种变化。

（3）战略资源的可替代程度高。由于战略实施周期长，随着科学技术的进步，原来稀缺的资源可能会变得十分丰裕，也可能发生相反的变化。

（4）无形资源的影响程度难以准确料定。例如企业的信誉资源对企业获取公众的支援、政府的帮助会产生很大的影响。正因为如此，企业的战略管理者在实施战略时，必须充分了解这些战略资源的内在特质，并有适当的预防措施，只有这样，才能保证战略的平稳运行。

三、伙伴网络

价值网络和价值维护的共同作用就形成了伙伴价值，而伙伴价值是指企业实际提供给伙伴的特定利益组合。对于企业来讲，要想维护价值网络的高效运转，必须与伙伴共同创造和共同分享价值，实现“共赢”。不同形态价值网络中，伙伴的讨价还价能力不同，因此伙伴价值的高低同时取决于价值网络和价值维护两方面的作用。

伙伴关系可以分解为正式制度安排和非正式制度安排两种相对独立的功能模块。正式制度安排是指企业通过建立正式的制度，明确企业与伙伴之间的资源交换、信息交流、利益分配等方面的关系。正式制度安排主要包括两种具体形态：一是产权关系，二是契约关系。相比于契约关系，产权关系更为牢固；而相比于产权关系，契约关系的成本更低。非正式制度安排是指企业将满意、信任、习俗、伦理道德、共同的价值观等因素嵌入到与伙伴的关系当中。此时，企业与伙伴之间的关系已经从过去简单的公平交换关系转变为包含了“信任”与“合作”的“关系型交易”关系。

商业模式的设计中如何构建伙伴尤其是战略合作伙伴网络，战略伙伴的甄选是关键。对于战略伙伴的甄选的主要原则有：

1．知识的相容性及其学习能力

战略联盟的成功也依赖于伙伴之间交换战略资源和知识，联盟中的企业能以彼此的能力作为杠杆来增强供应链的竞争力。尽管资源和知识的共享是任何战略联盟的必要条件，但是资源和知识的获取还是非常依赖于伙伴的战略意图和企业之间知识的相容性。

供应链的高效率运作最基本的要求是各成员间在知识方面具有相容性。各成员的知识水平要求具有协调性和互补性，一旦供应链中某一成员在知识方面不能达到其他成员要求时，其提供的产品或服务就不能满足其他成员的要求，影响最终产品或服务的质量和性能。这就给伙伴选择提出了新的要求，必须考虑合作伙伴与自身在知识上的相容性。主要是知识上的差异性、双方对知识共享的态度、通过合作进行知识交流的可能性等。如果二者在知识水平上差异较大，接收者无法准确理解、吸收知识，双方交流存在障碍的话，将使其无法圆满完成发送方的要求，使企业利益受损。

2. 企业文化

每个企业都会具有自己独特的企业文化。一个联盟，如果单纯从能否实现既定目标的角度上来看可能没有问题，甚至前景光明，但如果伙伴之间存在文化上不一致，就会被失败的阴影所笼罩。在建立供应链战略联盟时，企业文化的兼容性对于联盟的成败具有深刻的影响，因为企业文化是企业行为与作风的指导思想。联盟企业组织文化的差异，会转化为经营管理上的差异，从而加大管理难度。所以，创造以“合作”为指导思想的战略联盟文化显得尤为重要。文化及战略的一致性越高，战略联盟成功的可能性就越大。这就要求供应链战略联盟中的企业努力创造新的战略联盟文化，消除原有企业文化对战略联盟的不利影响，要求参加联盟的企业更新价值观念，努力学习其他企业的优点，相互依存、共同开发，共同生产经营，树立长期发展的新理念。新的战略联盟文化应当可以激励每一个企业在创造性的新思维指导下，出色完成战略联盟任务。

3. 领导风格与组织结构

通常在选择合作伙伴时，会忽视对未来合作伙伴组织结构、领导风格的考虑。然而，它会对合作能否顺利进行产生影响。因为供应链联盟归根结底是通过人与人之间的交流、协作而完成，其绩效来源于双方人员的顺利合作。领导风格、组织结构相差很大的合作伙伴，在员工进行交流时，不可避免地会因双方价值观的不同而产生分歧，因组织既定工作程序不同而产生矛盾，如果不能得到很好解决的话，会影响到工作的顺利进行。因而在选择供应链联盟合作伙伴时，应当在综合考虑其他因素的条件下，结合分析双方企业的领导风格和组织结构，以期得到整体最优。

在战略联盟中，选择错误的合作伙伴的风险是巨大的。然而，企业不应该为了躲避风险而只与现有的伙伴形成联盟。若企业将选择范围限定在已有的伙伴群中，那么有可能找不到最佳合作伙伴，这会导致在联盟绩效方面的妥协。企业不应该躲避风险，而应该积极地管理风险，将因联盟失败而产生的负面影响最小化，而将因联盟成功获得的利益最大化。这就需要恰当地选择战略合作伙伴。

四、顾客界面

企业核心资源与客户价值的关联性是显然的，通过分析企业的客户界面以识别核心资源，主要是基于核心资源特有的价值属性。“核心专长必须特别有助于实现用户看重的价值。那些能够使公司为用户提供根本性好处的技能，才能称得上核心专长。区别核心专长与非核心专长的标准之一是它带给用户的好处是核心的还是非核心的。”因此，界面识别就是通过对客户的价值感知、价值评判、价值体验、价值需求等方面信息的深度把握，进而对企业内部的资源界面与企业外部的客户界面之间的互动性进行深入分析，从中识别参与产品或服务创造过程中的各项资源及其“核心性”。

通过对企业外部客户界面的分析，使企业内部的创造活动遵循正确的价值导向，旨在为核心资源的识别提供信息基础；通过对企业内部资源运行过程的重点探讨，使核心资源要素的客户价值贡献更为清晰，为核心资源的界面识别找到关键环节。以核心资源与客户价值之间的关联性为主线，通过企业内外界面之间的互动，最终形成核心资源识别的有效模式。

实操训练

【实训任务】

学习为创业企业设计商业模式

【实训要求】

1. 班级分组，每组6～8人；
2. 每组假定准备创立一家互联网企业；
3. 讨论并确定企业的商业模式。

项目六　创业组织形式选择

【能力目标】

1. 通过分析、讨论，使学生明确创业组织形式的具体构成；
2. 通过分析、讨论，使学生明确各种创业组织形式的建立程序与要求。

【知识目标】

1. 熟悉、理解个体工商户经营管理的一般知识；
2. 掌握组建各种公司的流程及运营；
3. 掌握采用收购旧企业、利用家族企业、采用特许经营和连锁经营等方式进行运营。

任务1　创业的单一业主模式

即将毕业的大学生或社会人员打算创业，可以先选择比较简单的创业模式——单一业主模式。所谓单一业主模式是指由自然人或家庭为独立对象组成经济组织的一种模式，主要包括个体工商户和独资企业两种模式。

一、个体工商户

（一）个体工商户涵义及特征

1. 个体工商户涵义

个体工商户是指在法律允许的范围之内，依法经核准登记，从事工商业经营的自然人。

根据《个体工商户条例》第二条规定：有经营能力的公民，依照本条例规定经工商行政管理部门登记，从事工商业经营的，为个体工商户。

个体工商户可以个人经营，也可以家庭经营。

个体工商户的合法权益受法律保护，任何单位和个人不得侵害。个体工商户是个体工商业经济在法律上的表现。

2. 个体工商户特征

（1）根据法律有关政策，可以申请个体工商户经营的主要是城镇待业青年、社会闲散人员和农村村民。国家机关干部、企事业单位职工不能申请从事个体工商业经营。

（2）自然人从事个体工商业经营必须依法核准登记。个体工商户的登记机关是县以上工商行政管理机关。

（3）个体工商户只能经营法律、政策允许个体经营的行业。

（二）个体工商户登记程序规定

1. 申请个体工商户设立登记应当提交的文件

（1）申请人签署的个体工商户设立登记申请书；

（2）申请人身份证明；

（3）经营场所证明；

（4）国家法律、法规规定提交的其他文件。

从事法律、行政法规规定须报经有关部门审批的业务的，应当提交有关部门的批准文件。

2. 申请个体工商户变更登记应当提交的文件

（1）申请人签署的个体工商户变更登记申请书；

（2）申请经营场所变更的，应当提交新经营场所证明；

（3）国家法律、法规规定提交的其他文件。

从事法律、行政法规规定须报经有关部门审批的业务的，应当提交有关部门的批准文件。

（三）个体工商户税务登记

个体工商户应按照税务部门的规定正确建立账簿，准确进行核算。对账证健全、核算准确的个体工商户，税务部门对其实行查账征收；对生产经营规模小又确无建账能力的个体工商户，税务部门对其实行定期定额征收；具有一定情形的个体工商户，税务部门有权核定其应纳税额，实行核定征收。

二、独资企业

所谓独资企业是指个人出资经营、归个人所有和控制、由个人承担经营风险和享有全部经营收益的企业。是自然人企业，是最古老、最简单的一种企业组织形式。主要盛行于零售业、手工业、农业、林业、渔业、服务业和家庭作坊等。

（一）独资企业的特点

（1）企业的建立与解散程序简单。

（2）经营管理灵活自由。企业业主可以完全根据个人的意志确定经营策略，进行管理决策。

（3）企业业主对企业的债务负无限责任。当企业的资产不足以清偿其债务时，企业业主以其个人财产偿付企业债务。这有利于保护债权人利益，但独资企业不适宜风险大的行业。

（4）企业的规模有限。独资企业有限的经营所得、企业业主有限的个人财产、企业业主一人有限的工作精力和管理水平等都制约着企业经营规模的扩大。

（5）企业的存在缺乏可靠性。独资企业的存续完全取决于企业业主个人的得失安危，企业的寿命有限。在现代经济社会中，独资企业发挥着重要作用。

（二）设立独资企业的条件

（1）投资人为一个自然人；

（2）有合法的企业名称；
（3）有投资人申报的出资；
（4）有固定的生产经营场所和必要的生产经营条件；
（5）有必要的从业人员。

（三）独资企业的优、缺点

1. 独资企业的优点

独资企业是企业制度序列中最初始和最古典的形态，也是民营企业主要的企业组织形式。其主要优点为：

（1）企业资产所有权、控制权、经营权、收益权高度统一。这有利于保守与企业经营和发展有关的秘密，有利于业主个人创业精神的发扬。

（2）企业业主自负盈亏和对企业的债务负无限责任成了强硬的预算约束。企业经营的好坏同企业业主个人的经济利益乃至身家性命紧密相连，因而，企业业主会尽心尽力地把企业经营好。

（3）企业的外部法律法规等对企业的经营管理、决策、进入与退出、设立与破产的制约较小。

2. 独资企业的缺点

虽然独资企业有如上的优点，但它也有比较明显的缺点：

（1）难以筹集大量资金。因为一个人的资金终归有限，以个人名义借贷款难度也较大。因此，独资企业限制了企业的扩展和大规模经营。

（2）投资者风险巨大。企业业主对企业负无限责任，在硬化了企业预算约束的同时，也带来了企业业主承担风险过大的问题，从而限制了其向风险较大的部门或领域进行投资的活动。这对新兴产业的形成和发展极为不利。

（3）企业连续性差。企业所有权和经营权高度统一的产权结构，虽然使企业拥有充分的自主权，但这也意味着企业是自然人的企业，业主的病、死，业主本人及家属知识和能力的缺乏，都可能导致企业破产。

（4）企业内部的基本关系是雇佣劳动关系，劳资双方利益目标的差异，构成企业内部组织效率的潜在危险。

任务2　合伙经营模式

一、合伙企业定义

合伙企业，是指自然人、法人和其他组织依照《中华人民共和国合伙企业法》在中国境内设立的，由两个或两个以上的合伙人订立合伙协议，为经营共同事业、共同出资、合伙经营、共享收益、共担风险的营利性组织。包括普通合伙企业和有限合伙企业。

（1）普通合伙企业由 2 人以上普通合伙人（没有上限规定）组成，合伙人对合伙企业债务承担无限连带责任。

（2）有限合伙企业由 2 人以上 50 人以下的普通合伙人和有限合伙人组成，其中普通合伙人至少有 1 人，当有限合伙企业只剩下普通合伙人时，应当转为普通合伙企业；如果只剩下有限合伙人时，应当解散。普通合伙人对合伙企业债务承担无限连带责任，有限合伙人以其认缴的出资额为限对合伙企业债务承担责任。

二、合伙企业的特征

合伙企业有如下特征：

（1）生命有限。合伙企业比较容易设立和解散。合伙人签订了合伙协议，就宣告合伙企业的成立。新合伙人的加入，旧合伙人的退伙、死亡、自愿清算、破产清算等均可造成原合伙企业的解散以及新合伙企业的成立。

（2）责任无限。合伙组织作为一个整体对债权人承担无限责任。按照合伙人对合伙企业的责任，合伙企业可分为普通合伙和有限合伙。普通合伙的合伙人均为普通合伙人，对合伙企业的债务承担无限连带责任。例如，甲、乙、丙三人成立的合伙企业破产时，当甲、乙已无个人资产抵偿企业所欠债务时，虽然丙已依约还清应分摊的债务，但仍有义务用其个人财产为甲、乙两人付清所欠的应分摊的合伙债务，当然此时丙对甲、乙拥有财产追索权。有限责任合伙企业由一个或几个普通合伙人和一个或几个责任有限的合伙人组成，即合伙人中至少有一个人要对企业的经营活动负无限责任，而其他合伙人只需以其出资额为限对债务承担偿债责任，因而这类合伙人一般不直接参与企业经营管理活动。

（3）相互代理。合伙企业的经营活动，由合伙人共同决定，合伙人有执行和监督的权利。合伙人可以推举负责人。合伙负责人和其他人员的经营活动，由全体合伙人承担民事责任。换言之，每个合伙人代表合伙企业所发生的经济行为对所有合伙人均有约束力。因此，合伙人之间较易发生纠纷。

（4）财产共有。合伙人投入的财产，由合伙人统一管理和使用，不经其他合伙人同意，任何一位合伙人不得将合伙财产移为他用。只提供劳务，不提供资本的合伙人仅分享一部分利润，而无权分享合伙财产。

（5）利益共享。合伙企业在生产经营活动中所取得、积累的财产，归合伙人共有。如有亏损则亦由合伙人共同承担。损益分配的比例应在合伙协议中明确规定；未经规定的可按合伙人出资比例分摊，或平均分摊。以劳务抵作资本的合伙人，除另有规定者外，一般不分摊损失。

三、合伙协议

为了避免经济纠纷，在合伙企业成立时，合伙人应订立合伙协议（又叫合伙契约，或叫合伙章程），其性质与公司章程相同，对所有合伙人均有法律效力。

四、合伙企业的优、缺点

（一）优点

（1）与个人独资企业相比较，合伙企业可以从众多的合伙人处筹集资本，合伙人共同偿还债务，减少了银行贷款的风险，使企业的筹资能力有所提高；

（2）与个人独资企业相比较，合伙企业能够让更多投资者发挥优势互补的作用，比如技术、知识产权、土地和资本的合作，并且投资者更多，事关自己切身利益，大家共同出力谋划，集思广益，提升企业综合竞争力；

(3) 与一般公司相比较，由于合伙企业中至少有一个负无限责任，使债权人的利益受到更大保护，理论上来讲，在这种无限责任的压力下，更能提升企业信誉；

(4) 与一般公司相比较，理论上来讲，合伙企业盈利更多，因为合伙企业交的是个税而不是企业所得税，这也是其高风险成本的收益。

(二) 缺点

(1) 由于合伙企业的无限连带责任，对合伙人不是十分了解的人一般不敢入伙，就算以有限责任人的身份入伙，由于有限责任人不能参与事务管理，这就产生有限责任人对无限责任人的担心，怕他不全心全意地干，而无限责任人在分红时，觉得所有经营都是自己在做，有限责任人就凭一点资本投入就坐收盈利，又会感到委屈。因此，合伙企业是很难做大做强的。

(2) 虽说连带责任在理论上来讲有利于保护债权人，但在现实生活中操作起来往往不是这样。如果一个合伙人有能力还清整个企业的债务，而其他合伙人连还清自己那份的能力都没有时，按连带责任来讲，这个有能力的合伙人应该还清企业所欠所有债务。但是，他如果这样做了，再去找其他合伙人要回自己垫付的债款就麻烦了，因此，他不会这样独立承担所有债款，还有可能连自己的那一份都等大家一起还。

任务3　公司模式

目前，国内外的公司化非常普遍，所选择的公司模式也各异，并没有一个统一的规定，各个国家、地区和行业都根据自身的需要进行选择。

一、无限责任公司

(一) 无限责任公司定义

无限责任公司是由两个以上股东组成、股东对公司债务负连带无限责任的公司形式，又称无限公司。无限责任公司为最典型的人合公司。必须由两个以上的股东所组成，而且股东必须是自然人。股东对公司债务负无限连带责任，即股东必须以出资财产和出资财产以外的其他财产作为清偿公司债务的保证，公司的全部财产不足以清偿公司债务时，债权人有权就其未受偿部分要求公司股东以其个人财产清偿，而且股东间的责任是连带的，偿还公司债务超过自己应承担数额的股东，有权向本公司的其他股东追偿，这样，这部分股东就成为新的债权人。

(二) 无限责任公司的特点

无限责任公司是建立在成员相互信赖基础上的人数少的共同企业形式，其特点在于：组织手续比较简单，不要求具备最低的资本总额；公司经营好坏，直接关系每个股东的全部财产利益，因此股东会合力经营，股东关系密切；公司信用较高，竞争力较强。但是，股东投资风险较大，责任较重，资本不易筹集，出资转让有严格限制，不利于保护出资人的利益。

（三）无限责任公司的优点

（1）无限公司具有合伙特点，组织简易，法定最低人数少，股东之间关系亲密，相互信任程度高。不要求有最低的总资本额，不对外发行股票，公司的外部关系简单。

（2）无限公司有利于财才结合，即有利于多财少智的人与少财多智的人结合，共同组建公司，取得好的经营效果。

（3）无限公司的股东负连带无限责任，加上股东的出资不能随便转让，所以，股东们经营的积极性高、责任心强，苦心经营，同舟共济。

（4）由于无限公司负连带无限责任，所以公司的信用程度高，债权人的经济利益能够得到保障。

（四）无限责任公司的缺点

（1）股东的风险太大，一旦公司破产，由于负连带无限清偿责任，很可能使股东倾家荡产。

（2）资本的筹集困难，因为公司的股东人数有限，允许以智慧或信用出资，又不要求最低的资本额，如果没有财力雄厚的股东合作，资本的筹集是比较困难的。

（3）股本转让困难，由于无限公司股东要负连带无限责任，那么，与谁合作就涉及每一个股东的切身利益，股东若想转让自己的股本，必须经过全体股东的同意，所以，无限公司股本转让比较困难。

二、有限责任公司

（一）有限责任公司定义

有限责任公司又称有限公司（CO，LTD）。有限责任公司指根据《中华人民共和国公司登记管理条例》规定登记注册，由 50 个以下的股东共同出资，每个股东以其所认缴的出资额对公司承担有限责任，公司以其全部资产对其债务承担责任的经济组织。有限责任公司包括国有独资公司以及其他有限责任公司。

由于有限责任公司是创业时所选择的最主要形式，所以在此详细予以介绍。

（二）有限责任公司设立的一般程序

（1）申请名称预先核准；

（2）出资及开设银行账户；

（3）验资；

（4）审批；

（5）申请设立登记；

（6）签发出资证明书和置备股东名册。

（三）注册有限责任公司的条件

1. 股东符合法定人数

法定人数包括法定资格和法定人数两重含义。法定资格是指国家法律、法规和政策规定的可以作为股东的资格。法定人数是《公司法》规定的注册有限责任公司的股东人数。《公司法》对有限责任公司的股东限定为50个以下。

2. 股东出资达到法定资本的最低限额

公司必须有充足的资金才能正常运营。股东没有出资，公司就不可能设立。股东出资总额必须达到法定资本的最低限额。即：两名股东及以上有限责任公司，最低限额为3万元人民币；一名股东的有限责任公司，最低限额为10万元人民币。特定行业的有限责任公司注册资本最低限额需高于前款所定限额的，由法律、行政法规另行规定（如拍卖业至少需100万元注册资本）。

3. 股东的出资方式必须符合规定

股东可以用货币出资，也可以用实物、工业产权、非专利技术、知识产权、土地使用权作价出资，以工业产权、非专利技术作价出资的金额不得超过有限责任公司注册资本的20%，对国家采用高新技术成果有特别规定的除外。科学技术部、国家工商总局《印发〈关于以高新技术成果出资入股若干问题的规定〉的通知》（国科发政字［1997］326号）规定，以高新技术成果向有限责任公司出资入股，作价总金额可以超过公司注册资本的20%，但不得超过35%，作价金额超过公司注册资本20%的，需报省级以上科技管理部门认定，方能到工商行政管理机关办理有关登记。

4. 股东共同制定章程

制定有限责任公司章程，是设立公司的重要环节。公司章程由全体出资者在自愿协商的基础上制定，经全体出资者同意，股东应当在公司章程上签名、盖章。

5. 有公司名称、建立符合有限责任公司要求的组织机构

设立有限责任公司，除其名称应符合企业法人名称的一般性规定外，还必须在公司名称中标明“有限责任公司”或“有限公司”。建立符合有限责任公司要求的组织机构，是指有限责任公司组织机构的组成、产生、职权等符合《公司法》规定的要求。公司的组织机构一般是指股东会、董事会、监事会、经理或股东会、执行董事、一至二名监事、经理。股东人数较多，公司规模较大的适用前者，反之适用后者。

6. 有公司住所

注册有限责任公司时必须提供固定的公司住所。

（四）有限责任公司组织机构

1. 股东会

有限责任公司股东会由全体股东组成。股东会是公司的权力机构，依照《公司法》行使职权。

（1）股东会的职权：

①决定公司的经营方针和投资计划；

②选举和更换非由职工代表担任的董事、监事，决定有关董事、监事的报酬事项；

③审议批准董事会的报告；

④审议批准监事会或者监事的报告；

⑤审议批准公司的年度财务预算方案、决算方案；

⑥审议批准公司的利润分配方案和弥补亏损方案；

⑦对公司增加或者减少注册资本作出决议；

⑧对发行公司债券作出决议；

⑨对公司合并、分立、解散、清算或者变更公司形式作出决议；

⑩修改公司章程；

⑪公司章程规定的其他职权。

对前款所列事项，股东以书面形式一致表示同意的，可以不召开股东会会议，直接作出决定，并由全体股东在决定文件上签名、盖章。

（2）召开股东会的具体规定：

①首次股东会会议由出资最多的股东召集和主持，依照本法规定行使职权。

股东会会议分为定期会议和临时会议。

定期会议应当依照公司章程的规定按时召开。代表 1/10 以上表决权的股东，1/3 以上的董事，监事会或者不设监事会的公司的监事提议召开临时会议的，应当召开临时会议。

②有限责任公司设立董事会的，股东会会议由董事会召集，董事长主持；董事长不能履行职务或者不履行职务的，由副董事长主持；副董事长不能履行职务或者不履行职务的，由半数以上董事共同推举一名董事主持。

有限责任公司不设董事会的，股东会会议由执行董事召集和主持。

董事会或者执行董事不能履行或者不履行召集股东会会议职责的，由监事会或者不设监事会的公司的监事召集和主持；监事会或者监事不召集和主持的，代表 1/10 以上表决权的股东可以自行召集和主持。

③召开股东会会议，应当于会议召开 15 日前通知全体股东；但是，公司章程另有规定或者全体股东另有约定的除外。

④股东会应当对所议事项的决定作成会议记录，出席会议的股东应当在会议记录上签名。

⑤股东会会议由股东按照出资比例行使表决权；但是，公司章程另有规定的除外。

⑥股东会的议事方式和表决程序由公司章程规定。

⑦股东会会议作出修改公司章程、增加或者减少注册资本的决议，以及公司合并、分立、解散或者变更公司形式的决议，必须经代表 2/3 以上有表决权的股东通过。

2. 董事会

（1）有限责任公司设董事会，其成员为 1 ～ 13 人。

（2）两个以上的国有企业或者两个以上的其他国有投资主体投资设立的有限责任公司，其董事会成员中应当有公司职工代表；其他有限责任公司董事会成员中可以有公司职工代表。董事会中的职工代表由公司职工通过职工代表大会、职工大会或者其他形式民主选举产生。

（3）董事会设董事长一人，可以设副董事长。董事长、副董事长的产生办法由公司章程规定。

（4）董事任期由公司章程规定，但每届任期不得超过三年。董事任期届满，连选可以连任。

董事任期届满未及时改选，或者董事在任期内辞职导致董事会成员低于法定人数的，在改选出的董事就任前，原董事仍应当依照法律、行政法规和公司章程的规定，履行董事职务。

（5）董事会对股东会负责，行使下列职权：

①召集股东会会议，并向股东会报告工作；

②执行股东会的决议；

③决定公司的经营计划和投资方案；

④制订公司的年度财务预算方案、决算方案；

⑤制订公司的利润分配方案和弥补亏损方案；

⑥制订公司增加或者减少注册资本以及发行公司债券的方案；

⑦制订公司合并、分立、解散或者变更公司形式的方案；

⑧决定公司内部管理机构的设置；

⑨决定聘任或者解聘公司经理及其报酬事项，并根据经理的提名决定聘任或者解聘公司副经理、财务负责人及其报酬事项；

⑩制定公司的基本管理制度；

⑪公司章程规定的其他职权。

（6）董事会会议由董事长召集和主持；董事长不能履行职务或者不履行职务的，由副董事长召集和主持；副董事长不能履行职务或者不履行职务的，由半数以上董事共同推举一名董事召集和主持。

（7）董事会的议事方式和表决程序，除本法有规定的外，由公司章程规定。

（8）董事会应当对所议事项的决定作成会议记录，出席会议的董事应当在会议记录上签名。

（9）董事会决议的表决，实行一人一票。

3. 经理机构

有限责任公司可以设经理，由董事会决定聘任或者解聘。经理对董事会负责，行使下列职权：

（1）主持公司的生产经营管理工作，组织实施董事会决议；

（2）组织实施公司年度经营计划和投资方案；

（3）拟订公司内部管理机构设置方案；

（4）拟订公司的基本管理制度；

（5）制定公司的具体规章；

（6）提请聘任或者解聘公司副经理、财务负责人；

（7）决定聘任或者解聘除应由董事会决定聘任或者解聘以外的负责管理人员；

（8）董事会授予的其他职权。

公司章程对经理职权另有规定的，从其规定。

经理列席董事会会议。

4. 监事会

（1）有限责任公司设监事会，其成员不得少于三人。股东人数较少或者规模较小的有限责任公司，可以设一至二名监事，不设监事会。

（2）监事会应当包括股东代表和适当比例的公司职工代表，其中职工代表的比例不得低于1/3，具体比例由公司章程规定。监事会中的职工代表由公司职工通过职工代表大会、职工大会或者其他形式民主选举产生。

（3）监事会设主席一人，由全体监事过半数选举产生。监事会主席召集和主持监事会会议；监事会主席不能履行职务或者不履行职务的，由半数以上监事共同推举一名监事召集和主持监事会会议。

（4）董事、高级管理人员不得兼任监事。

监事的任期每届为三年。监事任期届满，连选可以连任。

监事任期届满未及时改选，或者监事在任期内辞职导致监事会成员低于法定人数的，在改选出的监事就任前，原监事仍应当依照法律、行政法规和公司章程的规定，履行监事职务。

（5）监事会、不设监事会的公司的监事行使下列职权：

①检查公司财务；

②对董事、高级管理人员执行公司职务的行为进行监督，对违反法律、行政法规、公司章程或者股东会决议的董事、高级管理人员提出罢免的建议；

③当董事、高级管理人员的行为损害公司的利益时，要求董事、高级管理人员予以纠正；

④提议召开临时股东会会议，在董事会不履行《公司法》规定的召集和主持股东会会议职责时召集和主持股东会会议；

⑤向股东会会议提出提案；

⑥依照《公司法》第一百五十二条的规定，对董事、高级管理人员提起诉讼；

⑦公司章程规定的其他职权。

（6）监事可以列席董事会会议，并对董事会决议事项提出质询或者建议。

（7）监事会、不设监事会的公司的监事发现公司经营情况异常，可以进行调查；必要时，可以聘请会计师事务所等协助其工作，费用由公司承担。

（8）监事会每年度至少召开一次会议，监事可以提议召开临时监事会会议。

（9）监事会的议事方式和表决程序，除《公司法》有规定的外，由公司章程规定。

监事会决议应当经半数以上监事通过。

监事会应当对所议事项的决定作成会议记录，出席会议的监事应当在会议记录上签名。

监事会、不设监事会的公司的监事行使职权所必需的费用，由公司承担。

（五）有限责任公司的优缺点

1. 优点

（1）设立简单；

（2）组织机构简单；

（3）将股东利益与公司利益紧紧绑到一起，经营状况稳定；

（4）降低了股东的风险；

（5）公司的保密情况较好。

2. 缺点

（1）筹资渠道有限，竞争力较弱；

（2）股东承担有限责任，使得公司的信用度不高；

（3）容易助长股东的投机心理，从事以小搏大的生意等。

三、两合公司

（一）两合公司定义

两合公司是以共同商号进行商业活动的公司，其股东的一人或数人以其一定的出资财产数额对公司的债务负责任（有限责任股东），其他股东负无限责任。无限股东是法律上的经理，但并不排除有限股东按合同参与领导公司。与只计资本出资的有限股东相比，无限股东有权获得更多的利润分成。

（二）两合公司的显著特点

两合公司的显著特点是无限责任股东与有限责任股东共存，兼有二者的个人信用和资本信用。

（三）两合公司的优点

（1）适合不同投资者的需要；

（2）股东责任明确；

（3）筹集资本简单。

（四）两合公司的缺点

（1）人为因素影响较大；

（2）股份转让不灵活。

四、股份有限公司

（一）股份有限公司的概念

股份有限公司是指以公司资本为股份所组成的公司，股东以其认购的股份为限对公司承担责任的企业法人。设立股份有限公司，应当有2人以上200人以下为发起人，注册资本的最低限额为人民币500万元。由于所有股份公司均须是负担有限责任的有限公司（但并非所有有限公司都是股份公司），所以一般合称“股份有限公司”。

（二）股份有限公司的特征

（1）股份有限公司是独立的经济法人；

（2）股份有限公司的股东人数不得少于法律规定的数目，如法国规定，股东人数最少为7人；

（3）股份有限公司的股东对公司债务负有限责任，其限度是股东应交付的股金额；

（4）股份有限公司的全部资本划分为等额的股份，通过向社会公开发行的办法筹集资金，任何人在缴纳了股款之后，都可以成为公司股东，没有资格限制；

(5) 公司股份可以自由转让，但不能退股；

(6) 公司账目须向社会公开，以便于投资人了解公司情况，进行选择；

(7) 公司设立和解散有严格的法律程序，手续复杂。

(三) 股份有限公司的优点

(1) 股东人数不受限制，筹资也容易，竞争力强；

(2) 可以有效地分担风险；

(3) 可以优化资源配置；

(4) 两权分离，促进发展。

(四) 股份有限公司的缺点

(1) 决策权会在少数人手中；

(2) 管理难度大；

(3) 股东缺乏责任感；

(4) 设立程序复杂，组建条件严格；

(5) 保密性差。

(五) 股份有限公司的设立条件

(1) 发起人符合法定人数。2 人以上 200 人以下，其中半数以上应该在中国境内有住所；

(2) 发起人认购或者募集的股本达到法定资本最低限额，即 500 万。法律、行政法规对最低限额有较高规定的，从其规定；

(3) 股份发行、筹办事项符合法律规定；

(4) 发起人制定公司章程；

(5) 公司名称和公司的建立符合股份有限公司要求的组织结构；

(6) 有公司住所。

(六) 股份有限公司的设立流程

(1) 确定设立方式，可以采取发起设立或募集设立；

(2) 订立公司章程；

(3) 发起人认购股份和向社会公开募集股份；

(4) 验资；

(5) 召开创立大会；

(6) 设立登记。

从设立程序中可以看出，股份有限公司多出 2 个步骤，第一是确定设立方式，第二是召开创立大会。

(七) 股份有限公司的组织机构

(1) 股东大会及其选出的董事会是公司的决策机构；

(2) 总经理及其助手组成公司的执行机构；

(3) 监事会是公司的监督机构。

任务4 其他创业模式

一、收购旧企业

（一）企业收购概念及形式

企业收购指企业通过一定的程序和手段取得某一企业的部分或全部所有权的投资行为。购买者一般可通过现金或股票完成收购，取得被收购企业的实际控制权。国际企业收购的结果是跨国性的参股、接管或兼并。从历史和现状来看，它一直是国际直接投资的主要形式之一。

（二）企业收购的益处

企业收购是投资者迅速实现对外发展战略的有效手段，它可以大大缩短投资项目的建设周期，迅速扩大生产规模。此外，它在资本投入、市场开拓、取得关键性技术和人才，增强企业的竞争和保证企业利润水平等方面都有许多有利之处。

（三）企业收购的流程

企业收购的流程大致如下：

（1）制定公司发展规划；

（2）确定收购目标企业；

（3）搜集信息，初步沟通，了解目标企业意向；

（4）谈判确定基本原则，签订意向协议；

（5）递交立项报告；

（6）上报公司；

（7）上报上级主管部门，待得到同意的批复后进入具体收购业务流程阶段；

（8）尽职调查；

（9）尽职调查报告上报公司；

（10）审计、评估；

（11）确定成交价；

（12）上报项目建议书；

（13）并购协议书及附属文件签署；

（14）董事会决策程序；完成后进入注册变更登记阶段；

（15）资金注入；

（16）办理手续；

（17）产权交接；

（18）变更登记。

（四）公司收购的注意事项

（1）资本、资产方面的风险：

①注册资本问题；

②公司资产、负债以及所有者权益等问题。

（2）财务会计制度方面的风险。

（3）税务方面的风险。

（4）可能的诉讼风险。

二、家族企业

（一）家族企业的含义

家族企业就是指资本或股份主要控制在一个家族手中，由家族成员出任企业的主要领导职务的企业。

（二）家族企业的发展现状

家族企业作为世界上最具普遍意义的企业组织形态，在世界经济中有着举足轻重的地位。在世界各国，无论是发达国家还是发展中国家，家族企业都在顽强地生长和发展着。美国学者克林·盖尔西克认为“即使最保守的估计，也认为家庭所有或经营的企业在全世界企业中占65%～80%。全世界500强企业中有40%由家庭所有或经营”。

在我国，20世纪70年代末到80年代初，才掀起了家庭经营的第一次浪潮。随着对私营经济在国民经济中地位的认同，占据私营经济绝大比例的家族企业得到了长足发展。根据中国统计年鉴的资料，1989年我国的私营企业共有9.05万户，到2001年私营企业增长到202.85万户，增加了21.4倍，注册资金从84亿元增加到18 212.2亿元，增加了215.8倍（未扣除价格因素）。在私营企业对国民经济的贡献方面，私营经济对GDP的贡献率由1989年的0.57%上升到2001年的12.7%，20世纪90年代以来平均每年提高近1个多百分点。在就业贡献上，私营经济所占的比例越来越高。1989年，全社会每100个新增就业者中有0.07人流向私营企业，到2001年时，已增至33人流向私营企业。

可以看出，无论是欧美的发达国家还是东亚地区的发展中国家，家族企业都在国民经济中发挥着重要作用。特别是在我们这个经济发展还不平衡、就业压力很大的国家，发展以家族企业为主导的私营经济，对于解决就业压力，提高国民福利水平，都具有极其重要的现实意义。因此，从这个角度出发，对家族企业进行研究是一个非常有意义的话题。

（三）家族企业的先天优势

家族企业在所有企业组织形态中，有其特殊性。这种特殊性在于家族企业的所有权掌握在以血缘、亲缘为纽带的家族成员手中，但并不能由此推断家族企业就是一种低效率的企业形式。相反，作为一种制度安排，其本身的存在就说明了其存在的合理性，而家族企业的顽强生命力更是说明它与其他企业形式相比有其优越的一面。当然，利弊相生，不足之处也是在所难免的，这种特殊性也导致了家族企业诸多根本性的内在缺陷。下面我们就家族企业的先天优势及内在缺陷进行深入分析。

在家族企业中，家族成员所有权与控制权两权合一，家族成员既参与企业经营管理，又参与剩余索取权的分配，所以家族式企业中的家族成员有动力经营好企业，这使得面临逆向选择和道德风险的可能性大大降低。同时家族企业中家族成员之间形成了一个小型的团体，团体内部由于经常在一起沟通交流，使得内部成员的信息不对称性以及成员间的协调成本大为降低。不仅如此，由于血缘关系的维系，家族成员对家族高度的认同感和一体感，使其对家族产生了一种神圣的责任，这使得家族成员为家族企业工作都是“各尽所能，各取所需”，不计较自己付出的劳动和获得的报酬是否处于合理的比例关系，从而使企业成员间的交易费用大大降低。

另外，在家族群体内部还有一种选择性刺激制度，即家族成员必须努力为家族的发展而奋斗，如果某个成员出现道德风险和逆向选择，他就可能会被族长开出族籍。在这种压力下，家族企业中的家族成员一般都会比较自觉，为家族企业也是为家族的发展而努力工作。在信息不对称状况减弱和选择性刺激制度下，家族企业中的家族成员与企业签订契约的交易费用大大降低，而且由于家族成员具有共同的价值观和伦理观念以及他们之间存在着家族性的默契，所以企业业主对员工的监督成本也很低。正是由于交易费用的降低，使得家族企业这种组织形式在一定的环境下能体现出相对其他组织形式的优势，这也是家族企业能普遍存在和顽强成长的主要原因。

（四）家族式企业的三大弊端

当代中国社会经济环境有很多适合家族企业生存的特点，所以，经过近 20 年的迅速发展，用家族制的方法管理企业已经成为我国 70% ～ 80% 的民营企业的普遍管理模式。从国际上看，即使是市场经济发达的国家，家族企业也是最普遍的企业形式，很多闻名全球的大企业也仍然带有家族的色彩。

但是，随着市场经济体系的逐步发达和经济日益全球化，纯粹的家族企业只是在一些行业、一定的范围内有着有限的生存与成长空间，不能成为市场竞争中的真正主角。当市场变革速度越来越快、竞争越来越激烈时，完全由家族成员掌控的封闭式家族管理的弊端就显现出来了。

1. 组织机制障碍

随着家族企业的成长，其内部会形成各类利益集团，由于夹杂着复杂的感情关系，使得领导者在处理利益关系时会处于更复杂，甚至是两难的境地。企业领导人的亲属和家人违反制度时，管理者很难像处理普通员工那样一视同仁，这给企业内部管理留下了隐患。

家族式企业还有一个很普遍的特点就是，可以共苦但不可同甘。创业初期，所有矛盾都被创业的激情所掩盖，但创业后的三关——分金银、论荣辱、排座次往往给组织的健康成长造成了阻碍。当对待荣誉、金钱和权利的看法出现分歧时，亲兄弟之间、父子之间都可能出现反目现象。

2. 人力资源的限制

家族式企业似乎对外来的资源和活力产生一种排斥作用。尤其是由于在家族式企业中，一般外来人员很难享受股权，其心态永远只是打工者，始终难以融入组织中。另外，由于难以吸收外部人才，企业更高层次的发展会受到限制。正如新希望集团总裁刘永行所说：“家族企业最大的弊病就在于社会精英进不来。几兄弟都在企业的最高位置，外面有才能的人进不来，而且一家人的思维方式多少有些类似，没有一个突破点。大家各有各的想法，要决策某件事就很难，容易耽误商机。”

3. 不科学的决策程序导致失误

决策的独断性是许多民营企业初期成功的重要保证，许多企业家在成长过程中靠的就是果敢、善断，因为抓住了一两次稍纵即逝的机会而成功的。但是随着企业的发展，外部环境的变迁，企业业主的个人经验开始失效，生意越做越大，投资的风险也越来越大，不像创业初期那样，一两次失误的损失还可以弥补回来。这个时候，保证决策的民主性、科学性就显得越发的重要。

（五）管好家族企业的措施

家族企业在中国的经济领域已经成为一支重要力量。中国95%以上的企业属于家族企业，过去十年，中国90%的新增就业是由家族企业解决的。目前，我国的家族企业还存在着一些弊端（前面已经阐述过）。要铲除弊端，发挥家族企业的优势，就要采取一系列措施，促进家族企业的发展。

（1）家族企业要很好地解决人的积极性、企业发展战略和企业科学管理体系这三个问题。

（2）现代家族企业的管理不再只是靠老板的聪明，而需要科学管理，有科学手段支持。

（3）没有社会化发展、单一职业化推进的家族企业，成功的希望几乎是零。

（4）家族企业要想获得长久发展，就要处理好企业所有权、享用权和管理权的关系。

（5）企业成功的秘诀，是把受益权社会化。

（6）让员工从给老板干变成给自己干。

（7）钱散人聚，钱聚人散。你肯不肯把自己挣来的钱分给更多人，这是企业成功最关键的地方。

（8）中国民营企业的发展，往往3年是一个槛儿，就在于从直接管理变成间接管理这个阶段，很难跨越。绝大多数中国企业跨不过去。

（9）家族企业得以成功的关键点在于，每一个家族企业都拥有一个企业家，拥有一个统帅，而很多国营企业没有企业家，只有拥有企业家精神的职业经理人。

（10）企业家必须照顾好股东、职工和用户三者的利益，才能使企业利益最大化。

（11）企业做大了，钱多了，老板要通过后期审计来管钱。

（12）要想解决空降兵与企业功臣的矛盾，就要使企业的功臣变成能臣。

（13）只有管理者的权力，没有被管理者的权力，管理会出现腐败。绝对的权力一定会产生绝对的腐败。

（14）公司越大，制度越要简单，越要靠人的主动性、自觉性来完善管理。小公司靠制度，大公司靠文化。

（15）好的制度、好的管理，最后一定能够让坏人做不了坏事，反而因为长期做不了坏事，不得不去做好事，变成好人。

四、特许经营

早期的特许经营是商品商标型特许经营，在这一阶段，特许商向加盟商提供的仅仅是商品和商标的使用权，作为回报，加盟商需定期向特许商支付费用。例如，通用汽车公司、福特公司、埃克森石油公司、壳牌公司、可口可乐公司、麦当劳公司等都是采取这种方式从事经营的，这也被称之为“第一代特许经营”。

但是，“第一代特许经营”在实践中遇到一系列问题，麦当劳公司也一样。麦当劳兄弟从1937年创办汽车餐厅起家，通过改进厨房设备与生产程序，使汉堡生产制作速度大大提高，吸引了大量顾客。20世纪20年代初，麦当劳利用特许经营形式建立自己的经营体系。一开始，他们采取的是“第一代特许经营”方式，即只在开业之初指导店铺外观和外送服务的细节，以后就两不相干了。这“大撒把”式的方式造成了危机，许多加盟商按照自己的理解改变了汉堡口味，有的甚至增加了许多复杂的品种，这是对麦当劳经营方式的“腐蚀”。麦当劳看到这一点。1955年麦当劳在芝加哥东北部开设了第一家“样板店”，并建立了一套严格的运营制度——QSCV运营系统，即优质服务、质佳味美、清洁卫生、提供价值。麦当劳借助这样的经营模式推行了第二代特许经营，全世界所有麦当劳使用的调味品、肉和蔬菜的品质均由公司统一规定标准，制作工艺也完全一样，每推出一个新品种，都有一套规定。麦当劳正是依靠这样的经营使其获得迅速发展。

（一）特许经营的含义和类别

国际特许经营协会对特许经营的定义：特许经营是特许人和受许人之间的契约关系，对受许人经营中的特许领域——经营诀窍和培训，特许人有义务提供或保持持续的指导；受许人的经营是在由特许人所有的控制下的一个共同标记、经营模式和过程之下进行的，并且受许人从自己的资源中对其业务进行投资。

我国对特许经营的法律定义：特许经营指特许者将自己所拥有的商标（包括服务商标）、商号、产品、专利和专有技术、经营模式等以特许经营合同的形式授予被特许者使用，被特许者按合同规定，在特许者统一的业务模式下从事经营活动，并向特许者支付相应的费用。

（1）直接特许——特许者将特许经营权直接授予特许经营申请者，获得特许经营权的被特许者按照特许经营合同设立特许点，开展经营活动，不得再行转让特许权。

（2）区域特许——由特许者将在指定区域内的独家特许经营权授予被特许者，该被特许者可将特许经营权再授予其他申请者，也可由自己在该地区开设特许点，从事经营活动。

（二）特许经营特点

按我国法律规定，特许经营是一种销售商品和服务的方法，而不是一个行业。作为一种商业经营模式，在其经营过程和方法中有以下四个共同特点：

（1）个人（法人）对商标、服务标志、独特概念、专利、经营诀窍等拥有所有权。

（2）权利所有者授权其他人使用上述权利。

（3）在授权合同中包含一些调整和控制条款，以指导受许人的经营活动。

（4）受许人需要支付权利使用费和其他费用。

（三）特许经营特征

特许经营一词译自英文，指从事经营活动，并向特许人支付经营费。虽然不同国家、不同组织对特许经营有不同的定义，但一般而言，特许经营有如下特征：

（1）特许经营是特许人和受许人之间的契约关系。

（2）特许人将允许受许人使用自己的商号和（或）商标和（或）服务标记、经营诀窍、商业和技术方法、持续体系及其他工业和（或）知识产权。

（3）受许人自己对其业务进行投资，并拥有其业务。

（4）受许人需向特许人支付费用。

（5）特许经营是一种持续性关系。

特许经营是指特许权人与被特许人之间达成的一种合同关系。在这个关系中，特许权人提供或有义务在诸如技术秘密和训练雇员方面维持其对专营权业务活动的利益；而被特许人获准使用由特许权人所有的或者控制的共同的商标、商号、企业形象、工作程序等，但由被特许人自己拥有或自行投资相当部分的企业。

（四）特许经营的优势

特许经营已有一百多年的发展历史，它所取得的成功已为世人瞩目。近几年，特许经营在我国也有巨大发展。这一分销方式之所以长盛不衰，有其经营优势。

1. 特许商利用特许经营实行大规模的低成本扩张

对于特许商来说，借助特许经营的形式，可以获得如下优势：

（1）特许商能够在实行集中控制的同时保持较小的规模，既可赚取合理利润，又不涉及高资本风险，更不必兼顾加盟商的日常琐事。

（2）由于加盟店对所属地区有较深入的了解，往往更容易发掘出企业尚没有涉及的业务范围。

（3）由于特许商不需要参与加盟者的员工管理工作，因而本身所必需处理的员工问题相对较少。

（4）特许商不拥有加盟商的资产，保障资产安全的责任完全落在资产所有人的身上，特许商不必承担相关责任。

（5）从事制造业或批发业的特许商可以借助特许经营建立分销网络，确保产品的市场开拓。有人讲，有人的地方就有可口可乐，有相机的柜台就有佳能。为什么这些品牌能够无处不在？原因就在于他们利用了特许经营方式进行了大规模的低成本扩张。

2. 加盟商借助特许经营“扩印底版”

有人形象地把加盟特许经营比喻成“扩印底版”，即借助特许商的商标、特殊技能、经营模式来反复利用，并借此扩大规模。

（1）可以享受现成的商誉和品牌。加盟商由于承袭了特许商的商誉，在开业、创业阶段就拥有了良好的形象，使许多工作得以顺利开展。否则，借助于强大广告攻势来树立形象是一大笔开支。

（2）避免市场风险。对于缺乏市场经营的投资者来说，面对激烈的市场竞争环境，往往处于劣势。投资一家业绩良好且有实力的特许商，借助其品牌形象、管理模式以及其他支持系统，其风险大大降低。

（3）分享规模效益。这些规模效益包括：采购规模效益、广告规模效益、经营规模效益、技术开发规模效益等。

（4）获取多方面支持。加盟商可从特许商处获得多方面的支持，如培训、选择地址、资金融通、市场分析、统一广告、技术转让等。

3. 特许经营因其管理优势而受到消费者欢迎

特许经营成功发展的另一个原因就是准确定位。由于能准确定位，使企业目标市场选择准确，能围绕目标市场进行营销策略组合，并能及时了解目标市场的变化，使企业的产品和服务走在时代前列。

依特许经营在中国的短短二十年时间内就已取得的惊人表现来看，特许经营在中国的增长势头是有增无减的。从国外和国内的特许经营实践来看，可以说特许经营在中国的发展必将有一个无限广阔的空间！

实操训练

【实训任务1】

独资企业案例分析

张某于2008年3月成立一家个人独资企业。同年5月，该企业与甲公司签订一份买卖合同，根据合同，该企业应于同年8月支付给甲公司货款15万元，后该企业一直未支付该款项。2010年1月该企业解散。2011年5月，甲公司起诉张某，要求张某偿还上述15万元债务。

【实训要求】

分析下列有关该案的表述哪些是错误的。

A. 因该企业已经解散，甲公司的债权已经消灭

B. 甲公司可以要求张某以其个人财产承担15万元的债务

C. 甲公司请求张某偿还债务已超过诉讼时效，其请求不能得到支持

D. 甲公司请求张某偿还债务的期限应于2003年1月届满

（资料来源：http：//www. lawtime. cn/ask/question_ 295602. html）

【实训任务2】

有限合伙企业案例分析

2008年3月，甲、乙、丙、丁按照《中华人民共和国合伙企业法》的规定，共同投资成立了一从家事商品流通的有限合伙企业。合伙协议约定了以下事项：

（1）甲以现金5万元出资；乙以房屋作价8万元出资；丙以劳务作价4万元出资，另外以商标权作价5万元出资；丁以现金10万元出资；

（2）丁为普通合伙人，甲、乙、丙均为有限合伙人；

（3）各合伙人按相同比例分配盈利、分担亏损；

（4）合伙企业的事务由丙和丁执行，甲和乙不执行合伙企业事务，也不对外代表合伙企业；

（5）普通合伙人向合伙人以外的人转让财产份额的，不需要经过其他合伙人同意；

（6）合伙企业名称为“稳信物流合伙企业”。

【实训要求】

根据以上事实，回答下列问题，并分别说明理由：

(1) 合伙人丙以劳务作价出资的做法是否符合规定?
(2) 合伙企业事务执行方式是否符合规定?
(3) 关于合伙人转让出资的约定是否符合法律规定?
(4) 合伙企业名称是否符合规定?
(5) 各合伙人按照相同比例分配盈利、分担亏损的约定是否符合规定?

(资料来源:考试大网)

项目七 创业团队的组建

【能力目标】

1. 逐步锻炼和提高学生树立正确团队理念、制定创业团队目标的能力；
2. 培养学生对团队进行合理分析的能力；
3. 培养学生营造创业团队氛围的能力；
4. 通过综合训练，培养学生设计出合理创业团队方案的能力。

【知识目标】

1. 掌握创业团队的组成要素、发展阶段及团队角色；
2. 掌握组建创业团队的基本条件；
3. 掌握组建创业团队的程序和模式。

创业团队，就是由少数具有技能互补的创业者组成的团队，创业者为了实现共同的创业目标，为达成高品质的结果而努力。共同创业有利于分散创业的失败风险；通过团队成员之间的技能互补可提高驾驭环境不确定性的能力，从而降低新创企业的经营失败风险；更为重要的是，共同创业具有更强的资源整合能力，能同时从多个融资渠道获取创业资金等资源，保证创业企业的成功。

任务1 了解创业团队及类型

创业团队是指在创业初期（包括企业成立前和成立早期），由一群才能互补、责任共担、愿为共同的创业目标而奋斗的人所组成的特殊群体。

一、如何理解创业团队及其作用

现代企业，需要的是少走弯路，而从一开始就走规范化管理道路，因此，创业者在注册公司时就应该组建创业团队。一个好的创业团队对新创科技型企业的成功起着举足轻重的作用。新型风险企业的发展潜力（以及其打破创始人的自有资源限制，从私人投资者和风险资本支持者手中吸引资本的能力）与企业管理团队的素质之间有着十分紧密的联系。一个喜欢独立奋斗的创业者固然可以谋生，然而一个团队的营造者却能够创建出一个组织或一个公司，而且是一个能够创造重要价值并有收益选择权的公司。创业团队的凝聚力、合作精神、立足长远目标的敬业精神会帮助新创企业渡过难关，加快成长步伐。另外，团队成员之间的互补、协调以及与创业者之间的补充和平衡，对新创科技型企业起到了降低管理风险、提高管理水平的作用。

一项针对104家高科技企业的研究报告指出，在年销售额达到500万美元以上的高成长企业中，有83.3%是以团队形式建立的；而在另外73家停止经营的企业中，仅有53.8%有数位创始人；100家创立时间较短、销售额高于平均数几倍的企业中，70%有多位创始人。

对新创技术型公司的创业团队研究表明，创业是一个包含众多人的组织形成过程，特别是这个过程更为复杂的技术型公司要求输入更多的能力。在研究团队成员在创业过程的不同阶段，个人经历、能力和资源控制水平对新企业死亡率的影响后发现，创业团队的素质对新创企业的生存状况影响显著；创业团队对技术型公司产生影响最大的并不是团队本身的大小，而是团队成员的经历。另外，广泛的经验问题比团队的异质性影响更大。

二、创业团队组成概述

创业团队虽小，却是“五脏俱全”。创业团队成员不能是清一色的技术型成员，也不能全部是做终端销售的，优秀的创业团队成员各有各的长处，结合在一起正好相互补充，相得益彰。

相对来说，一个优秀的创业团队必须包括以下几种人：一个创新意识非常强的人，这个人可以决定公司未来发展方向，相当于公司战略决策者；一个策划能力极其强的人，这个人能够全面周到地分析整个公司面临的机遇与风险，考虑成本、投资、收益的来源及预期收益，甚至还包括公司管理规范章程、长远规划设计等工作；一个执行能力较强的成员，这个人具体负责下面的执行过程，包括联系客户、接触终端消费者、拓展市场，等等。此外，如果是一个技术类的创业公司，那么还应该有一个研究高手（甚至是研究领导者型人物），当然，这个创业团队还需要有人掌握必要的财务、法律、审计等方面的专业知识。惟有这样，团队成员才能算是比较合格的。

在一个创业团队中，不能出现两个核心成员位置重复的情况，也就是说，不能有两个人的主要能力完全一样。比如，两个都是出点子的人，两个都是做市场的，等等，出现这种情况是绝对不允许的。因为只要优势重复，职位重复，那么今后必然有各种矛盾出现，最终导致整个创业团队散伙。

在企业管理和市场营销中，我们经常谈论领导者的核心竞争力，可以看出，在创业团队中，带头人的作用更加重要。

创业团队中必须有可以胜任的领导者，而这种领导者并不是单单靠资金、技术、专利来决定的，也不是谁出好的点子谁当头的。这种带头人是团队成员在多年同窗共事过程中发自内心的认可，其他的都是将要的。

许多创业团队在很短的时间内就消亡了，很重要的原因在于创业团队的带头人其实根本不是一个合格的领导者。领导者的作用，就是要“决定一切”！

三、创业团队的构成要素

创业团队需具备五个重要的团队构成要素，称为5P。

1. 创业团队的定位（Place）

创业团队的定位包含两层意思：

（1）创业团队的定位。创业团队在企业中处于什么位置？由谁选择和决定团队的成员？创业团队最终应对谁负责？创业团队采取什么方式激励下属？

（2）个体（创业者）的定位。作为成员在创业团队中扮演什么角色，是制订计划还是具体实施或评估？是大家共同出资，委派某个人参与管理；还是大家共同出资，共同参与管理；或是共同出资，聘请第三方（职业经理人）管理？体现在创业实体的组织形式上，是合伙企业或是公司制企业？

2. 目标（Purpose）

创业团队应该有一个既定的共同目标，为团队成员导航。没有目标，这个团队就没有存在的价值。目标在创业企业的管理中以创业企业的远景、战略的形式体现。

3. 人（People）

人是构成创业团队最核心的力量。三个及三个以上的人就形成一个群体，当群体有共同奋斗的目标时就形成了团队。在一个创业团队中，人力资源是所有创业资源中最活跃、最重要的资源。应充分调动创业者的各种资源和能力，将人力资源进一步转化为人力资本。

目标是通过人员来实现的，所以人员的选择是创业团队中非常重要的一个部分。在一个团队中可能需要有人出主意，有人定计划，有人实施，有人协调不同的人一起去工作，还有人去监督创业团队工作的进展，评价创业团队最终的贡献。不同的人通过分工来共同完成创业团队的目标。在人员选择方面要考虑人员的能力如何，技能是否互补，人员的经验如何。

4. 计划（Plan）

计划包括两层含义：

（1）目标最终的实现，需要一系列具体的行动方案，可以把计划理解成达到目标的具体工作程序。

（2）按计划进行可以保证创业团队的顺利进度。只有在计划的操作下创业团队才会一步一步地贴近目标，从而最终实现目标。

5. 权限（Power）

创业团队当中，领导人的权力大小与其团队的发展阶段和创业实体所在行业相关。一般来说，创业团队越成熟，领导者所拥有的权力相应越小，在创业团队发展的初期，领导权相对比较集中。

四、创业团队的类型

从不同的角度、层次和结构，可以划分为不同类型的创业团队，而依据创业团队的组成者来划分，创业团队有网状创业团队（Net Team）、星状创业团队（Star Team）和从网状创业团队中演化而来的虚拟星状创业团队（Virtual Star Team）。

1. 网状创业团队

这种创业团队的成员一般在创业之前都有密切的关系，比如同学、亲友、同事、朋友等。一般都是在交往过程中，共同认可某一创业想法，并就创业达成了共识以后，开始共同进行创业。在创业团队组成时，没有明确的核心人物，大家根据各自的特点进行自发的组织角色定位。因此，在企业初创时期，各位成员基本上扮演的是协作者或者伙伴角色

(Partner)。

这种创业团队的特点：

(1) 团队没有明显的核心，整体结构较为松散。

(2) 组织决策时，一般采取集体决策的方式，通过大量的沟通和讨论达成一致意见，因此组织的决策效率相对较低。

(3) 由于团队成员在团队中的地位相似，因此容易在组织中形成多头领导的局面。

(4) 当团队成员之间发生冲突时，一般都采取平等协商、积极解决的态度消除冲突，团队成员不会轻易离开。但是一旦团队成员间的冲突升级，使某些团队成员撤出团队时，就容易导致整个团队的涣散。

这种创业团队的典型是微软的比尔·盖茨和童年玩伴保罗艾伦，惠普的戴维·帕卡德和他在斯坦福大学的同学比尔·体利特等。多家知名企业的创建多是先由于关系而结识，基于一些互动激发出创业点子，然后合伙创业，此类例子比比皆是。

2. 星状创业团队

一般在团队中有一个核心人物（Core Leader）充当了领队的角色。这种团队在形成之前，一般是核心人物有了创业的想法，然后根据自己的设想进行创业团队的组织。因此，在团队形成之前，核心人物已经就团队组成进行过仔细思考，根据自己的想法选择相应人员加入团队，这些加入创业团队的成员也许是核心人物以前熟悉的人，也有可能是不熟悉的人，但这些团队成员在企业中更多时候是支持者角色（Supporter）。

这种创业团队有几个明显的特点：

(1) 组织结构紧密，向心力强，主导人物在组织中的行为对其他个体影响巨大。

(2) 决策程序相对简单，组织效率较高。

(3) 容易形成权力过分集中的局面，从而使决策失误的风险加大。

(4) 当其他团队成员和主导人物发生冲突时，因为核心主导人物的特殊权威，使其他团队成员在冲突发生时往往处于被动地位，在冲突较严重时，一般都会选择离开团队，因而对组织的影响较大。

这种组织的典型例子，如太阳微系统公司（Sun Microsystem）创业当初就是由维诺德·科尔斯勒（Vinod KhMla）确立了多用途开放工作站的概念，接着他找了乔（Joy）和本其托斯民（Bechtolsheim）两位分别在软件和硬件方面的专家，以及一位具有实际制造经验和人际技巧的麦克尼里（Mc Neary），于是，组成了 Sun 的创业团队。

3. 虚拟星状创业团队

这种创业团队由网状创业团队演化而来，基本上是前两种的中间形态。在团队中，有一个核心成员，但是该核心成员地位的确立是团队成员协商的结果，因此核心人物从某种意义上说是整个团队的代言人，而不是主导型人物，其在团队中的行为必须充分考虑其他团队成员的意见，不如星状创业团队中的核心主导人物那样有权威。

五、创业团队的发展阶段

创业团队的发展有 5 个阶段：创业团队的成立期、创业团队的动荡期、创业团队的稳定期、创业团队的高产期、创业团队的调整期。下面论述创业团队在每一个阶段中的主要特征以及如何帮助创业团队进入到下一个阶段。

（一）创业团队的成立期

创业团队的成立期即创业团队形成的初期。在成立期的创业团队有以下特点：

1. 创业团队成员的行为特征

被选入创业团队的人既兴奋又紧张，高期望，自我定位，试探环境和核心人物，有许多纷乱的焦虑、困惑和不安全感，依赖职权。

2. 创业团队组建的两个工作重点

一是形成创业团队的内部结构框架；二是建立创业团队与外界的初步联系。

创业团队组建的两个工作重点简单地说一个是对内，在内部建立什么样的框架；一个是对外，怎样跟创业团队之外的领导者，或其他的创业团队保持联系。

3. 帮助创业团队度过第一阶段的措施

（1）宣布你对创业团队的期望是什么。

（2）明确愿景。

（3）为创业团队提供明确的方向和目标。

（4）提供创业团队所需要的一些资讯、信息。

（5）帮助创业团队成员彼此认识。

（二）创业团队的动荡期

第一阶段完成以后，创业团队就进入到第二个阶段——动荡期。

1. 动荡期的表现

创业团队在动荡期的表现：期望与现实脱节，隐藏的问题逐渐暴露；有挫折和焦虑感，担心目标能否完成；人际关系紧张（冲突加剧）；对领导权不满（尤其是出问题时）；生产力遭受持续打击。

随着时间的推移，一系列的问题都开始暴露出来，人们从一开始的彬彬有礼，互相比较尊重，慢慢地发现了每个人身上所隐藏的缺点。慢慢会看到创业团队当中一些不尽如人意的地方，比如创业团队的领导朝令夕改，比如创业团队成员的培训进度落后，刚开始承诺有很多很好的培训机会，为什么一遇到问题的时候就耽误了。

创业团队对于创业团队的目标也开始怀疑，当初领导者很有信心地要达成某个目标，但经过一两个月的检验，基本上是高不可攀，达不到的。而人际关系方面，冲突开始加剧，人际关系变得紧张，互相猜疑、对峙、不满，成员开始把这些问题归结到领导者身上，对领导权产生不满，尤其在问题出现的时候。个别有野心的成员，甚至会想到挑战领导者。这个阶段人们更多的是把自己的注意力和焦点放在人际关系上，无暇顾及工作目标，生产力在这个时候遭到持续性的打击。

2. 动荡期的特点

创业团队中的动荡期的特点从以上五个方面体现，人们遇到了新观念的挑战，成员间、领导者与成员间发生了一些冲突；在其他创业团队和传统的组织结构中没有碰到的新技术也是一种挑战，以及一些人们觉得不适应的，过去在组织中没有的新规范。

3. 帮助度过创业团队第二阶段的措施

（1）安抚人心。

（2）准备建立工作规范。

（3）调整领导决策，鼓励创业团队成员参与决策。

（三）创业团队的稳定期

随着时间的推移，技能的提升，创业团队会进入稳定期，这是创业团队发展的第三个阶段。

1. 稳定期的特征

稳定期的人际关系开始解冻，由敌对情绪转向相互合作，人们开始互相沟通，寻求解决问题的办法。创业团队这时候也形成了自己的合作方式，形成了新的规则，人们的注意力开始转向任务和目标。通过第二个阶段的磨合，进入稳定期，人们的工作技能开始慢慢提升，逐渐掌握新技术，工作规范和流程也已经建立。这种规范和流程代表的是创业团队的特色。

2. 怎样度过第三个阶段

创业团队要顺利地度过第三个阶段，最重要的是要形成创业团队的文化和氛围。创业团队精神、凝聚力、合作意识能不能形成，关键就在这一阶段。创业团队文化不可能通过移植实现，但可以借鉴、参考，形成自己的文化。这一阶段最危险的事就是大家因为害怕冲突，不敢提一些正面的建议，生怕得罪他人。

（四）创业团队的高产期

度过第三个阶段，稳定期的创业团队就可以进入到高产期，也叫高绩效的创业团队。

1. 高产期的创业团队特征

高产期的创业团队情况会继续有所好转，创业团队信心大增，具备多种技巧，协力解决各种问题。用标准流程和方式进行沟通、化解冲突、分配资源。创业团队成员自由而建设性地分享观点与信息。创业团队成员分享领导权。巅峰的表现使团队成员有一种完成任务的使命感和荣誉感。

2. 如何带领高产期的创业团队

对于一个高绩效创业团队，维持越久越好，但怎样去维持？

（1）随时更新团队的工作方法和流程。

（2）创业团队的领导应把自己当成创业团队的成员而不是领袖。

（3）通过承诺而不是管制来追求更佳的结果。

（4）给创业团队成员具有挑战性的目标。

（5）监控工作的进展。

（五）创业团队的调整期

古话说，天下没有不散的筵席。任何一个创业团队都有它自己的寿命，高产期的创业团队运行到一定阶段，完成了自身的目标后，就进入了创业团队发展的第五个阶段——调整期。

调整期的创业团队可能有三种结果：

（1）创业团队的任务完成了，先解散。

（2）创业团队这一任务完成了，第二个任务又来了，所以进入了修整时期。经过短暂的总结、休年假等，要进入到下一个工作周期，这个时候新的创业团队又宣告成立，可能原来一部分成员要离开，新成员要进入，因为人员的选择跟创业团队的目标是有关联的。

(3) 对于表现不太好的创业团队，将勒令整顿，整顿的一个重要内容就是优化创业团队的规范。

任务2　创业团队如何组建

一、理解团队角色

一个完整的团队是由众多的角色构成的，剑桥产业培训研究部前主任贝尔宾博士和他的同事们经过多年在澳洲和英国的研究与实践，提出了著名的贝尔宾团队角色理论，即一支结构合理的团队应该由八种人组成，分别为实干者、协调者、推进者、创新者、信息者、监督者、凝聚者、完美者。个人可以根据测试来诊断自己最擅长的、最不擅长的角色类型。然后针对自己最不擅长的项目考虑怎样去改进，根据自己擅长的项目考虑如何去充分发挥。

二、组建创业团队的基本条件

组建一个健康、有战斗力的创业团队应具备以下条件。

(一) 树立正确的团队理念

1. 诚实正直

这是有利于顾客、公司和价值创造的行为准则。它排斥纯粹的实用主义或利己主义，拒绝狭隘的个人利益和部门利益。

2. 凝聚力

拥有正确团队理念的成员相信他们处在一个命运共同体中，共享收益，共担风险。团队工作，即作为一个团队而不是靠个别的“英雄”工作，每个人的工作相互依赖和支持，依靠事业成功来激励每个人。

3. 承诺价值创造

拥有正确团队理念的成员承诺为了每个人而使“蛋糕”更大，包括为顾客增加价值，使供应商随着团队成功而获益，为团队的所有支持者和各种利益相关者谋利。

4. 为长远着想

拥有正确团队理念的成员相信他们正在为企业的长远利益工作，正在成就一番事业，而不是把企业当作一个快速致富的工具。没有人打算现在加入进来，而在困境出现之前或出现时退出而获利，他们追求的是最终的资本回报及带来的成就感，而不是当前的收入水平、地位和待遇。

(二) 确立明确的团队发展目标

1. 团队目标的作用与来源

目标在团队组建过程中具有特殊的价值。目标是团队存在的理由，也是团队运作的核心动力。目标是团队决策的前提、是发展团队合作的一面旗帜。

首先，目标是一种有效的激励因素。

其次，目标是一种有效的协调因素。

团队目标源自哪里呢？目标来自于团队的愿景。人因梦想而伟大，团队亦然。愿景是勾勒团队未来的一幅蓝图，是明日的美梦与机会。它告诉团队“将来会怎么样”。具有挑战性的愿景可能永远也无法实现，但它会激发团队成员勇往直前的斗志。目标是根据愿景制定的行动纲领，也是达成愿景的手段。

2. 设定目标的窍门

在制定目标的过程中还需要了解一些设定目标的窍门，归纳为“四要、四不要”。

第一个“要和不要”：要使用精确的描述性语言；不要使用形容词和副词。

第二个“要和不要”：要使用积极的动词，比方说“增加”、“提升”、“取得”等；不要使用被动词，如“了解”、“熟悉”等。

第三个“要和不要”：要具体、明确，比如，“人力资源部要求每三天更换一次人头报告”，这就是一个具体明确的说法；不要泛泛而谈，如“在团队中增强客户意识”。

第四个“要和不要”：要使用简单有意义的衡量标准。比方说，“团队今年的预算要比去年同期减少15%”，这就是个相对比较简单有意义的衡量标准；不要使用一些模糊的衡量标准，比方说，“把部门的预算控制在去年的水平内”。

为了让目标尽可能符合SMART标准，让人感觉是一个好的目标，必须按照一定的衡量标准来确定。

3. 目标设定的衡量标准

怎么对目标进行定量分析？有很多标准可供参考。

数量标准：利润率、产量高低、收入的增长、市场占有率的高低、客户的保有率、新顾客的数量、新产品的比例、投资的回报率、每股的收益等。

费用标准：单位的成本、预算与实际的比例、人工成本与销售额之间的比例等。

实现标准：对客户按时交货、产品投放市场的时间、单位生产时间、客户的响应时间、服务速度等。

质量标准：产品的合格率、错误率、次品率、可靠性、复修率。

4. 制定目标的过程中应该避免的陷阱

（1）不要确定高不可攀的目标。高不可攀的目标将没有办法激励员工的士气，反而会使员工泄气。

（2）不要低估你的团队，也不要低估团队成员的潜力，他们有能力完成得比现在更好。

（3）不要用文字或数字，让人感觉很难记住。

（4）不要保密。目标定出来了以后，一定要通过各种渠道（会议、个别沟通、张贴公告等）让所有的成员都知道。

5. 将目标转化为工作计划

（1）一个好的计划会让目标完成的可能性大大提高。好的计划可以绕过各种障碍和危机，避免资源浪费和走重复路，工作的效率会提升。

（2）计划也是控制的依据。

（3）计划是促进团队精神形成的一条渠道。

案例1

某企业目标是5月底前开发出的一套目标管理多媒体课程，并且将教师和学生的教材、练习标准化。目前的情况是：已经完成了市场调查，并对产品市场的前景、未来的竞争、销售的情况进行了可行性分析，已经有几十家客户表示有购买意向，所以将来肯定会有市场；团队已经拥有开发多媒体课程的经验，过去已经做过几个类似的课程，已经拥有了20万字的相关资料。

怎么采取行动？

第一阶段，筹备。从什么时间到什么时间是筹备阶段。

第二阶段，要整理出课程的大纲，制定教材编写的标准，按什么方式编写，怎样跟现在的市场需求吻合。

第三个阶段，课程内容的编写和软件的开发。

最后一个阶段，修正完善直至最终完成。

我们可以分阶段采取行动，具体写明什么时间完成第几阶段。下面就是人员的问题。第一阶段的筹备组有5个人；第二阶段中，若干筹备组的成员可能退出，新的成员加入。

这就是一个围绕开发目标管理多媒体课程的目标所制定的计划。

6. 建立目标的控制系统

有了目标、计划还不够，还要建立一个目标控制系统，确保目标能最终实现。控制系统建立以后，领导和团队成员就可以把正在进行的工作跟原先的期望进行对比，根据情况来修订目标、计划，必要时重新组织人员，或决定采取激励措施。

建立控制系统有这样几个措施：

（1）建立控制单元作为项目计划的一部分，控制放入项目计划中去。

（2）设立时间表和检查的机制。

（3）从团队成员那里得到反馈。

（4）随时纠偏，必要时调整目标、计划、资源的分配、激励方法等。

（三）建立责、权、利统一的团队管理机制

1. 创业团队内部需要妥善处理各种权力和利益关系

（1）妥善处理创业团队内部的权力关系。在创业团队运行过程中，团队要确定谁适合于从事何种关键任务和谁对关键任务承担什么责任，以使能力和责任的重复最小化。

（2）妥善处理创业团队内部的利益关系。这与新创企业的报酬体系有关。一个新创企业的报酬体系不仅包括诸如股权、工资、奖金等金钱报酬，而且包括个人成长机会和提高相关技能等方面的因素。每个团队成员所看重的并不一致，这取决于其个人的价值观、奋斗目标和抱负。有些人追求的是长远的资本收益，而另一些人不想考虑那么远，只关心短期收入和职业安全。

由于新创企业的报酬体系十分重要，而且在创业早期阶段财力有限，因此要认真研究和设计整个企业生命周期的报酬体系，以使之具有吸引力，并且使报酬水平不受贡献水平

的变化和人员增加的限制，即能够保证按贡献付酬和不因人员增加而降低报酬水平。

2. 制定创业团队的管理规则

要处理好团队成员之间的权力和利益关系，创业团队必须制定相关的管理规则。团队创业管理规则的制定，要有前瞻性和可操作性，要遵循先粗后细、由近及远、逐步细化、逐次到位的原则。这样有利于维持管理规则的相对稳定，而规则的稳定有利于团队的稳定。

三、组建创业团队的关键要素及注意问题

创业团队的互补是创业团队是否能够取得成功的关键。创业团队的互补是指由于创业者知识、能力、心理等特征和教育、家庭环境方面的差异，对创业活动产生的不利影响，通过组建创业团队来发挥各个创业者的优势，弥补彼此的不足，从而形成一个知识、能力、性格、人际关系资源等方面全面具备的一个优秀创业团队。

（一）创业团队互补的意义

据统计数据报道，创业的成功率只有20%，新成立的企业只有20%能生存5年或更长的时间。而35%的新企业在开业当年就失败了，活过5年的只有30%，生存10年的仅为10%。尽管这些数字的准确程度值得商榷，但是不可否认，创业企业因为资金、技术相对弱小，不够成熟，管理方面经验缺乏，要想获得成功必须付出更大的努力。而其中重要的一点，就是必须高度重视创业团队的组织设计。组建一个高效、优势互补的团队非常重要，它是创业取得成功的基础。

创业团队和创业产业选择是新企业创立前的主要决策要素。根据调查发现，合伙形式创业的比率为60.5%，独自创业的比率为39.5%，表明企业家更倾向于合伙创业。这主要因为合伙创业有利于分散创业失败风险；通过团队成员之间的技能互补能提高企业家驾驭环境不确定性的能力，从而降低新企业的经营失败风险；更为重要的是，合伙创业具有更强的资源整合能力，能同时从多个融资渠道获取创业资金，保证创业资金的获取。合伙创业主要采用混合融资方式融资，高出单一融资方式2.3%；独自创业主要采用单一融资方式，高出混合融资方式6.9%。

（二）创业团队互补的途径

从人力资源管理的角度来看，建立优势互补的创业团队是保持创业团队稳定的关键。创业者需要什么样的创业团队，依赖于创业机会的性质和核心创业者的创业理念。形成一个团队的关键一步是核心创业者评价其创业战略。他首先要考虑是否想把创业企业发展为一个有潜力的百年企业；其次是评价需要什么样的才能、技能、技巧、关系和资源，弄清楚创业者已经具备什么和还需要补充什么。创业团队是人力资源的核心，“主内”与“主外”的不同人才，耐心的“总管”和具有战略眼光的“领袖”，技术与市场两方面的人才都不可偏废。创业团队的组织还要注意个人的性格与看问题的角度，如果一个团队里能够有总能提出建设性的、可行性建议的成员和一个能不断地发现问题的批判性的成员，对于创业过程将大有裨益。

大多数创业团队组成时，并不是考虑到成员专业能力的多样性，大多是因为有相同的

技术能力或兴趣，至于管理、营销、财务等能力则较为缺乏。因此，要使创业团队能够发挥其最大的能量，在创建一个团队的时候，不仅仅要考虑相互之间的关系，最重要的是考虑成员之间的能力或技术上的互补性，包括功能性专长、管理风格、决策风格、经验、性格、个性、能力、技术以及未来的价值分配模式等特点的互补，以此来达到团队的平衡。太阳微系统公司就是一个非常值得借鉴的例子。创业初期，维诺德·科尔斯勒找来的三个人分别是软件专家、硬件专家和管理专家。太阳微系统公司的创业团队非常稳定，稳定的团队为其带来了稳定的发展。

创业团队是由很多成员组成的，那么这些成员在团队里究竟扮演什么角色，对团队完成既定的任务起什么作用，团队缺少什么样的角色，候选人擅长什么，欠缺什么，什么样的人与团队现有成员的个人能力和经验是互补的，这些都是必须首先界定清楚的。这样，我们就可以利用角色理论挑选和配置成员，挑选出的成员才能做到优势互补。因为创业的成功不仅是自身资源的合理配置，更是各种资源调动、聚集、整合的过程。

1. 不同角色对团队的贡献

不同角色在团队中发挥着不同的作用，因此，团队中不能缺少任何角色。一个创业团队要想紧密团结在一起，共同奋斗，努力实现团队的愿景和目标，各种角色的人才都不能或缺。

（1）创新者提出观点。没有创新者，思维就会受到局限，点子就会匮乏。创新是创业团队生产、发展的源泉。企业不仅开发要创新，管理也需要创新。

（2）实干者运筹计划。没有实干者的团队会显得比较乱，因为实干者的计划性很强。“千里之行始于足下”，有了好的创意还需要靠实际行动去实践。而且实干者在企业人力资源中应该占较大的比例，他们是企业发展的基石。没有执行就没有竞争力，只有通过实干者踏实努力地工作，美好的愿景才会变成现实，团队的目标才能实现。

（3）凝聚者润滑调节各种关系。没有凝聚者的团队的人际关系会比较紧张，冲突的情形会更多一些，团队目标完成将受到很大的冲击，团队的寿命也将缩短。

（4）信息者提供支持的武器。没有信息者的团队会比较封闭，因为不知道外界发生了什么事。当今社会，信息是企业发展必备的重要资源之一。世界是开放的系统，创业团队要在社会中生存和发展，没有外界的信息交流，企业就成了一个自给自足的封闭小团体。而且，当代创业团队的成功更需要正确的、及时的信息。

（5）协调者协调各方利益和关系。没有协调者的团队，领导力会削弱，因为协调者除了要有权力性的领导力以外，更要有一种个性的引召力来帮助领导树立个人影响力。从某个角度说，管理就是协调。各种背景的创业者凝聚在一起，经常会出现各种分歧和争执，这就需要协调者来协调。

（6）推进者促进决策的实施，没有推进者效率就不高。推进者是创业团队进一步发展的“助推器”。

（7）监督者监督决策实施的过程。没有监督者的团队会大起大落，做得好就大起，做得不好也没有人去挑刺，这样就会大落。监督者是创业团队健康成长的鞭策者。

（8）完美者注重细节，强调高标准。没有完美者的团队的线条会显得比较粗，因为完美者更注重的是品质、标准。但在创业初期，不能过于追求完美；在企业的逐渐成长过程中，完美者要迅速地发挥作用，完善企业中的缺陷，为做大做强企业打下坚实的基础。现代管理界提出的“细节决定成败”的观点，进一步说明完美者在企业管理和发展中的重要作用。

(9) 专家则为团队提供一些指导。没有专家，企业的业务就无法向纵深方向发展，企业的发展也将受到限制。

2. 团队角色搭配

团队当中有不同的角色，角色和角色间配合的时候，也会存在着若干问题，在角色搭配的时候需要加以注意。团队角色搭配如表 7－1 所示。

表 7－1 团队角色的搭配

角色 \ 合作情况 \ 职位	上司		同事		下属	
	赏识	不赏识	配合	冲突	满意	不满
推进者 SH	CO/ME	IM	RI/PL		TW/FI	CO/ME
创新者 PL	CO/TW	SH/IM	CO/RI/TW	ME/PL/IM	IM/ME	SH/RI
专家 SP	IM/TW/CO	SH/RI	IM/TW	PL	IM/TW	PL
监督者 ME	CO	ME/SH	CO/IM	ME/FI	IM	ME
完美者 FI	RI/PL/SH	FI	IM	RI	IM	RI
实干者 IM	SH/PL/FI	IM	CO/ME/RI/PL/FI	IM/PL	TW	RI/PL
信息者 SP	SH	FI/SP	IM/TW	FI/SP	FI	SH
协调者 CO	SH/PL	TW	TW	SH	PL	SH
凝聚者 TW	SH	TW	TW/PL	SH	SP	SH

在了解不同的角色对于团队的贡献以及各种角色的配合关系后，就可以有针对性地选择合适的人才，通过不同角色的组合来达到团队的完整。并且由于团队中的每个角色都是优点和缺点相伴相生，领导者要学会用人之长、容人之短，充分尊重角色差异，发挥成员的个性特征，找到与角色特征相契合的工作，使整个团队和谐，达到优势互补。优势互补是团队搭建的根基。团队竞争是创业企业赖以战胜大企业的主要法宝。大企业可以聘用非常好的职业经理人，而创业企业在创业之初则只能通过团队精神在人力资源上超过大企业。所以，寻找到好的优势互补的合作伙伴，是创业成功一半的保证。当代社会，社会分工越来越细，最专业的事就要交给最专业的人去做，胜算才会更大；也只有优势互补的团队才能充分发挥其组合潜能，优于个人创业的单打独斗。

在一个创业团队中，成员的知识结构越合理，创业的成功性越大。纯粹的技术人员组成的公司容易形成以技术为主、产品为导向的情况，从而使产品的研发与市场脱节；全部是由市场和销售人员组成的创业团队缺乏对技术的领悟力和敏感性，也容易迷失方向。因此，在创业团队的成员选择上，必须充分注意人员的知识结构——技术、管理、市场、销售等，充分发挥个人的知识和经验优势。

（三）创业团队应注意的一些问题

不同的创业者在共同的创业愿景鼓舞下，形成了创业团队。搭建一支优秀的创业团队对任何创业者而言，都是一项至关重要的工作，是保证创业团队沿着共同目标，求同存异，最后实现团队愿景的组织保证。团队应该注意以下问题。

1. 知己知彼

一个优秀的创业团队，其所有成员都应该相互非常熟悉，知根知底。《孙子兵法》中云："知己知彼，百战不殆"，在创业团队中，团队成员都非常清醒地认识到自身的优劣势，同时对其他成员的长处和短处也一清二楚，这样可以很好地避免团队成员之间因为相互不熟悉而造成的各种矛盾、纠纷，迅速提高团队的向心力和凝聚力。同时，团队成员的熟悉更有利于成员之间工作的合理分配，最大可能地发挥各自的优势。

2. 有胜任的带头人

在企业管理和市场营销中，经常谈论领导者的核心竞争力，可以看出，在创业团队中，带头人的作用更加重要。带头人正如大海航行中巨轮的舵手，指引着创业团队前进的方向。

3. 有正确的理念

要坚信组织能够健康发展下去，相信创业团队一定能够获得成功。不要一开始就想着失败，尤其不要用那些"经典"的理论如"只能共苦，不能共甘"、"天下没有不散的筵席"等支配自己的思想和行动，应该树立坚定的信念，要坚信团队的事业一定成功。

4. 有严格的规章制度

俗话说："没有规矩不成方圆"。最初创业时就把该说的话说到，该立的字据一定要立到，不要碍于情面。要把最基本的责、权、利说得明白透彻。尤其是股权、利益分配更要讲清楚，包括增资、扩股、融资、撤资、人事安排及解散等。这样在企业发展壮大后，才不会出现因利益、股权等的分配分歧产生团队之间的矛盾，导致创业团队的解散。

四、组建创业团队的程序和模式

（一）组建创业团队的程序

创业者在有了创业点子后，可以采用以下程序组建创业团队。

1. 撰写创业计划书

通过撰写创业计划书，进一步使自己的思路清晰，也为后来的合作伙伴的寻找奠定基础。

2. 优劣势分析

认真分析自我，发掘自己的特长，确定自己的不足。创业者首先要对自己正在或即将从事的创业活动有足够清醒的认识。并使用 SWOT（优劣势）法分析自己的优点、缺点，自己的性格特征、能力特征，拥有的知识、人际关系以及资金等方面的情况。

3. 确定合作形式

通过第二步的分析，创业者可以根据自己的情况，选择有利于实现创业计划的合作方式，通常是寻找那些能与自己形成优势互补的创业合作者。

4. 寻求创业合作伙伴

创业者可以通过媒体广告、亲戚朋友介绍、各种招商洽谈会、互联网等形式寻找自己的创业合作伙伴。

5. 沟通交流，达成创业协议

通过第四步，找到有创业意愿的创业者后，双方还需要就创业计划、股权分配等具体合作事宜进行深层次、多方位的全面沟通。只有前期的充分沟通和交流，才不会导致正式创业后，迅速出现创业团队因沟通不够引起的解体。

6. 落实谈判，确定责、权、利

在双方充分交流达成一致意见后，创业团队还需对合伙条款进行谈判。

（二）组建创业团队的模式

创业团队投资是一种创业性投资活动。创业团队投资由于投资时机、投资对象选择，以及资本额的大小、对投资收益的期望值等原因而具有较高的风险，因而对于这类投资活动采取何种组织形式，对于投资本身及其成效具有重要影响。一般而言，创业团队在创业投资时可采用的组织形式主要有公司制、合伙制两种，两种形式各有其特点。

1. 合伙制

在我国现阶段，主要有四种合伙形式：亲戚内合伙、家族内合伙、朋友间合伙、同事间合伙。咨询类、律师事务所和会计师事务所多数采用合伙制形式。在我国农村，农民们办的很多企业都采用了合伙制形式。在全世界90%以上的小企业中，有80%的是家族企业，甚至在《财富》杂志排名前500家的大企业中，就有1/3是由某个家族控制的。不同类型的合伙形式都有自身的优势和不足。

2. 公司制

创业投资采用公司制形式，即设立有限责任公司或股份有限公司，运用公司的运作机制及形式进行创业投资。采用公司制的优势主要体现在以下几个方面：一是能有效集中资金进行投资活动；二是公司以自有资本进行投资有利于控制风险；三是对于投资收益公司可以根据自身发展，作必要扣除和提留后再进行分配；四是随着公司的快速发展，可以申请对公司进行改制上市，使投资者的股份可以公开转让而以套现资金用于循环投资。一般非家族成员的创业者采用公司制比较多。

五、组建创业团队的技巧

（一）创建高效、学习型的团队

1. 领导团队的发展

作为团队领导，支持团队学习所扮演的角色是多种多样的：导师、教练、教师、培训师，还有最重要的——鼓励者。团队领导不仅要制定并掌握有效的发展方法，而且必须使它成为团队工作的组成部分。

首先，要让团队成员明白他们所做的事情、所想的事情以及做事的方式都具有实际价值。个人绩效确实关系重大，而且人们需要直接感受这种重要性。

团队领导要帮助团队成员发展自己的技能和知识，同时促进企业的目标和团队目标的实现。要想具备这种能力，必须：

（1）让团队成员了解自己的重要性；

（2）经常与他们沟通；

（3）鼓励团队成员；

（4）树立典范。

2. 支持个人的发展

案例2

我参加过一次关于资源采购的培训，课程结束了却没什么收获。我认为课程和培训师都没有问题，只是对我而言，培训内容理论性太强了。我的同事罗先生和我一起参加了这个培训班，他却认为这个课程很棒。因为我们的领导认为团队成员有必要了解资源采购，所以派我和罗先生参加培训。而我根本没有这方面的经验，因此无法将资源采购与培训的场景联系起来。

罗先生在回公司的火车上仔细地给我讲解培训的内容，如果不是这样，我到现在还是一塌糊涂。并不是那个课程一无是处，而是我需要课前的准备，还有课后的帮助和解释。如果我事先知道一些资源采购方面的知识，培训效果会更好。

通过总结，"我"可能存在以下几个方面的问题：

（1）没有制订发展计划；

（2）没有事先准备，比如进行预习，归纳提纲，讨论议程；

（3）课程的时间安排不利；

（4）课程理论性太强，对我来说可能太高深了一点。

如果你是我的团队领导，你会尝试如下去做：

（1）设定环境并且学习制订学习计划，让我能够观察或观摩别人的工作；

（2）由来自其他团队的指导人员事先对我进行指导，这样我就有了第一手的经验；

（3）确保我在以后有机会使用这些知识——可以委派一些工作给我；

（4）不派我去参加培训，只让我在工作中接受训练，或者让罗先生在培训结束后对我进行指导。

（资料来源：资源与运营管理．［英］Karen Holems/Corinne Leech 等著．中央广播电视大学出版社，2005. 1）

从以上案例可看出为了支持团队成员学习，必须花时间制订发展计划，还要了解员工的学习方式，这样才能找到进行学习的最佳方式和机会。

（二）团队氛围的营造和要素

1. 培养成员间的融洽关系

不管是采用定期召开团队会议的方法，还是以其他方式（如 E－mail），加强团队成员之间的交流，作为团队领导，最重要的是培育团队成员之间的融洽关系。

下面列举了一些培养良好的团队关系时可以采用的方法：

（1）赞美成员；

（2）鼓励成员直接表达；

（3）互相信任；

（4）确保批评针对事实，不要针对个人；

（5）重视问题。

2. 关注团队成员问题并寻求解决方法

如果在团队中有两个人不能融洽共处，则有可能会对其他人产生不良影响。作为团队领导应该注意问题出现的苗头，并采取切实的方法防患于未然。如果团队存在大量冲突，很可能是因为：团队成员之间没有足够的信任；团队不知道如何应对冲突。

如果团队成员在信任方面出现问题，就需要立刻采取措施解决问题，使团队具备一个合作和信任的气氛。

（1）成员相互之间不尊重或不尊重彼此的观点。

如果团队成员不相互尊重，则说明团队仍处于形成阶段。

一是通过深入了解团队中的每个成员，明白他们的感受以及想法，并承认每个人的贡献，树立良好的榜样；

二是通过社交活动（如周末聚餐），加强成员之间的了解；

三是表明自己相信所有的成员都可以实现自身的价值，并欣赏他们做出的贡献；

四是指出人与人的观点可能不同，因此，即使不赞同他人的观点，但仍要尊重他人。

（2）如果出现观点分歧和误解。

有时，人们意识到误解的时候，情绪会变得急躁不安。妨碍相互理解的原因包括：没有认真倾听；对同一个问题的看法不同；侧重于问题的不同方面；沟通出现障碍等。对此，可以采用下面两种方法来处理分歧与误解。

一是“六顶思考帽子”方法（表7-2）。使用这个方法能够避免群体思考陷入混乱，并确保从一开始就使误解最小化。

表7-2 六顶思考帽子

帽子 / 颜色	用于		范例
白色	事实	中性信息（如你从计算机中获得的信息）	民以食为天
红色	情感与感觉	包括预感和直觉	我感到很生气，因为我们失去了很多客户
黑色	否定	评估思想或情形的不妥之处	这个建议不会起任何作用
黄色	肯定	评估思想与情形的有利之处	这是个好主意
绿色	创造力	产生思想	你可以尝试换个角度
蓝色	控制	正如管弦乐队中的指挥一样——控制帽子的使用	现在我们需要戴上黄色帽子思考

在使用这个技术的时候，应该允许每个人每次集中思考问题的一个方面（如事实、感觉或思想）；同时也允许每个人能够在思考中转变角色。例如，建议团队成员从黑色的（否定的）转为黄色的（肯定的）思考。使用帽子的另一种方式是让群体中的每个人暂时戴上同一顶帽子。如果大家都掌握了这个方法，就能够获得更好的效果。

二是爬下梯子，澄清误解。

这也是一个在团队中解决分歧和误解的工具。如果出现误解，就应该顺着推论的梯子往下走，看看问题究竟出现在哪个环节。首先应该检讨是否在推理的过程中犯了错误，然后再顺着梯子向下，看看在信息传达的过程中是否出了什么问题。

(3) 如果出现冲突。

团队成员所具有的多样性，为团队带来不同的见解以及不同的经验和技能。但多样性也具有负面影响，不同的个性可能导致冲突产生。冲突可分为健康的和不健康的两种。

健康的冲突是指人们以一种公开的、实事求是的态度表达不同的观点和看法，并相互尊重。这种冲突一般有肯定的、积极的结果。如：人们感受比较自然，其他团队成员感觉也友好，做出的决定比没有冲突情形下的决定更好。

不健康的冲突对团队完成工作的能力产生威胁，能够导致争执或交流障碍。在不健康的冲突中，人们感情用事，以一种破坏性的方式相互攻击。

作为团队领导，需要判断个人之间产生不健康冲突的原因并想办法解决，表 7－3 列出五种行为方式，当面临冲突时，可以根据实际情况有效选择。

表 7－3　五种面对冲突的行为

行为	效果
对抗	能快速获得结果，但如果处理不好，则浪费时间
协作	可以得到最好的解决结果和很高的团队承诺，但可能较耗时
折中	虽不能得到很好的解决结果，但人人都能有所收获
迁就	因为没有争论，所以结果可能很差
回避	推迟冲突的解决

下面的一些要点有助于团队领导以恰当的方式处理冲突：

一是营造公开、信任的氛围；

二是作为冲突一方，公开自己的见解；

三是公开冲突——鼓励人们充分表达他们的观点；

四是鼓励成员为别人着想；

五是对事不对人——面对问题不受个人感情影响；

六是发生冲突的时候，坚持解决问题。

实操训练

【实训任务】

请选定一个创业项目并设计一个创业团队组建方案。

【实训要求】

以小组为单位。

项目八　创业计划书制定

【能力目标】

1. 锻炼和提高学生撰写创业计划书的水平和能力；
2. 通过分析、讨论创业计划书案例，培养学生评估创业计划书优劣的能力；

【知识目标】

1. 理解创业计划书的含义和作用；
2. 掌握撰写计划书的格式规范和注意事项；
3. 掌握创业计划书的主要内容；
4. 了解计划书的评估内容和原则。

创业计划书的制定要解决的问题：首先要了解创业计划书一般应包含哪些内容，哪些是重点，在编写时有哪些注意事项和技巧。然后，根据自身的创业项目，准备相应的资料和做相应的分析。最后，对创业计划书进行整理、自我检查和评估。

任务1　了解创业计划书

在经历了创业调研、机会寻找和评估、创业项目决策和创业团队的组建等一系列的过程之后，创业者就需要系统地将创业思路进行整理和归纳。那么就涉及创业计划书的撰写问题。创业计划书是一座桥梁，既是对过去工作的梳理，又可指导未来的经营与管理。有人说，创业计划书是一把打开创业之门的钥匙。

一、创业计划书的含义、作用和种类

（一）什么是创业计划书

创业计划书又称商业计划书（Business Plan），是创业者根据国际惯例通用的标准文本格式，就某项创业项目向潜在投资者、风险投资公司、合作伙伴等全面介绍公司和项目运作情况的书面材料。

创业计划书中解决的主要问题基本是一样的。第一，想要干什么？第二，如何干？第三，针对的目标市场是谁？第四，目前及未来市场的竞争状况如何？主要的竞争对手是谁？第五，由谁来完成此项目？第六，完成项目的资金从何而来？第七，营销策划方案是怎样的？第八，财务分析状况如何？第九，退出机制怎样？这些问题不仅是创业者本人在创业实施前应该非常清楚的，也是投资人或合作伙伴所关切的。另外，不同行业的创业计划书在内容和形式上可能存在差异，但其本质都是对创业项目的相关各方面问题进行分析

与论证的一份可行性分析报告。

（二）创业计划书的作用

1. 降低投资风险

著名投资家克雷那（Eugene Kleiner）说："如果你想踏踏实实地做一份工作的话，写一份创业计划，它能迫使你进行系统的思考。有些创意可能听起来很棒，但是当你把所有的细节和数据写下来的时候，它自己就崩溃了。"

在现实生活中，一些热血澎湃、踌躇满志的创业者，在几乎没有任何商业管理经验和一份详细的创业计划的情况下，便在憧憬和冲动驱使下仓促盲目地踏上创业之路。"车到山前必有路"这句中国老话经常是这些人安慰自己的理由。但实际结果呢？很多时候车到山前未必有路，有的甚至是车毁人亡。

我们知道，国家对任何一个重大项目的上马都要进行相当长一段时间的计划与论证，其目的是为了提高项目成功的系数，而将风险避免或减小到最低程度。同样，创办一家企业对于创业者的重要性来说，不亚于一个重大项目对国家经济建设的影响，这就充分说明创业计划书对创业者的重要性。在创业之初，各种生产要素是分散的，信息是凌乱的，任务是互不衔接的。通过编写创业计划书，帮助创业者梳理思路，整理和整合各种资源，形成最佳的要素组合，并时刻提醒创业者应该注意什么问题，规避什么风险。通过这样的论证和整合，经济效益才可能比较明显。

2. 指导创业企业运作

办企业不是"过家家"，但一个酝酿构思中的项目，通常是比较模糊的，因为当真正着手去做这件事情的时候，才会发现还有很多地方没有考虑到或考虑不周全。所以必须通过制定出一份创业计划书，把正反理由都书写下来，然后再逐条推敲，这样创业者就能对这一项目有更加清晰的认识。否则，很容易偏离自己原先预定的方向。对创业者或参与创业的伙伴而言，也许更能达成共识、集中力量，这无疑是在帮助创业者向成功迈进。

创业计划书是创业全过程的纲领性文件，对于创业实践具有非常重要的指导作用。

3. 吸引人才

历史悠久、规模庞大、知名度高的企业在引进人才时，通常是人才慕名而来。但当一家还没有正式运行或刚刚成立不久的企业，要想吸纳优秀的人才却比较难。因为从外在因素看，很难在短时间内让人才对企业及其未来发展前景产生信任和充满希望。这时，一份完美、极具吸引力的创业计划书是让人才全面了解企业和未来的非常重要的依据，是打动优秀人才的一张名片。对已经建立的创业企业来说，创业计划书还可以为企业的发展定下比较具体的方向和重点，从而使员工了解企业的经营目标，并激励他们为共同的目标而努力。

4. 说服投资人

除了要使创业者了解自己要做的事情外，创业计划书更多的还是给别人看的，尤其是给那些能给创业者提供一定资金帮助的人看。一位投资家曾说过："企业邀人投资或加盟，就像向离过婚的女士求婚一样，而不像和女孩子初恋。双方各有打算，仅靠空口许诺是无济于事的。"

对于正在寻求资金的创业者来说，创业计划书是企业的电话通话卡，是创业者叩响投资者大门的“敲门砖”，创业计划书的好坏往往决定了融资的成败。所以，创业计划书的另外一个重要作用就是帮助创业者把计划中的企业推销给风险投资家。因此，创业计划书必须要将投资者非常关注的一些问题阐述清楚：如创办企业的目的——为什么要冒风险，花精力、时间、资源、资金去创办风险企业？创办企业需多少资金？为什么要这么多的钱？为什么投资人值得为此注入资金？更重要的是，它可以使企业的出资者以及供应商、销售商等了解企业的经营状况和经营目标，说服出资者为企业的进一步发展提供资金。

（三）创业计划书的种类

按照创业计划书编写的作用可分为争取风险资金投入、争取他人合伙、争取政府支持和创业规划指导等类型。

按照创业计划书的详细程度可分为略式创业计划书和详式创业计划书。

二、创业计划书的编写要素及格式规范

创业计划书没有严格的统一模板，但一般大同小异。在编写创业计划书时，主要包括五大要素：封面及扉页、目录、摘要、正文和附录。

（一）封面及扉页

封面是创业计划书的“脸面”。封面的设计要有审美观和艺术性，最好是富有个性。一个好的封面能让阅读者觉得赏心悦目，产生良好的第一印象，会让人迫不及待地想去翻开它。

一般来说，创业计划书的封面应该是干净、整洁、清晰的。封面可以放一张企业的项目或产品彩图，但为便于打印和制作方便，一般不要有太多的“花花草草”的装饰。封面简洁大方的创业计划书会让人感觉到制作人头脑清晰。封面放置的内容一般不要搞得太复杂多样，这样会显得没有条理。封面一般应该包括以下几个方面的内容：

（1）项目编号。编号按照企业文件归档需要而定，它体现档案管理水平。

（2）保密等级。保密等级表明创业计划的保密程度，分机密和绝密。

（3）项目名称。项目名称应该非常醒目，是重点突出的。

（4）公司名称。

（5）编制时间。

根据项目内容和阅读对象的不同，封面可以适当加以包装，如加硬皮封面或塑料封皮等，以体现创业者对项目和阅读者的重视以及自身的实力和风格。图 8－1 为某创业计划书的封面格式规范设计，仅供参考。

编号：×××　　　　　机密

××××××项目

创

业

计

划

书

×××公司
×年×月×日

编号：×××　　　　　机密

创业计划书

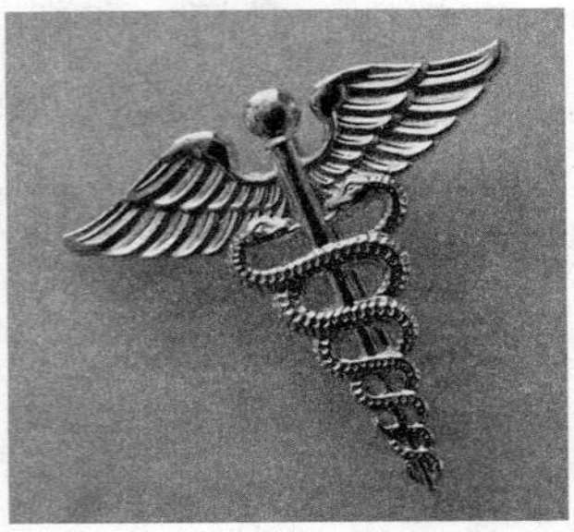

（项目）名称：____________
（项目）单位：____________
（项目）负责人：___________
编制日期：____年__月__日

图 8－1　创业计划书的封面参考样式

扉页，即翻开后的次页，或封面的反面。扉页部分一般包括两大方面内容：

（1）保密须知或企业简介。保密须知可放在封面，也可放在扉页，主要是要求阅读者或投资方项目负责人妥善保管创业计划书，未经融资企业同意，不得向第三方公开创业计划书涉及的商业秘密。有时企业也可以单独起草一份计划书保密协议。

（2）企业联系方式。如公司地址、邮政编码、电话、传真、电子邮件、联系人、公司主页等信息。也可列入一句公司的企业精神、信念，或者致谢语，如“谨以此献给为伟大梦想而追逐的人们”，这将给阅读者传递一种坚定的信念，也将展现公司的抱负，令人耳目一新。图 8－2 为某创业计划书扉页的格式范文，仅供参考。

创业计划书的封面和扉页的内容也不是必须严格按照上述要求，也可依据制作者或阅读者的具体情况，做适当的调整。

保密须知

本《创业计划书》属商业机密，所有权属于××××××××××创业团队。其所涉及的内容和资料只限于已签署投资意向的投资者和银行贷款时使用，收到本计划书后，请收件人立即确认，并遵守以下规定：

1. 若收件人不希望涉足本计划书所述项目，请尽快将本计划书完整退回；

2. 在没有取得×××××××××创业团队的同意之前，收件人不得将本计划书全部或部分地予以复制、传递、影印、泄露或散布给他人；

3. 应该像对待贵公司的机密资料一样来对待本计划书所提供的所有机密资料。

4. 本《创业计划书》不可以作销售报价使用，也不可用作购买时的报价使用。

×××××××××创业团队

××××年××月××日

联系方式：

公司地址：

邮政编码：

业务电话：	传真：	公司网址：
负责人：	职务：	
联系电话：	手机：	电子邮箱：
联系人：	职务：	
联系电话：	手机：	电子邮箱：

图8－2　创业计划书扉页参考样式

（二）目录

目录标明了各部分的标题和页码。在制作创业计划书的过程中，有的制作者不太重视目录，或干脆省略了目录。没有目录往往会给阅读者带来很大的麻烦，尤其当文章页数比较多的时候。目录具有检索和导读功能，能够让读者快速掌握全文大致内容，并方便找到相应的内容出处。值得注意的是，目录页码要与内容完全一致。

（三）摘要

摘要在整个创业计划中意义非凡。计划摘要列在创业计划书的最前面，是风险投资者首先会看到的内容。如果说计划书是敲开风险投资公司大门的敲门砖，是通向融资之路的铺路石的话，计划书的摘要可以被看做是点燃风险投资者对你的投资意向的火种，是吸引风险投资者进一步阅读你的创业计划书全文的灯塔，它是创业计划书精华的浓缩，反映计划书的全貌，是全部计划书的核心之所在。摘要编写的好坏直接关系到是否能吸引读者的眼球和激发其再往下看的兴趣。因此，在编写摘要时应注意以下几个问题：

（1）摘要应具有独立性和自明性。要使投资者能够马上理解你的基本观点，快速掌握创业计划书的重点，然后做出是否愿意花时间继续读下去的决定。在发达国家，繁忙的投资者一天要看数十份创业计划书。如果摘要不能一下子抓住投资者的心，创业计划书下面写得再精彩也没有用。

（2）要换位思考，从投资者的角度考虑问题，将投资人最关心的问题突显出来。不要过多地考虑你想说什么，而是要考虑潜在的投资者希望看到什么。撰写摘要时，你要常常问自己“谁会读我的计划?”不同的投资者有不同的兴趣和不同的背景。他们看创业计划书的侧重点不同。银行等投资者通常对企业以前的成功业绩感兴趣。而投资公司则通常对新技术感兴趣。所以在撰写摘要之前先要对投资者做一番调查研究，突出投资者最感兴趣的方面。对不同的投资者，要突出不同的方面。由于一项投资通常要由几个人或几个部门共同做决定，在调查投资者情况时要对整个投资机构有一个较为全面的了解，兼顾多人。

（3）激发读者的兴趣。摘要部分一定要放在最后完成。动笔写摘要之前，先完成整个创业计划书主体的抛光润色。然后反复阅读几遍主体文章。提炼出整个计划书的精华所在之后，再开始动笔撰写摘要部分，做到胸有成竹，一气呵成。写完之后，再请周围的人检查过目，提出意见。重点了解他们的反馈，看他们能否马上被你的文章所打动。如果不能，则需要重新考虑如何撰写，直到可以马上打动你身边的人为止。既要让读者感觉出乎意料，又在情理之中。一般情况下，应该在前1/3处就提出筹资需求。

（4）文笔生动、语言简明、思路清晰。风格要开门见山，夺人眼目，可以立即抓住重点。一般描述性语言要简略，切忌行文含蓄晦涩，让人难以琢磨。记住，投资者是没有时间去琢磨你的文章的。摘要篇幅一般为1～2页，同时要避免使用专业术语，保证读者能够在有限的时间内完全理解全文。

（5）在写作全部完成之后，一定要自己先检查有无错别字等，切忌在文章中出现这些错误。自己检查完之后，再请别人检查，直到确认无误为止。用英文撰写创业计划书完成之后，可以用专业的软件检查一遍拼写和语法。现在市场上通用的文字软件都有检查拼写和语法的功能。如果在文章中出现文字错误，你又怎么能证明你是一个作风严谨的企业家呢？千万不可由于细小的误差而失去重要的机会。

（四）正文

正文是创业计划书的主体部分，详细介绍投资者比较关心的各相关问题。正文通常包括如下几部分内容：企业介绍、经营团队、产品（服务）介绍、市场调研与预测、营销策略、生产制造计划、财务分析与规划、融资计划、风险分析和经营目标等。正文的内容不仅要求有充足的数据资料，推理合乎逻辑、使人信服，又要重点突出，实事求是。

（五）附录

附录是对正文中涉及的相关数据和资料的补充。附录在整个计划书中也是非常重要的。因为详尽的附件资料能够帮助投资机构从多方面来了解创业项目，从而增加对项目的兴趣。附录一般可有附件、附图和附表三种形式。图 8－3 为某化工项目（脱墨剂）的附录，仅供参考。

附录：

附录一：脱墨剂专家意见书

附录二：技术授权委托书

附录三：（与风险投资者）初步合作意向书

附录四：合作公司意见书

附录五：市场调查分析报告

附录六：产品核心技术

附录七：实验实施方案

附录八：工艺流程图

附录九：工艺流程说明

附录十：车间设备平面布置图

附录十一：安全生产制度

附录十二：财务预警方案

附录十三：团队介绍

附录十四：公司 VI 定义介绍

图 8－3　某化工项目（脱墨剂）的附录参考范例

值得注意的是，也是创业者们常常容易忽视的，当计划书主要以融资为目的时，那么在创业计划书的附录中，最好包含两个以上第三方人员或机构的推荐信，推荐人最好来自著名的公司或者权威部门、大学教授等，有一定的身份和地位。

三、编制创业计划书的基本步骤和原则

（一）基本步骤

1. 准备阶段

创业计划书的编写涉及的内容较多，因而制定创业计划前必须进行周密安排。

（1）经验学习。尤其对首次编写创业计划书的团队来说，多看看别人比较完美的创业计划和咨询相关专家是非常重要的，可以避免少走弯路，提高效率。

（2）创业计划的构想和细化，初步提出计划的构思。

（3）制订创业编写计划，明确创业计划的种类和总体框架。

（4）确定创业计划编写小组，并制订编写的日常安排和人员分工。

2. 资料准备阶段

以创业计划总体框架为指导，针对创业目的与宗旨，搜寻内部与外部资料。

（1）进行市场调查和产品测试。包括创业企业所在行业的发展趋势、产品市场信息、产品测试、实验资料等资料的准备和调查。

（2）进行营销方案的策划。主要指竞争对手信息、同类企业组织机构状况、营销方案的大致构思等。

（3）进行财务分析。主要指行业同类企业财务报表、企业财务报表、融资计划等。

3. 创业计划书的形成

创业计划书的形成阶段主要完成以下几项任务：

（1）拟定创业计划书的执行纲要。主要是制定出创业计划各模块的写作纲要。

（2）草拟初步创业计划。依据创业执行纲要，对创业企业的市场竞争及销售、组织与管理、技术与工艺、财务计划、融资方案以及风险分析等内容进行全面编写，初步形成较为完整的创业计划方案。

（3）修改检查与完善阶段。创业计划小组在这一阶段对创业计划进行广泛调查并征求多方意见，进而提出一份较为满意的创业计划方案。其次，检查一下，千万不要有错别字之类的错误，否则别人会对你做事是否严谨有所怀疑的。

（4）创业计划定稿。设计一个漂亮的封面，编写目录与页码，然后打印、装订成正式创业计划文本。

（二）编写原则

1. 逻辑性原则

逻辑性原则是指在创业计划书中的前后基本假设或预测要相互呼应和一致，也就是说前后逻辑要合理。要给投资者充足的理由，说明投资是可行的；解释创业及投资成功的可操作性时要合乎逻辑；告诉投资者项目的可盈利性要合乎逻辑；阐述项目的可持续要合乎逻辑等。

2. 真实性原则

创业计划书的论据、假设及内容要合理，有理有据，务必真实，不得有虚假成分。

3. 简洁性原则

创业计划书中应避免一些与主题无关的内容，要开门见山地直接切入主题，突出重点分析。语言应简洁和精炼，尽量让重点部分一目了然。

4. 完整性原则

创业计划书已成为一种国际惯例，结构是相对固定的。该说的话绝对不能少。经常见到缺乏财务预估、市场状况及竞争对手数据的创业计划书，这样的创业计划书会影响到投资方对方案评估速度的减慢以及投资可能性的减少。因此，应有的内容不能无故缺乏，结构应完整，各部分内容的叙述要清晰流畅。另在格式安排上要严谨周密。

5. 顾客导向性原则

创业计划书一定要让读者感到满意。比如对于融资创业项目来说，项目的独特优势，市场机会与切入点分析，问题及其对策，投入、产出与盈利预测，如何保持可持续发展的竞争战略，风险应变策略等问题是投资人最关心的问题，则应重点突出。比如还可根据募资对象的不同，适当调整行文的语调、章节的编排、数据的呈现、重点的强调等，以满足其需求。

6. 平实易懂性原则

虽然有的项目有一定的技术含量，对项目的分析不仅需要用到一些专业知识，而且也需要用到一些专业术语，但在撰写创业计划书时，建议撰写者尽量深入浅出，用通俗易懂的文字表述。因为，不是每一位读到这份创业计划书的人都是该项目领域的专家。一份好的创业计划书，应该使一些不懂该项目的人也能明白这是一个好的、可行的投资项目。一位能将专业性强的投资项目用通俗语言向读者展示出来的准投资人，本身就是一位将该项目进行了全面分析、研究，并对该项目的市场前景、盈利能力充满信心的人。

7. 保密性原则

创业计划书中涉及的核心机密可适当进行规避。

工作示范

下面是一位创业者为其项目“DIY 蛋糕店——DIY 食品连锁店”撰写的一份计划书。部分内容进行了删减，并非样本，仅供参考。

蛋糕店创业计划书

目录（略）

一、计划摘要

伴随着经济的发展，激烈的竞争是不可避免的，“烦躁”、“郁闷”成了人们经常挂在嘴边的话语。与此同时，如今的孩子们缺少动手实践的机会，“求异”的心理在大众尤其是年轻的学生群体也占有不可或缺的地位。制作一个独一无二的蛋糕、糖果等食品，拥有一次非同寻常的亲自动手的过程，在小资、孩子、学生等群体中拥有巨大的潜力！因此，为了缓解激烈竞争的压力，给孩子一个自己动手的机会，给年轻人一个独一无二的享受，我们的“DIY 食品连锁店”应运而生。考虑到大学生资金短缺的事实，我们决定打造一个从小到大的产业，从简单的“DIY 蛋糕店”做起，打响自己的品牌，逐步扩大自己的产业，形成 DIY 食品连锁一条龙。打造都市避风塘！

二、企业介绍

1. 项目名称：DIY 蛋糕店——DIY 食品连锁店。

2. 项目宗旨：打造都市避风塘，引领年轻时尚！

3. 项目宣言：我的蛋糕。我的 Young！

4. 店面名称：I Cake——DIY 蛋糕店。

注释（略）

5. 店面主题曲（略）

6. 宣传口号：我的蛋糕，我的 Young！

注释（略）

7. 店面商标（略）。

8. 店面地址：选择学校附近，靠近年轻人聚集区，且交通便利的地方（因为本项目主要面对的对象就是年轻的群体，且学校因为其生源的不断更新性，能保证客源的持久性，所以选择学校附近的地段）。

三个备选方案：

店面地址	房屋类型	面积	租金	房源描述
××附近临街旺铺	商铺	50 平方米	21 000 元/月（半年付）	周边遍布很多高校；交通便利；绝大多数人知道这个地方；大学生们消费的集中地，消费人群不容置疑。是一个极好的商铺经营场所
××附近的旺铺	商铺	45 平方米	9 500 元/月	临主街。消费人群以年轻人为主，人流量大，消费能力强。本店适合经营餐饮等行业
××临街餐饮旺铺	商铺	40 平方米	10 000 元/月	此商铺位于魏公村临街繁华地段，紧邻高校，临主路，公交站牌集中，周边多家品牌餐饮、服装店以及小吃奶茶店，人流量非常大，纯一层，面宽 8 米，能注册，适合各种服装饰品、品牌小吃、西餐茶楼等行业

9. 店面布局：

风格采用多样化的布局，诸如：童话版、欧版、丛林版、温馨版……各个相互独立的不同主题风格的界面，以供不同人群的喜好。

三、市场分析

我们主要分为两部分来调查，调查群体主要集中于大学生群体，并根据大家的选择做出相应的图表及产业分析。下面是我们从调查中统计的数据，调查问卷及网络调查投票样板详见附表一和附表二。

（一）问卷调查

由于本项目主要面向群体为大学生，因此，问卷的主要调查群体为在校大学生。

（下面是调查总结。注：有部分选项为多选，故部分选项的百分比相加大于100%。）

1. 去蛋糕店的频率：女生对蛋糕需求量远大于男生，因此，我们的蛋糕店会添加更多的女生元素，以吸引更多的顾客。

2. 蛋糕的用途：生日是蛋糕的主要销路，因此，我们会在客人制作DIY蛋糕的同时，附送生日用具，使生日更加独特。

3. 市场满足度：市场上蛋糕的种类基本能满足大众的需求，虽然对DIY蛋糕会产生一定的冲击，但是，从另一方面讲，市场上已有的经验以及模型，我们可以直接借鉴使用。

4. DIY方式态度：总体来说，大家对DIY方式还是很看好的，因此，我们还是有很大的发展空间的。

5. 是否愿意花时间自己做蛋糕？男生比女生更为理性，女生讲究的是浪漫情调，而男生则更为实际，因此，我们会从女生方面着手，开发我们的产业。

6. 蛋糕的价位：蛋糕的价位一般集中在50～150元之间，所以我们会按照这个规格安排蛋糕的原料，基本定位在100元/个的价位上，上下会略有浮动。

7. 蛋糕的尺寸：大家制作蛋糕还是以娱乐为主，过大的蛋糕不适合大家制作，因此，我们初步定为12寸/个，依据不同的情况，可在10～20寸之间调整。

8. 蛋糕的形状：圆形居多，我们会提供大量的圆形模具，用于制作蛋糕。同时，利用参考资料，帮助顾客完成自己“奇怪形状”的制作。

9. 担心的问题：卫生安全、材料储备是大家主要担心的问题。所以，我们会在取得卫生许可证的前提下，增加消毒设备，并及时更新材料，以保证材料的新鲜。

10. 制作环境：大家比较喜欢优雅的环境，所以，我们计划以静雅舒适的风格为主。

11. 制作蛋糕的伴侣：来店里消费的以恋人居多。所以，我们要创造一个温馨浪漫的情调，以吸引更多的情侣来本店。

12. DIY蛋糕的频率：时效性决定我们选择地址的重要性。因此，我们选择在学校附近，因为学校每年都有新生加入，所以，可以说，我们的客源是源源不断的。

13. 宣传渠道：大部分同学选择的是“朋友推荐”。因此，重视回头客就必不可少了，创建良好氛围，并创立推荐好友优惠的制度，我们的DIY蛋糕店品牌必定会不胫而走！

（二）网络调查

网络的覆盖面积比较大，因此，我们从这里可以找到各行各业的关注人士，以便确定我们的面向对象。

1. 关注人群性别：女生比较关注蛋糕，因此，我们的注重点还是在女生。

2. 关注人群年龄：年轻群体是我们的主要对象，主要集中在大学生以及中小学生中。

3. 关注者意愿：我们的DIY蛋糕店还是很有发展前景的。

4. 关注者担心的问题：与调查问卷的结果不同，网络上的人群更担心的是蛋糕制作的时间问题。综合起来看，还是时间比较重要，所以我们制定了一系列的高效方案。

5. 来DIY蛋糕店的频率：与问卷调查相同，只有牢牢地抓住学生这个大的消费群体，我们才能拥有源源不断的客源。

（三）前景预测

通过我们一个多月来的调查研究，我们做过问卷调查，进行过网上投票，也走访过很多DIY行业的商家，总结出很多优势。

1. 大家对DIY的态度还是很友好的，数据表明有大于80%的人选择了愿意来，尤其是年轻的一代，都希望有自己独特的东西。所以，我们就抓住人们的这种心理下手，必然会有良好的效果。

2. 女生对蛋糕的热爱远高于男生，而且大部分选择不会来的都是男生。但是，他们也选择了会和女朋友一起来，这样，只要我们能做得让女生满意，何愁没有客源呢？

3. 我们本身就是一群大学生，从校园中出来，我们很了解现在的学生想要什么，不想要什么。能和顾客有个很好的心灵沟通是创业成功的关键。因此，这势必会成为我们良好的资源！

4. 通过我们自己的预算，以及成功的案例，开一家DIY蛋糕店的成本在10万元以内，这对于我们这些没有什么资金来源的大学生来讲，有很大的可行性和低风险性。

5. 我们走访了很多做DIY生意的商家，大家普遍用“前景无限”这个词来形容，足见这个产业的发展潜力。

与此同时，我们也发现了很多风险，但是我们同样找到了解决的方法。

首先，自己制作蛋糕确实是一件费时费力的事情，很多人都因为没有时间就不会光顾，因此，我们改进了技术，同时增加了优雅舒心的氛围，让大家烦躁的心能够暂时平静下来。

其次，蛋糕本身就是有奢侈色彩的代名词，所以，很多人选择了只来一次。因此，我们就需要一个不断更新的客源，所以，我们把店建在学校附近，每年都有新生的到来，也就意味着每年都有新的顾客光临我们的DIY蛋糕店！生意不断！

综上所述，不难看出，DIY蛋糕店的前景还是非常乐观的。只要我们有想法，有信心，就一定可以实现！

四、人员及组织结构（略）

五、财务计划

1. 启动资金：10万元（必要时，可再申请7万元贷款）。

2. 手续：（营业执照、卫生许可证、注册、税务登记等）1 000元。

卫生许可证：去卫生局申请办理卫生许可证（150元左右）。

营业执照：办好卫生许可证后带上卫生许可证、负责人身份证、房产证明材料、合同、照片到当地工商所办理营业执照（140元左右）。

税务登记：办好营业执照后三十天内到税务所办理税务登记证（100元左右）。

北京大学生创业优惠政策：高校毕业生（含大学专科、大学本科、研究生）从事个体经营的，自批准经营之日起1年内，免交个体户登记注册费（包括开业登记、变更登记、补换营业执照及营业执照副本）、个体户管理费、集贸市场管理费、经济合同签证费、经济合同示范文本工本费等。此外，如果成立非正规企业，只需到所在区县街道进行登记，即可免税3年。

自主创业的大学生向银行申请开业贷款，担保额度最高可为7万元，并享受贷款贴息待遇。目前，北京市民生银行、商业银行等已开始接受大学生的创业贷款申请，这也是政府出台的扶持大学生创业的政策之一。贷款方式包括直接向银行申请贷款、申请科技型中小企业贴息贷款、利用新技术成果或知识产权进行担保贷款等。

3. 店面租金：租用，××区，××/月（略）。

4. 机械设备：2万元。其中：

燃气烤箱：新南方牌一层两盘3 500元；

打蛋机：20升恒联1 700元；

面包醒发箱：不锈钢15层厨宝牌1 500元；

鲜奶机：1 700元；

蛋糕展示柜：制冷的4 000元；

工作台：不锈钢的1 000元；

打蛋刷：三能牌37元，耐高温纸10元；

刮板：免费赠送；

裱花嘴：好的150元。

5. 门面及内部装修：1万元。

内部各种风格各占不同地方，但是以优雅的格调为主。

装修公司：（名称和地址略）。

风格：温馨、浪漫。

6. 空调（一匹）：1 500元。

美的KF—23GW/Y—X（E5）。

7. 原材料：1万元。

玉米粉、低精粉、白糖、色拉油、塔塔粉等。

8. 广告费：约2万元。

（1）传单海报等：公司：小水滴设计工作室。

形式	设计费（元）	印制
3折页宣传册	1 200元	5 000份（1元/份）
传单	0.1元/张（包括发放费用）	5 000张
优惠券（打孔）	0.5元/份	500份
海报	5元/张（60cm×80cm）（包括张贴费用）	1 000张

(2) 网站广告费：
形式：网站广告；
宣传费：9 000 元/年。
9. 蛋糕制作参考资料：500 元。
10. 员工服装费：900 元。
300 元 ×3 =900 元。
11. 其他（顾客用一次性围裙、包装物等）：5 000 元。
围裙：2.5 元/个；
包装盒 0.5 元/个；
会员卡制作成本：0.5 元/个；
12. 活动资金：1 万元。

六、营销策略

（一）广告宣传

1. 海报传单：
在各大高校发放传单，张贴海报。
前期：共 5 000 张。
2. 网络广告：
前期：在主要网站（如校内网、开心网）发布广告。
后期：伴随着企业的发展，后期会开发应用软件的小游戏，宣传蛋糕。
3. 电视广播：
在适合年轻人的电视栏目以及广播播放广告视频。
4. 报纸杂志：
在年轻人报纸杂志刊登大版面的广告宣传。

（二）营业时间安排

周一至周五　06:00—23:00
节假日　24 小时全天营业

（三）营业内容

1. 顾客告知店员想做蛋糕、饼干、提拉米苏还是巧克力，店员便帮其准备好所需原材料，如玉米粉、低精粉、白糖、色拉油、塔塔粉等，量好适量的水，顾客只需搅拌、烘烤、造型，便能得到自己想要的糕点了。

2. 我们还附带经营早餐及夜宵的成品蛋糕以及巧克力等糕点。

3. 实行会员卡制度，即，凡一年内来本店消费满 3 次或者推荐一位好友来本店消费者，均可获得一张精致的会员卡，凭此会员卡享受全场九折的优惠。

4. 凡我店会员，生日当天来本店购物，均可得到一份特别的生日礼物，给您的生日一个惊喜！不是会员的顾客，生日当天来本店消费，均可得到一份生日贺卡及礼品。

5. 免费为制作蛋糕的顾客拍照，留下值得回忆的点滴瞬间。如果顾客需要，我们可以将电子版照片发给顾客。

6. 店内设置留言板，有什么想对朋友、家人们说的话，或者有什么对我们的意见，都可以写在上面。我们还提供免费的精美卡纸，温馨你我他！

七、风险管理（略）

（后附表：调查问卷）（略）

（资料来源：http：//zhidao. baidu. com/question/272848453. html）

评注：

该创业计划书应补充财务分析部分，通过财务预测，计算出必要的财务指标（如盈亏平衡点、投资回收期、内部收益率等），以说明项目的投资收益情况，增强说服力。

任务2　掌握创业计划书的内容和要点

一、摘要

在写摘要时必须充满激情，满怀信心，全部正面阐述。向投资者灌输一种朝气蓬勃、蒸蒸日上的感情，让投资者充分相信你的能力和判断。一般摘要的主要内容如下：

（1）企业介绍。主要介绍企业名称、企业的创办思路；企业现状、过去背景、企业性质和经营范围；创业者自己的经历、经验和特长等内容做简要概述。

（2）产品或服务介绍。用通俗的语言具体描述公司的产品或服务，以及它解决了用户的什么问题。产品或服务的新颖性、先进性、独特性以及产品的竞争优势何在？

（3）创业和管理团队介绍。简要展示创业者和核心管理团队的背景、特点及“辉煌成就”。

（4）行业和市场分析情况。主要就行业历史与前景、市场规模及增长趋势、行业竞争对手及本公司竞争优势、未来3年市场销售预测等情况做简要概述。

（5）生产制造计划情况。简要说明生产方式、生产设备、工艺流程、质量保证、成本控制等情况。

（6）营销策略。主要概括企业在价格、促销、建立销售网络等方面拟采取的策略及其可操作性和有效性，对销售人员的激励机制等。

（7）财务状况。大概介绍未来3年或5年销售收入、利润、资产回报率等情况。

（8）融资计划。重点说明资金需求量、用途、使用计划、拟出让股份、投资者权利和退出机制等。

（9）风险分析。主要介绍项目实施可能出现的风险及拟采取的控制措施等。

（10）企业发展目标。简要概述企业短期、中期和长期目标。

编写完后，应重新审视摘要，看是否向投资者传达了以下几点信息：基本经营思想是正确的，是合乎逻辑的；经营计划是有科学根据和充分准备的；企业具有一个坚强有力的领导班子和执行队伍，有能力管理好这个企业；企业清楚地知道进入市场的最佳时机，并且预料到什么时候适当地退出市场；财务分析是实际的。

二、企业介绍

这部分应比较全面地向读者介绍企业的基本情况。主要包括以下三个方面的内容：

（1）阐述创办新企业的宗旨和经营理念、创意的形成过程及企业的发展目标和战略。

（2）介绍企业现状、过去的背景和企业的经营范围等一般情况。

（3）说明一下创业者自己的成长经历、性格、兴趣爱好与特长、经验和追求等。企业家素质是企业生产的四要素之一，对企业的成绩往往起关键性的作用。在这里，企业家应尽量突出自己的优点并表示自己强烈的进取精神，以给投资者留下一个好印象，是赢得投资者信任的一个非常重要的筹码。

三、产品/服务介绍

企业的产品（服务）是企业运营和获取利润的载体。产品（服务）能否很好地满足目标顾客目前显在或潜在的某种需求，并能在多大程度上解决这种需求背后存在的现实问题，是投资者在进行评估项目时非常关注的问题之一。所以，产品（服务）介绍这一部分在整个创业计划书中是非常重要的，而且还直接关系到投资人对市场预测和企业财务状况方面的判断。

一般来说，产品（服务）介绍应包括以下几方面的内容：

（1）产品（服务）的概况。比如产品的名称、种类、特性、功能、用途等。重点是突出产品（服务）的先进性、独特性和优势。不仅要让读者能清楚地知道这种产品（服务）具体解决目标顾客什么样的一个现实问题，而且能感受到与同类产品（服务）相比，这种产品（服务）更能给目标顾客带来更大的便利和满足，投资这种产品（服务）能够获得较大的回报。

（2）产品（服务）的成长阶段情况。包括产品（服务）的研究和开发过程情况，是否获得相关权威机构的鉴定和相关机构的奖励；产品（服务）目前处在生命周期的哪个阶段，采取过何种方式改进产品质量、性能和功能；是否有新的开发计划等。

（3）产品（服务）的市场竞争力。主要分析本产品（服务）与同类产品相比的优点和缺陷；目标顾客购买和使用本产品（服务）的原因和可能性等情况。

（4）产品（服务）成本情况。包括新产品（服务）的研发费用或技术改进、更新换代产生的相应成本，如设备购置成本、开发人员的工资等。

（5）产品（服务）知识产权情况。主要指产品是否申请了专利，有哪些专利，或与已申请此产品专利的企业签订的生产许可协议；产品的品牌建设情况等。

在介绍上述内容时，语言说明要准确和通俗易懂，使不是专业人员的投资者也能明白。切记：不能过于夸赞自己的产品或空口许诺，说到的一定要能兑现，因为企业所做的每一项承诺都是“一笔债”。如果企业不能兑现承诺，不能偿还债务，企业的信誉必然要受到极大的损害，极易丧失投资人的信心和信任。一般来说，产品介绍时应附上产品原型、照片或其他介绍等。

四、管理团队

作为企业，选好产品（服务）项目是非常重要的，但好的产品并不意味着一定会有好的市场行情和结果。这其中一个非常关键的因素就是驾驭和经营这些产品（服务）的人，即管理团队。管理团队的好坏直接关系到创业成功率的大小。因此，投资人会特别注重对管理团队的评估。

随着社会的发展，人已经成为企业最宝贵的资源，这是由人的主动性和创造性决定的。因此在创业计划书中，必须对主要管理团队的情况加以阐明。

（1）公司结构。主要包括公司的组织机构图、各部门的功能与责任、公司的股东名单（包括认股权、比例和特权）等。

（2）公司的主要管理人员。公司董事会成员、各位董事的背景资料；各部门的负责人，其能力、职务和责任，他们的经验和过去的成功经历及背景等。

（3）各部门的主要人员配置情况。公司现在及未来的人事需求、将要通过什么途径解决这些需求、公司团队的优势怎样？

（4）公司的报酬体系和人事成本。

对人的管理要遵循科学的原则和方法。企业的管理人员应该是互补型的，而且要具有团队精神。一个企业必须具备负责产品设计与开发、市场营销、生产作业管理、企业理财等方面的专门人才。

五、市场预测

当企业选定一项产品（服务）之后，创业者一定要弄明白这个产品是否有生命力，发展前景是否良好这个问题。在一定程度上，企业所面对的市场是变幻不定或难以捉摸的，因此就需要做大量严密、科学的市场调研活动，广泛收集数据和信息，采用科学的预测手段和方法，有效地对市场行情进行分析和预测。创业者要切记：市场预测不是凭空想象出来的，对市场错误的认识是企业经营失败的最主要原因之一。

关于市场预测这部分，主要从以下几个方面进行介绍：

（1）行业状况的分析与预测。该行业的发展程度及发展动态怎样？创新和技术进步在该行业扮演着什么样的角色？该行业在一国或某地区的市场总容量和总收入有多少，发展趋势怎样？该行业的价格趋向如何？经济发展对该行业的影响程度如何？政府的政策法规是如何影响该行业的？是哪些因素决定着本行业的发展？本行业的市场结构怎样，竞争的本质在哪里？进入该行业的障碍是什么？此行业的典型回报率有多少？基于上述状况分析，可供本公司（企业）利用的商机在哪里？本公司如何行之有效地进入该行业？将采取什么样的经营发展战略？实现什么样的战略目标？

（2）企业产品（服务）的市场需求状况分析与预测。主要分析细分本行业产品市场，选择哪些足以保证企业战略目标实现的细分市场作为目标市场？本产品（服务）的目标顾客群是谁？目标顾客群的容量及市场占有率有多大？各目标市场需求特点和发展走势如何？影响市场需求的因素及其影响方式？需求水平与企业效益之间存在怎样的关系？

（3）企业面临的竞争情况分析与预测。从市场和行业两方面，辨别各目标市场上谁是自己最直接和最主要的竞争者？他们的业务如何？其竞争的目标、策略怎样？其竞争的优、劣势是什么？本企业的进入将会引起他们怎样的反应？这些反应会对企业造成什么影响？结合本企业资源条件，本企业将采取何种竞争策略？本企业能在各目标市场获得多少市场份额？各目标市场份额能否给企业带来所期望的利益，从而实现规划的战略目标？

六、生产制造计划

生产制造计划不仅能让创业者对生产过程进行很好的梳理，而且能增加项目在投资人眼中的评估价值。因此，应尽量使生产制造计划详细，并尽量提供工艺流程图、生产计划等辅佐资料。主要内容有：

（1）生产的条件。生产条件主要指所需的厂房数量、面积和构造格局等情况；设备的类型、数量、引进、安装以及谁是供应商等情况；人员需求的数量和条件等。

（2）生产的方式和工艺情况。包括生产线的设计、产品组装是怎样的；产品的工艺流程和生产图纸；供货者的前置期和资源的需求量；生产周期标准的制定等情况。

（3）产品的质量控制。物料需求计划及其保证措施；怎样保证新产品在进入规模生产时的稳定性和可靠性；质量控制和质量改进计划质量控制的方法是怎样的等情况。

（4）生产的经营计划。生产作业计划的编制或新产品投产计划；开发新产品或提供新服务所需的设备技术提升和设备更新的要求；产品进货渠道；存货控制与订单处理等情况。

七、营销策略

营销是企业经营中最富挑战性的环节。产品本身可能没有问题，但如果营销时机、策略、方式等不对路，将直接决定企业的生存和发展之路。在这部分，主要从以下几个方面进行阐述：

（1）梳理影响营销的因素和确定营销模式。影响本企业营销的内、外部环境因素有哪些？将怎样影响？本企业营销团队运作模式如何？确定营销队伍和对他们实行什么样的有效管理机制？

（2）价格策略。要求分析目标市场的消费者要满足其需要与欲望所须付出的成本，结合企业的竞争策略和战略规划，具体制定出本企业产品的定价目标、定价策略和定价方法，以及单位产品价格。

（3）渠道策略。主要包括为确保企业战略目标的实现和竞争策略的实施，选择何种销售渠道？其依据是什么？若选取间接销售，各产品销售渠道的宽度和长度是多少？如何确保渠道宽度和长度计划的成功实施？各产品销售渠道短期、中长期的目标销量及利润目标是多少？确保这些目标任务实现的依据是什么？如何对各分销渠道进行有效的管理和控制？如何解决产品的仓储与配送等内容。

（4）促销策略。必须本着能有效地与目标受众沟通和有利于市场竞争的目的来选取该策略。具体包括制定促销策略、制定促销策略实施的基本过程、确定促销所要达到的目标效果等内容。

八、财务规划

企业的资金流问题是通过财务规划来展示和说明的。创业项目效益状况的好坏问题，最终都要借助财务状况来反映，不论是创业者自身，还是风险投资者都将非常关注此部分内容。

企业的财务规划一定要与前面涉及的如企业的生产计划、人力资源计划、营销计划等内容的假设保持一致，它们之间是密不可分的。所以，必须明确产品的生产量和销售量、产品线扩张时期、产品的平均生产成本和价格、分销渠道所预期的成本和利润水平、人员类型和工资预算等问题。这些是判断财务预测是否准确的依据，也是反映财务管理水平的一个标尺。

财务规划需要花费较多的精力来做具体分析，其中就包括制作现金流量表、资产负债表和损益表等内容。其中，流动资金是企业的生命线，在现金流量表中，一定要对流动资金有一个周全的计划和严格的控制；损益表反映的是企业的盈利状况，是企业在一段时间运作后的经营结果；资产负债表反映企业在某一时刻的状况。投资者可以利用从表中的数据得到的比率来衡量企业的经营状况以及可能的投资回报率。

（1）过去三年的财务状况。包括过去三年来的销售收入、毛利润、纯利润、总资产、总负债、净资产等指标，并提供现金流量表、资产负债表和损益表。如果企业刚刚成立，则应该讲述创业者对财务管理重要性的认识。

（2）未来三年的财务状况。预测收入的增长，制订未来 3 年的现金流量表、资产负债表和损益表。其中，第一年的报表要以每月为基础，第二、三年则以每年为基础。如果有可能，提供未来 5 年的财务报表预测情况则更好。

（3）反映项目投资收益的财务指标。通过计算反映财务收益的一些指标来说明项目的投资收益状况，这些指标主要包括盈亏平衡点、投资回收期、内部收益率或净现值等。盈亏平衡点又称零利润点、保本点等，通常是指全部销售收入等于全部成本时（销售收入线与总成本线的交点）的产量。投资回收期就是使累计的经济效益等于最初的投资费用所需的时间。内部收益率是指项目投资实际可望达到的收益率。

九、融资计划

这部分是以寻求融资为目的的项目所必须有的，融资计划是一份说服投资者的证明书。在这部分一方面既要对融资需求、用途等提出令人信服的理由，另一方面又要为投资人展示令人心动的投资回报和投资条件。主要包括以下内容：

（1）融资数量和途径。主要说明融资总的数额，已获得的数量，还需向风险投资人说明融资的数量；将采取哪种融资工具等内容。注意：作为融资人，一般应选择成本低和融资快的融资途径。

（2）资金的分配使用和结构问题。包括资金将如何安排分配，提供资金结构分析情况。提供融资后的资本结构表。注意：所融资金应专款专用，以保证项目实施的连续性。

（3）融资的担保问题。主要说明抵押或质押物品数量，提供担保的人或机构，并提供抵押、担保等相关文件。

（4）融资后股权结构、资金运作和利润分配情况。阐述融资之后股权结构发生怎样的改变，提供相应的股权结构表；融资后资金将如何运作；获得的利润将通过怎样的制度进行分配等情况。

（5）融资的归还和退出方式。包括资金的投资回收期及相应的本金；投资的退出方式如公开上市、股票回购、出售、兼并或合并等情况。

十、风险评估

世界上几乎任何创业项目都是有风险的，区别在于不同的创业团队项目所面临的风险是不一样的，而且风险程度是不同的。对于投资的风险，不论是创业团队还是投资人都应高度重视，因为这直接关系到收益问题。对创业企业而言，由于尚未进行市场的检验，创业计划书只是创业者依据已有的经验与市场调研所作的创业构想，因而不管创业者对风险分析如何细致也难以保证将来创业或投资的成功。因此进行充分的风险分析更多的是在向合伙人或投资人传达这样一种信息：创业者已经做好了充分的风险准备并具有了一定的风险应对能力。这样做的结果是提高了投资人对创业企业的投资信心，以提高融资成功的可能性。另一方面，风险分析也可以提醒创业者本人创业存在失败的可能，对此应有一定的心理准备。有了这些前期的经营思路分析，创业者在日后的操作中，面对经营中的风险，则可以处变不惊，采用相应手段应对风险，保证企业的正常运作。

因此，创业者在撰写创业计划书时，应对风险这一问题进行细致的思考与分析。一般来说，风险分析主要包括以下内容：

（1）风险的类型。根据企业自身的状况和市场环境的因素，分析确定企业在未来可能会面临哪些风险。创业企业在经营管理过程中可能会遇到各种各样的风险，一般常见有以下几种：其一，人力资源风险。如创业团队内部出现严重的矛盾分歧，企业非常重要和关键员工的突然离职等。其二，财务风险。如筹资风险、现金流的风险等。其三，市场风险。如项目本身的市场需求量不确定、市场接收时间不确定、市场扩散速度不确定，市场营销方面的营销模式错误、广告失败、缺乏危机管理等。其四，管理风险。如缺乏核心领导人、缺乏科学决策等。其五，技术风险。如技术成功不确定性，技术寿命长短，技术申请专利滞后等。

（2）风险的应对措施。主要是根据上述提出的可能遇到的一些风险，有针对性、比较详细地提出克服和改进的措施。

十一、发展目标

这一部分主要是为企业未来制定一系列的切实可行的发展目标。发展目标分为短期、中期和长期，分别进行预测和规划，并要说明计算依据。一般来说，短期目标应该是具体的，比如增资后 3 ～ 5 年公司销售数量、销售额、毛利率、成长率、投资报酬率预估及计算依据。而长期目标相对比较定性。在企业努力之下，这些目标应该是可以实现的。

以上是创业计划书正文的全部内容，根据公司及项目具体情况的不同，创业者可以在此基础上结合实际情况增添或删改。对不同的公司而言，各要点的轻重程度是不一样的。对于哪些是最重要的，需要强调，哪些是无关紧要的，可以一笔带过则应视情况而定。一般来说，投资者最关心的问题主要有两点：一是创业者的商业创意、产品或服务是否有唯一性；二是该公司的管理阶层能否胜任。因此创业者在编写计划书时一定要在这两方面着力分析。另外，获取利益是投资者的根本目的，及早收回资金是其投资的前提，所以对于未来收益的财务预测及设计以及风险资金的退出之路也是计划书应分析的重点。

任务3　创业计划书的自我完善及评估

一、计划书的自我检查和评估的内容

在完成了创业计划书之后，创业者应该重新审视一番自己的计划书。读者在审查计划书时，也会从各个方面对计划书进行评估。读者可以是投资人，也可以是与融资者和投资人毫无关系的第三方。国内外任何投资个人或机构在进行风险投资前，一定会对创业计划书进行非常科学的、严谨的审查评估。有很多高校和社会机构组织各种创业大赛，那么就由组委会聘请相关专家对计划书进行评估。具体来说，自我检查和评估的内容如下：

（1）关于摘要。计划书是否简明扼要地概括了计划书的全貌并能吸引和激发读者的兴趣？重点包括对企业及产品（服务）的介绍、市场概况、生产指导计划、营销策略、财务预测；指出新理念的形成过程和对企业发展目标的展望；介绍创业团队的特殊性和优势等。

（2）关于企业。计划书是否向读者展示了企业的基本情况，并以最快的速度取得了读者的了解和信任？主要包括企业的经营理念和创意形成过程，企业的现状、过去的背景；企业的经营范围、创业者自己的成长经历和兴趣爱好等。

（3）关于产品（服务）。计划书是否向读者展示了企业的产品（服务），打消了投资者对产品（服务）的疑虑，并充分突显了其独特优势？主要考察如何满足目标顾客的需要；进入策略和市场开发策略；说明其专利权、著作权、政府批文、鉴定材料等；指出产品（服务）目前的技术水平处于何种地位，是否能适应市场需求和实现产业化等。如果需要，可以准备一件产品模型。

（4）关于创业和管理团队。计划书是否向读者清楚地介绍了创业和管理团队，并显示出具有管理企业的经验，让读者认同这是一支优势互补的优秀团队？主要包括管理团队各成员有关的教育和工作背景、经验、能力、专长。组建营销、财务、行政、生产、技术团队；明确各成员的管理分工和互补情况、公司组织结构情况、领导层成员、创业顾问及主要投资人的持股情况。

（5）关于市场。计划书是否向读者显示了已进行过完整的市场分析，描绘了一个非常有潜力的美好市场前景，并认为该项目可能会在竞争中取胜？主要内容是市场容量与趋势、市场竞争状况、市场变化趋势及潜力，细分目标市场及顾客描述，估计市场份额和销售额等。

（6）关于生产。计划书是否向读者提供了一份详尽的生产制造计划？主要包括原材料的供应情况、工艺设备的运行安排、人力资源安排等。这部分要求以产品或服务为依据，以生产工艺为主线，力求描述准确、合理，可操作性强。

(7) 关于营销。计划书是否向读者展示了一套完备的营销策略，并依此能让企业较快地取得一定的市场份额和优势地位？主要包括如何保持并提高市场占有率，把握企业的总体进度，对收入、盈亏平衡点、市场份额、主要合作伙伴和融资等重要事件有所安排，构建一条通畅的营销渠道和与之相适应的新颖而富有吸引力的促销方式等。

(8) 关于财务。计划书是否向读者交代了一份真实可靠的财务分析计划，并显示了有能力偿还借款能力，让读者清楚投资回报的情况？主要考察包含营业收入和费用、现金流量、盈利能力和持久性、固定和变动成本；前两年财务月报，后三年财务年报。数据应基于对经营状况和未来发展的正确估计，并能有效反映出公司的财务绩效。

(9) 关于风险。计划书是否向读者陈述了未来可能面临的各种风险和规避措施，并让读者认为是行之有效的？

(10) 关于融资。计划书是否向读者明确了一套令人心动的投资条件和回报的融资计划？主要考察融资的数量、分配、担保、利润分配和退出机制等。这一项主要是针对以寻求融资为主要目的的计划书。

(11) 关于目标。计划书是否向读者展示了未来几年的发展目标，并让读者觉得该项目是可持续发展和盈利的？

(12) 关于整体表现。计划书是否让读者整体感觉条理清晰，重点突出，语言准确和适度，数据科学和详实？

二、评估的作用

对计划书进行评估具有非常重要的作用，主要表现在以下几个方面：

(1) 它可以帮助进行管理与决策。根据评估的结果，可以帮助判断该项目是否是一个好的项目，是否值得投资？

(2) 可以对目前的方案进行改善。针对评估给出的意见和建议，可以进一步对项目和计划书进行改进和完善。

(3) 可以展现专业上的自信。通过评估，尤其是权威人士或机构的评估，不断完善改进，更突显了计划书的专业性和项目的可信程度。

(4) 可以提升方案在效益方面的支持与证明。通过评估，尤其是权威人士或机构的评估和认可，在效益方面的预测更能够获得支持和证明，提高了其实现的可能性。

三、撰写计划书的注意事项

(一)“五要”

(1) 要语句通顺、文法正确、书写规范。

(2) 要言简意赅。

(3) 要数据充分和客观。

(4) 要换位思考，突出重点。

(5) 要实事求是。

(二)“五不要”

(1) 不要过于拘泥于格式，但要规范。

（2）不要有过分的保密事项和条款。

（3）不要采用过于专业化的术语和文件。

（4）不要期望完美的陈述。

（5）不要让他人执笔计划书。不管是什么原因，请求一个不太相关的人执笔撰写创业计划书是不可取的。项目的创意和运营构思只有当事人自己清楚，他人撰写的计划书一方面可能无法准确而完备地表达创业者的想法，另一方面与创业者的文笔有着明显的区别，缺乏真实性。如果一定要请专家帮助，也应该是在创业者完成了初稿之后。

四、撰写计划书的技术性细节

（一）图表的利用

在撰写创业计划书时，会有很多文字的叙述，但同时也要注意灵活地使用图表。相对文字而言，图表更简洁和直观，容易让读者在较短的时间内充分了解企业的实力，并能快速抓住内容的重点。

（二）保密问题

保密在创业计划中是个重要问题。目前主要有三种做法：其一，在计划书中尽量不把敏感的信息写进文件，但是文件中必须包括充足的内容才能令人信服。其二，在文件中（如扉页）添加一段，对读者提出保密约束；其三，另起草一份保密协议，要求收件人在其上面签字。值得注意的是，为执行保密协议的条款而采取法律行动的相当罕见，而且由于费用昂贵，对小型企业而言将是一个较重的负担。

（三）附录的充分利用

保证创业计划书正文质量的是要点和简洁的证据，所以要尽量将必不可少的佐证资料放在附录里。这些附录可以做成另外一个文件，这样创业计划书就不会显得又厚又长、令人望而生畏了。而且这些资料应只包括有用的、能用的相关信息，不要迫使读者在各页之间来回翻查。

实操训练

【实训任务 1】

撰写创业计划书。

【实训要求】

1. 分组进行，每组 4 ～ 5 个人。选定一名组长。

2. 创业项目由各组自行调查和拟定。前提是以校园作为创业场所，假设有地址可供选择，但需符合学校相关要求。

3. 各组自行安排完成创业计划书的撰写。注意：必须在老师规定的时间内完成。

【实训任务2】

评估创业计划书。

【实训要求】

1. 确定评估表。各组自行拟定一份计划书评估表，然后在老师的指导下，全班确定一份比较完善的评估表。

2. 展示创业计划书成果。每一组将训练1中完成的创业计划书的成果在班上进行展示或传阅。

3. 进行评估。首先根据展示的成果，每一组给其他组的计划书进行评估和打分（不能给自己组评估）。其次，汇总，计算出每组创业计划书的最终分数。

4. 老师进行点评。

项目九 创业融资

【能力目标】

1. 提高学生对创业融资特性的认识水平；
2. 培养学生掌握融资渠道、融资方式比较和选择的能力；
3. 培养学生掌握融资操作程序；
4. 培养学生创业融资的能力。

【知识目标】

1. 了解创业融资难的原因；
2. 了解创业融资的特点；
3. 理解创业融资应树立的理念和管理意识；
4. 掌握创业项目决策原则和融资操作流程。

对于多数创业者来说，资金是稀缺的资源，获取资金的技能和有关知识是创业者需要学习的重要内容之一。

任务1 认识创业者面临的最大难题

一、创业企业资金窘境和资金的重要性

能否快速、高效地募集资金，是创业企业能否站稳脚跟的关键。从创办企业来看，资金具有非常重要的作用，主要表现在：一是在企业开办过程中，创业者需要较多的资金才能启动；二是在市场开拓方面，创业者需要较多的资金才能运转；三是在产品开发方面，也需要创业者投入较多的资金才能维持。

二、资金有限的创业者如何迈出第一步

对于资金很有限但又渴望创业的人，手里抓住辛辛苦苦筹来的一点钱，生怕一不小心入错行，断送多年心血，面对到手的大好机会却不敢勇敢地一搏，患得患失，到头来却浪费了时间。也有人不作调查研究，不看准行情，盲目投资，结果金钱打了水漂，甚至背上一屁股债，尤其是借高利贷者，所赚的杯水车薪，难有翻身之日。资金匮乏者，要实现创业理想，建议把握以下几点：

（1）稳。虽然创业有风险，创业也要冒险，但是相对条件而言的，不要被误导。要选取最稳当的项目，有发展扩大的前景又比较保险的行业，譬如衣、食、住、行这类循环消费较多的行业。

(2) 低。缺少资金就千万别选中高档消费品来经营，否则后续追加的投入以及随之增加的经营成本会把你压得喘不过气来，步入恶性循环。中国人还是穷的多，满大街一抓一大把，他们都钟情便宜的东西。那就瞄准这些人，经营廉价商品，别贪心，薄利多销，成本低，对运营条件要求不高，是可以达到赚钱目的的。

(3) 快。无论做什么生意，原材料或者货物都要有一定的库存，再小的库存都需要科学管理。进货不求多，要精，好销的适当多进，主流的货品走量，搭配的走利润，不要一味求价格低而盲目进货，周转不灵，犹如背上大石跑步，别人早已回来背第二块，而你却还在半路，速度会把你打败。

创业是一项艰苦的工作，一旦干起来，漫漫长路没有终点，赚钱是“心急吃不了热豆腐”的事，只有脚踏实地，才能让财富成为自己的至交。

三、创业融资难原因分析

造成创业者融资困难的原因主要是中小企业本身在产生和发展过程中存在许多不足和先天缺陷，创业者识别出的不确定机会是建立在别人无法拥有也无法识别的信息基础上的，投资者很难确定是否能够投资受益。另外，我国资本市场和融资服务体系不健全，以及政府在相关制度、政策滞后和服务不到位、欠完善等综合原因也造成融资困难。具体可从以下几个方面来看：

(一) 政策法律层面：长期的国营主导的观念挤压了中小企业的生存空间

1. 国营主导观念影响较深，中小企业长期受亚国民待遇

改革开放以来，国家对国有大中型企业多次实施优惠政策；外资实行减免税收、设立保税区等“超国民待遇”。国企享有与非国有中小企业不同的市场准入条件和不同的股票上市、企业债券、银行贷款融资条件等“国民待遇”，使得以中小企业为主体的非国有企业只能享受“亚国民待遇”，经营、融资、发展环境处于不利地位，严重挤压了中小企业的生存发展空间，出现目前银行信贷经营中产生了“垒大户”的倾向。

2. 国家配套的有关制度、政策明显滞后，切实可行的措施依然缺乏

虽然近年来我国先后实施了《中华人民共和国中小企业促进法》、《关于鼓励支持和引导个体私营等非公有制经济发展的若干意见》等有利于中小企业发展的政策法规，但仍没有从根本上赋予中小企业平等的生存空间、融资待遇和发展环境。且这些政策偏重于指导，可操作性不强，仍然没有可以解决或缓解中小企业融资难的有效、可行的措施。

(二) 社会层面：我国金融市场的不完善成为融资难的关键

1. 金融体制改革不到位，使中小企业贷款服务出现缺失

一方面，本应面向中小企业贷款的农村信用社和地方商业银行，片面求大、求强，竞相支持大型企业，而对本该是自己支持重点的中小企业尤其是小企业置之不理；另一方面，我国还没有成立针对中小企业服务的专业性银行和各类基金组织，使中小企业的贷款服务在金融市场上出现缺失。

2. 银企信息不对称

在信息不对称方面，中小企业比大企业更加严重。因为中小企业大多有信息不透明的

问题。对于大企业，很多信息是公开的或是通过其他渠道能够收集的。而中小企业的信息基本上是内部化的、不透明的，银行和其他金融机构很难通过一般的渠道获得其信息，也难以获得其偿债能力的信息。

3. 对利润最大化的追求和风险管理的要求，使银行在贷款投放上趋大避小

由于中小企业的贷款金额小，时效性强，比较频繁，但每笔贷款手续并不比大企业简化，相比之下，小企业贷款平均成本高、工作量大、贷款收益小；同时，由于中小企业效益低，稳定性差，风险较大，出于利润最大化和降低风险的双重追求，银行在贷款投放上趋大避小是必然的。

4. 贷款权限过度向上集中

近年来，各商业银行在改制和加强管理方面，不约而同地选择了贷款审批权上收和集中。市、县级的银行机构不是对中小企业没有贷款权，就是贷款条件非常苛刻，在当地鲜有符合贷款条件的。严格的授权授信管理制度，客观上削弱了基层商业银行对中小企业的信贷支持能力。

5. 中介机构本身的市场化运作还不够

个人信用评估体系和企业资信评估体系不健全，担保风险分散与损失分担、补偿机制尚未形成，使得担保资金的放大作用和担保机构信用能力均受到极大制约；针对企业资金需求的担保机构对于创业者的担保功能存在较大的局限性，专门针对创业者提供融资服务的机构也非常少。

（三）企业层面：中小企业自身“先天不足”是融资难的根本

1. 中小企业大多属于传统产业和劳动密集型产业，产品附加值低，企业风险大

由于经营者的素质、经历等原因，许多中小企业产业结构不合理，大部分中小企业都属于传统产业和劳动密集型产业，这些行业的产品附加值低，成本相对较高，盈利水平低，抗风险能力弱，企业技术装备落后，创新能力不强，员工素质普遍较低，自有资金严重不足，负债率偏高。因此，新陈代谢快、稳定性差是我国中小企业的一大特点，这就造成了银行贷款在行业选择上将中小企业列入不支持或限制之列。

2. 企业内部治理结构上存在较大问题

股权结构单一、家族化管理、独裁型机制、经营策略和经营手段上的短期行为是其集中的表现。在企业发展初期，这些弊病很难显现出来。随着企业的快速发展、规模的不断扩大，其劣根性就逐渐暴露出来，这是银行机构对中小企业进行融资不得不考虑的问题。

3. 不少中小企业管理混乱，财务不规范

企业自身实力弱，经营风险较大。许多中小企业内部管理不规范，经营随意性大，各类规章制度缺失严重，或有章不循；企业财务制度不健全，建账不规范或不依法建账，会计核算常违规操作，有些小企业根本不设账，以票代账，或者虽然设账，但账目混乱，给企业的融资带来困难。资信情况不透明，难以提供准确完整的财务资料，使金融机构无法掌握企业真实的生产经营和资金运用状况。

4. 一些中小企业信用不佳

一些创业者短期行为倾向严重，影响了企业整体的信用环境。中小企业群体相对信用观念淡薄，机会主义盛行，缺乏长期发展目标，企业逃逸银行债务现象具有普遍性。在财

务方面人为操纵利润现象较多，财务信息严重失真，企业经营信息透明度差，甚至出于自身短期利益的考虑，造假账、出假报表、偷税漏税，使企业信誉受损，整体形象不佳。

5. 抵押难，担保难

中小企业由于自身规模较小，可用于抵押的固定资产非常有限，再加上抵押物价值评估、登记的费用较高，抵押之路难行。同时，担保机构尚未普遍成立，其他企业又不愿意提供担保，因此，担保难亦是中小企业融资时普遍面临的问题。

四、创业融资中应注意的问题

创业者要想获得外部资金的支持，首先必须明白与创业有关的一系列问题，如：赚钱载体的选择与设计，创办自己公司的做法，竞争策略定位，创业融资的渠道，创业投资的运作，投资、融资的中介机构，创业者的信用保障，以及如何撰写商业计划等。其次，创业者在财务上要有战略眼光，要了解创业资金的来源、收益与代价，要制定有利的融资与财务计划，获得更高质量的外来投资，掌握资金的使用、管理及相应的知识和技能。

（一）融资的注意事项

什么时候需要钱？需要多少钱？需要什么样的钱？是否愿意让投资者了解企业的秘密？如何看待自己的企业？这些问题创业者都必须做到心中有数。

（二）不同阶段的资本需求特征

根据企业成熟程度，可以将创业企业划分为以下发展阶段，即：种子期、起步期、成长期、发展期。创业企业不同发展阶段应采取不同的融资方式。

（三）资本需求量的测算

1. 预估销售收入、销售成本、销售费用、利润

2. 预计财务报表

（1）预计利润表。

第一步：根据基年预计利润表的资料，确定相关项目在销售收入中所占的百分比；

第二步：对计划年度的销售收入做出预测，用基年相关项目在销售收入中所占百分比预测相关项目的资本需求量，并编制计划年度利润表；

第三步：利用预计的比率，测算出计划年度的留存利润数额。

（2）预计资产负债表。

第一步：取得基年资产负债表资料，并计算其敏感项目与销售收入的百分比。

第二步：用计划年度预计销售收入乘以第一步所计算出来的百分比，求得敏感项目金额。

第三步：确定计划年度留用利润增加额及资产负债表中的留用利润累计额。留用利润增加额可根据利润额、所得税率和留用利润比例来确定。

第四步：增加总预计资产负债表的两方，如果负债和所有者权益的总额小于资产总额，则差额既是使资产负债表两方相等的平衡数，也是需要增加的外部融资数额。

（3）预计现金流量表。

（四）结合企业发展规划预测融资需求量

1. 资本结构决策

资本结构是指企业各种资本的价值构成及其比例关系。

2. 资本结构的种类

（1）资本的属性结构：股权资本和债权资本。

（2）资本的期限结构：分为长期资本和短期资本。

（3）资本结构的决策方法。

资本结构的决策就是要确定最佳资本结构。所谓最佳资本结构是指企业在适度财务风险的条件下，使其预期的综合资本成本率最低，同时使企业价值最大的资本结构。

确定企业的最佳资本结构，可以采用资本成本比较法。

（五）融资的基本原则

（1）效益性原则。

（2）合理性原则。

（3）及时性原则。

（4）合法性原则。

任务2　了解创业融资的特点

一、创业融资的阶段性特点

创业融资需求有鲜明的阶段性特点。新创企业是包含了四个阶段，即种子期、创业期、成长期、成熟期的完整过程。不同的阶段对融资数量和融资渠道有不同的针对性，创业者要做到融资阶段与融资需求以及融资渠道的匹配。

（一）种子期融资

要想创业，第一笔启动资金是非常重要的。但是，当你除了一份商业计划书之外一无所有时，想要说动机构或者个人为你的事业投资，这是一件非常困难的事情，最可行的办法就是自己凑钱。

第一，在种子期使用自己的资金，可以避免在创业初期股权被过分稀释。即使你不在乎未来的收益，但是决策权的分散也是很麻烦的一件事。另外，投入自己的钱，可以大大增强团队的凝聚力和拼搏精神，也会让你养成勤俭的习惯。

第二，也许你的计划需要很多钱，譬如说几百万，甚至几千万。你手头当然没有那么多钱可以用，但是，如果你有一个完善的项目实施日程表，你会发现，这些钱大多不是需要立即投入的——譬如说，广告宣传费用在产品开发出来之后才需要投入。那么，这些开销就可以暂时不予考虑。你要明白，你做得越多，获得投资人青睐的可能性就越大——一个产品雏形远比一份天花乱坠的计划书更有说服力。

当然，如果你还是必须寻找其他的资金来源，那么私人投资、开展额外的业务、产权交易所是种子期可能的资金来源。

私人投资是种子期项目比较可行的资金来源。这里的私人指的主要是拥有较多的个人闲散资金，并且有兴趣做高风险投资的那些人（也称“天使投资”）——他们往往是某个行业的成功人士。如果你能让他相信你的计划是可行的，那么他或许会慷慨解囊为你提供资助。

开展额外的业务来获得发展资金是一种常见的做法。举例来说，一家专注于网站经营的公司，可以利用自己的专业技能，开展企业网站设计业务，然后拿着从这些业务里赚到的钱补贴需要资金投入的主业。

产权交易是近年来非常热门的一个词汇。如果你有一项专利、一个企业或者其他任何所有权明确并且可以被评估和量化的资产，你都可以将其提交给产权交易所，由它们为你寻找买家。你可以选择按照现金出价，也可以按照股权融资的方式出让一部分股本权益。对于那些手中掌握专利技术的创业团队来说，这是比较好的融资渠道。

（二）创业期融资

创业期阶段，企业人员少，生产经营规模小，管理制度不健全，缺乏必要的资金，市场占有率小，承受失败风险的能力也较弱，所以一般认为应选择比较稳健的融资策略，这样虽然获得的收益较少，但失败时损失也较小。中小企业可以根据自己的情况选择合适的策略。对于传统型产业的中小企业而言，主要是依靠内部融资，可利用资本金、折旧基金和内部留存利润等方式；也可根据自身偿还能力，适当向亲戚朋友或金融机构借入部分短期资金，以缓和暂时的资金紧张局面。创业阶段风险较大，企业随时有可能面临倒闭的危险，故适宜采用这些稳健型的融资策略。

（三）成长期融资

当企业在市场上能立足生存，基本上能自食其力时，就算初创成功，之后企业就进入了成长期。在成长期阶段，企业投资不足的问题会变得更加尖锐。企业产品逐渐得到市场认可，销售规模快速增加，企业人数和厂房设备等不断增加。企业销售得越多，它需要的营运资金就更多，需要这些资金来应付应收账款和存货。有些企业为了提高销售量便开始赊账，结果企业最后破产。这并不是由于销售量太低的原因，而是资金短缺出现的问题。当一个企业的年销售增长了35%或更多的时候，如想依靠内部融资来解决企业资金增长的问题就不现实了。因此，成长期的融资策略选择对中小企业的发展尤为关键。这一时期的策略选择是否恰当，关系到企业是否能够长大、能否继续生存下去，所以这一时期应选择适当的扩张型融资策略，以求得进一步发展。可选择的融资策略主要是外部融资，可选择银行信贷资金、风险投资基金、外商投资资金等中长期资金。

在成长期，企业为了追求快速发展，必须在研发、生产运作、内部管理、销售等方面全面投入大量资金，而且是中长期资金，这样才能保证企业正常、稳定、快速发展。银行信贷资金、风险投资基金、外商投资资金等中长期资金则是企业选择的最优策略，只有大量、稳定的资金支持，企业才能在竞争激烈的市场中脱颖而出，否则有可能会因资金短缺而突然倒闭或因资金投入不足而永远长不大。

对高科技型创业企业而言，风险投资基金是成长期融资的一种较好的选择方案。风险投资基金的资金是一种权益型资本。在这种投资方式下，投资人为融资人提供长期股权投资和增值服务，培育企业快速成长，数年后再通过上市、兼并或其他股权转让方式撤出投资。高科技中小企业管理经验少、资金短缺、市场风险大，如能得到风险投资管理上和资金上的支持，极易获得成功和快速发展，而且企业的大部分风险由风险投资机构所承担，因此是一种较优的稳健型融资策略。

（四）成熟期融资

当企业在社会上具有一定知名度，在产品市场占有一定的份额，销售规模达到一定水平，企业利润也比较稳定时，企业就开始进入了成熟期阶段。成熟期的战略重点在于集中资源，扩大市场，增加业务范围。此时，企业的资金来源主要依靠企业的内部积累，只要没有特殊的大的投资项目，一般来说，企业的现金流入量大于现金流出量。所以这一时期应主要采用保持型与扩张型相结合的融资策略使企业进一步发展，主要融资渠道有留存利润、发行股票、银行信贷资金、发行债券等。

在成熟期，企业实力已相当雄厚，扩大市场，增加业务等基本依靠稳定、充足的现金收入来源即留存利润可解决资金问题。这是一种保守型融资策略。但如果企业想进一步做大做强或投资另一行业、领域，则需要继续采用扩张型融资策略来实现这一战略目标。那么发行股票、银行信贷资金等则为可选渠道。一般来说，只要条件成熟，企业首先会考虑发行股票这种融资方式，因为通过发行股票所得资金是一种企业基本上可永远使用而无需偿还、融资成本低、融资额大、风险低、效益高的优质资金。银行信贷资金和发行债券则是后备选择，这时企业信誉较高，银行基本上都愿意放款给这类企业或企业发行的债券容易为社会认可。

二、债权融资和股权融资

按大类来分，企业的融资方式有两类：债权融资和股权融资。

债权融资主要是指企业从外部借款，按期承担还本付息的义务，包括银行贷款、信托计划、短期融资券、企业债、可转债、资产支持证券。股权融资是指企业的股东愿意让出部分企业所有权，通过企业增资的方式引进新的股东的融资方式。股权融资所获得的资金，企业无须还本付息，但新股东将与老股东同样分享企业的盈利与增长，包括境内外公开发行股票并上市、私募。

债权融资是指企业通过举债筹措资金，资金供给者作为债权人享有到期收回本息的融资方式。相对于股权融资，它具有以下几个特点：

（1）短期性。债权融资筹措的资金具有使用上的时限性，需到期偿还。

（2）可逆性。企业采用债权融资方式获取资金，负有到期还本付息的义务。

（3）负担性。企业采用债权融资方式获取资金，需支付债务利息，从而形成企业的固定负担。

股权融资是指资金不通过金融中介机构，借助股票这一载体直接从资金盈余主体流向资金短缺主体，资金供给者作为所有者（股东）享有对企业控制权的融资方式。它具有以下几个特点：

（1）长期性。股权融资筹措的资金具有永久性，无到期日，不需要归还。

（2）不可逆转性。企业采用股权融资不需还本，投资人欲收回本金，需借助于流通市场。

(3) 无负担性。股权融资没有固定的股利负担，股利的支付与否和支付多少视公司的经营需要而定。

任务3　融资渠道与方式的比较和选择

一、各种融资渠道介绍

从筹集资金的来源的角度看，筹资渠道可以分为企业的内部渠道和外部渠道。

(一) 内部筹资渠道

企业内部筹资渠道是指从企业内部开辟资金来源。从企业内部开辟资金来源有三个方面：企业自有资金、企业应付税利和利息、企业未使用或未分配的专项基金。这种方式保密性好，企业不必向外支付借款成本，因而风险很小。

(二) 外部筹资渠道

外部筹资渠道是指企业从外部所开辟的资金来源，主要包括：专业银行信贷资金、非金融机构资金、其他企业资金、民间资金和外资。从企业外部筹资具有速度快、弹性大、资金量大的优点，但缺点是保密性差，企业需要负担高额成本，因此产生较高的风险，在使用过程中应当注意。

借款筹资方式主要是指向金融机构（如银行）进行融资，其成本主要是利息负债。向银行的借款利息一般可以在税前冲减企业利润，从而减少企业所得税。向非金融机构及企业筹资操作余地很大，但由于透明度相对较低，国家对此有限额控制。若从纳税筹划角度而言，企业借款即企业之间拆借资金效果最佳。向社会发行债券和股票属于直接融资，避开了中间商的利息支出。

通常的情况是：自我积累筹资方式所承担的税收负担要重于向金融机构贷款所承受的税收负担，贷款筹资所承受的税收负担重于企业之间相互拆借所承受的税收负担，企业之间相互拆借所承受的税收负担重于企业内部集资承受的税收负担。从纳税筹划角度看，企业内部筹集和企业之间拆借方式产生的效果最好，金融机构贷款次之，自我积累效果最差。

上述各种筹资渠道实际可分为资本金和负债两类。资本结构的变动和构成主要取决于长期负债与资本的比例构成。负债比率是否合理是判定资本结构是否优化的关键，因为负债比率大意味着企业经营风险很大，税前扣除额较大，因而节税效果明显。所以，选择何种筹资渠道，构成怎样的资本结构，限定多高的负债比率是一种风险与利润的权衡取舍。在筹资渠道的筹划过程中必须充分考虑企业自身的特点以及风险承受能力。在实际操作中，多种筹资渠道的交叉结合运用往往能解决多重经济问题，降低经营风险。

二、企业融资方式

社会经济的发展导致商品实体转移与现实货币清算的相互分离，赊销与赊购等常见的企业行为必然导致应收账款与延期付款等商业信用的出现。它们恰恰提供了赊销双方之间的商业融资。

（一）商业融资

所谓商业融资就是指工商企业以延期支付或其他形式提供的信用融资，商业融资是以商品交换为基础，以企业为融资主体、以商品为客体，以双方承诺的条件进行的。商业融资主要有应付账款融资、应付票据融资、预收货款融资三种类型。

（二）应收账款融资

应收账款是卖方在赊销的时候形成的对买方的应收未收的款项。虽然卖方是在赊销的时候向买方提供了商业融资，但这并不表明应收账款就无法获得商业融资。企业在资金短缺的时候可以通过将应收账款抵押或出售的方式来融通资金，即应收账款的提前变现。

（三）租赁融资

租赁是将设备出租给需要的承租人，由承租人使用并向出租人交纳租金的经营方式。在租赁过程中，承租人无须为设备的购置一次性支付全部款项而是分期负担，这就实现了企业在获得设备使用的前提下降低了资金的要求，这相当于为企业实现了资金的融通。租赁业务分为融资性租赁和经营性租赁两种方式。

1. 经营性租赁

经营性租赁是承租企业在生产经营过程中需要短期使用的某些大中型设备，但又不愿意购置这种设备而采取的向设备拥有者租赁使用的租赁方式。

2. 融资性租赁

融资性租赁是由出租人根据承租人选定的租赁设备和供应厂商，以对承租人提供资金融通的目的而购买设备，承租人通过与出租人签订融资租赁合同，以支付租金为代价而获得该设备的长期使用权。根据具体操作手法的不同，融资性租赁有以下几种形式：

（1）自营租赁。

出租人根据承租人的要求购买设备，再租给承租人使用的租赁形式。

（2）返租赁。

承租人把自制或外购的设备按账面价值或重估价格卖给租赁机构，然后再与租赁机构签订合同，把设备租回使用的租赁形式。

（3）转租赁。

当承租人向租赁机构申请租赁设备时，租赁机构由于资金不足或设备缺乏而先作为承租人向别的租赁机构租进所需要的设备，再转租给承租企业使用。

（4）杠杆租赁。

由于设备涉及资金的额度比较大，单靠一家出租机构难以独立承担风险，从而以代购设备作为抵押，用转让租金作为归还贷款的保证，从银行、信托公司等处获得购买设备的大部分借款，其余小部分由出租机构自行解决。

（四）典当融资

典当是以特定物品或者财产权利质押的形式，向典当机构借贷的特殊融资方式。当户将一定的标的移交典当机构占有从而换取当金。当户有权在一定的当期内向典当机构偿还当金本息及其他合理费用赎回原当物；但过期不赎成为死当，典当机构则将获得该当物的所有权或以该当物变价而优先受偿。当户还可以将股票、房产、汽车、黄金、债券、黄金首饰、家电等各类物品向典当行办理典当业务。

典当融资可以保证向用户提供快速、便捷的融资渠道，但一般的典当融资都有短期性和小额性特点，即典当融资的时间期限一般不超过 6 个月。对于典当融资，创业者要注意的是它的融资成本很高。因此，只能用于紧急性的融资安排，不能作为常规性融资渠道，尤其是不能满足长期性融资的需要。

（五）基金资助

为扶持科技型中小企业的发展，国务院在 1999 年 6 月 25 日正式启动了科技型中小企业技术创新基金。它是扶持科技型中小企业技术创新、促进科技成果转化的专项资金。旨在增强科技型中小企技术创新能力，引导地方、企业、创业投资机构和金融机构对科技型中小企业技术创新的投资，逐步建立起符合社会主义市场经济规律、支持科技型中小企业技术创新的机制。创新基金来源于中央财政预算拨款和银行存款利息。它的年度预算安排由财政部根据中央财政预算情况和创新基金年度工作计划确定。科学技术部会同财政部向国务院提交年度执行情况报告。

创新基金的扶持对象一般选择主要从事高新技术产品的研究、开发、生产和服务业务的企业，有良好的经营业绩，资产负债率不超过 70%，有健全的财务管理机构、严格的财务管理制度和合格的财务管理人员，并重点考虑自主创新性强、技术含量高、市场前景好的项目，科技成果转化项目，利用高新技术改造传统产业的项目，初创期的科技型中小企业，尤其是科技孵化器内企业的项目等。

在资金方面，创业基金提供了优惠的条件，创业基金每年由国家财政拨款 10 亿元人民币，采用无偿资助、贷款贴息与资本投入三种方式支持中小企业的高新技术项目。因此，创新基金成为创业企业的一个非常重要的融资渠道。

（1）无偿资助。

无偿资助主要用于技术创新项目研究开发及中试阶段的必要补助，以及科研人员携带科技成果创办企业进行成果转化的补助。它包括人工费、仪器设备购置和安装费、商业软件购置费、租赁费、试制费、材料费、燃料及动力费、鉴定验收费、培训费等与技术创新项目直接相关的支出。资助数额一般不超过 100 万元，个别重大项目最高不超过 200 万元，且企业须有等额以上的自有匹配资金。

（2）贷款贴息。

贷款贴息主要用于支持产品具有一定的技术创新性、需要中试或扩大规模、形成小批量生产、银行已经贷款或有贷款意向的项目，原则上采取贴息方式支持其使用银行贷款。项目立项后，根据项目承担企业提供的有效借款合同及项目执行期内的有效付息单据核拨贴息资金。一般按贷款额年利息的 50% ～ 100% 给予补贴，贴息总额不超过 100 万元，个别重大项目最高不超过 200 万元。

（3）资本金投入。

对少数起点高，具有较广创新内涵、较高创新水平并有后续创新潜力、预计投产后具有较大市场需求、有望形成新兴产业的项目，采取资本金投入方式。资本金投入以引导其他资本投入为主要目的，数额一般不超过企业注册资本的20%，原则上可以依法转让，或者采取合作经营的方式在规定期限内依法收回投资。

（六）银行融资

一直以来，银行都是我国企业融通资金的重要渠道。在不同的历史阶段，我国银企之间的关系发生了相应的变化。目前，银企关系由政府主导型和银行主导型向市场主导型转变。银行和企业之间以资金、产品、信息、技术为纽带，在利益共享、风险共担的前提下发生利益的联系。这种基于市场的银企关系将有助于彼此的发展与壮大。

不同的银行根据自身的特点与相关政策的要求，在向企业提供贷款业务的时候往往有不同的特色，一般来说，银行融资种类有以下几种类型：

（1）流动资金贷款。

流动资金贷款是为满足客户在生产经营过程中临时性、季节性的资金需求，保证生产经营活动的顺利进行而发放的本外币贷款。按贷款期限可分为临时流动资金贷款、短期流动资金贷款和中期流动资金贷款。

（2）固定资产贷款。

固定资产贷款是指用于借款人新建、扩建、改造、开发、购置等固定资产投资项目的本外币贷款。

（3）贸易融资。

贸易融资是指银行对进口商或出口商提供的与进出口贸易结算相关的短期融资或信用便利。它有很多种具体的业务种类：信用证、进口押汇、提货担保、出口押汇业务、打包放款、外汇票据贴现、国际保利融资业务、出口买方信贷。当创业企业在经营过程中需要波及对外交往的时候，商业银行的贸易融资业务将为企业提供方便的融资渠道。

（4）商业汇票贴现业务。

票据持有人将未到期的商业汇票在背书后转让给商业银行，商业银行从票据到期值中扣除按贴现率计算的贴现利息，并将余额支付给持票人。它是商业银行对企业的一项短期融资。

（5）商业汇票转贴现业务。

商业汇票转贴现业务是商业银行购买商业汇票，买入返售（回购）业务持票人已贴现（或转贴现）尚未到期的商业汇票，票据到期由商业银行负责向承兑人收款的业务行为。

（6）商业汇票买入返售（回购）业务。

商业汇票买入返售（回购）业务是商业银行限时购买持票人所持商业汇票，持票人按约定时间、价格和方式将商业汇票购回的业务行为。它们均有利于企业提高资产流动性，调剂资金余缺。

（7）收益权质押贷款。

企业将合法、稳定的收益权向银行质押，获得融资。

（8）保函业务。

企业对外参加工程招标，订购设备，采购大宗原材料、商品，提供劳务等，可由银行提供付款承诺，而不需要企业直接向招标业主交纳投票保证金，避免资金风险，并减少财务费用。

(9) 卖方信贷。

银行根据卖方的要求向其下线经销商提供融资，该项融资以卖方提供、供应的产品（商品）为抵（质）押标的，但卖方承担对质押商品的回购责任。卖方可以获得银行的贷款并向供应商购买产品。

(10) 出口退税封闭贷款业务。

银行专门支持的外贸企业在出口收汇后，向国税局申请退税，以国税局已审核、将退未退的退税款为还款保证，向银行申请流动资金贷款，退税款到位后，归还贷款本息，全过程实行专户管理、封闭运作的一种贷款方式。

（七）风险投资

风险投资是由职业金融家对新兴的、迅速发展的、蕴藏巨大竞争潜力的企业的一种权益性投资。它通常投资于高新技术产业的初创和新产品的研究开发阶段。虽然高新技术在研发阶段面临高达80% ～90%的失败率，但是一旦成功便能获得巨额利润。正是这一特点吸引了大量资金介入这一领域，并逐步发展成一个产业。

高风险、高收益的特征决定了风险投资在很多方面都与传统型投资存在很大的差异。

(1) 投资对象。

风险投资选择高新技术及其新产品开发，主要以中小型企业为主。

(2) 投资审查。

风险投资以技术实现的可能为审查重点，技术创新的市场前景是关键。

(3) 投资方式和投资管理。

风险投资采取权益性投资并参与企业的经营管理与决策，但目的并不在于对企业进行控制。一般来说，高新技术的创业者往往是技术上的专家，在企业的经营管理方面缺乏必要的知识和技能。风险投资却具有在企业管理、财务、经营决策、市场分析等方面的成熟经验。因此，风险投资的引入不仅为企业解决了资金之困，而且还提供了必要的经营管理人才。

(4) 期限较长。

风险投资介入企业之时只是基于其对未来的判断。技术在研发阶段、在转化为产品的过程中面临各种各样的不确定性。与传统融资相比，风险投资的运作周期普遍较长，甚至在中途还需要投入新的资金。

(5) 资本撤离。

与所有资金提供方一样，风险投资者在承担高风险的同时追求相应的投资回报。资本的介入并不在于对企业的控制，而是通过参与企业的经营决策，以更有力地确保对项目的跟踪和风险控制。同时，风险投资者依据持有股份的比例在企业生产高额利润的时候获得相应的投资回报。

一般来说，风险资本变现退出的方式有下列几种类型：

(1) 出售。

通过产权市场，将所持有的企业股权转让给其他企业、机构或个人。出手也有两种形式：售出和股票回购。售出又可分为一般收购（公司间的收购、兼并）和第二期收购

（由另一家风险投资机构收购，接受第二期投资）；股票回购是风险企业的管理层或风险企业家购回公司股份。

（2）首次公开发行。

企业在实现公开市场发行股票后，风险投资者将其持有的股票在股票市场上卖出。

（3）清算或破产。

当风险投资的企业、项目经营不利，投资失败时，风险投资者通过清算或破产的方式收回部分投资资金。在这种情况下，风险投资者将遭受较大的损失。

（八）其他途径

除了通过企业融资这个渠道之外，创业企业的特殊性决定了创业者可以非常便利也非常乐意将自由资金或以个人名义接受获得的资金投入到企业中。因此，创业人的融资也就成为创业企业融资的重要途径之一。

三、融资决策

不同的融资渠道提供了不同的融资服务。对于企业来说，获得资金并不完全等价于融资任务的完成。企业必须依据自身在资金使用方面的具体要求选择适当的融资方式。在制定融资策略的时候，企业必须考虑融资的成本、风险、规模与期限等多个方面。

（一）融资成本

1. 融资成本的概念

企业融资来源可以分为内源性融资和外源性融资。虽然内源性融资来自企业的留存收益和折扣，但这并不表示使用内源性融资就没有代价。企业使用内源性融资时存在机会成本，即企业若不是用自有资金的话，可以将该部分资金转让给他人使用并获得报酬。

融资成本是指企业使用资金的代价。也就是企业向提供资金的机构或他人（包括自己）支付的报酬。不同的资金提供者在提供资金的时候存在明显的差异。股权融资者收取资本的增值和红利；债券融资者则要求企业在偿还本金的时候支付利息。

融资成本包括筹集费用和使用费用。筹集费用是指在资金筹集过程中发生的各种费用，如评估费、律师费等。使用费是指由于使用资金而付出的费用。融资成本可以用绝对数和相对数表示，下列给出了融资成本的相对数：

$$K = D/P(1-f) \times 100\%$$

其中，K——用百分数表示的融资成本；

D——使用费用；

P——筹资数额；

f——筹集费用率。

从该式我们可以看到，筹集费用和筹集费用率的增加均会导致融资成本的增加。

2. 机会成本和风险成本

筹集费用和使用费用是企业融资的显性成本。创业企业在制定融资策略时仅考虑这两项成本是远远不够的，还必须考虑一下两种类型的成本。

（1）机会成本。

机会成本是将资源用于某种用途而放弃用于其他用途时的最高收益。如果企业不使用内源融资，那么它可以将自有资金向外投资或借给他人使用并获得相应的报酬。机会成本的存在决定了企业有必要精心打理自有资产。

(2) 风险成本。

融资的风险成本是指破产成本和财务困境成本。当企业使用债务融资的时候，如果企业经营不善或者在需要归还本金和利息的时候缺乏足够的现金流，那么就会出现支付困难。这种支付困难会使融资者对企业的信用度降低，甚至引发其他融资者要求提前归还资金。如果企业无法筹集到新的资金归还相应额度资金的话，那么企业就可能发生破产。

(二) 融资风险

融资风险是指企业改变筹资结构，形成偿债能力丧失的可能和自有资金利润率降低的可能。它有两种主要表现形式：支付风险和财务杠杆风险。

支付风险是企业在偿还到期债务时发生无法按时、足额向债权人还本付息的可能性。支付风险的发生并不必然意味着企业经营情况不良。相反，企业完全有可能处于生产、销售的上升趋势当中。企业也可能正处于快速扩张阶段。但是由于企业没有注意现金的回笼或没有做好资产负债的结构性安排，导致一时无法筹集到足额的现金清偿到期的债务而陷入财务困境。

财务杠杆风险是指负债融资给股东造成的不利影响。一方面，企业负债融入资金并因此承担相应的代价，由此产生了融资成本；另一方面，企业必须将负债融入的资金投入到企业的经营中去并获得投资报酬。如果负债融资成本高于投资收益，那么企业负债融资的结果不仅无法带来收益反而会造成损失，进而降低股东权益价值。只有负债融资成本低于投资收益率时，企业才能在偿还负债后提高股东的权益价值。如果企业过多地融入资金，虽然企业股东可以借助财务杠杆获得很高的投资回报率，但是事实证明，过于依赖负债融资带给企业的并不是好处而是灾难。企业负债越多，融资风险也就越大。

除了上述两种主要的融资风险外，企业在融资的时候还应考虑下列因素。

1. 利率风险

利率的波动直接影响到企业的融资成本。银行贷款利率或市场利率是企业与资金提供者在确定使用费率时的重要依据。利率的波动直接影响到企业融资成本，即便是企业融入资金后才发生的利率波动也会影响企业融资策略。何时安排融资也成为企业融资决策的重要内容。

2. 外汇风险

如果企业筹集外汇资金，那么汇率的波动将导致企业在归还外汇债务时存在不确定性。如果企业融入的外汇对于人民币升值，那么企业将筹集较之原先更多的人民币以归还外币债务；反之，企业可用更少的人民币偿还外币债务。但这种额外的收益对企业来说并非一定是好事，企业更愿意看到的是财务的稳健性和确定性。

3. 政策风险

政府政策的变化也会给企业融资造成重大影响，税收政策、信贷政策、利率政策、产业政策等均会对企业融资产生重大影响。

4. 控制权丧失风险

当创业企业引入股权性融资的时候，创业者拥有的企业股份被稀释，此时，创业者必须谨慎提防对企业控制权的削弱甚至旁落。一个简单的办法是创业者无论在什么样的情况下都必须持有50%（不含）以上的股份。

（三）融资灵活性

经验的缺乏和经营的不确定性使创业企业随时都有可能需要资金的投入。创业企业资金不足，要求其承担尽可能少的融资成本，这必然要求创业企业提高融资的灵活性。

首先，创业企业在创业阶段缺乏对未来的经验判断。它难以准确预知自己在什么时候需要多少资金，什么时候能够回收足够的现金以应付偿还融资的需要。很多投融资决策都不得不依赖于市场调研、分析和预测。部分创业企业甚至在没有对市场进行充分调研的情况下就开始运作。其次，创业企业缺乏足够的利润，因此对于它来说，最好在需要资金的时候就能够从恰当的渠道融到相应的资金。

但是创业企业在安排自己的融资时必须考虑资金提供者的特点。创业企业的融资对于资金提供者来说就是他的投资。他们在资金期限、回报率、安全性以及业务流程、审批周期、提交文件等方面存在很大的差异。创业企业必须考虑自身在资金需求方面的特点，灵活选择资金提供者。例如，临时性的小额资金需求可以通过典当融资快速融入；长期性的资金需求可以通过银行融入。

（四）融资规模与期限

不同的融资渠道能够提供给企业的资金规模存在差异。

内源融资取决于企业的盈利能力。对于创业企业来说，经营尚未稳定，盈利也未实现，创业企业通过内源融资来获得投入的资金也就存在相当大的困难。

商业融资的规模取决于买卖双方的交易额度，在融资期限上至多只能享受几个月的时间周期。虽然企业可以延期归还应付款项，但这有可能使企业丧失现金折扣，甚至损害企业的商业信用。

租赁融资以企业生产所必需的设备为前提。当企业不需要购置相关设备时，企业也就难以通过租赁融资实现融资目的。

典当融资只能满足企业小额融资需求，融资期限也较短，只能作为企业临时性应急之需。但这种融资方式却有其他融资方式难以媲美的优势，如手续简便、融资方便。

风险投资者往往要求获得企业一定比例的股权，并索取较之其他任何形式的融资方式更高的回报。它在稀释创业者对企业控制力的同时也减少了创业者的回报，但是它有资金使用时间长、投融资双方容易维持长期稳定合作关系的优点。

银行、创业基金往往能够向企业提供较大规模的资金，以满足其长期使用的需要。但是，他们在对象的选择上往往较为苛刻。银行是稳健的经营者，虽然政府希望银行加大对中小企业的扶持力度，但商业银行作为特殊的金融企业非常关注资金的安全性，这种考虑使银行在向企业提供借款时缺乏足够的积极性。创业基金选择从事高新技术产品的研究、开发、生产和服务业务的企业作为服务对象。

任务4 创业融资程序

创业企业的融资程序，就是新创企业根据自身的生产经营状况、资金拥有的状况，以及公司未来经营发展的需要，通过科学的预测和决策，采用一定的方式，从一定的渠道向公司的投资者和债权人筹集资金，组织资金的供应，以保证公司正常生产与经营管理活动需要的理财行为的工作流程。一般包括：融资前准备、融资方案策划、融资资料准备与谈判等环节。

一、融资前准备

机会总是青睐有准备的人。新创企业能否获得融资，与融资的前期准备工作是否充分有密切关系。创业融资前，创业者需获得良好的个人信用和拥有较广的人脉资源。在正式启动融资工作前，还要进行事前评估。

（一）建立个人信用

2009年10月12日，国务院法制办全文公布《征信管理条例（征求意见稿）》，也就意味着我国正在从立法开始，逐步在全国范围内建立征信和个人信用报告。简单来说，征信就是专业化的、独立的第三方机构为你建立信用档案，依法采集、客观记录你的信用信息，并依法对外提供你的信用报告的一种活动。征信记录了你过去的信用行为，这些行为将影响你未来的经济活动。

（二）积累人脉资源

创业融资，不仅需要智商，还需要情商——良好的人际关系。创业融资的过程，往往也是创业者通过建立人际关系获得融资资本的过程。社会网络资源是创业的生产力，创业者应充分利用人脉资源，广结善缘，为创业融资作铺垫。

（三）事前评估

在正式启动创业融资工作前，还有一件事情要做，就是融资的事前评估，应包括：①企业发展战略判断；②资金需求合理性判断；③融资具备基本条件判断；④形成融资诊断与评估报告。

二、融资方案策划

融资方案策划包括如下内容：①融资规模；②渠道与方式；③期限与时机；④成本估算；⑤评估融资风险。

（一）融资规模估算

估算融资规模首先需要预测资金需求量。是指创业企业根据生产经营需要，对未来所需资金的估算和推测，即对企业未来组织生产经营活动的资金需要量进行估计、分析和判断，它是企业制定融资计划的基础。

资金需求预测一般按以下几个步骤进行：

1. 销售预测

销售预测是财务预测的起点，销售预测完成后才能开始财务预测，所以销售预测也是资金需求预测的起点。

2. 估计需要的资产

资产通常是销售量的函数，根据历史数据可以分析出该函数关系，根据预计销售量和资产函数，可以预测所需资产总量。某些流动负债也是销售的函数，相应地也可以预测负债的自发增长率，这种增长可以减少企业外部融资的数额。

3. 估计收入、费用和留存收益

收入和费用与销售额之间也存在一定的函数关系，因此，可以根据销售额估计收入和费用，并且确定净利润。净利润和股利支付率共同决定了留存收益所能提供的资金数额。

4. 估计所需要的追加资金需要量，确定外部融资数额

根据预计资产总量，减去已有的资金来源、负债的自发增长和内部提供的留存收益，得出应追加的资金需要量，以此为基础进一步确定所需的外部融资数额。

（二）渠道与方式

创业企业的融资渠道选择很多，理论上融资顺序应为：内源融资 > 债权融资 > 股权融资。在市场竞争和金融市场变化的环境下，企业融资决策和资本结构管理需要按照自身的业务战略和竞争战略，从可持续发展和为股权资本长期增值角度来考虑。其基本准则为：一是融资产品的现金流出期限结构要求及法定责任必须与企业预期现金流入的风险相匹配；二是平衡当前融资与后续持续发展融资需求，维护合理的资信水平，保持财务的灵活性和持续融资能力；三是在满足上述两大条件的前提下，尽可能降低融资成本。

融资工具不同，现金流出期限结构要求及法律责任就不同，对企业经营的财务弹性、财务风险、后续投资融资约束和资本成本也不同。例如，与股权资本相比，债务资本具有三个主要特点：首先，债务资本的还本付息现金流出期限结构要求固定而明确，法律责任清晰，因此，它缺乏弹性；其次，债务资本收益固定，债权人不能分享企业投资于较高风险的投资机会所带来的超额收益；再次，债务利息在税前列支，在会计账面盈利的条件下，可以减少纳税。

尽管融资决策和资本结构管理的基本准则对所有企业都是一致的，但在实际中，由于企业产品市场的竞争结构不同，企业所处的成长阶段、业务战略和竞争战略有别，创业企业融资方式与资本结构也存在差异。

高成长型企业通常以股权融资为主，其长期债务比例和现金红利支付率都非常低。因为在竞争环境下，竞争地位的形成或稳定往往需要持续进行技术（产品）开发或服务创新投资，而市场份额和价格竞争等因素又容易使企业现金流入减少或波动。如果举债过度，容易因经营现金流收入下降而引起财务支付危机，轻则损害企业债务资信，重则危及企业生存。因此，高成长型企业的创业企业融资决策首先不是考虑降低成本的问题，而是考虑如何与企业的经营现金流入风险匹配、保持财务灵活性和良好的资信等级，降低财务危机的可能性。

初创型企业往往采用股权管理办法，获得内部股权资本；同时增资扩股，长期债务比例非常低，甚至在相当长的时期内无长期债，并且不支付现金红利。其原因有三：一是高

成长型企业一旦成功，投资收益往往大大超过融资成本，因此企业融资关键在于规避较高的经营风险，减少发生财务危机的可能性；二是高成长型企业的收益风险相应较高，债权人不青睐这些成长型公司；三是出于持续发展的需要，为了保留企业融资能力，增强财务弹性。

现金流稳定的企业通常以长期债务替换股权，具有较高的长期债务比例和现金红利支付率。这类企业包括在所经营领域具有较强的竞争能力和较高而稳定市场份额的企业、实现规模经济的企业、垄断经营的公用事业公司，如电力公司和商业零售业公司等。在现金流稳定性较高时，可以通过增加长期债务或用债务回购公司股票来增加财务杠杆，在不明显降低资信等级的同时，可以明显降低资本成本。从而在保证债权人权益的同时，增加股东价值。

综上所述，创业企业选择融资渠道需要从企业的现状和未来发展计划测算企业融资额度、融资成本和融资风险，选择适合企业发展的融资渠道，资本经营和产品经营相结合，创造最大化股东价值。

（三）期限与时机

企业融资按照期限来划分，可分为短期融资和长期融资。企业做融资期限决策，即在短期融资与长期融资两种方式之间进行权衡时做何种选择，主要取决于融资的用途和融资人的风险性偏好。

从资金用途上来看，如果融资是用于企业流动资产，则根据流动资产具有周期快、易于变现、经营中所需补充数额较小及占用时间短等特点，宜选择各种短期融资方式，如商业信用、短期贷款等；如果融资是用于长期投资或购置固定资产，则由于这类用途要求资金数额大、占用时间长，因而适宜选择各种长期融资方式，如长期贷款、企业内部积累、租赁融资、发行债券、股票等。

所谓融资时机，是指由有利于企业融资的一系列因素所构成的有利的融资环境和时机。企业选择融资机会的过程，就是企业寻求与企业内部条件相适应的外部环境的过程，这就有必要对企业融资所涉及的各种可能影响因素做综合具体分析。一般来说，要充分考虑以下几个方面。

首先，创业企业融资机会是在某一特定时间所出现的一种客观环境，虽然企业本身会对融资活动产生影响，但与企业外部环境相比较，企业本身对整个融资环境的影响是有限的，在大多数情况下，企业实际上只能适应外部融资环境而无法左右外部环境，这就要求企业必须充分发挥主动性，积极寻求并及时把握各种有利时机，确保融资获得成功。

其次，外部融资环境复杂多变，创业企业进行融资决策时要有超前预见性。因此，企业要及时掌握国内和国外利率、汇率等金融市场的各种信息，了解国内外宏观经济形势、国家货币及财政政策以及国内外政治环境等各种外部环境因素，合理分析和预测能够影响企业融资的各种有利和不利条件，以及可能的各种变化趋势，以便寻求最佳融资时机，并果断做出决策。

（四）成本估算

一般情况下，融资成本指标以融资成本率来表示，即

融资成本率 = 资金使用费 ÷（融资总额 – 融资费用）

这里的融资成本即是资金成本，是一般企业在融资过程中着重分析的对象。但从现代财务管理理念来看，这样的分析和评价不能完全满足现代理财的需要，我们应该从更深层次的意义上来考虑融资的几个其他相关成本。

首先是企业融资的机会成本。就企业内源融资来说，一般是“无偿”使用的，它无需实际对外支付融资成本（这里主要指财务成本）。但是，如果从社会各种投资或资本所取得平均收益的角度看，内源融资的留存收益也应于使用后取得相应的报酬，这和其他融资方式应该是没有区别的，所不同的只是内源融资不需对外支付，而其他融资方式必须对外支付。以留存收益为代表的企业内源融资的融资成本应该是普通股的盈利率，只不过它没有融资费用而已。

其次是风险成本，企业融资的风险成本主要指破产成本和财务困境成本。企业债务融资的破产风险是企业融资的主要风险，与企业破产相关的企业价值损失就是破产成本，也就是企业融资的风险成本。财务困境成本包括法律、管理和咨询费用。其间接成本包括因财务困境影响到企业经营能力，至少减少对企业产品需求，以及没有债权人许可不能作决策，管理层花费的时间和精力等。

最后，企业融资还必须支付代理成本。资金的使用者和提供者之间会产生委托—代理关系，这就要求委托人为了约束代理人行为而必须进行监督和激励，如此产生的监督成本和约束成本便是所谓的代理成本。另外，资金的使用者还可能进行偏离委托人利益最大化的投资行为，从而产生整体的效率损失。

（五）评估融资风险

创业企业融资时，必须高度重视融资风险的控制，尽可能选择风险较小的融资方式。企业高额负债，必然要承受偿还的高风险。在企业融资过程中，选择不同的融资方式和融资条件，企业所承受的风险大不一样。比如，企业采用变动利率计息的方式贷款融资时，如果市场利率上升，则企业需要支付的利息额增大，这时企业需要承受市场利率风险。因此，企业融资时应认真分析市场利率的变化，如果目前市场利率较高，而预测市场利率将呈下降走势，这时企业贷款适宜按浮动利率计息；如果预测市场利率将呈上升趋势，则适宜按固定利率计息，这样既可减少融资风险，又可降低融资成本。对各种不同的融资方式，企业承担的还本付息风险从小到大的顺序一般为：股票融资、财政融资、商业融资、债券融资、银行融资。

三、融资资料准备与谈判

接下来要做的工作就是着手准备融资资料，最主要的就是编写《商业计划书》（对创业融资者也称《创业计划书》），然后接触目标融资对象，就融资工具、资金使用价格、融资期限、推出方式等细节进行谈判。

（一）融资资料编写

《创业计划书》主要有两方面的作用：创业计划通过勾画未来的经营路线和设计相应的战略来引导企业的经营活动，制订计划迫使创业者再一次审视其创业想法的现实性，可以系统地理出创业者的思路，从创业及团队，资源、产品、营销、创业机会各个方面进行理性的分析；创业计划用于吸引借款人和投资者，资金所有者在对创业机会的价值、创业团队的合作能力和支撑企业运行的资源状况有一个全面了解的基础上，对是否予以资金支持做出决策。

一份详尽的、投资者导向的商业计划并不一定能保证筹集到资金，但如果缺少商业计划，那么融资注定要失败。通常投资者希望从商业计划书中找到三个基本问题的答案，即是否的确存在投资机会？申请人是否具有能力实现这个机会？投资机会是否能产生现金流？

准备一份成功的商业计划是费脑筋但也是最基本的工作，原因如下：

（1）准备过程的规则迫使你阐述清楚创业者的愿景及如何和何时达到创业者的目标。预期要经过几周的艰苦努力方能把这件事做好。

（2）一份写得很有条理而且包装得很有吸引力的商业计划将增加吸引投资者注意的可能性。因为商业计划是为新企业“说话”的，所以它必须大声和清楚地“说话”。清晰地阐述目标以及实现目标所采用的战略——这种能力是成功创业者的显著特征。那些既能凭目标也能凭本能管理有限资源的创业者正是投资者要找的人。执行总结是商业计划中最为重要的一部分，这是创业者的鱼饵，为了从众多商业计划中脱颖而出，创业者的执行总结不仅要仔细撰写，而且要显示出过人的才能。

（二）融资谈判

融资谈判虽然不同于外交谈判，但也要求参与者有很高的业务素质。一是熟悉政策法规；二是要了解投资环境；三是要清楚项目状况；四是要具备谈判所需要的策略与艺术。因此，谈判无论规模大小，层次高低，参与者都要严肃认真对待，绝不允许草率从事。

1. 确定谈判原则

一切融资活动都是以项目为基础，以谈判、签约为先导的。所以，一些起码的原则必须坚持：

（1）有备而谈的原则。

（2）利益原则。

（3）平等原则。

（4）政策策略原则。

2. 选择引入时机

很多企业都急于寻找战略投资者，急于向资金方推销自己的项目和商业计划，但引资有个时机选择问题。如何选择时机，具体阐述如下：

一是政策利益出现，即新出台的政策给企业带来重大商机。比如：医疗垃圾集中处理政策、国家鼓励节能的小排量汽车、国家鼓励农业产业化龙头企业的发展、国家鼓励企业信息化水平的提高等。凡与这些政策有关的企业在融资过程中都比较有优势。

二是企业获得重大订单，在资金市场上，上市公司经常会发布获得政府采购或中标的消息，会对股价有一定的刺激作用。同样对于非上市企业，获得订单对未来现金流有很大的说服力，在此时引资对企业比较有利。

三是企业获得专利证书或重要不动产的产权证。

四是融资资料已经齐备，在融资资料（主要是融资计划书）、资金积累完善以后，才是与资金方接触的良机。

3. 维护企业的利益

（1）商业秘密的保护。在企业提供商业计划书和沟通的过程中，肯定会涉及企业的商业计划、市场、技术和策略等。这主要取决于企业对计划书资料分寸的把握及对投资者身份的判断，也可以用保密协议等方式来制约。

（2）事先确定融资方式与策略，有备则无患，这样可以避免在谈判过程中没有准备，仓促决策。

（3）无形资产价值的合理确定。很多中小企业，尤其是技术密集型企业，在引资过程中会面临这一问题，这主要取决于企业和资金方的协商定价能力。

（4）请外部专家提供支持。对很多企业来说，还没有认识到这一问题的重要性。

企业一般重视实物投资的价值，对智力和外脑的价值不太重视。这是很多中小企业应该改善的地方。当然，对外部专家的利用也需要具有一定的分辨能力。

实操训练

一、案例背景

用友公司成立于1988年，最初为北京市海淀区双榆树用友软件服务社，注册资本为5万元，公司创始人为王文京、苏启强；后于1990年3月正式组建为有限责任公司，同时更名为北京市海淀区用友电子财务技术有限公司，1990年12月和1993年7月公司进一步扩大了资本规模，公司注册资本增加到500万元。1995年在原公司基础上组建北京用友软件（集团）有限公司，注册资本增加至2 000万元。1997年注册资本再次增加到5 000万元。1999年12月6日，经北京市人民政府批准，北京用友软件（集团）有限公司依法变更为北京用友软件有限公司，注册资本为人民币7 500万元。2001年5月18日，用友软件作为中国证券市场上第一家核准制下发行的股票在上海证券交易所挂牌上市（股票代码：600588），以每股36.68元的价格上网定价发行2 500万股，A股发行，上市当天该股最高冲上100元，收盘价92元，创下中国证券市场新的记录。本次发行后，用友股份有限公司总股本为10 000万股。

2001年年初，面对新世纪的挑战和新的国际竞争，王文京提出“全面升级，扩展发展”的发展战略：在2001至2003年间，用友公司在管理软件产品、产品开发和运行技术、服务水平、资本运作、公司运营规模和销售服务分支机构、人才队伍等多个方面全面升级，到2003年成为中国管理软件的领导厂商；2010年进入全球软件业的50强，成为一家世界级的软件企业。

二、融资之路

北京用友从创办第二年就开始赢利，而且持续增长，成长曲线是比较好的，尤其是2001年凭借股票上市，用友募集资金达8亿多元，创造了软件行业的神话。用友公司的发展历程可以分为四个时期，即种子期，1988—1989年；创业期，1989—1990年；成长期，1991—2000年；成熟期，2001年以后。

（一）种子期

1988年用友的创始人王文京、苏启强发现了两个问题：一是各个单位都在做财务软件，自己开发自己用，低水平重复，这表明各个单位对财务软件都有普遍的要求；二是1988年北京实验区成立，鼓励专业人员到中关村办企业。于是他们就产生了一个想法：如果能够开发一种大家都适用并提供售后服务的财务软件，这样的商品化软件一定会大有市场。

两位充满创业热情的年轻人从最早的一个用户那里借了5万元，花了2万元买了一台长城0520DH电脑，在中关村海淀南路一个居委会租赁了一间9平方米的小屋，在1988年12月6日成立了北京市海淀区双榆树用友软件服务社，开始了他们富有传奇色彩的创业历程。

就是这不起眼的5万元“种子”。经历了十几年的风霜雨雪，变成了今天几十亿元资产的参天大树。显然用友公司的种子期资金采用的是向朋友和亲戚借款的债务性融资策略，它是高新技术创业资金的重要来源之一。

（二）创业期

到了1989年，用友向银行贷了第一笔10万元的款项，而同期有很多做软件的企业不敢用商业银行贷款发展自己的业务。经历过艰难的创业期，服务社已经发展到了二十多个人，个体工商户形式已经开始阻碍用友的发展。因此，在1990年2月，用友电子财务技术有限公司成立。

用友真正在市场立住脚主要靠1990年发布的两个产品：一是王文京开发的90版用友财务软件；二是苏启强负责开发的UFO财务报表软件。UFO的成功致使用友在财务报表软件上的优势一直保持到现在，王文京曾经说过“1990年，我们向银行贷款30万元，集中所有资金，在这个软件上共投入了50万元。”1990年4月，用友财务软件通过财政部评审；1991年，用友成长为国内财务软件第一，并占住第一的位置一直没有下来过。王文京在面对记者采访时说：“差不多两到三年，我们就要换一批主要的竞争对手。软件企业的发展轨迹是一浪接着一浪的浪潮，有的企业把握住机会上来了，没有把握住机会的下去了，每一次技术的变革都是市场份额重新划分的时刻。对一个软件企业来说，跳上一个浪尖可能比较容易，把握住两个浪潮也是可能的，但是几个浪潮都要把握住，那才是一种真正的挑战。”

（三）成长期

1991年的用友公司面对200余家大大小小的财务软件公司的竞争，把提高市场占有率作为其首要战略目标。因此先后设立了20多家分支机构。1994年王文京提出“立足软件领域，实现产业化”的发展战略，事实证明这个决策是对的。连续三年，用友公司的营业额和营业利润都以60%的速度增长。1995年1月18日，用友软件（集团）有限公司成立，1997年用友公司的营业额已经超过1亿元，1998年的营业额达到1.8亿元，1999年用友软件股份有限公司成立，完成了从商品化、专业化向产业化发展的历程，并建立了1万平方米、能容纳500人的全智能大厦，即中国最大的财务及管理软件研发基地。

成长期的用友已经驶入正轨并以平均每年60%的盈利速度快速增长，用友创造了可用于扩大再生产的盈利，这部分由留存利润转化的内源融资数额标志着企业经营进入健康的良性循环；由于经营已经有一段时间并初具规模，与供应商和经销商有了固定的合作关系和一定的话语权，企业有条件通过应付账款和预收账款占用上下游的资金来积聚一笔可观的流动资金，这笔资金对企业进一步扩大经营规模作用良多，企业在此期间也具备了取得银行流动资金贷款及通过担保公司取得中长期贷款的条件。由于这一时期的企业经营风险已经大为降低，而发展前景不可限量，投资价值远远大于传统行业的成熟企业，国内、国际的资金不请自来，形成用友公司被资金追赶的局面。

在中国的软件领域，用友的发展之路是比较顺利的，到目前为止，用友没有融资成本最高的风险资本投入，它比较平稳地度过了由于规模扩大而带来的企业“青春期综合症”，直接冲向了中国资本市场这条跑道，保证了企业充足的资金。在用友上市的过程中，曾有很多机构投资者希望向用友注资，半年之内来访的就有几十家之多，有海外的也有国内的，但是用友没有接受这样的投资，而是选择独立上市。

1997年底，董事会决定1998年正式启动用友上市计划（IPO），并按上市要求进行了股份制改造。改造后的用友公司注册资本为7 500万元，北京用友公司、北京用友企业管理研究所有限公司、上海用友科技投资管理有限公司、南京益倍管理咨询有限公司和山东优富信息咨询有限公司作为股东分别持有用友公司55%、15%、15%、10%和5%的股份。

（四）成熟期

经过十余年的磨炼，用友软件公司进入了成熟期，并在资本市场展现出迷人的魅力。2001年4月23日，用友软件以发行价格36.68元、市盈率64.35倍在上海证券交易所上网定价发行2 500万股A股。凭借上市，用友募集资金达8亿多元，净资产从2000年年底的8 384万飙升了10倍。2001年5月18日，用友软件在上交所上市，当天以76元开盘，当日最高价为100元，成为沪市自股价细分以来的第一支百元股，收盘于92元，成交总额为17.36亿元，全日换手率85.6%。

用友软件上市是以融资为主，通过上市促进了产业发展，包括用上市募集资金发展软件产业，借上市的社会效应增强品牌的影响力，争取各种各样的合作机会；其次，通过上市，促使用友建立更加先进的现代管理机制；此外，上市还可以为员工持股创造条件，等等。每当资本市场上出现新的机会，上述目标就成为用友高层决定公司财务战略变与不变的标尺。所以，业内人士非常赞赏用友高层擅长于资本运作。上市后的用友软件公司乘上市东风不断在软件业界“攻城掠地”，伴随着以资本并购为核心的产品线扩张，形成了上市公司有了剩余资金的多元化局面。

2001年8月，用友软件与唐爱平、董国杰签署投资协议，共同组建北京用友华表软件技术有限公司，出资1 050万元持有用友华表70%的股权；2001年10月，用友软件与IFS公司设立合资公司，以100万美元的代价持有合资公司75%的股权；2002年12月，用友软件进行了有史以来最大的一次收购，以4 260万元收购安易软件68%的股份，后更名为用友政务公司，全力进军电子政务领域；2004年初，从2002年8月就开始筹建的用友工程有限公司正式成立，以进军正在崛起的软件外包与服务市场，这是用友软件国际化的开端；2004 年 8 月，用友软件又成立用友金融软件系统有限公司，专攻金融行业应用软件。根据中国电子信息产业发展研究院发布的 2004 年度中国管理软件市场研究报告，用友在中国 ERP 软件领域市场占有率为 21.9%；管理软件市场总的占有率为 18.4%；财务软件市场的占有率为 27.4%。用友在 IPO 后的第一轮扩张基本上在 2004 年收官，通过上市融资和其后开展的一系列并购，用友一举超过国际管理软件巨头 SAP，坐上了亚洲市场头把交椅。

2008 年 1 月 3 日，用友宣布以 1 450 万元收购上海房地产专业软件公司“上海天诺”和“上海网坛”部分资产，以占领房地产行业软件市场。2007 年 3 月 22 日。亚太最大管理软件产业基地用友软件园开园，初步估算，用友将在 2008 年动用近 10 亿的资金建设二期和三期软件园，而到了 2008 年 9 月，用友软件持有的北京银行股票解禁而获得 12 亿元的账面收益，加上可以随时变现的 16 亿元金融产品，用友软件的账面资产总额达到 28 亿元。至此，用友软件架构已基本齐全，其业务范围覆盖各个领域，一个“大用友”的中国软件帝国已成雏形，王文京“2010 年跻身全球软件 50 强”的梦想也渐行渐近。

（资料来源：http：//www. examda. com/Accountant/515/20090707/144600235. html）

三、案例分析问题

1. 在用友的不同成长阶段，分别用了什么渠道和方式融资？
2. 用友不同阶段的融资决策的依据。
3. 从用友的融资经历你得到了什么启示？

项目十 创业企业经营地点的选择

【能力目标】

1. 学会实际应用选址的原则和技巧；
2. 利用现实资料，分析影响选址的因素；
3. 学会对经营地址进行评估与分析。

【知识目标】

1. 掌握企业选址的原则和技巧；
2. 了解选址过程中需分析的重要因素；
3. 理解并掌握选址的步骤和方法；
4. 掌握公式的表达方式和分析过程。

创业者作出自主创业的决定，并已经确定创业项目后，接下来最重要的事情就是选择经营场地了。不论创办何种企业，经营场地的选择是决定创业成败的一大重要因素，尤其是以门店形式为主的零售、餐饮、服装等行业，店面的选择往往是经营业绩好坏的关键，因此本项目主要讲解商业店铺创业形式的选址内容。

任务1 选址的基本原则和技巧

商业企业选址对于未来商业活动的成功与否至关重要，那究竟如何选择地理位置优越、周围环境好、能带来大量客流的经营地点？经营地点的选择需要一定的原则和技巧，成功掌握这些原则和技巧能达到事半功倍的效果。

一、门店选址的基本原则

（一）方便顾客原则

满足顾客需求是商场经营的宗旨，因此商场位置的确定，必须首先考虑方便顾客购物，为此商场要符合以下条件：

（1）交通便利。

（2）靠近人群聚集的场所，可方便顾客随机购物。

（3）人口居住稠密区或机关单位集中的地区。

（4）符合客流规律和流向的人群集散地段。

（二）有利于店铺开拓发展

选址的最终目的是要取得经营的成功，因此要着重从以下几方面来考虑如何便利经营：

（1）提高市场占有率和覆盖率，以利企业长期发展。

（2）有利于形成综合服务功能，发挥特色。

（3）有利于合理组织商品运送。

（三）有利于获取最大的经济效益

衡量位置选择优劣的最重要标准是企业经营能否取得好的经济效益。因此，网点地理位置的选择一定要有利于经营，才能保证最佳经济效益的取得。

（四）费用原则

企业首先是经济实体，经济利益对于企业无论何时何地都是重要的。建设初期的固定费用、投入运行后的变动费用和产品出售以后的年收入，都与选址有关。

（五）集聚人才原则

人才是企业最宝贵的资源，企业地址选得合适有利于吸引人才。反之，因企业搬迁造成员工生活不便，导致员工流失的事实也常有发生。

（六）接近用户原则

对于服务业，几乎无一例外都需要遵循这条原则，如银行储蓄所、邮电局、电影院、医院、学校、零售业的所有商店等。许多制造企业也把工厂建到消费市场附近，以降低运费和损耗。

（七）长远发展原则

选址是一项带有战略性的经营管理活动，因此要有战略意识。选址工作要考虑市场的开拓，要有利于获得新技术新思想。在当前世界经济越来越趋于一体化的时代背景下，要考虑如何有利于参与到更多的竞争中去。

二、门店选址的技巧

（1）商铺最好选在人们聚集的场所。如剧院、电影院、公园等娱乐场所附近，或者大工厂、机关附近，这样一方面可吸引过路的行人，另一方面顾客也更容易记住该店铺的地点，并且来过的顾客向别人宣传介绍，会比较容易指引他人光顾。另外，商业区的发展、居民区的扩容和市政规划的建设，会给店铺带来更多的顾客，并使其在经营上更具发展潜力。

（2）最好选在交通便利的区域。理想状态下的商铺或商业街市应具备接纳各种来客的交通设施，即商铺周边拥有轨道交通、公交车站点，还有停车场。

（3）注意店铺所在街道的特点和街道客流的方向与分类。许多时候，当行人注意到你的店铺时，会由于需要穿越马路而放弃光顾，有时躲避车辆或其他来往行人而忽略了一旁的店铺。一条街道会因为交通条件、历史文化、所处位置不同，而形成自己的不同特点。要选择街道两端交通通畅、往来车辆客流较多的街道，避免在一条“死胡同”里开店。店铺的坐落和朝向也是十分重要的，店铺门面要尽量宽阔，朝北要注意冬季避风，朝西要注意夏季遮阳，等等。同样一条街道的两侧，由于行人的走向习惯，客流量不一定相同，要细心观察客流的方向，在较多客流量的一侧选址。长途汽车站、火车站和城市的交通主干道，虽然客流量也很大，但客流速度较快，很多人到此的目的不是购物，滞留时间较短，在这些地方开店，要根据自己的经营需要慎重选择。

（4）根据经营内容来选择地址。店铺销售的商品种类不同，其对店址的要求也不同。有的店铺要求开在客流量大的地方，比如服装店、小超市；但并不是所有的店铺都适合开在人山人海的地方，比如保健用品商店和老人服务中心，就适宜开在偏僻、安静一些的地方，近来颇受关注的社区商铺较为适合开设这类店铺。

（5）要学会借助大品牌效应。即把店铺开在著名连锁店或品牌店附近，条件允许的话甚至可以开在它的旁边。例如，你想经营餐饮，那就将店铺开在“麦当劳”、“肯德基”的周围。因为这些著名的洋快餐在选择店址前已做过大量细致的市场调查，挨着它们开店，不仅可省去考察场地的时间和精力，还可以借助它们的品牌效应“捡”些顾客。

（6）选取自发形成某类市场的地段。也就是要选择同类店铺比较聚集的街区，或者选择适合自己店铺的专业市场。在长期的经营中，某街某市场会自发形成销售某类商品的“集中市场”。事实证明，对那些经营耐用品的店铺来说，若能集中在某一个地段或街区，则更能招徕顾客。因为人们一想到购买某商品就会自然而然地想起这个地方，而“货比三家”是很多人经常采取的购物方式，选择同类店铺集中的街区，更容易招揽到较多的目标消费群体。不要担心竞争激烈，相关店铺聚集有助于提高相同目标消费群的关注。电子市场、花卉市场、建材市场等专业化程度较高的市场或商场，也是开设店铺的不错选择。需要注意的是，选择专业市场或商场开店，要考察这些市场和商场的管理水平、规模大小、在当地的影响力等因素，对规模较小、开业时间较短、管理水平差的，要谨慎入驻。

（7）如果店铺处于商业中心街道，在东西走向街道的最好坐北朝南；南北走向街道的最好坐西朝东，尽可能使店铺处于十字路口的西北拐角。另外，三岔路口也是开设店铺的好地方；在坡路上开店不可取；路面与店铺地面高低不能太悬殊。这就是通常所说的“金角、银边、草肚皮”。这是商业内流行的择址、选铺的要诀。

（8）选低不选高。顾客在店铺内行走购物为省时、省力，往往不愿向楼上走，因而店铺低层往往比其他楼层有更高的盈利。为此，在择铺时，选择一、二层比选择三、四层店铺要更具有经营上的安全性。换言之，一个商业楼的层高与其经济效益成反比关系，即楼层越高，销售额越低，从而利润就会越少。这是由顾客的购物习惯与消费心理决定的。

（9）了解城市及区域规划。规划是对未来发展的远景描画，从而改变未来城市在空间上的格局，使某些市场由此繁荣或由此变得冷寂。这种大背景、大环境的考量，是投资者在局部市场选择首先要考虑的，否则一铺不但养活不了三代，反而成为三代人的负担。因此要事先了解店铺近期是否有被拆迁的可能，房屋是否存在产权上的纠纷或其他问题等。尤其是随着城市的快速发展，旧城改造是经营中可能遇到的，尽可能避免在容易拆迁的“危险”地区设置店铺。在租赁房屋时，还要调查了解该房屋的使用情况，例如建筑质量、房屋业主是否拥有产权或其他债务上的纠纷等，这些细节方面的疏忽往往会导致店铺的夭折，给自己带来巨大的损失。

三、门店选址的主要内容

（一）客流量

客流量对门店商品销售或服务信息传播非常重要，但是并非所有的客流量都是有效的消费群体。

首先必须分析是固定的客流量还是流动的客流量，如某小区的便利店虽然客流量很大，但是基本上都是固定的客流量。只有持续流动的不固定客流才会有助于产品信息的传播及产品的有效销售。

其次，应深入分析客流量的消费水平及文化层次，一是看此地段所销售的产品档次，二是了解此地段周边的房价及周边环境（如高校、文化设施、娱乐场所等）。如工业区附近的客流基本以工人为主，就不适合家居饰品店的经营。

（二）竞争对手

对竞争对手的分析可以分为业内竞争和行外竞争两种形式。随着市场竞争的加剧，为了吸引更多的顾客群体，为顾客提供一站式购物，常常会看见门店出售的商品与商店的类型毫不相关的现象，这种现象被称为掠夺式销售。当年香港第二大冲洗店连锁品牌“香港靓晒店”的40家门店在深圳海王星辰连锁药店里“开花”，与此同时，以海王星辰为代表的15家连锁药店品牌也以“靓晒店”全面进驻为标志，而正式开始以彩印、保健品和化妆品的销售为主要的多元化经营，这样的方式不仅可以吸引更多的顾客，还可以有效降低门店成本。面对这些来自方方面面的市场竞争，作为一个市场的“入侵者”应当有充足的准备，合理准确地计算剩余的市场份额，以便确立自己门店的经营定位。

（三）地理位置

在顾客购物时由于总是选择商店地址便利的原因，所以辨别竞争对手的时候，店址的相邻程度是门店选址的重要因素。要正确判断商圈内顾客的习惯性行走路线，最先占领有利地位，为门店的成功做好准备。

（四）成本

门店的成功之道在于利用规模经济的边际效益，尤其是连锁门店。但如果有些门店的位置距离中心库房很远，尤其是刚好超过货车一日的行程，那么运输配送的成本就会很高；如果门店之间距离很近（在互不影响的情况下），就可以节省相当一笔费用；再比如两个门店可以共用一个店长，商品配送更为便利，可以更好地节约成本。

（五）交通状况

一家大型商店在决定租赁前，通常的做法是与当地政府商讨新的交通线路。如果商店或店标在远处或至少驱车经过时很容易被看到，那么它的优势就会增强。明显的店标实际就是一种广告，它能让人因一时冲动而停下来。一个道路狭窄、单行线，甚至经常交通堵塞的街道上的门店，相信是不会有顾客愿意经常登门拜访的。

上述几点，只是门店选址时应当注意的要点，选址的好坏是影响门店日常经营的关键。同时也可以说：“你有好的选址，成功的几率就已经拿到了一半！”

四、门店选址的注意事项

（一）多调查、少吃亏

选址调查的要点包括人口数、职业、年龄层次调查，该商店基本设施及竞争店调查，该商店周围消费习性、生活习惯调查，流动人口调查，商圈未来发展调查等几个方面。

（二）眼光要长远

天有不测风云，别以为你现在选择了一个好店址就可以一劳永逸。店址还会受到很多因素的影响，诸如政府的举措等。如有些商店处于闹市区，暂时看来生意很好，但有时也会有难以预料的事情发生，如修建立交桥、拓宽马路等，这些都对商店的经营影响很大。

（三）注重实地考察，多看多问

客观的评价要胜于主观的臆断。在发现一块自认为“不错”的位置后，还要对周边店铺的经营者进行一个有效的咨询。这样，一是可以更加明晰该位置的房价，二是可以了解周边竞争者的竞争激烈程度，有效制定产品的销售价格及促销方案，在未来抢得先机。

（四）留意交通条件及停车场所

所选位置最好能够交通便利、通畅，与过街天桥、过街地下通道、公共汽车站、地铁站口、轻轨站口等公共交通设施相邻，尽可能位于十字路口的拐角，因为该类地区的客流量一般都会很大。同时，还应注意门前或附近是否有停车场，以方便有车的消费者泊车。

（五）当机立断，发现好的店铺要迅速拿下

好的地理位置你能看中，那么别人也很可能看中，一旦发现好的店铺位置就要迅速拿下，以避免夜长梦多，错失良机。

（六）要与房东签订明晰店铺产权关系的合同

（1）要求经营者能与房东进行一个深度的沟通。通过正面的谈话及与附近经营者的攀谈了解房东的背景，避免上当受骗。

（2）店铺产权至少可使（租）用5年。如果确实为理想地段，那么为了达成长期的盈利及压低房租的目的，至少应签订5年甚至更长的合同。

（3）仔细分析租金等各类费用，判断是否能够盈利。如果租金过高及各类费用过高，致使自己无利可图，那么应该趁早放弃，不能一时冲动做出错误判断。

（4）除了谈租金外，还要注意谈妥有关的附加条件，这也可以使你节省不少开支。比如，是否可正常供暖、通水、通电、通电话，是否可对店面的房顶、地板、墙壁作基本的修缮，添置或维修水电设施等。而且，关于基础设施的改变而引发的矛盾及矛盾的解决方法也应在房产合同内有良好的体现，这些事项都应该事先考虑得很清楚，以避免未来与房东发生纠纷，影响营业的正常进行。

（七）选址地点应有一个良好的治安状况

目前，虽然我国公安部门不断加大力度惩治各类违法敲诈行为，但是在一些监管力度不够的地方仍存在一些诸如市霸、街霸等违法团伙。所以，这也就要求经营者能对当地治安状况做一个深度的了解，避免在未来出现犯罪分子扰乱正常经营的现象发生。

任务 2　选址的步骤

在确定了经营类型、选址技巧并进一步考察了所选地址的各种影响因素之后，接下来就必须考虑要依据什么样的程序和步骤来完成经营地点的选择，这方面的知识非常重要，缺一不可。

一、选址的区域分析

新设立企业在选址过程中必须考虑的一个问题就是：在什么样的区域环境中才能生存？因此区域环境成为影响企业生存和发展的一个重要因素，做好区域环境分析也成为选址的当务之急。整体的区域分析包括需求分析、市场发展潜力分析、市场规模分析、消费者购买行为分析以及竞争分析等众多内容。

（一）需求分析

1. 需求水平

一般而言，一个地区消费者的需求水平取决于该地区的人口规模和收入水平。因此在先期市场调查过程中对消费者人口规模和收入水平的信息收集至关重要，根据获得的资料数据可以分析出该地区消费者的平均需求水平。需求水平与未来经营效果成正比，需求水平越高，未来经营效果越好，反之亦然。

2. 购买力水平

购买力是指在一定收入水平下购买物品或者服务的具体数量，与收入直接相关。在物价水平相对不变的前提下，收入越高，购买力越强；收入越低，购买力就越弱——当然前提是物价水平保持相对稳定。有时调查过程中忽视了物价的前提，只是简单地将购买力和收入水平直接挂钩，得到的结论是缺乏说服力的。衡量购买力水平的指标有很多，主要包括居民总收入、居民实际收入、可支配收入、储蓄、信贷、物价指数，等等。由于单个的指标不能全方位反映居民购买力的实际情况，所以使用时应注重综合使用。

（二）市场发展潜力分析

在市场经济不断发展和完善的大环境下，企业进或不进某一个行业，需要客观、科学、合理的判断。选定的区域内或多或少都会有竞争对手的存在，进入行业意味着就要参与竞争，害怕竞争而选择不进入则会丧失大好的市场机会；如果轻率地决定进入，又可能冒着失败的风险，因此对企业进入行业后未来的市场发展潜力作细致的分析非常重要。

1. 市场潜力分析

确定一个区域的市场发展潜力，必须测量需求和供给的比例程度。市场潜力指数可以测量在特定的市场区域内，假设的商业企业类型每平方米的潜在需求。该指数的计算公式如下：

$$IRS = C \times RE/RF$$

式中，IRS——某地区市场潜力指数；

C——某地区某类的潜在顾客；

RE——某地区每一顾客每周的平均购买额度；

RF——某地区经营同类商品企业的营业面积总和。

企业在选址之前一定要对拟定的地址进行比较评估，观察市场潜力指数的高低。市场潜力指数与未来经营效果之间一般成正比例关系。市场潜力指数越大，市场越不饱和，在此开店未来经营效果越好；市场潜力越小，市场越饱和，在此开店未来经营效果越差。

案例1

王先生准备投资开一家服装店，拟选了三个地区，决定从中选择一个地区作为门店地点。根据测算，服装店每平方米30元的营业额才能获得赢利。根据这样的条件，王先生对三个地址的市场潜力进行了测算。结果如表10－1所示。

表10－1

项目＼地区	A	B	C
需要该商品的顾客人数（人）	8 000	5 000	9 000
顾客的平均购买额（元）	40	50	30
现有的营业面积（平方米）	100	120	90
市场潜力指数	3 200	2 083	3 000

根据测算结果，A区域的市场潜力指数明显高于其他两个区域，该区域内客流量相对较大、顾客购买额度相对较高；C区域内顾客人数虽然很多，但是其平均购买额相对较低，潜在需求较低；B区域平均购买额虽然最高，但是顾客人数却最少，市场潜力较弱，三者均衡，选址A区域较为妥当。

2. 市场营销潜力

市场营销潜力是指一个企业通过有吸引力的营销手段，把本来不属于该企业影响范围内的顾客吸引到本企业进行商品购买的潜在能力。从某种意义上来说，企业的营销手段、营销技巧和水平是保证其市场发展潜力的关键因素。

市场潜力可以通过指数来反映，主要指的是在购买模式和消费既定的情况下，某一地区的市场供求水平，不同市场区域的吸引力还取决于市场营销水平所带来的潜力。

如果企业本身的营销手段缺乏，营销水平不高，在市场潜力指数较低的地区则不宜发展；反过来，如果营销手段得当，效果良好，虽然在市场潜力指数较低的地区也可以获得竞争优势，取得不错的经营业绩，甚至后来者居上。

（三）市场规模分析

市场规模的大小决定了企业的生存和发展。如果进入某一行业，面对的需求水平较低甚至很低，则基本谈不上发展。所以根据自身资源条件确定一个合适的市场规模，是企业自身发展的一个重要前提。市场规模是一个动态的指标，它时时刻刻都在发生变化。所以，市场规模的分析和测量应该既看到现在，也要预测将来的潜在规模。

1. 影响市场规模的相关因素

市场规模的大小取决于购买商品的人和购买者的购买力两大因素。在进行市场规模分析时，应该从购买者和购买力两个方面着手。为此，有关研究决策人员应该掌握的资料至少包括如下内容。

（1）人口规模及其变化。

（2）购买力及其变化

2. 区域市场规模的测定

影响市场规模的相关因素分析为决策人员指明了决策的基本方向，但无法让决策人员下定到底在何处设立门店的决心。这就需要在对相关因素进行分析的基础上，尽可能运用定量分析工具，对所考察的全部地点进行量化分析，用事实和数据说话，或者即使不能完全量化，也应该模拟量化处理。

进行市场规模的定量测算，涉及总的市场规模、区域市场规模、企业实际的市场销售额和市场占有率等若干个方面。这里根据需要，仅介绍与本任务内容有关的区域市场规模的测算方法。

区域市场规模的测算方法主要有两个：一是市场累加法；二是多因素指数法。前者多用于工业品区域市场测算；后者多用于消费品区域市场测算。通常情况下，描述区域需求的最重要的指数是购买力指数：

$$B = 0.5Y_i + 0.2P_i + 0.3R_i$$

式中，Y_i——i 地居民消费额在全国总数中的比重；

P_i——i 地人口总数在全国总数中的比重；

R_i——i 地居民消费品零售额在全国总数中的比重。

尽管购买力指数公式并非用于某一城市的特定区域的居民购买力测算，但可以变相使用，在测算某一城市的特定区域的居民购买力指数时，把公式中的全国总数换成全市总数，把公式中的某地数额换成城市的某一区域数额即可。

必须注意，区域市场潜力反映相对的行业机会，并不反映相对的企业机会，所以要用上公式中未包括在内的因素调整所估计的市场潜力。这些因素主要是门店未来的市场占有率、竞争者的类型和数量、物流配送、市场的特殊性等。

（四）消费者购买行为分析

结合不同经营业态的特点，影响消费者购买行为的特点并不相同，我们选择生活中最为常见的零售业态种类中，与超市设店地址选择有关的消费者购买行为作为主要分析对象，经过调查研究，其购买行为特点主要集中在以下一些方面：

1. 消费者购买行为的影响因素

（1）距离远近及时间长短。

（2）购买的便利性。

（3）商品的价格。

（4）购物时的选择性与自由性。

（5）购物环境。

2. 超级市场的购买者类型

经过研究分析，超级市场的购买者大致可分为以下几种：

（1）学生。

（2）一般工薪阶层。

（3）单身上班族。

（4）家庭主妇。

（5）中老年人。

3. 超级市场消费者的购买时间、地点和购买方式

一般而言，超级市场消费者的购买时间、地点、方式主要有以下特征：

（1）靠近家庭居住区；

（2）一般性商品都很齐全；

（3）需要的商品能够一次购足；

（4）有熟悉、亲切的店员；

（5）自助形态的购物方式；

（6）服务态度良好；

（7）恰好在上下班经过、方便进入的地方。

（五）竞争分析

对任何企业而言，在一个特定区域没有同行业不同业态企业的相互配套，就不能形成浓厚的商业氛围。同样，没有同行业相同业态企业同场竞技也未必是件好事。因此，从上述两个方面的竞争性因素看，在选择开设门店的区域时，要特别注意分析以下几种竞争情况。

1. 无竞争对手的区域

从目前来看，许多城市的城乡结合部开设大型超市（类似的有在交通要道和大型住宅区开设的大型超市），在这些大型超市2公里左右的范围内，一般没有第二家类似的大型综合超市，则至少2公里的范围内，没有竞争对手。由于这些区域商业设施比较少，零售商业业态不齐全，在很大程度上限制了处于这一区域的大型超市的客流量。在中国许多城市还没有达到国际上公认的产生超级市场的条件时（主要是居民汽车普及率），要充分考虑如何破解城乡结合部交通不便利、人气不旺盛等诸多缺陷，想方设法扩大商圈范围，形成有中国特色的超级市场的经营管理之道。

2. 有限竞争区域

这主要是指超市企业选择在市商业中心这样的商业黄金地区开设超级市场。这些区域的超级市场，其商圈范围大大突破了理论上的2公里服务半径。它的服务人群不仅来自于商圈内的居民，也来自大量进入到市商业中心和区商业中心的消费者。这些区域由于商业设施有限，租金昂贵，其他规模和形态的超市一般因没有租金承受能力而较少进入，所以竞争者较少。这些区域内的超市企业面临的主要竞争者，是一些与其某些经营商品相同的其他业态的零售店、专业店、食杂店等，甚至是一些个体小摊点、小门店。这时超市企业要充分考虑的是如何扬长避短，发挥优势，在市、区商业中心地段创立品牌，塑造形象。

3. 充分竞争区域

充分竞争区域是指除城乡结合部、市商业中心和区商业中心之外的其他更广阔的区域，主要是指人口比较集中的居民区。对绝大多数中小型超级市场而言，最理想的设店地址就是靠近人口密集、居住集中的居民区。由于多数逻辑的决策理性，大多数超市决策者都会选择人口密集、居住集中的居民区开设超级市场。这类区域是小型超市最多的区域，要重点加以关注。

二、商圈分析

想开一家经营业绩好的店铺，事先进行一番市场调研是在所难免的。从专业角度上称其为商圈分析，通俗来说，就是调查分析店铺的销售范围、来店顾客的特性及其居住环境的地理位置。因为不同地理位置的商铺，适合经营的种类也有所不同。因此，投资者在进行选址时，首先要细心地观察商圈的情况，如商圈内的客流量与车流量有多大、商圈内的竞争对手有多少等。一般来说，客流量较大的场所有城市的商业中心、火车站、长途汽车站、公交站点附近、商业步行街、大学校园门口、人气旺盛的旅游景点、大型批发市场门口和大中型居民区等。这些地方由于属于商业集中地段，在车水马龙、客流熙攘的热闹地段开店，成功的几率往往比普通地段高出许多。但在具体选择铺位时，应注意商圈内的竞争对手不宜过多，最好同类商品的专营商店不要超过三家。

（一）商圈的基本概念

商圈（Trading Area），也称商业交易区域，是指以商业企业所在地为中心，沿着一定的方向和距离扩展，吸引顾客的辐射范围。简言之，就是企业厂商吸引顾客的地理区域，也就是来店购买商品或服务的顾客所居住的地理范围。每个企业的销售范围通常都有一定的地理界限，即有相对稳定的商圈。

投资者在进行选址时，首先要细心观察商圈的情况。如商圈内的客流量与车流量有多大？商圈内的竞争对手有多少？商圈所处的地理位置是城市中心抑或城市边缘？

一般来讲，客流量较大的场所有：①城市的商业中心；②火车站、长途汽车站等站点附近；③商业步行街；④大学校园门口；⑤人气旺盛的旅游景点；⑥大型批发市场门口。⑦500 米半径内居民不少于 1 万人的大中型居民区。

商圈内的竞争对手不宜过多，同类商品专营商店最多不超过三家，否则激烈的竞争将在所难免，甚至会有不良的竞争出现。

一般来说，在车水马龙、客流熙攘的热闹地段开店，成功的几率往往比普通地段高出许多。这些地方属于商业集中地段，消费者购物一般会货比三家，通过对同类商品的价格比较、款式比较等来确定最终的购物场所。

（二）商圈的构成及影响因素

1. 商圈的构成

商圈一般由以下三部分组成：

主要商圈（Primary Trading Area），这是最接近商业企业并拥有高密度顾客群的区域，通常商店的 55% ～70% 的顾客来自主要商圈。

次要商圈（Secondary Trading Area），位于主要商圈之外、顾客密度较小的区域，包括商店15%～25%的顾客。

边际商圈（Fringe Trading Area），指位于次要商圈以外的区域，在此商圈内顾客分布最，吸引力较弱、规模较小的商店在此区域内几乎没有顾客。

商圈的构成如图10－1所示。

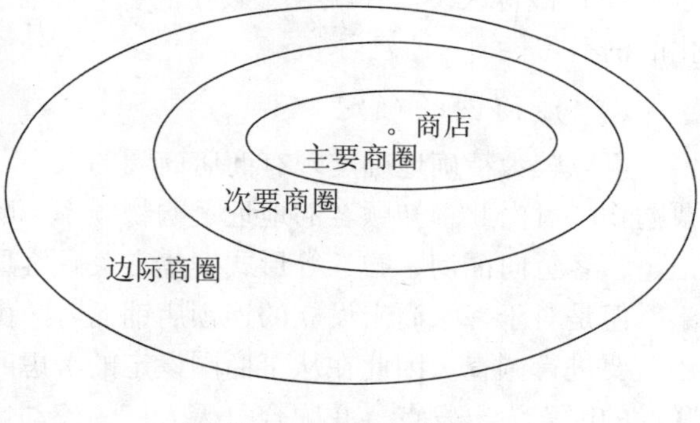

图10－1　商圈构成图

商圈的形状不是规则的圆形，因为其大小随着商业企业内外部环境的变化而变化，因此会呈现出不规则的同心圆状。

2. 影响商圈大小的因素

影响商圈大小的因素是多方面的，可以归纳为企业外部环境因素和内部因素。主要有：

（1）企业规模。企业规模越大，其市场影响力和吸引力越强，从而有利于扩大其商圈。原因是规模越大，企业能够提供给消费者或顾客的商品种类就越多，服务项目也就越丰富，吸引顾客的范围也就越大。但并不意味着商圈的大小和企业规模成正比例，因为还存在着其他的影响因素。

（2）经营商品的种类。营业地点的选择与主营商品及潜在客户群息息相关，各行各业均有不同的特性和消费对象，商业繁华区并不是唯一的选择。比如，殡葬用品店适合开在医院附近，非品牌发廊适宜在大型居民区附近，体育用品店除闹市区外还可开在大学校园附近，等等。这就要求经营者首先要对自营的产品及目标消费群体有个清醒的认识，知己知彼，方可制胜。

不同商品的种类所影响的商圈范围也不相同。比如经营日用品的商店，一般来说商圈范围较小，只限于附近的居民区。因为这些商品购买频率较高，顾客购买它们主要本着方便的原则，不愿在价格和品牌上花费太多的时间。而像家具、家电等产品，因为选择性强、需要提供更多的售后服务等，顾客在购买时会花费时间和精力进行精挑细选，认真比较价格、品质、品牌、款式等之后才最终确认购买，有时还会成为某一品牌的忠实消费者，这类商品的影响范围就会变大，商圈范围也会随之变大。

（三）商圈的形态

商圈形态的了解是进行商圈分析的基础，一般而言，商圈形态可分为以下几种：

（1）商业区。商业行业的集中区，其特色为商圈大、流动人口多、热闹、各种商店林立。其消费习性为快速、流行、娱乐、冲动购买及消费金额比较高等。

（2）住宅区。该区户数多，至少须有1 000户以上。住宅区的消费习性为消费者群稳定，便利性、亲切感、家庭用品购买率高等。

（3）文教区。该区附近有大、中、小学校等。文教区的消费习性是，消费群以学生居多、消费金额普遍不高，休闲食品、文教用品购买率高等。

（4）办公区。该区办公大楼林立。办公区的消费习性是：便利性、外来人口多、消费水准较高等。

（5）混合区。商住混合、教住混合。混合区具备单一商圈形态的消费特色，属多元化的消费习性。

（四）商圈的确定

可以较为精确地确定现有商店商圈的大小、形态和特征。在国外，一般用信用证和支票购物，可由此查知顾客的地址、购物频率、购物数量等情况；国内可以通过售后服务登记、顾客意向征询、赠券等形式搜集有关顾客居住地点的资料，进而划定商圈。

但是对于一家尚未设立的连锁店铺而言，由于缺乏商圈统计的基本资料，商圈的确定还需要进行调查。因此在从事商圈设定的考虑时，可以设店地区居民的生活形态及具有关联性的因素为出发点，并配合每天人口的流动情形，深入探讨该地区人口集中的原因，以及其流动的范围，以此作为基本资料来从事商圈的设定。尤其是一家大规模的连锁经营企业，其商圈的设定并不像一般小型商店是徒步商圈，可能顾客会利用各种交通工具前来，因此其商圈乃属于特性商圈，所以对于设店地区内工作、学习的人的流动性、购物者的流动性、城市规划、人口分布、公路建设、公共交通等均要加以观察，并配合各有关的调查资料，运用趋势分析法进行商圈的设定。

（五）商圈的分析内容

商圈分析的内容主要有以下部分。

（1）人口规模及特征：人口总量和密度；年龄分布；平均教育水平；拥有住房的居民百分比；总的可支配收入；人均可支配收入；职业分布；人口变化趋势，以及到城市购买商品的邻近农村地区顾客数量和收入水平。

（2）劳动力保障：管理层的学历、工资水平；管理培训人员的学历、工资水平；普通员工的学历与工资水平。

（3）供货来源：运输成本；运输与供货时间；制造商和批发商数目；可获得性与可靠性。

（4）促销：媒体的可获得性与传达频率；成本与经费情况。

（5）经济情况：主导产业；多角化程度；项目增长；免除经济和季节性波动的自由度。

（6）竞争情况：现有竞争者的商业形式、位置、数量、规模、营业额、营业方针、经营风格、经营商品、服务对象；所有竞争者的优势与弱点；竞争的短期与长期变动；饱和程度。

（7）商店区位的可获得性：区位的类型与数目；交通运输便利情况、车站的性质、交通连接状况、搬运状况、上下车旅客的数量和质量；自建与租借店铺的机会大小；城市规划；规定开店的主要区域以及哪些区域应避免开店；成本。

（8）法规：税收；执照；营业限制；最低工资法；规划限制。

（9）其他：租金；投资的最高金额；必要的停车条件等。

先看人口特征分析。关于商圈内的人口规模、家庭数目、收入分配、教育水平和年龄分布等情况可从政府的人口普查、购买力调查、年度统计等资料中获知。可从商业或消费统计公告中查到特定商品的零售额、有效购买收入、总的零售额等资料。

再看竞争分析。在作商圈内竞争分析时必须考虑下列因素：现有商店的数量、现有商店的规模分布、新店开张率、所有商店的优势与弱点、短期和长期变动以及饱和情况等。任何一个商圈都可能处于商店过少、过多或饱和的情况。商店过少的商圈内只有很少的商店提供满足商圈内消费者需求的特定产品与服务；商店过多的商圈，有太多的商店销售特定的产品与服务，以致每家商店都得不到相应的投资回报；一个饱和的商圈商店数目恰好满足商圈内人口对特定产品与服务的需要。饱和指数表明一个商圈所能支持的商店不可能超过一个固定数量，饱和指数可由公式求得。

$$IRS = C \times RE/RF$$

式中，*IRS*——商业圈的零售饱和指数；

C——商业圈内的潜在顾客数目；

RE——商圈内消费者人均零售支出；

RF——商圈内商店的营业面积。

假设在商圈内有10万个家庭，每周在食品中支出25元人民币，共有15个店铺在商圈内，共有144 000平方米销售面积。则该商圈的饱和指数为：

$$IRS = 100\,000 \times 25/144\,000 = 17.36$$

这一数字越大，则意味着该商圈内的饱和度越低；该数字越小，则意味着该商圈内的饱和度越高。在不同的商圈中，应选择零售饱和指数较高的商圈开店。

再次是对商圈内经济状况的分析。如果商圈内经济很好，居民收入稳定增长，则零售市场也会增长；如果商圈内产业多角化，则零售市场一般不会因对某产品市场需求的波动而发生相应波动；如果商圈内居民多从事同一行业，则该行业波动会对居民购买力产生相应影响，商店营业额也会相应受影响，因此要选择行业多样化的商圈开业。

三、经营地点评估

（一）新店营业潜力分析

新店营业潜力可通过预测商店销售额来确定。这种预测可以根据过去在类似环境中的经验、同行业的一般水平，或者经过调查后采用统计分析方法计算出来。有一种测算方式比较简单易行，即根据已知的商店商圈内消费者的户数、离店的远近、月商品购买支出比重及新商店在该区域内的市场占有率四个因素来估算。

案例2

某商圈有三个层次。核心商圈内的居民为3 000户，购物比例90%；次级商圈内的居民为5 000户，购物比例为50%；边缘商圈内的居民为7 000户，购物比例为20%。该地区每户居民每月购物平均花费2 000元。那么，各商圈的居民总支出各是多少元？

核心商圈居民月支出：3 000×2 000×90% =540（万元）

次级商圈居民月支出：5 000×2 000×50% =500（万元）

边缘商圈居民月支出：7 000×2 000×20% =280（万元）

商圈居民月支出总额：540+500+280=1 320万元/月

据调查：新开店的市场占有率在主要商圈为40%，在次要商圈为15%，在边际商圈为 5%，则：

主要商圈购买力：180 × 40% = 72（万元）

次要商圈购买力：300 × 15% = 45（万元）

边际商圈购买力：420 × 5% = 21（万元）

新开商店预计的销售额为 72 + 45 + 21 = 138 万元。

如果一家新开商店预期在两年后，其市场占有率在该商圈中能达到 20%，且未来两年间市场的销售增长率为 10%，那么该商店两年后预期的销售额是多少？

根据上述计算商圈居民月支出总额为 1 320 万元/月。那么，新开商店两年后销售潜力：

$$1\,320 \times 12 \times (1 + 10\%) \times 20\% = 3\,484.8(\text{万元})$$

据此，我们可以大致推断出该商圈的购买力为每月 1 320 万元，新开商店两年后预计销售额为 3 484.8 万元。

（二）投资和经营费用预算

通过商圈调查可以估算新店的营业额，但该新店是否值得经营，还必须把营业额与投资额相比较，评估出损益状况。

1. 开店前期投资预估

开店投资主要包括：

（1）设备。如冷冻、冷藏设备、空调设备、收银机系统、水电设备、车辆、后场办公设备、内仓设备、卖场陈列设备等。

（2）工程。如内外招牌、空调工程、水电工程、冷冻、冷藏工程、保安工程等。

（3）包装材料。如营业性和保值性消耗材料等。

（4）设计费用。

2. 开店后经营费用预估

经营费用可分为固定费用与变动费用两类。固定费用是指与销售额的变动没有直接关系的费用支出，如工资、福利费、折旧费、水电费、管理费等；变动费用是指随商品销售额的变化而变化的费用，如运杂费、保管费、包装费、商品损耗、借款利息、保险费、营业税等。

上述各项费用究竟要控制在多少之内，无统一的标准，但最基本的前提是：毛利率要大于费用率。

同时要注意以下各项：

（1）货损控制在 0.4% 以下；

（2）店员薪酬总额不得超过总费用的一半；

（3）人事费用与销售额的比例须小于 7%；

（4）总费用与销售额的比例，便利店要在 18% 以内（以 25% 的毛利率为基础），超市要在 12% 以内（以 17% 的毛利率为基础）；

（5）总费用与总利润之比要维持在 80% 之内；

（6）固定费用占总费用的比例应为 85% 以上。

3. 盈亏平衡点分析

损益平衡点是指店铺收益与支出相等时的营业额，超过此点，店铺即有盈利，低于此点即表示亏损。

（1）损益的计算方法如下：

实际损益 = 税前损益 − 分担总部费用

税前损益 = 销售毛利 − 变动费用 − 固定费用

销售毛利 = 营业收入 − 销售成本

（2）损益平衡点的计算方法如下：

按实物单位计算：

盈亏平衡点 = 固定成本/（单位产品销售收入 − 单位产品变动成本）

按金额计算：

盈亏平衡点 = 固定成本/（1 − 变动成本/销售收入） = 固定成本/贡献毛利率

（三）店址调查的评估方法

店址在进行了实地调查，对某些指标进行了估算后，还不能确定是否适合开店，只有对这些指标进行评估后，才能做出决定。

1. 比较法

即将本店的各种条件与销售业绩良好的商店比较，看其优于本店的条件有哪些，劣于本店的条件有哪些。这样，企业就可以了解本店铺在同类市场上的地位以及不足之处。通过逐步改善，提高企业在市场上的竞争地位。

2. 市场占有率法

对于任何一个店铺来说，都有一个损益平衡点销售额的估计，若此销售额所要求的商圈所需要的市场占有率比较低，则风险不高；反之，要求的市场占有率越高，风险越高。

假设预选地的商圈规模为 100 万，只要销售额达 30 万即可达损益平衡点，即 30% 的商圈占有率，风险便不高。若销售额需达 70 万元才可达损益平衡点，而 70% 的商圈占有率是非常高难度的指标，万一有任何失误，极易蒙受损失。因而，在该地开店的风险就过高。

四、形成选址分析报告

商店选址分析报告应包括如下内容：

（1）新店周围地理位置特征表述（附图说明）；

（2）被选店址周围商业环境和竞争店情况；

（3）新店址周围居民及流动人口消费结构、消费层次；

（4）新店开业后预计能辐射的范围；

（5）新店的营业面积和商品结构；

（6）新店的市场定位和经营特色；

（7）新店址经营效益预估；

（8）新店未来前景分析。

实操训练

【实训任务1】

学习店铺选址分析。

【实训要求】

1. 班级分组，每组大概分为6～8人；
2. 每组选择一种店铺经营类型，比如服装店、面包店、电子产品店等；
3. 根据店铺经营类型进行选址分析，突出选址关注的重要因素。

【实训任务2】

到社会观察西饼屋和便利店周边环境，做出分析和比较。

【实训要求】

1. 学生分组，每组6～8人；
2. 小组到校外观察西饼屋和便利店的选址环境，并做记录；
3. 小组讨论西饼屋和便利店选址环境的相同和不同之处；
4. 下次课堂总结发言。

【实训任务3】

在店铺选址过程中哪些因素最为重要？并结合具体店铺形式做出说明。

【实训要求】

小组讨论。

【实训任务4】

撰写一份完整的选址分析报告。

【实训要求】

在前几项实训任务的基础上，对不同经营类型的店铺选址进行分析之后，做出总体评估，并形成完整的选址分析报告。

项目十一　创业企业的设立流程

【能力目标】

1. 锻炼和提高学生对企业准确命名的能力；
2. 培养学生办理工商注册、企业税务登记的能力。

【知识目标】

1. 理解企业名称要素的特征及相关要求；
2. 掌握工商注册、税务登记的操作流程。

任务1　创业企业名称设计

企业名称是作为法人的公司或企业的名称，该名称属于一种法人人身权，不能转让，随法人存在而存在，随法人消亡而消亡。法人在以民事主体参与民事活动如签订合同、抵押货款时需要使用企业名称，企业名称由企业的投资人依法提出申请，企业名称登记管理机关依法核准。无论是企业的申请行为，还是企业名称核准机构的核准行为，均应以《企业名称登记管理规定》为根本依据。企业名称的主要内容包括行政区划名称、字号、行业（或经营）特点、组织形式四个方面。

一、行政区划名称

行政区划名称是指企业所在地县以上行政区域的名称。企业名称中的行政区划名称可以省略“省”、“市”、“县”等字，但省略后可能造成误认的除外。县以上的市辖区行政区划名称应与市行政区划名称联用，不宜单独冠用市辖区行政区划名称。除符合《企业名称登记管理规定》特别条款外，行政区划名称应置于企业名称的最前部。

企业名称一般应冠以企业所在地行政区划名称。具体到一个企业，住所地为××省××市××县（区）××街××号，其名称中冠以的行政区划名称一般使用行政区划名称即可。对于省、市、县行政区划联用的，各省市都规定由市、县工商行政管理局直接核准。

企业名称如果申请不冠以其所在地县（区）行政区划名称而直接冠以市行政区划名称或省行政区划名称，除该企业符合省、市工商行政管理局的登记条件直接在省、市工商管理局登记注册外，一般还应具备一定的条件，直接在省、市工商行政管理局核准。具体条件由各省、市工商行政管理局制定，如安徽省工商行政管理局规定：地、市、县新设立企业（公司）要求冠以省名的，必须是生产型企业，注册资本不得低于1 000万元人民币；已开办企业（公司）要求直接冠以省名的，在各省同行业中应属骨干龙头企业，其产品定型、经济效益好、在省内外有较高的知名度、净资产应在1 000万元人民币以上。

企业名称所冠行政区划名称应该是企业所在地县以上行政区划名称，而不是非企业所在地行政区划名称。因此，住所在湖北的企业名称不应冠以“四川”，住所在江苏的企业名称不能以“广东××××”出现。此外，所冠行政区划名称应是现行行政区划的名称，不包含历史上曾使用的行政区划名称，如“华东”、“热河”等；现有行政区划名称的习惯简称或俗称（如上海称沪，广州叫羊城）在名称中出现，则不按行政区划名称认定。

各类“经济技术开发区”、“保税区”、“新技术开发区”、“工业园区”等名称不得作为行政区划名称使用。但是，在企业名称冠以县以上行政区划名称的前提下，经有关部门核准后，以“经济技术开发区”作为行政区划名称使用。

根据现行规定，除符合特殊条款规定可以不冠以行政区划名称外，企业名称都应当冠以企业所在地行政区划名称，即行政区划名称应置于企业名称的最前部。如行政区划名称在整个名称的中间出现，则不视为行政区划名称，此类名称亦应按照不冠以行政区划名称的企业名称进行登记管理，必须经国家工商行政管理局核准方可使用。

近几年，由于我国企业的发展，大企业在外省市设立全资子企业或控股子企业时，希望参照国外企业的做法，统一母、子企业的字号，将行政区划名称放在企业名称中间。从国际上看，这是许多国家的通行做法。鉴于上述情况，国家工商行政管理局在修订上报的《企业名称登记管理规定（送审稿）》中做了相应的调整，规定企业法人有下列情形之一的，可以将名称中的行政区划放在字号之后：

（1）控股企业的名称不含行政区域并使用其字号的；

（2）使用外国（地区）控股企业字号的；

这一规定将在新的《企业名称登记管理规定》经国务院批准颁布后实行，届时此类企业名称将由相应的地方工商行政管理局直接核准。

根据现行《企业名称登记管理规定》，符合下列条件的企业名称，经国家工商行政管理局核准，可以不冠以所在地行政区划名称：

（1）全国性公司；

（2）国务院或其授权的机关批准的大型进出口企业；

（3）国务院或其授权的机关批准的大型企业集团；

（4）历史悠久、字号驰名的企业；

（5）外商投资企业；

（6）国家工商管理局规定的其他企业。

二、字号

字号是构成企业名称的核心要素，一般由两个以上的汉字组成。企业名称中的字号是某一企业区别于其他企业或社会组织的主要标志。除符合《企业名称登记管理规定》特别条款外，字号应置于行政区划之后、行业或经营特点之前。企业字号一般不得使用行业字词，这一要求是与企业名称的保护原则相联系的，如果一个企业用行业字词作字号，则无法区分在一个具体的企业名称中哪些字词是字号，哪些字词是行业或经营特点，致使公众对企业的业务范围发生误认。

企业所起字号应符合国家各项法律、法规的要求，不能在客观上使公众产生误解和误认，如申请叫“航天工业公司”，则“航天”不能认定为字号，因为公众一般会将“航天工业”理解为一个具体的行业，而其名称中行业字词“工业”表示的企业业务范围，却可能并不包括有关的航天工业。项目申请叫“航天房地产公司”则可以认定“航天”为企业名称中的字号，因为不存在“航天房地产”行业，这一名称中的行业字词是“房地产”。

驰名字号是指在一定范围内、在某一行业或多个行业为社会共知的企业字号，是企业多年经营的结晶，标志着企业在某一行业、某一领域内的成就。人们提起这些字号，往往会联想到企业在某一领域突出的成就，联想到企业的良好信誉和他们的优质产品或服务。例如，青岛的“海尔”、内蒙古的“伊利”等。

现行《企业名称登记管理规定》对什么是驰名字号、构成驰名字号的标准、驰名字号的保护范围等均未作明确的规定。随着我国改革开放政策的推进和社会主义市场经济体制的逐步形成，社会意识不断加强，同时，冒用他人驰名字号、侵犯他人企业名称权益的现象增多，企业名称纠纷时有发生，企业对保护驰名字号、保护驰名企业名称权的呼声日益强烈，对企业名称登记管理工作提出了更高的要求。鉴于这样一种形势，国家工商行政管理局在修订上报的《企业名称登记管理规定（送审稿）》中增加了保护驰名字号的条款，规定经认定的驰名字号在一省或全国范围内不许他人作相同或近似的使用。在企业名称分级登记管理的体制下，这一做法将有利于保护驰名企事业的名称权。待新的《企业名称登记管理规定》经国务院批准颁布后，国家工商行政管理局将及时制定驰名字号的认定和管理办法，由国家工商行政管理局和省、自治区、直辖市工商行政管理局分别对国驰名字号和省驰名字号予以认定。

企业有自主选择企业名称字号的权利。一个新奇好记、响亮上口的企业名称，可以使企业在消费者中产生耳目一新、生动深刻的第一印象。因此，怎样起一个有一定意义、易为公众接受的字号已成为企业设立时投资人需要考虑的重要问题。

目前企业名称字号的选择主要采用以下几种方法：

（1）传统字号法。在选择企业字号的时候，传统字号法多使用一些吉利的字词，寓意着投资人美好的希望，常用的字词有“福”、“顺”、“发”、“仁”、“吉”等。如“同仁堂药店”、“王老吉凉茶”等。

（2）字号与商标一致法。字号与商标一致法一般以企业已注册的或准备申请注册的文字商标作为企业名称的字号。如“可口可乐”、“宝洁”等。

（3）简称法。简称法即使用熟知的名称简称作为企业名称的字号，用以表明本企业的隶属关系。现使用“中”、“华”开头的字号，多属此法。如铁道部所属企业多使用“中铁”字号。

（4）译名法。译名法是由外文直译而来的，外商投资企业申请企业注册名称时多用此种方法。如：“尼康”、“西门子”、“佳能”等。

（5）谐趣法。谐趣法不依传统和常规，追求新奇和个性，或幽默风趣，或以怪异取胜，给人留下深刻印象。如天津“狗不理”包子。

围绕历史重大事件或时代热门话题起名，如“北京南巡实业公司”，表明了投资人对邓小平同志南巡讲话的支持；又如“后九七餐厅”表明了投资人对香港一九九七年回归祖国后的前途充满信心。

近几年，出现了一些企业在申请企业名称登记时，申请以外文字母、单词作为企业名称字号的新情况。这些企业多为国际上知名企业拟在我国设立的全资或控股企业，申请的字号一般是外国投资人在国际上通用的、已为市场接受的简明的标志性字词，以使该企业的名称与投资人在世界各地投资的企业相统一。也有个别的国内企业以种种理由提出类似申请。由于现行《企业名称登记管理规定》和国家工商行政管理局《企业名称登记管理有关问题的通知》（工商个字［1993］第152号）中明确规定，外商投资企业的中文名称中不得使用外文字母、汉语拼音，因此，在企业名称中使用外文字母或单词作字号是不允许的。在实际经济生活中，外商投资企业在国际交流时，一般仅使用其翻译的外文名称，不会使用仅含有几个外文字母组成的中文名称。因此，这一做法本身不会影响外国投资者对所投资企业字号的统一。

根据现行《企业名称登记管理规定》，私营企业使用投资人姓名作字号的，应提交投资人签字的同意书；申请使用非投资人的自然人姓名做字号的，亦应提交该自然人签署的同意使用其姓名作字号的书面材料。

企业名称也是一种社会文化，从一个侧面反映了社会文化健康文明程度。因此，在确定企业名称字号时，应考虑符合社会精神文明的要求，抵制使用带有殖民奴化、封建糟粕、格调低下的字词作企业字号。

三、行业（或经营）特点

企业应根据自己的经营范围确定名称中的行业或经营特点字词，该字词应当具体反映企业生产、经营、服务的范围、方式或特点，不得单独使用“发展”、“开发”等字词；使用“实业”字词的，应有下属三个以上的生产、科技型企业。企业确定名称中的行业或者经营特点字词，可以仿照国家行业分类标准所分的类别使用一个具体行业名称，也可以使用概括性字词。

企业名称是企业的标志，是企业的第一广告。换一个角度，企业名称是社会公众了解一个企业的第一途径。无论是个人还是一个组织，在采购商品或选择合作伙伴时，一般都是首先从企业名称去寻找对象。在不审查某一企业营业执照的经营范围的情况下，公众要了解他的业务一般只能看名称中的行业或经营特点字词，即人们所说的“卖什么吆喝什么”。因此，企业名称中的行业或经营特点用词必须准确，这里所说的准确不是与经营范围绝对一致，而是不应明示或暗示有超越其经营范围的业务。如从事国内旅游业务的二、三类旅行社不得称“国际旅行社”，从事国内贸易的企业不得称“国际贸易公司（或中心）”。

因此，企业应慎重选择名称中的行业或经营特点字词，特别是一些特殊行业，如果企业在名称中使用的行业或经营特点字词属国家法律、行政法规规定必须办理专项审批的项目，企业在申请名称核准时必须提交有关审批文件；申请企业名称预先核准的可以不提交审批文件，但申请企业登记注册时必须提交有关批件，如不能提交，则申请的预先核准名称无效。对此，企业在申请名称核准登记时，应考虑周全，以避免浪费劳动和时间。

企业经营业务跨国民经济行业分类大类的，可以选择一个大类名称或使用概括性语言名称中表述企业所从事的行业，也可以在名称中不反映企业所从事的行业。

外国投资者是具有驰名商号的公司，在我国成立注册资本在1 000美元以上的独资经营企业，可以在该独资经营企业的名称中不标明行业或经营特点字词。

企业为反映所从事的行业特点，可以在名称中间使用国家（地区）名称或县级以上行政区划的地名，但应置于字号之后。如：上海××四川火锅馆、郑州××广州发型屋、北京××美国加州牛肉面馆、天津××上海服装店，等等。使用此类名称一般为从事与行政区划名称有着密切关联的地方特色业务，多为服务性行业。

四、组织形式

组织形式是企业名称中反映企业组织结构、责任形式的字词，如公司、工厂、中心、店等。企业应根据组织结构或责任形式，在企业名称中标明组织形式，该组织形式应当符合国家法律、法规的规定。

我国目前企业使用的组织形式较多，根据适用的不同登记法规，可以将它们分为两大类：

一是公司类。《中华人民共和国公司法》规定，依照该法设立的企业名称中必须标明“有限责任公司”或“股份有限公司”字词，“有限责任公司”亦可简称为“有限公司”；外商投资企业一般使用“有限公司”作为组织形式，但中外合作企业中如不以出资为限承担有限责任，不得使用“有限公司”作为组织形式。

二是一般企业类。《中华人民共和国企业法人登记管理条例》没有做明确的规定，从实际情况看，用得比较杂乱，如“中心”、“店”、“场”、“城”、“局”、“厅”、“堂”、“馆”、“院”、“所”、“社”、“厂”、“铺”、“村”、“屯”等。

对一些申请使用登记主管机关未曾核准使用过的、新的字或字词作组织形式的，应分析其是否违反法律法规的规定，是否会使公众无法理解甚至引起误认，是否能为公众接受。如过去没有使用“城”作企业组织形式的，但现在“家具城”、“娱乐城”等名称也能为公众所接受。

组织形式一般不能连用或混用，特别是法律明确规定的组织形式。但对一些国际上通用的形式如“×××厂有限公司”、“×××中心有限公司”等应该允许使用。具备法人条件的企业，如需在其名称中的组织形式前使用“总”字，必须下设三个以上与该企业名称中的组织形式相同的直属分支机构。如称“总厂”的，必须有三个以上称“厂”或“分厂”的分支机构。

任务2　命名要求

企业名称作为企业整体形象的化身，直接影响到其在人们脑海中留下的第一印象。虽然从本质上说，一个企业的品牌印象取决于其产品的质量与服务质量，但消费者要认识它、记住它，还是要看它的名称。在竞争激烈、商战此起彼伏的市场中，企业为了保证自己的市场份额，拓宽市场，稳定和吸引众多消费者，就必须有过得硬和叫得响的企业名称。因此，对于企业而言，企业命名乃是企业实施品牌管理战略、实现品牌扩张目标、创建绝对领导品牌，从而准确、全面构建品牌形象的关键一步。名字取得好，对企业会有加分的效果；取得不好，轻则留不下印象，重则可能影响经营的成效。一个好的名字可以表达企业的属性、特质，加深消费者的记忆，促进消费者的认同。因此，企业命名应符合以下要求。

一、注重天时

天时，即要符合时代潮流，充分考虑市场开拓的便利。企业名称从形式看，字音要响亮，字义呈吉祥，字形优美，用词奇特而不古怪，意新而不俗套，利于大众与传媒的接受；从内容看，名称要符合行业产品特点，与所在地地名、法人负责人姓名不可有不协调之感，更要有文化底蕴，使消费者感到放心惬意，如“楼外楼”、“陶陶居”等。富于时代感的名称具有鲜明性，符合时代潮流，并能迅速为大众所接受。

一些企业为顺应时代趋势，迎合现代消费者的审美情趣，选用现代意味的名字作企业名称，这类名字一般给人一种洋气感觉，给人一种商品味、有情趣的感觉。如北京燕莎商厦、赛格商城、百盛集团、协和集团、美琪美发、海韵健美中心、奥丽斯化妆品公司、美加净化妆品有限公司，等等。

近年来借鉴外国语译音、追求洋味的企业用名越来越多，许多名字只注重字的表面华丽，由几个颇有现代意味的字组合而成即可，至于名称的涵义，则不再予以注意。这种企业用名，最终会逐渐失去文化内涵，而成为一种符号。

二、注重地利

地利，即要拓展其历史潜能，考虑当地文化、民族文化及吉祥文化。不同国家或地区因民族文化、宗教信仰、风俗习惯、语言文字等差异，消费者对同一名称的认识和联想可能是截然不同的，因此企业命名要适应目标市场的文化价值观念，以免在消费者中产生误解。选择一个富有文化气息内涵的名字，体现着企业文化素养，能让顾客产生好感和留下美好的印象，又能“巧借东风”，“站在前人的肩膀上去创造”，借助中国文化的影响力以提高企业的知名度；更是蕴含着公司的经营理念，成为企业员工共同的准则和信仰，增强企业的凝聚力。例如“小糊涂仙”酒的名字起得也很有文化气息，看到这个名字我们立即想到了两个历史人物的形象：一个是“诗仙”李白边饮酒边作诗的超凡脱俗形象；一个是“扬州八怪”之一的郑板桥边饮酒边书写着“难得糊涂”的形象。现在社会竞争激烈而残酷，功名、利禄、是非总是搅得人们难有平和的心境，不公平的事与不道德的小人总在不断地纠缠着自己，是“斤斤计较”还是“难得糊涂”？当然是超然一些，还我们一个平和的好心境！我们就要做这个喝着“小糊涂仙”酒的“糊涂人”！文化气息是不是很浓？这样，“小糊涂仙”的名字就赋予了产品独特的文化与情感内涵。

三、注重人和

人和，即要致力于挖掘该企业的文化底蕴。现代商业社会里，好的名字是企业的一块“金字”活招牌，也是一个企业“图腾式”的象征，代表着企业集体的文化氛围、理想追求和价值体系。一个好的企业名称能够耐人品味、予人好感及印象深刻，同时蕴含公司经营理念，展示公司文化内涵，是名字的核心内容和关键因素。企业名称应符合公司理念、服务宗旨，这样有助于公司形象的塑造。如蓝岛大厦的“蓝岛”两字，真有如蓝色海洋中的一座岛屿，宁静、祥和，为人们提供了一方憩息之地，向消费者倾出了“蓝岛之情”，从而树立起良好的公司形象。

四、凸显“个性”

企业名称要有独特风格，体现全新精神，强调企业个性，扩大差异感，从而达到令人过目不忘的效果。新颖、不落俗套、具有个性的企业名称可避免和别的企业名称雷同，以防混淆大众记忆，并且能够加深大众对企业的印象。

五、简短明快，易于上口

“少、短、响”，企业命名力求字数少、笔画少、字形结构合乎美学原则，便于书写和记忆。在相同的信息传递过程中，产品名称越短越好，越短越有优势；切忌拖泥带水，表达不清，所指不明，给人不知所云的感觉。因此，产品名称一般不超过四个音节，因为笔画少的字，公众记起来方便。“少、短、响”是确定名称成功的条件之一，诸如日本的三洋、日立、东芝、索尼、德国的奔驰（Benz）都是短名响亮的典范。

一个悦耳顺口的名字能让客户感到亲切。因此，好的企业名称必须具备发音响亮、朗朗上口、读音优美的特点。企业名称要求合乎语音学规则，音律优美，抑扬顿挫。如果名字全属平声则名字读起来相当平板，听起来也无节奏感。若全属去声字，则人们念起来颇费气力，听起来也单调。因此名字由平仄二声构成，则产生有节奏而又和谐的优美音律效果，悦耳动听。如“麦当劳”三字，响亮而又具有节奏感，因而极具传播力。

六、专名专用，名符其实

名称是事物的专有标志，只有名实相符，才能准确地反映事物的特征，才能让人说着顺口，听得顺耳，即古人所说“名正言顺”，因而“名符其实”是命名的重要原则。

商品名称注重几秒钟内让人家知道你在卖什么东西，既讨人喜欢，也可省下很多广告费。像“康师傅”方便面，一下抓住顾客的心，暗示出吃了有益健康的意境。

任务3　登记注册

一、工商注册

设立企业从事经营活动，必须到工商行政管理部门办理登记手续，领取营业执照。如果从事特定行业的经营活动，还须事先取得相关主管部门的批准文件。创业者需要了解《企业登记管理条例》、《公司登记管理条例》等工商管理法规。设立特定行业的企业，还有必要了解有关开发区、高科技园区、软件区（基地）等方面的法规、有关地方规定，这样有助于选择创业地点，以享受税收等优惠政策。

（一）名称预先核准

我国在公司登记工作中实行名称预先核准制。申请公司名称预先核准时应由创建公司的代表或其委托的代表人向登记主管部门提出名称预先核准的申请，并提交如下文件：

（1）有限责任公司的全体股东或者股份公司的全体发起人签署的公司名称预先核准申请书；

（2）股东或发起人的法人资格证明或者自然人的身份证明；

（3）公司登记机关要求提交的其他文件。

设立股份有限公司的，由全体发起人指定的代表或者共同委托的代理人向工商行政管理局申请名称预先核准；设立有限责任公司由全体股东指定的代表或者共同委托的代理人向工商行政管理局申请名称预先核准。

企业名称核准后，到工商行政管理部门申请注册。国家工商总局行政管理局和地方各级工商行政管理局是企业名称的登记管理机关，登记主管机关依照《中华人民共和国企业法人登记管理条例》，对企业名称实行分级登记管理。

（二）工商注册

1. 确定企业法人代表

企业法人申请开业登记程序是指有关法规、规章所规定的企业法人申请开业登记应遵循的步骤和过程，它有两个基本要求：

（1）开业者要符合国家规定的开业条件。根据《工商企业登记管理条例实施细则》规定，工商企业申请登记时，应符合下列基本条件：有固定的生产经营场所和必要的设施；有固定的人员；有必要的资金；常年经营或季节性生产经营在3个月以上，有明确的生产经营范围并符合国家有关政策法令。

（2）要备齐以下法律文件：企业筹建人签署的申请登记书；政府部门或主管部门的批文；企业章程；企业主要负责人的名单和身份证明（并附照片）。

2. 制定企业章程

公司章程是指公司依法制定的，规定公司名称、住所、经营范围、经营管理制度等重大事项的基本文件。公司章程是公司设立的最基本条件和最重要的法律文件，公司章程应当载明下列事项：公司的名称和住所、公司的经营范围、公司注册资本、股东的姓名或者名称、股东的权利和义务、股东的出资方式和出资额、股东转让出资的条件、公司的机构及其产生办法、职权、议事规则、公司的法定代表人、监事成员、公司的解散事由和清算办法等。

3. 准备注册资金

股东只要将货币出资足额存入准备设立的有限责任公司在银行开设的临时账户或验资账户即可，临时验资账户就是企业在注册验资期间为此而临时开立的账户，注册验资的临时存款账户在验资期间只收不付，注册验资资金的汇缴人应与出资人的名称一致。验资过程完成后，验资账户应该注销。

注册公司开立银行临时验资账户需带资料：投资人身份证原件；企业名称预先核准书原件；印鉴章；银行询证函。

4. 验资

验资是指注册会计师依法接受委托，按照要求对被审单位注册资本的实收或变更情况进行审验，并出具验资报告。在公司取得营业执照之前，不能动用临时账户里的资金。

5. 申请登记

申请登记应提交如下文件：公司董事长签署的公司设立登记申请书；全体股东指定代表或共同委托代理人的证明；公司章程；具有法定资格的验资机构出具的验资证明；股东的法人资格证明或自然人身份证明；载明公司董事、监事、经理的姓名、住所的文件以及有关委派、选举或聘用的证明；公司法定代表人任职文件和身份证明；企业名称预先核准通知书；公司住所证明；公司申请登记的经营范围中有法律、行政法规规定必须报经审批的项目的，应当在申请登记前报经有关国家部门审批，并向公司登记机关提交批准文件。

除上述必备文件外，还应提交打印股东名录和董事、经理、监事名录各一份，根据规定的步骤程序，提交申请材料，领取《受理通知书》，缴纳登记费并领取执照。

二、税务登记

新企业注册后应当向主管国家税务机关申报税务登记，税务登记程序如下：

（1）持工商行政管理部门核发的营业执照到国家技术监督部门办理企业统一代码证书（个体工商户免办代码证书）。

（2）自领取营业执照三十日内主动向税务机关提出办理税务登记书面报告，即填写《申请税务登记报告书》。

（3）根据《税收征管法实施细则》的规定提供有关证件和资料：营业执照（复印件）；有关合同、章程、协议书；企业代码证书；银行账号证明；居民身份证（复印件）或护照或其他合法证件；税务机关要求提供的其他有关证件、资料。

（4）如实填写《税务登记表》。

（5）税务机关审核后发给税务登记证件，纳税人凭税务登记证办理以下税务事项：申请办理减税、免税、退税；申请办理外出经营税收管理证明；领购发票；申请办理税务机关规定的其他有关税务事项。

相关税务登记流程图见图 11－1。

三、其他登记备案事项

（一）银行开户

企业可以在银行申请基本存款账户，一般存款、临时存款、专用存款账户。

基本存款账户是企业办理日常结算和现金收付的账户，企业的工资和资金等现金的支取只能通过基本存款账户办理。企业的基本存款账户只能选择一家银行的一个营业机构开立，不得在多家银行机构开立。企业在银行开立基本存款账户时，必须填制开户申请书，提供当地工商行政管理机关核发的《企业法人执照》或《营业执照》正本等有关文件，送交盖有企业印章的印鉴卡片，经银行审核同意并凭中国人民银行当地分支机构核发的开户许可证开立账户。

一般存款账户是企业在基本存款账户以外的银行存款转存、与基本存款账户的企业不

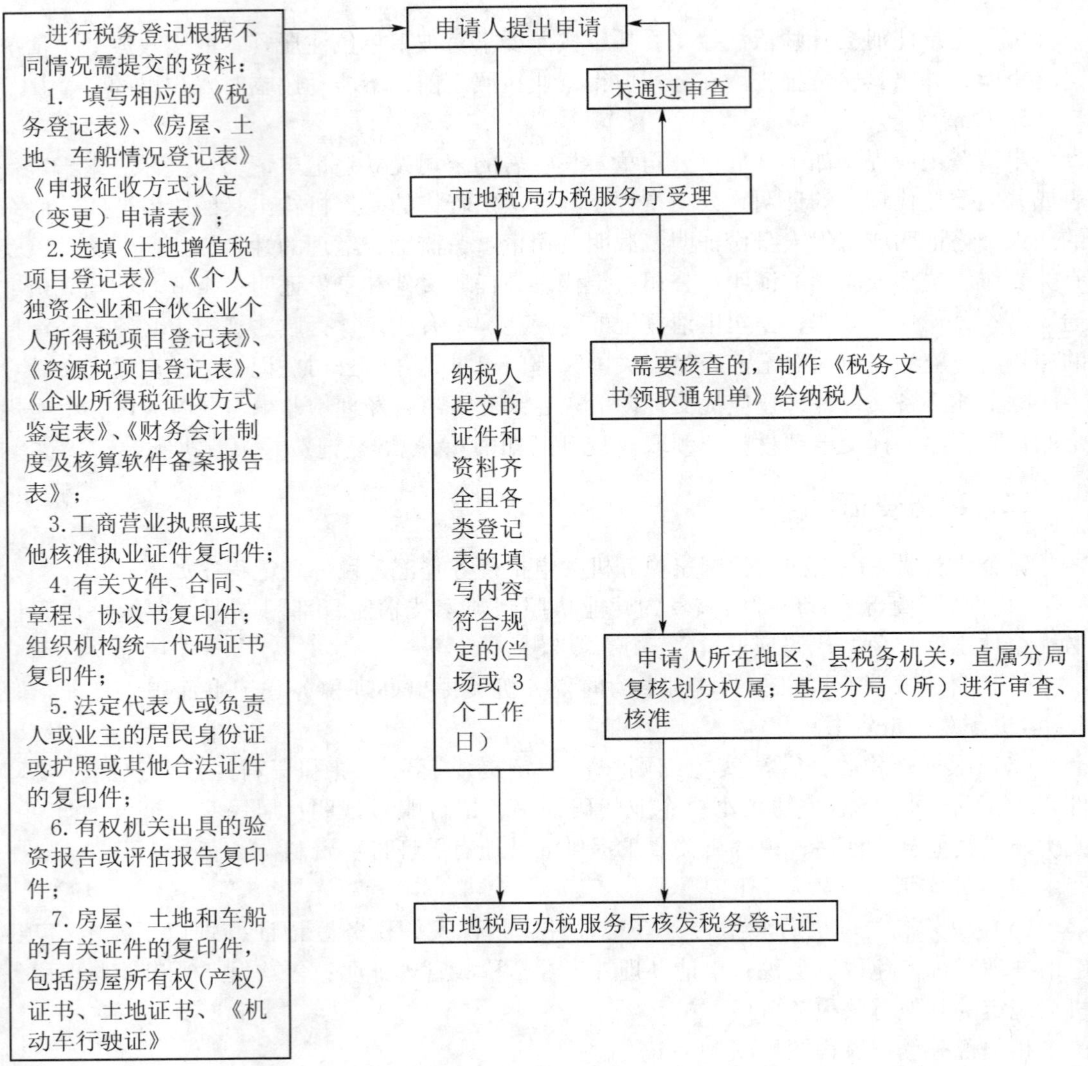

图 11－1　税务登记流程图

在同一地点的附属非独立核算单位的账户，企业可以通过该账户办理转账结算和现金缴存，但不能办理现金支取。一般存款账户还可以使用支票、银行汇票、电汇、信汇、银行本票、托收承付和委托银行收款等结算方式办理国内同城间和异地间的资金清算；可办理交纳企业的各项费用，方便企业集中管理和使用现金，可向银行申请签发银行承兑汇票，还可向银行申请融资。

临时存款账户是企业因临时经营活动需要开立的账户，企业可以本账户输转。企业申请开立一般存款、临时存款、专用存款账户，应填制开户申请书，提供基本存款账户的企业同意其附属的非独立核算单位开户的证明等证件，送交盖有企业印章的卡片，银行审核同意后开立账户。

专用存款账户是存款人按照法律、行政法规和规章，对其特定用途资金进行专项管理和使用而开立的银行结算账户。基本建设的资金、更新研发的资金、特定用途需要专户管理的资金可以申请开立专用存款账户。

（二）企业代码

新企业在办理工商注册登记之后，再到技术监督部门办理组织机构代码证书。申请企业组织机构代码证书应提交的文本：企业营业执照原件（正本、副本均可）（核对）、企业营业执照复印本（正本、副本均可）（备案）、法定代理人（负责人）和经办人身份证复印件、申报表等。

（三）保险

根据《社会保险费征缴暂行条例》，新企业注册后还必须办理社会保险。我国社会保险包括基本养老保险、基本医疗保险和失业保险。社会保险登记程序如下：

（1）单位提交申请，填写《社会保险登记表》和提供证件资料；证件资料包括：工商行政管理机关注册的工商营业执照、批准成立证件或其他核准证件；国家质量技术监督部门验发的组织机构统一代码证书；企业法定代表人身份证；税务登记证；劳动和社会保障部门审批的劳动工资手册；职工工资发放表；职工与企业签订的劳动合同书。

（2）社保经办机构审核单位报送的资料。

（3）社保经办机构审核无误后，建立参保单位、人员基础档案，核发《社会保险登记证》。

实操训练

【实训任务】

学习为企业起名，并列出企业注册的主要步骤。

【实训要求】

1. 班级分组，每组为 6 ～ 8 人；
2. 每组假定成立一家股份有限公司，商定公司名称；
3. 列出公司成立注册的主要步骤。

项目十二　创业企业团队的管理

【能力目标】

1. 能对企业文化的培植提出建设性建议和方案；
2. 能针对创业团队生命周期各阶段特征，提出优秀创业团队建设的方法与步骤；
3. 把握创业团队领导者素质和能力开发的途径；
4. 能从制度、组织、管理等方面入手，设计创业团队的绩效评估方案。

【知识目标】

1. 理解企业团队精神与企业文化的涵义、内容及主要功能；
2. 理解创业团队生命周期及各阶段特征、优秀团队的特点；
3. 理解领导者在创业团队中扮演的角色和主要职责；
4. 理解创业团队管理的方法和措施；
5. 掌握创业团队的激励机制和绩效评估方法。

任务 1　团队精神与企业文化的培植

美国管理学家彼得·德鲁克曾提出关于企业的三个经典式问题："我们的企业是什么"、"我们的企业将成为什么样"、"我们的企业应当是什么"，并且要求任何成功的企业都应该能够正确地回答这些问题。显然，对上述问题的回答，涉及企业的基本假设、价值观、愿景和使命等企业文化基本命题。

现实经济活动中，越来越多的企业开始关心企业文化，重视企业文化建设，但仍有不少企业把企业文化当作一个口号、一个标语、一个希望，这是对企业文化的一种误解。那么，究竟什么是企业文化呢?

一、认识企业文化

（一）企业文化的涵义

通常认为，文化是指在一定的社会经济条件下通过社会实践所形成的并为全体成员遵循的共同意识、价值观念、职业道德、行为规范和准则的总和。企业文化是社会文化与组织管理实践相融合的产物，是一个企业或一个组织在自身发展过程中形成的以价值为核心的独特的文化管理模式。企业文化有广义和狭义之分。狭义的企业文化是指以企业价值观为核心的企业意识形态；而广义的企业文化是指企业物质文化、行为文化、制度文化以及精神文化的总和。广义的企业文化及其构成如图 12 – 1 所示。

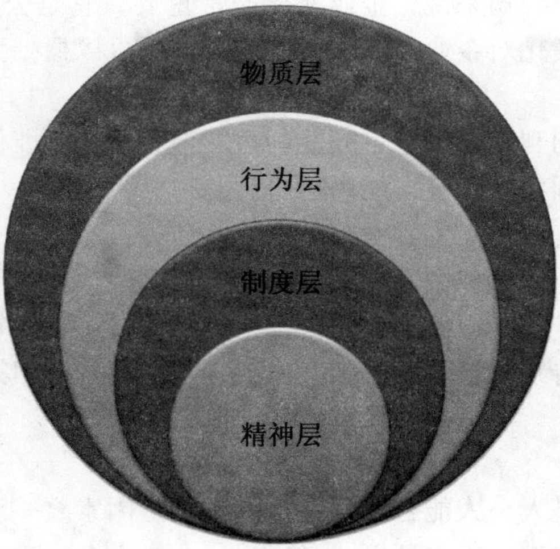

图 12-1　广义的企业文化结构图

从图 12-1 可以看出，企业文化由四个层次构成，即精神层（核心层）、制度层（中间层）、行为层（表层）和物质层。

（二）企业文化对企业经营管理的重大作用

企业文化是一个企业的灵魂所在。良好的企业文化具有凝聚功能、导向功能、协调功能、约束功能、辐射功能和塑造形象作用，能够增强员工对企业的忠诚度和认同感，促进员工和公司保持高度一致，并自觉遵守企业的各项制度，从而提升企业核心竞争力，推动企业的可持续发展。此外，良好的企业文化还是企业网罗人才、留住人才的制胜法宝。

案例1　温氏文化与温氏集团的发展

温氏集团创业 25 年，最成功之处在于创造了优秀的企业文化——温氏文化，这是温氏集团的核心竞争力。温氏文化撷取了中华民族传统文化的精华，体现了社会主义精神文明的内容，融入了世界优秀企业的先进理念，具有非常丰富的内涵。因此，他们不遗余力地弘扬温氏文化，在企业文化的物质文化、行为文化、制度文化和精神文化这四个层面上均有重大建树，使温氏文化变得绚丽多彩、深厚绵长。现有的温氏产品拥有众多系列，包括三黄系列、麻鸡系列、药用系列、肉猪系列、牛奶系列、调味系列等产品。

温北英先生制定了温氏员工守则：“精诚合作，各尽所能。用科学，办实事，争进步，求效益。文明礼貌，胸襟广阔，磊落光明。同呼吸、共命运，齐创美满生活。”这 44 个字凝聚了温北英的毕生心血，包含了企业文化最高层面上的所有内容：企业精神、宗旨目标、价值观、管理哲学、营销理念等。

温氏第二代董事长兼总裁温鹏程在谈温氏文化时讲到：“温氏文化是温氏集团的创业之本和灵魂，是企业得以持续、稳定、健康发展的力量源泉，是温氏所有合作者始终保持高涨创业热情的强大精神支柱。温氏前进的每一步，都带有深深的企业文化烙印。”

本案例说明：对一个公司来说，企业文化非常重要，它是公司发展、团队精神培植、创新学习的基石。企业文化对企业经营管理的重大作用可以概括为以下几方面。

1. 凝聚功能

企业成员既有共同的利益，也有不同的利益，但企业文化能使企业各方面力量凝聚起来，使大家认清共同的利益大于各自的一己之利。

2. 导向功能

企业的各部分和企业的每一个职工既有相同的目标，也存在不同的目标。企业文化能够使整个企业和全体成员在共同的利益和目标指引下保持统一的行动。同时，整个企业也在其文化指引下向一个特别的方向发展。如原英国罗尔斯·罗伊斯的汽车文化使其向贵族车发展。

3. 协调功能

有没有共同的语言是人与人能否结合在一起的关键因素之一。企业文化形成的共同语言，为全体员工创造了和谐的工作环境。

4. 约束功能

通过建立共同的价值体系，形成统一的思想和行为，对企业中每个员工的想法和行为都具有约束和规范作用，从而使企业员工协调行动，自我控制。

5. 辐射功能

6. 塑造形象

企业通过企业文化树立企业的形象，对社会公众产生巨大的影响，同时也构成了社会文化的一部分。例如，可口可乐、麦当劳、好莱坞等构成了美国生活方式和美国文化的一部分。

二、团队精神与企业核心理念

案例2　春归大雁的启示

秋去春归的大雁在飞行时总是结队为伴，队形一会儿呈“一”字，一会儿呈“人”字。大雁为什么要编队飞行呢？因为，大雁在编队飞行时，能产生一种空气动力学效应。编成“人”字形飞行的大雁比具有同样能量而单独飞行的大雁多飞70%的路程。也就是说，编队飞行的大雁能够借助团队的力量飞得更远。

大雁的叫声“热情”十足，能给同伴鼓舞，大雁用叫声鼓励飞在前面的同伴，使团队保持前进的信心。当一只大雁脱队时，会立刻感到独自飞行的艰难与迟缓，所以会很快回到队伍中，继续利用前一只大雁形成的浮力飞行。一个队伍中最辛苦的是领头雁。如果领头雁累了，会退到队伍的侧翼。另一只大雁会取代它的位置，继续领飞。如果有某只大雁生了病或是受了伤而导致飞行困难，就会有两只大雁过来协助和照料它飞行，日夜不停地伴随在它左右，直到它康复或死亡，然后它们再继续去追赶前面的队伍。

（资料来源：《现代人力资源管理》，主编：姚裕群，首都经济贸易大学出版社，2011 版。）

春归大雁在飞行时总是结队为伴，而且行动互相默契、互相配合，给我们一个重要启示：一个组织要有效率、要达到预定目标，需要全体成员在核心价值理念的统领下形成互信合作、共同奋斗的思想意识，即团队精神。

（一）团队精神是组织文化的重要组成部分

所谓团队精神，是指团队整体的价值观、信念和奋斗意识，它是团队成员们为了团队的利益和目标而相互协作、共同奋斗的思想意识。通俗来理解，团队精神就是大局意识、协作精神和服务精神的集中体现。团队精神的基础是尊重个人的兴趣和成就，核心是协同合作，最高境界是全体成员的向心力、凝聚力，反映的是个体利益和整体利益的统一，进而保证组织的高效率运转。挥洒个性、表现特长保证了成员共同完成任务目标，而明确的协作意愿和协作方式则产生了真正的内在动力。

团队精神包括三个层次的内容，即团队的凝聚力、团队成员之间的互信合作意识和团队士气。

（二）企业核心理念是企业文化的核心内容

企业理念可分为核心理念及执行理念。企业核心理念一般包括：企业核心价值观、企业愿景、企业使命。执行理念按照企业的主要职能不同可分别划分为管理理念、行为理念、服务理念等。文化理念体系最关键的是核心理念，它们是企业前进的北斗星、火车头、推动力和粘合剂，只有正确理解核心理念，才能更好地理解企业文化的其他理念。

1. 企业核心价值观

企业核心价值观是企业为追求愿景、实现使命而提炼出来的指导企业上下形成共同行为模式的精神元素，是企业用以判断企业运行当中大是大非的根本原则，它指明企业提倡什么、反对什么、赞赏什么、批判什么，解决企业在发展中如何处理内外矛盾，如企业对市场、对客户、对员工等的看法或态度。

一个优秀的企业必须有自己的明确的核心价值观，有了核心价值观，企业才有明确的价值判断依据，员工的行为才有明确的是非判断依据。以下是一些知名企业的核心价值观概述：

海尔：敬业报国、追求卓越。

联想：把员工的个人追求融入企业的长远发展之中，即办公司就是办人。

TCL：创中国名牌，建一流企业。

华为：“获益”与“公平”。

惠普公司：“我们对人充分信任与尊重，我们追求高标准的贡献，我们将始终如一的情操与我们的事业融为一体，我们通过团队，通过鼓励灵活与创新来实现共同的目标——我们致力于科技的发展是为了增进人类的福利”。

摩托罗拉：“保持高尚的操守，对人永远地尊重”。

2. 企业愿景

企业愿景就是要告诉人们“企业是什么”，告诉人们企业将做成什么样子，是对企业未来发展的一种期望和描述。只有清晰地描述企业的愿景，员工、社会和合作伙伴才能对企业有更为清晰的认识。一个美好的企业愿景能够激发人们发自内心的感召力量，激发人们强大的凝聚力和向心力。以下是国内外一些知名企业的愿景概述：

万科："成为中国房地产行业的领跑者"。

天元："构筑自强和谐天元，打造百年长青基业"。

福特："让马从马路上走开，让大众都能买上汽车"。

松下："让家用电器像自来水一样流进每个家庭"。

3. 企业使命

企业的使命指出了企业所肩负的任务、责任或企业的终极追求，是企业开展经营活动的根据。主要回答企业存在的根本目的和理由是什么，是企业存在的意义的高度概括。世界管理大师德鲁克曾指出：建立一个明确的企业使命应成为战略家的首要责任。

作为一个优秀企业必须有自己的使命，企业管理的最终目的也都是为了更有效地完成自己的使命，企业员工有了使命感，才会有动力源泉，激发出自己的潜能。优秀企业的企业使命是超脱员工、企业、客户的利益的，几乎与商业利益无关，它主要在于呈现出自己对人类、对社会的价值。以下是一些知名企业的使命概述：

惠普："为人类的幸福和发展做出技术贡献"。

迪斯尼："让人们快乐"。

索尼："体验发展技术造福大众的快乐"。

沃尔玛："给普通百姓提供机会，使他们能与富人一样买到同样的东西"。

三、创业企业文化的培植

企业文化的培植是一项复杂的系统工程，特别是创业企业大多处在成长阶段，本身文化积淀不深厚，加上人、财、物等资源相对不足，因此，创业企业文化的培植要立足于自身的特点和条件，统筹规划，突出重点，有组织、有领导、有步骤地不断推进。

（一）创业企业文化培植的主要内容

（1）总结、提炼和培育鲜明的企业核心价值观和企业精神，体现爱国主义、集体主义和社会主义市场经济的基本要求；

（2）结合企业经营发展战略，提炼各具特色、充满生机而又符合企业实际的企业经营管理理念，形成以诚信为核心的企业道德，依法经营，规避风险，推动企业沿着正确的方向不断提高经营水平；

（3）进一步完善相关管理制度，寓文化理念于制度之中，规范员工行为，提高管理效能；

（4）加强思想道德建设，提高员工的综合素质，培育"四有"员工队伍，促进人的全面发展；

（5）建立企业标识体系，加强企业文化设施建设，美化工作生活环境，提高产品、服务质量，打造企业品牌，提升企业的知名度、信誉度和美誉度，树立企业良好的公众形象；

（6）按照现代企业制度的要求，构建协调、有力的领导体制和运行机制，不断提高企业文化建设水平。

（二）创业企业文化培植的基本步骤

企业文化培植一般分为五个阶段：准备阶段、调研阶段、分析诊断阶段、提炼设计阶段、推广实施阶段。

1. 准备阶段

主要是分析客观形势的发展趋势，掌握本企业文化的现状，初步确定企业文化建设的目标。

2. 调研阶段

主要是对与企业文化有关的方面进行调查，做到心中有数。

3. 分析诊断阶段

主要是分析客观形势发展、企业文化现状，结合企业发展战略和实际情况，找出差距和不足，明确企业文化建设的总体任务和步骤。

4. 提炼设计阶段

围绕企业文化建设的目标、任务和步骤，从企业历史和现状出发，结合企业的现实条件和发展要求，提炼企业价值观、经营理念、企业精神等，进行识别系统的设计。

5. 推广实施阶段

全面推动企业文化培植各项任务和步骤的实施，把广泛宣传和深入细致工作相结合，持久坚持下去。

任务2　团队的培养与维护

一、创业团队的演变规律

创业团队生命周期一般可以分为成立、动荡、规范、高效和整合等五个阶段。从普通的“群体”向团队过渡的角度，还可以将团队的发展历程分为群体、伪团队、潜在团队、真正团队和高效团队等五个阶段，这种过渡伴随着绩效的跌落、恢复和提升。

1. 成立阶段

成立阶段的团队，经常会表现很高的士气。

在这一阶段，创业团队建设的特征表现为：初步形成创业团队的内部框架；建立创业团队与外界的初步联系。

团队成立阶段最重要的是明确团队的目标，这对增强团队凝聚力以及形成团队的集体荣誉感至关重要。团队领导在这个阶段要时刻强调团队的目标，并且展现出充分的自信和必胜的信心。

2. 动荡阶段

在动荡阶段，虽然持续地投入工作却几乎看不到进展，但只要仔细观察不难发现，团队整体的生产力水平却在稳步提高；连续的培训以及对工作的理解，使团队成员在实战中慢慢形成个人的风格。

在这一阶段，创业团队建设的特征表现为：隐藏问题暴露出来；运用公开讨论、解决冲突、促进沟通、改善关系等方法解决问题。

团队领导在这个敏感的时期，要重视和处理以下问题：

（1）关注团队进步情况，就工作中遇到的问题与员工进行充分沟通，帮助大家分析问题并提供解决方案；

（2）建立标准的工作规范，并依据规范进行操作；

（3）积极鼓舞团队士气；

（4）善于树立典型，号召大家向优秀者学习。

3. 规范阶段

在团队建设的过程中，经过了震荡期后，团队开始逐步走向稳定，这时沟通之门打开，相互信任加强，团队成员的人际关系由分散、矛盾逐步走向凝聚、合作。

在这一阶段，创业团队建设的特征表现为：通过设定标准、交流想法、阐明愿景、明确职责等方式建立必要工作规范。同时，在这一阶段是组织建设团队文化的最有利时期。团队文化建设的内容是培养成员互助合作、敬业奉献的精神，增强对团队的归属感和凝聚力，促进团队共同价值观的形成，鼓励团队成员为实现团队目标而奋斗。

4. 高效阶段

“高效”期是组织目标实现的时期。

在这一阶段，创业团队建设的特征表现为：形成有力的团队文化，更广泛的授权与更清晰的权责划分；关注如何提高团队效率和效益，把全部精力用于应对各种挑战，形成成果。

作为这一阶段的团队领导，应该尽可能地使大家分享领导权，以便于队员有更大的自由度投入工作。在这个基础上，为队员制定更有挑战性的目标，最大限度地扩大团队胜利的成果。对工作能力突出的优秀队员，要使用物质和非物质激励手段，在团队内部为其树立威信，争取打造成为队员身边的英雄。

5. 整合阶段

团队实现了自己的阶段性目标之后，必然要进行组织整合。整合过程其实就是组织调配力量，为下一个目标进行筹备的前奏。前一段时间经过激烈的竞争，能力突出的队员已经成长为可以独当一面的专业人才，需要将其调整到新的岗位，承担更大的责任。同时，利用整合的机会促进组织的新陈代谢，从而保持旺盛的活力。在这一阶段，因为没有太大的工作压力，团队士气相对平稳，团队行为特征表现为团队休整或解散。

在这一阶段，创业团队的建设特征表现为：对团队实行整顿，其中一个重要内容是优化团队规范。对于组织内部的基层团队，团队领导可能面临组织调整或忙于表彰总结等活动，多数时候对团队工作无暇顾及。

二、优秀团队的开发

在企业的成长和发展过程中，自始至终有两大使命，一是创造财富，二是打造团队。团队是内在的动力，财富是外在的力量，并最终要获得超越财富和团队的力量，即品牌。只有这样，企业才可能做大、做强、做久。所以，企业从一开始起，就得创造财富和团队建设两条腿走路，没有团队支撑的财富不可能长久，当然没有财富支持的团队同样也走不远。

案例3

2009年，柳传志重新出山担任联想集团董事局主席。在柳传志眼里，中国企业要想做好，首先要弄好的就是“班子”，亦即团队。“班子统一了，才能制定正确的战略。”柳传志说，“企业做不好，从来都不是业务的挑战，而是企业内部的管理问题。”有了好的班子，就让“联想控股上市，是柳传志团队的长远目标。在这一大目标之下，受益者是整个核心团队成员。”有联想内部人士向记者透露，“这也是柳总所言的大家庭。”

（资料来源：http：//tech. 163. coml）

（一）优秀创业团队的特征

一个处于良性运转的高绩效团队必然具备一些显著的特征，而正是由于有了这些特征，一个群体组织才能称之为团队或优秀团队。根据创业库（cykuu. com）资料，一个优秀团队必须具备以下特征。

1. 目标清晰

优秀的团队对于要达到的主要目标应有清楚的了解，并坚信这一目标包含着重大的意义和价值。而且，这种目标的重要性还激励着团队成员把个人目标升华到团队目标中去。

2. 技能互补

优秀的团队是由一群有能力的人组成的。他们具备实现理想目标所必需的技术和能力，而且相互之间技能具有互补性，有良好合作的个性品质，从而能够出色完成任务。

3. 沟通良好

成员之间通过畅通的渠道交换信息，互相之间能迅速、准确地了解一致的想法和情感。管理层与团队成员之间健康的信息反馈，也有助于管理者指导团队成员行动，消除误解。

4. 承诺一致

团队成员对群体具有认同感，把自己属于该群体的身份看作是自我实现的一个方面。因此，承诺一致的表现是对团队目标的奉献精神，愿意为实现目标而调动和发挥自己的最大潜能。

5. 恰当领导

优秀团队领导者往往担任的是教练和后盾的角色，他们对团队提供指导和支持，但并不试图去控制它，他们鼓舞团队成员的自信心，帮助他们更充分地了解自己的潜能。

6. 相互信任

团队成员之间相互作用、直接接触，彼此相互影响，形成一种默契、关心和信赖的关系，不论何时，不论需要怎样的支持，成员之间都相互给予帮助，彼此协作，共同完成团队的目标。

（二）优秀团队建设的措施及步骤

优秀团队建设过程中最大的困难和困惑，在于人性和人心的变化莫测。团队核心成员之间自然磨合需要较长的时间，尤其是执行团队涉及部门与部门之间的磨合。企业所面临的资金、技术、产品等问题都可以借别人的力量来解决，但团队建设这个困难是无法依靠外部力量来克服的，需要自身的不懈努力才能取得实效。通常认为，一个优秀团队的建设需要经历以下三部曲。

1. 确定目标，选拔成员

每个团队都有其存在的理由，也就是它独特的目标。因此，构建一个团队首先要弄清楚它的目标是什么，进而确定需要什么样的人来实现这个目标，并确定具体用人标准，找出每位团队成员所需具备的知识和技能，进行人员选拔。

如西游记中，唐僧在接受了“西天取经”任务之后，在观音菩萨指点之下，组建了五名成员构成的团队，这五名成员在性格上各有各的特点，但是有着互补的技能。对于整个团队来说，目标就是取得真经；而对于其中的四名下属成员来说，西行的目的就是为了将功赎罪、弥补之前的过错，因此斗志昂扬，激励效果非常明显。观音菩萨在选择西行团队成员时能够充分考虑到他们的能力和态度，最终团队目标得以实现可谓理所当然。

2. 团队培训，营造氛围

高绩效的团队成员不仅需要具备一定的互补技能，更需要具有很强的分析问题、解决问题、人际交往、信息沟通、冲突解决等能力。团队需要所有成员的通力合作，因此要防止个人英雄主义，创造每个人都是团队不可缺少的一分子的文化氛围，让大家明白只有共同支持、协作、努力，才能更好地完成团队目标。因此，在团队建立初期以及运作过程中，相应的培训和培养必不可少。

目前国内外比较流行的体验式培训就是一种非常好的团队培训方式。体验式培训经历了一个从实践（个人的体验）到理论（包括个人的认识）再到实践（企业的具体活动）的过程。这个过程特别强调学习者的体验和感受，但体验不是目的，只是手段，只有通过团队成员共享成果并应用于实践，才算达成了体验式培训的目的。体验式培训形式广泛，比较流行的主要有户外拓展训练、沙盘模拟、行动式学习、教练等。

3. 绩效辅导，有效激励

不断提升团队成员的绩效和保持旺盛的士气，离不开良好的绩效管理系统和奖励机制。周期性地对团队及其成员进行绩效考核，不仅可以让组织或团队领导随时监控团队及成员的绩效状况，并以此提供相应的资源支持和绩效辅导，改进员工的绩效，而且还可以依据考核结果及时给团队及成员以奖励，进一步激发他们的热情，向更高的绩效目标迈进。

例如，由于唐僧自己无法辨别妖怪，常常把化为人形的妖怪当做好人，从而导致唐僧无法就孙悟空打妖怪的过程进行控制。因此，起初唐僧在考核时，过分地关注过程而忽略结果，同时还掺杂过多的个人价值判断，这样考核的结果自然无法令人信服。同时在激励手段上，唐僧一味以负激励手段——念紧箍咒为主，所以孙悟空的辞职也就再正常不过了。还好唐僧及时进行了调整，关注结果，更多地采用灌输价值观和愿景目标的方式，借此来引导孙悟空的行为，果然取得了事半功倍的效果。

（三）创业团队的激励机制

案例4

海尔集团的激励机制

海尔认为：人力资源是企业最宝贵的资源，如果每个人的潜能都发挥出来，每个人都是一个太平洋，都是一座喜马拉雅山，要多大有多大，要多深有多深，要多高有多高。所以盘活企业，首先是盘活人。盘活人重要的是激励和约束，只有机制到位，才能充分发挥人的积极性和潜能。

在海尔的奖励制度中有一项叫“命名工具”，这些被改革后的新工具的发明者都是在一线的普通工人。如工人李启明发明的焊枪被命名为“启明焊枪”，杨晓玲发明的扳手被命名为“晓玲扳手”。这一措施大大激发了普通员工在本岗位创新的激情，后来不断有新的命名工具出现，员工以此为自豪！

（资料来源：http：//www. 795. com. cnl）

激励机制就是在激励中起关键性作用的一些因素，由时机、频率、程度、方向和方法等因素组成。它的功能集中表现在对激励的效果有直接和显著的影响，所以认识和了解激励的机制，对搞好激励工作是大有益处的。

1. 激励时机

激励时机是指为取得最佳的激励效果而进行激励的时间。激励时机适当，才能有效地发挥激励的作用。就像平时炒菜一样，在不同的时间放入佐料，菜的味道和质量是不一样的。超前的激励可能会使工作人员感到无足轻重；迟来的激励可能会让工作人员觉得多此一举，使激励失去意义，发挥不了激励应有的效应。

2. 激励频率

激励频率是指在一定时间里进行激励的次数，它一般是以一个工作周期为时间单位的。激励频率的选择受多种客观因素的制约，这些客观因素包括工作的内容和性质、任务目标的明确程度、激励对象的素质情况、劳动条件和人事环境等。激励频率的客观制约因素比较如表 12－1 所示。

表 12－1　激励频率的客观制约因素比较表

工作复杂程度	目标明确程度	工作人员素质	工作环境条件	频率
复杂				高
简单				低
	明确，短期成效高			高
	不明确，短期成效低			低
		较差		高
		较好		低
			较差	高
			较好	低

3. 激励程度

激励程度是指激励量的大小，即奖赏或惩罚标准的高低。能否恰当地掌握激励程度，直接影响到激励作用的发挥。从量上把握激励，一定要做到恰如其分，激励程度不能过高也不能过低。比如，过分优厚的奖赏，就会使人觉得奖赏来得容易，丧失了充分发挥积极性的作用。

4. 激励方向

激励方向是指激励的针对性，即针对什么样的内容来实施激励。人的需要是分层次的，当某一层次的需要得到满足时，应及时调整方向，将其转移到满足更高层次的优先需要，这样才能更有效地达到激励的目的。比如对一个具有强烈自我表现欲望的员工来说，如果要对他所取得的成绩予以奖励，奖给他奖金和实物不如为他创造一次能充分表现自己才能的机会，使他从中得到更大的鼓励。

5. 激励方法

创业团队的激励方法一般有薪金激励、分配公司的股权和期权、晋升激励、目标激励、培训激励等。根据国外调查，在对影响员工生产率的80项激励方式所进行的研究中，以报酬作为刺激物使生产率水平提高的程度最大，达到30%，其他激励方法仅能提高8%～16%；分配公司的股份和期权是一种较为普遍的激励方式。运用晋升激励时，要注意晋升制度中的公开、公平、公正原则，创建科学的人才选拔和竞争机制。目标激励要求以明确的组织目标为依据，对其进行纵向和横向的层层分解，各层次、各部门及每一位员工都以目标为标准，在实施目标的过程中，实行自我激励和自我控制。实际上，激励方法还有很多种，但有一点是肯定的，无论采用什么激励方法，都不是最有效的或最无效的；有效的激励是和需要相联系，各种激励方法综合运用的结果。

（四）创业团队的绩效评估

1. 团队绩效的涵义

绩效是指员工在完成组织的经济效益方面成果与贡献的具体内容。它包括数量和质量两个方面，例如营销员完成商品的销售额、生产工人制造的机器零件等。而团队绩效是指团队实现预定目标的实际结果，主要包括三个方面的内容：团队对组织既定目标的达成情况；团队成员的满意感；团队成员继续协作的能力。

团队绩效的影响因素包括团队精神、团队成员特征、团队领导、团队目标、团队激励、团队结构、团队成员素质、团队的外部环境和组织特征等。

2. 团队绩效评估

团队绩效评估应给整个团队传达这样一个信息：团队成员必须认识到团队里的问题以及团队成员共同创建团队的能力。团队绩效评估可以提高团队成员的自豪感和成就感，并不断提高团队成员的认同感等。

（1）团队绩效评估的对象。团队绩效的评估，既要对团队的绩效目标进行评估，还要对团队成员的工作表现及团队绩效对组织目标实现的贡献进行评估，即个体成员和整个团队都为评估对象。

（2）团队绩效评估的内容。目前强调的绩效评估的内容有任务绩效（即任务的质量、数量等）；周边绩效（本职工作外的绩效，如高校教师除教学工作外，还有科研工作）以及团队工作绩效（在问题解决和处理冲突过程中的相互配合、公开沟通、目标设定以及绩效评估中团队成员之间的合作等）。员工的任务绩效主要对组织的核心技术过程有贡献；而周边绩效和团队绩效则对任务绩效的发生所处的组织的、社会的以及心理的背景有贡献。

(3) 团队绩效评估的步骤。企业应根据实际情况进行团队的绩效评估，下面所列的具体步骤可为企业提供参考：

①人力资源部发布评估通知，启动评估程序，确定评估的时间和要求；

②对团队负责人的绩效进行评估；

③根据员工所在团队负责人的评估成绩，确定团队成员的评估结果分布，如表 12－2 所示。

表 12－2　团队负责人评估结果与团队成员评估结果分布对应表

团队负责人评估结果＼团队成员评估结果	优秀	良好	一般	需要改进	较差
优秀	30%	50%	10%	5%	5%
良好	10%	40%	35%	10%	5%
一般		30%	40%	20%	10%
需要改进		20%	50%	20%	10%
较差		10%	60%	15%	15%

说明：1. 上表的因变关系为团队负责人的评估结果决定团队成员的评估结果分布；
2. 以上比例为对员工评估的上限，仅适用于部门经理级以下员工。

④团队负责根据实际发生的业务，对业务目标、评估标准、权重与员工沟通进行调整；

⑤员工进行自评、提交给直接上级，并提醒上级进行下一环节的操作；

⑥员工的直接上级进行评估，与员工进行沟通并将评估意见交给员工；

⑦员工填写意见并提交给间接上级；

⑧员工的间接上级提出评估意见、提交给员工的直接上级；

⑨员工的直接上级填写最终评估意见，提交人力资源部；

⑩员工的直接上级与员工沟通并达成下一季度的业务目标。

任务3　做好创业团队领导者

据邓百氏咨询公司的调查，90% 以上的商业失败都归结为团队领导者未能履行好领导职能。创业团队在面对竞争激烈的市场时，往往由于对创业认识的不到位以及自身的管理经验不足，在团队管理，尤其是团队人力资源管理中出现了诸多问题，甚至导致了创业团队的解散和创业的失败。可以说创业团队建设能否取得成功，在很大程度上有赖于团队领导者角色的发挥。如果用一句不太恰当的话形容团队领导者在企业经营过程中的地位和作用，那就是“成也领导，败也领导”！

一、领导者的工作职责

创业团队的命运很大程度上系于其核心领导者一身。从创业团队领导者所处的位置和肩负的责任来看，领导者应该具有以下三重最主要的职责：确定团队的愿景及发展目标；严格监督执行，加强考核；选好人，用好人，调动一切力量来促进目标达成。这也是衡量团队领导者是否名副其实的最主要标准。

（一）确定创业团队的愿景及发展目标

著名心理学家马斯洛晚年曾从事对杰出团队的研究，发现他们最显著的特征便是具有共同的愿景与目标，他认为："每一个自我实现的人都献身于某一事业、号召、使命和他们所热爱的工作"，而且在特别出色的团队里，个人目标与团队愿景已经无法分开了。

1. 确定共同愿景

"团队领导人的首要艰巨任务是设立愿景，使愿景体现在生活作息中，并激发团队去实现它。"

——杰克·韦尔奇

愿景是企业和个人渴望达到的一种境界，能鼓励人们前进和奋斗。曾经有人说过，推动企业迈向未来的动力不是现金，而是每位员工的热情和智慧，这些热情和智慧来自于人人都衷心向往的共同愿望。共同愿景是指导组织成员行为的哲学，它可以充分发挥资源的作用，做到以小搏大、以少胜多。因此，确定团队的共同愿景是企业领导者的首要职责。

确定团队的共同愿景应注意以下几个基本原则：

（1）共同愿景要宏伟、切实。

（2）共同愿景要振奋、激励。

（3）共同愿景要清晰、明确。

2. 确立明确的发展目标

团队的目标赋予团队一种高于团队成员个人总和的认同感，这种认同感为解决个人利益和团队利益的碰撞提供了有意义的标准，使得一些威胁性的冲突有可能顺利转化为建设性的冲突；同时，还给全体成员一个共同的指向，增强团队的凝聚力和向心力，保持团队在共同愿景的激励下不断前进。如果一个团队缺乏一致认同的发展目标，团队内部就难以形成凝聚力和战斗力，严重时还会导致团队的破裂。《新浪潮》与专业咨询公司的调查结果显示：创业伙伴分手有65.4%的人是因为缺乏对企业经营目标一致性的认识。联想的"柳倪之争"也是一个典型案例。柳传志和倪光南在创业之初并没有目标的分歧，两人的目标是统一的，就是都希望把联想做大做强。导致两人分歧直至最终决裂的原因是两人在路线选择上的不同：倪光南希望联想走"技工贸"的道路，而柳传志则希望联想走"贸工技"的道路。正是因为这种在路线选择上的差异，才导致了最后两人之间的权力斗争。

（二）严格监督执行，加强考核管理

执行是实现既定目标的具体过程，也是一个非常艰苦、困难和琐碎的事情，从某种意义上说，执行关系到团队战斗力是否有效，团队领导者在执行过程中扮演了一个至关重要的角色。领导者扮演了正确的执行角色，执行才能成功，团队发展战略才能变成现实，团

队才会进入稳健、快速发展期。否则，即使领导者制定了非常明确的战略目标，领导者的执行角色不当，团队仍然会缺乏执行力，甚至导致最终的失败。

同时，领导者必须做好监督考核的工作。有一句话非常经典："下属只会做领导会考核的事情，而不会做领导希望做的事情。"因此，监督考核、贯彻执行就显得非常重要，而在这方面最具影响力的当然是企业领导者。领导者在监督执行过程中，必须以身作则，带头示范，通过各种奖惩制度来坚决贯彻执行下去，最终形成一种"上行下效、上下齐心"的局面，共同将事业做大。

（三）选好人，用好人，让合适的人做合适的事

领导者要领导好一个创业团队，一个重要的职责是要选好人、用好人，让合适的人做合适的事，以充分发挥全体成员的积极性、主动性和创造性，形成团队合力。首先，团队领导要对团队内部每一个职位的工作内容有所了解，这样他才能够知道需要什么样的人才加入团队。其次，团队领导还需要对每一个团队成员的能力有所了解，既要知道他们的优势和长处，又要了解他们的劣势与缺点。只有这样，才能把他们安排到合适的职位，充分发挥他们的优势，避免他们的劣势。

有的领导者在选聘人才时，片面强调"专业对口"，认为只要能力高，就能增强团队的战斗力。殊不知，如果能力不能与职位匹配，即使是天才，也难以发挥他应有的战斗力。

（四）建立人才培养制度

优秀的领导者要善于从团队成立之初就着手构建团队人才培养计划，为团队的扩张及时提供人力支持。任何一个团队都有自己的制度及文化，这种团队的制度和文化对于创业团队，特别是创业初期的团队尤其重要，它体现着团队精神和团队文化。因此对新人要适时进行专门的引导培训，使之熟悉团队的制度与文化，并迅速融入团队精神和团队文化中，真正成为团队的一分子。因此，领导者在创业企业团队建设中，要建立人才培养制度，完善员工培训机制，构建学习型团队。

二、领导者的能力

创业者的领导能力直接决定着创业团队的发展。优秀的创业领导者能带领团队齐心协力，激励团队成员积极进取，发挥团队巨大的力量。创业者的团队领导能力主要包括对团队的调动能力和对利益及关系的协调能力两方面，具体体现为以下六种能力。

（一）深刻的洞察力

深刻的洞察力，是一种敏锐的、迅速的、能准确抓住问题要害的能力。创造始于问题，历史上所有做出过重大创造的人，都是在特定的领域首先发现问题的人。从某种意义上，洞察力是一种直觉力，具有这种能力需要有很高的资质禀赋。当然，勤于学习、实践与思考，有助于锻炼这种能力。

（二）变通能力

变通能力是指在事物发展过程中，对于突发事件适时的随机应变能力，能够最大限度地将突发的偶然因素变成实现创新的有利因素。创业团队领导者应该明白在这个善变的人

际关系中，变通是解决问题的唯一方法。在现实生活中，创业团队领导者需要审时度势，因时因势制宜，一方面要把握原则，另一方面要在不同的场合、不同的人际关系、不同的法理环境中随机应变，达到解决问题的目的。

（三）人际关系能力

人际关系能力是管理者必备的三大能力之一，更是创业团队领导者最重要的领导能力之一。创业团队领导者的人际关系能力表现在人际沟通能力、交际感染力和合理利用人际关系的能力。

作为团队的领导者，要有良好的人际关系能力，首先是要在团队内部搭建平等、双向的沟通机制。通用电器公司总裁杰克·韦尔奇曾总结出他对沟通与管理的理解："管理就是沟通、沟通再沟通"。沟通就是为了统一思想认识，达成未来发展方向的共识。其次，沟通的范围要渗透到企业的每一个方面，不仅仅是内部，外部也要形成良好的沟通，这样所确立的目标才能切合实际。最后，沟通中要让各种观点相互碰撞，在交流碰撞中化解各种误会，使团队成员在沟通中建立相互信任、相互帮助的模式，让团队成员观点在沟通中一致，进而行动一致，最终价值观一致。

（四）整合资源的能力

创业团队领导者必须整合人、财、物和信息等资源，将优势资源与创业机会相结合。整合资源的能力是个综合能力，包括资源的获取能力、组织能力、控制能力、领导能力和匹配能力等，但主要集中体现在资源合理配置，提高资源效率等方面。

（五）终身学习能力

在激烈竞争的环境中，事物不断变化，新事物不断涌现，新问题不断出现，创业团队领导者必须具备很强的学习能力。法国著名作家、社会活动家罗曼·罗兰指出："成年人慢慢被时代淘汰的最大原因，不是年龄的增长，而是学习热情的减退"，这对创业团队领导者更是如此。因此，创业团队领导者要不断提高自身的学习能力，在构建学习型团队中起表率和示范作用。

（六）创新能力

创新能力是指个体运用已有的基础知识和可以利用的材料，掌握相关学科的前沿知识，产生某种新颖、独特，有社会价值或个人价值的思想、观点、方法和产品的能力。创新能力涉及一个人的多种能力，如认识能力、观察能力、记忆能力、判断能力、分析能力、想象能力、实验能力、自学能力、吸收知识能力、获取信息能力等，是一个人综合能力的具体体现。创新能力是领导者的核心能力，创业团队领导者要从创新意识、创新思维、创新技能三大方面提升创新能力。

三、领导者的品质

西方有言："知识不如能力，能力不如品质。"大量的管理心理学研究已经证实，领导者个人是否具备优良的个性品质，对其领导的有效性影响重大。美国心理学家曾对1 500 位儿童进行长期追踪观察，发现成功人士和普通人显著的差异并不在智力方面，而在于心理素质不同，在于个性品质不同。成功者之所以成功，非智力因素——意志、品德、肚量等占80%以上，而智力因素只占不足20%，因此得出结论：成就卓著者都是具有坚定、沉静、专注、坚韧、果敢、宽厚等优良个性品质的人。

领导者作为工作活动的指挥者，其个性品质不仅关系到其自身的自主性、能动性、创造性的发挥，同时也能影响到自己下属的凝聚力、战斗力的提高，甚至关系到整个工作的成败。具体来说，创业团队领导者应具备以下品质：

（1）作为创业团队行动的指挥者，应具有的品格主要包括有序、尽职、果断、忠诚、主动、谦虚和决心；

（2）作为创业团队战略制定者，应具有的品格主要包括明智、信心、明辨、谨慎、真爱、创新和热情；

（3）作为创业团队的协调者，还必须具有包括专注、公正、亲切、敏锐、同情、尊重和友善在内的品格。

一个成功的创业团队领导者，应该具有综合的谋略和优秀品格的组合。百事可乐的总裁 Craig Wcatherup 曾经说：人们可以忍受诚实的错误，但是一旦失去了对方的信任，想要重新得到他们的信任会是很难的一件事。因此你应该把别人对自己的信任作为最宝贵的资产。你或许可以蒙骗你的上司，但是你别想骗过你的同事和下属。

总之，一个优秀的创业团队领导者一定要有积极的心态、坚定的信念、坚强的意志、稳定的情绪和宽宏的肚量。这就要求领导者对自己的工作要充满信心，能在极其复杂的情况下，排除不良外在因素的刺激和干扰，能运用理智控制感情，做到取得成绩不得意忘形，遇到挫折不灰心气馁，受到委屈不自暴自弃，得到奖赏不心高气傲；要求领导者在具体工作中能调节好自己的情绪，以最佳状态，合情合理合法地、冷静沉着稳妥地处理每个问题。领导者要把个性品质的自我修炼作为自我发展的重要内容，要自觉地修养心性，不断提高自己的心理素质，增强自己的优良个性品质，并以自己优良的个性品质来吸引人、感动人，从而提高领导活动的有效性，取得卓越的领导成就。

任务4　创业团队的管理

一、建立信任

信任，作为高素质团队的起点，能制约和推动团队的发展。团队能不能飞跃，首先看在团队中能不能建立起相互的信任。

（一）信任是合作的基础

对于一个团队而言，团队成员的行为是相互依赖的，且团队合作往往是建立在信任的基础上而非利益的基础上。尤其在现今的工业社会里，虽然信任与合作正朝着一体化的方向发展，但是合作仍是以互相信任为前提的，没有信任，就难以产生合作的基础。可以说，信任是一个成功的高效团队的关键因素，即彼此独立，有效率，有吸引力，共同承担责任，相互鼓励和信任。现实中，团队的失败大多也被归结为内部缺乏信任，团队成员对领导的不信任是团队失败的主要原因。

然而，信任却是脆弱的，信任的建立需要相当长的时间，而破坏又极容易，破坏之后要恢复相当困难。团队领导如何建立及增强成员的信任呢？威尔逊和乔治在《团队领导生存手册》中指出，要建立团队内的信任，团队领导者应注意做好以下9个方面：

（1）必须知道自己所做的事是否对建立团队内部的信任有意义；

（2）能识别同伴间的不信任以及不信任对团队的不良影响；

（3）要知道如何避免信任陷阱，如随便猜疑别人、掩饰自己、不守承诺、打击报信人、混淆信息、糖衣炮弹等；

（4）在陷入信任陷阱时，有自己信任和尊重的人来提醒自己；

（5）坦率表达自己的看法；

（6）善于倾听别人的谈话；

（7）适当的时候，承认自己不全知道所有的解决办法；

（8）让别人提供反馈意见，同时要对他们的意见做出合理的、恰当的反馈；

（9）要告诉别人，你是非常信任他们的。

（二）构建相互信任的氛围

团队只有建立了信任的氛围，才能保持持久的合作。在信任的构建过程中，信任的五个要素：正直、能力、惯性、忠诚和开放是非常重要的。如果团队领导者能将这五个信任要素真正落实到团队建设的过程中，团队信任的气氛就容易建立并能得到不断巩固。那么，在信任的构建过程中如何将信息的五大要素落实到团队行动中呢？具体途径，一是要展现信任；二是要分享信息；三是要开诚布公；四是要给每一个人提供赢的机会；五是要及时给予反馈；六是要正面解决问题；七是要勇于承认错误；八是要做到言行一致。因此，团队领导者要想被人信任，就要尽量做到这八条，并重视与员工之间的信任关系，注意在与员工进行沟通交流中的一言一行，力争在公司内部创造一种信任的环境。

（三）信任也需要监督

信任无疑能提高组织成员的积极性、满意度，有效地提升组织创新、生存等能力，然而，信任也有成本，一旦信任被利用了，高得可怕的信任成本便显示出它极强的破坏力。因为没有约束的信任将伴随着风险。CISCO就是一个典型的案例。

案例5

CISCO的CEO钱伯斯所领导的公司是美国商业的奇迹，他所倡导的诚信文化创造了一个时代，被很多企业追捧。在业内，CISCO以客户对他的高度信赖闻名，它和很多合作伙伴的关系往往只有非书面协议。在互联网最热闹的时候，它创造了“所有的库存在路上”的神话。但当网络泡沫破灭的时候，客户不得不取消订购计划，由于连书面的协议都没有，CISCO自然无法要求对方履行合同，更无从谈及赔偿了。22.5亿美元库存的苦果只能自己咽下。钱伯斯把这叫做“信任的成本”。但签几份合同，真需要花22.5亿美元吗？信任的定义就说明，选择信任必然也就选择了被欺骗的可能，被欺骗必然就有损失。

用人方面更是如此。“疑人不用，用人不疑”是很多人挂在嘴边的一句话，但事实往往是以大家相互猜疑结束。没有约束的信任其结果必然是不信任，因此，信任也需要监督。对信任进行监督，可以从以下方面着手：

1. 信任绝对不是不怀疑

建立在防止欺骗可能发生基础上的信任才更持久，中国的古训叫“先小人，后君子”。

2. 让欺骗者不再欺骗的最有效方法就是加大不诚信的成本，对违反原则的人进行制裁

没有多少人敢做假币的生意，因为抓到了除了没收财产外，还很可能会招来杀身之祸。很多人对销售假货肆无忌惮的原因是被发现后最多没收财产，对比卖假货的收益，这点点的风险根本不算什么。对欺骗者的姑息其实就是对信任的践踏。

3. 要用动态的观点去看欺骗的可能

团队领导者在合作和项目执行的过程中一定要随时观察情况的变化，越是恶劣的情况，越要注意大家的情绪。“大难临头各自飞”是生物求生的本能，如果完全地把信任压在员工的身上，领导者可能会承担“钱伯斯的信任的成本”。

二、合理授权

成功的企业领导不仅是控权高手，更是授权高手。

——管理专家彼特·史坦普

随着团队的建设和发展，领导者要通过合理授权，让团队成员分担责任，使团队成员更多地参与项目的决策过程，允许个人或小组以自己的更灵活的方式开展工作。其目标和意义在于：

（1）通过灵活授权，显示领导者对团队成员的信任，也给团队成员学习与成长的空间。这种信任可以奠定团队信任的基础，也是团队精神在领导者与团队之间的体现。

（2）合理授权有利于充分发挥团队队员的积极性和创造性。每个人都有实现自我价值的愿望。每一项工作的成功，不仅是领导管理的成功，更是所有实现自我价值的团队成员的成功。

（3）合理授权有利于及时决策。一方面，团队成员在自己的授权范围内可根据内外部环境的变化及时决策；另一方面，通过灵活授权，领导者逐渐将工作重点转向关键点控制、目标控制和过程监控。

合理授权，就是指管理者授予下属的决策权力的大小、多少与被授权者的能力、所要处理的事务适应。授权不能过宽或过窄，要视能授权与因事授权。如果授权过宽、过度，超过被授权者的智能所承担的限度，会出现小材大用的情况。超过所处理事务的需要的过度授权，就等于管理者放弃了权力，导致下属的权力泛化，使管理者无端地被“架空”。授权过窄或不足则不能充分调动下属的积极性，不能充分发挥其才能，出现大材小用，也不能充分代表管理者行使权力，处理相应的事务，还得事事请示汇报，管理者也不能从繁杂的事务中解放出来，达不到授权的目的。

三、团队角色建设

（一）做好角色定位

角色定位是综合角色期望和角色知觉，进而找出团队成员最佳的角色位置。角色期望是指别人认为你在某一场合有怎样的表现。角色知觉是指个体对某一场合应如何作为的认识。对团队而言，角色定位主要由组织和团队中资深的人员根据自身的知识和经验来确

定。角色知识的正确性、准确性直接影响团队角色定位与角色实现，因此，组织中的团队必须提高角色知识信息的正确性。团队领导者要尝试让角色适合队员的个性，而不是勉强队员去适应角色。

角色定位的重点是要确定团队目标。在团队建设中，有人做过一个调查：团队成员最需要团队领导做什么，70%以上的人回答“希望团队领导指明目标或方向”；而问团队领导最需要团队成员做什么时，有80%的人回答“希望团队成员朝着目标前进”。目标的确定应尽量让员工参与，形成一套有自己特点的、清晰可控的目标管理体系。

（二）优化角色组合

俗话说：“三个臭皮匠抵得一个诸葛亮”，这说明了角色合理组合的优势。但如果“三个臭皮匠”的角色组合不好，就难以发挥优势互补的效应。“一山不能容二虎”，说明的正是缺乏效应，互不妥协，形成内耗。况且，即使诸葛亮们有无数锦囊妙计，又有谁去执行呢？所以，重要的是团队角色要符合团队任务的结构要求。结构是多样化的，有决策与执行之分，也有体力活和脑力活之分。一旦团队结构与任务结构脱节，任务就失败了一半。

四、团队凝聚力建设

团队凝聚力是团队对其成员的吸引力和成员之间的相互吸引力，它包括“向心力”和“内部团结”两层含义，当这种吸引力达到一定程度，而且团队成员资格对成员个人和对团队都具有一定价值时，才能称为具有高凝聚力的团队。要打造一个有凝聚力的团队，需要团队建设人员去挖掘相同点，使其从不同点中分化出来，为团队建设服务。

（一）团队凝聚力的影响因素

1. 团队的领导方式

不同的领导方式对团队的凝聚力有不同的影响。

2. 团队外部的压力

当团队遭到外界压力时，会增强团队成员相互间的价值观念，促使其他成员紧密地结合在一起抵抗压力，从而提高团队凝聚力。

3. 团队内部的一致性

这是指团队成员的共同性或相似性。一般说来，成员之间一致性越大，凝聚力越强。

4. 团队内部的奖励方式和目标结构

经研究表明，个人与团队结合的奖励方式有助于增强团队的凝聚力。

5. 其他因素的影响

如团队的地位、团队的规模、团队的信息沟通以及团队的心理气氛均影响团队的凝聚力，如何来提高团队凝聚力呢？

（二）增强团队凝聚力的途径

1. 发挥团队领导者个人魅力

研究发现，在“民主”、“专制”和“放任”这三种领导方式下，以“民主”型领导方式最好，该种领导方式下的成员比其他领导方式下的成员间更友爱，团队中思想更活跃，情感更积极，凝聚力更强。

2. 提高团队忧患意识，增强团队的竞争性

将内部矛盾化解转移为外部矛盾，就可减小内部矛盾产生的机会，从而使团队内部出现“一致对外”的局面。在这种情况下，往往能增强团队的凝聚力和自信心。

3. 确定团队长远发展目标

通过确定团队长远发展目标，加强成员的一致性，同时将团队成败的利害关系与团队成员产生直接联系。在外国的许多企业都采取让员工直接参股的方式，来密切员工与企业间的关系，从而增强团队的凝聚力，提高生产效益。

4. 完善团队内部管理机制

做到赏罚严明，公平公正。将个人奖励与团队奖励相结合，把个人目标与团队的目标相结合，这样就会增强团队观念和团队凝聚力。

5. 加强信息沟通和交流，密切团队成员之间的关系

一个团结的团队，内部成员间的交流与沟通是非常必要的，团队成员间的交流和沟通可以加强团队的一致性，密切相互间的关系，从而达到增强团队凝聚力的作用。

五、团队培训与学习

微软公司曾经提出过这样一个说法：让优秀者更优秀，让平庸者不平庸。对于企业来说，每个员工都需要发展，而且都需要找到适合自己的方式来不断发展。这种适合的方式是建立完善的团队培训与学习机制，提升团队成员的素质和能力，将企业发展的需要和员工自身发展的需要和谐统一起来，激发员工发展的内驱力，从而促进企业和员工的全面持续发展。因此，团队管理的一项重要任务，就是要构建一个学习型团队。懂得不断充实自我的学习型团队，在发展的社会会创造出更多的“奇迹”；当团体真正在学习的时候，不仅团体能产生出色的效果，其个别成员的成长速度也比采用其他的学习方式的员工快。那么，如何构建一个学习型团队呢？

1. 营造开放的学习环境，创建创新型学习团队

营造开放的学习环境是建立学习型组织的基本条件。一是强调“终身学习”，让组织中的成员养成终身学习的习惯；二是强调“全员学习”，不仅企业组织的操作层，而且决策层、管理层都要全身心投入学习；三是强调“全过程学习”，使学习贯彻于组织系统运行的整个过程之中，正如约翰·瑞定的“第四种模型”学习型组织理论所强调的：要边学习边准备、边学习边计划、边学习边推行；四是强调“团队学习”，不但重视个人学习和个人智力的开发，更强调组织成员的合作学习和群体智力（组织智力）的开发；五是强调“兼学别样”，团队成员不仅要掌握本岗位上的工作技能，而且要学习了解其他岗位工作能力。只有这样，工作才能顾全大局、相互协作、高效，做到组织精简。

2. 构建新颖有效的学习模式，促进企业与员工双赢发展

建设学习型团队，已不再局限于传统的学习教育培训模式，而是从企业、员工自身的工作特点和现实需要出发，大胆进行观念、机制和活动形式的创新，不断丰富和完善学习的形式和载体。企业一方面充分利用场地组织现场学习、专家讲座等；另一方面应不断创新学习载体，如远程教育、网上教育、博客论坛、读书会以及现场交流、实地考察、课题调研、教学互动等丰富多彩的学习形式，拓宽教育渠道。同时，还应结合实际，大力开展

各种形式的校园文化活动，做到寓学习教育于各种文体活动之中。

3. 建立长效学习机制，为双赢发展提供保障服务

从柳传志的“鸵鸟理论”的案例，我们可以理解建立长效学习机制的重要性。

案例6　柳传志的鸵鸟理论

联想之所以能虚心学习，原因在于联想集团总裁柳传志有一个很有趣的“鸵鸟理论”：当两只鸡一样大的时候，人家肯定觉得你比他小；当你是只火鸡，人家是只小鸡时，你觉得自己大得不得了，而人家才会认为咱俩一样大；只有当你是只鸵鸟时，小鸡才会承认你比他大。正是有了“鸵鸟理论”作指导，联想才不自高自大，才会经常看到自己的短处，发现别人的长处，并努力学习，取长补短，使自己不断得以提高。

实操训练

一、选择题

1. 企业文化是一种从事经济活动组织内部的文化，它所包含的价值观念、行为准则等意识形态和物质形态均为该组织成员所认可。狭义的企业文化是指以（　　）为核心的企业意识形态。

A. 企业目标　　B. 企业价值观　　C. 企业文化　　D. 企业凝聚力

2. 高绩效团队中的灵魂是（　　）。

A. 团队精神　　B. 团队目标　　C. 团队凝聚力　　D. 团队文化

3. 创业团队建设一般可以分为成立、动荡、规范、（　　）和整合等五个阶段。

A. 形成　　B. 高产　　C. 稳定　　D. 高效

4. 要塑造出色的团队文化，（　　）是一个基础。

A. 诚实　　B. 真诚　　C. 公正　　D. 努力

5. （　　）是指为激发人的动机，鼓励人们形成行为、从事某种活动而采取措施的过程。

A. 激励　　B. 评估　　C. 机制　　D. 英雄

二、问答题

1. 企业文化的结构和内容是什么？
2. 团队凝聚力是什么？
3. 影响团队士气的因素有哪些？
4. 企业文化的培植应从哪些方面进行？
5. 优秀团队应该具备哪些特征？
6. 如何评价创业团队的绩效？
7. 如何培养团队成员的相互信任感？
8. 创业团队领导者应具备哪些素质和能力？

项目十三 管理制度的建立

【能力目标】

1. 能诊断和分析创业企业管理制度存在的主要问题及原因；
2. 能把握创业企业不同阶段管理制度建设的特征及要求；
3. 能针对创业企业不同发展阶段的特征及要求，制定相应的管理制度。

【知识目标】

1. 了解企业管理制度的涵义及发展趋势；
2. 理解现代企业制度的层次、特征及重大意义；
3. 理解企业管理制度体系的构成及内容；
4. 理解创业企业不同阶段管理制度建设的特征及要求；
5. 掌握创业企业不同阶段管理制度建设的途径和方法。

任务1 认识企业管理制度

刘冠军在《论现代管理的六化特征》一文中，提出了现代管理的六个本质特征，即管理手段的信息化、管理组织结构的法制化、管理方式的民主化、管理效果的最优化、管理意识的整体化、管理理论的科学化。他认为这“六化”依次反映了现代企业管理制度的手段、组织结构、方式、效果、意识和理论等不同侧面，强调了企业管理制度化的重要性。

在创业企业的成长过程中，伴随着业务量的增长、员工数量的增加和管理过程复杂程度的提高，创业者有限的管理能力同管理幅度不断拓宽之间的矛盾日益突出，因而制度化管理应运而生，成为缓解矛盾、突破企业发展瓶颈的重要武器。可以说，创业企业的成长历程，同时也是一个企业从“人治”走向“法治”的过程。

一、企业管理制度涵义及发展趋势

（一）企业管理制度的定义及功能

企业管理制度是对企业管理活动的制度安排，包括公司经营目的和观念、公司目标与战略、公司的管理组织以及各业务职能领域活动的规定，通常是指企业在生产运作、财务会计、人力资源等各方面进行规范管理的规章准则。制定企业管理制度的目的，是为了规范员工的行为，使企业内各项活动行之有效地进行，从而提高企业的经济效益。企业的管理制度具有如下功能：

(1) 保障企业合法有序地运作，最大限度减少劳资纠纷；

(2) 保障企业的运作有序化、规范化，降低企业经营运作成本；

(3) 防止管理的任意性，为企业管理者与员工创造规范有序的工作环境，满足职工公平感的需要；

(4) 有效的管理制度通过合理的权利义务及责任的设置，可以使职工能预测到自己的行为和努力的后果，激励其工作积极性；

(5) 有效的管理制度是劳动合同的重要组成部分，是补充、完善劳动合同的相关内容。

案例1　老师挨打事件的思考

国内一家有名的公司收购了一家电视机厂，它派出四个老师到这个电视机厂，并带去了一套制度。

一年以后，电视机厂起死回生。但是，这四个老师却被员工打伤了，住进了医院。原因是员工认为这套制度的管理太苛刻了，要把这几个老师赶走。

后来这家有名的公司派出一个经理过来解决问题。经理召开会议，方式是这样的：首先不强迫员工，让员工选出员工代表，员工代表选出以后，让他们回家把老婆、孩子、爸爸、妈妈都叫来，到企业来一起开会。会上，这个经理让大家讨论：如果要想拿工资，这几个老师就必须留下来；如果不想拿工资，老师明天就撤走。

最后，这些员工的爸爸、妈妈都说服了自己的儿子。

这个案例说明，管理是靠制度来支撑的，制度再苛刻，只要符合企业情况，也要执行。管理，就要把员工变成水，制度变成桶，就要用桶来装水。

(二) 企业管理制度的发展趋势

企业管理制度发展的基本趋势：由强制制度、约束制度到人性化制度的发展。

1. 强制制度

麦格雷戈的“X 理论”以及泰勒的“经济人”假设认为，人天生是懒惰的，没有责任心，只为了自己的经济利益而劳动，甚至不愿意工作。在这种理论的影响下，管理者在制定管理制度时，也只会考虑到以怎样的方法强迫员工进行劳动。所以，在工业经济初期，管理制度是强制性的“硬”要求，严格规定员工在日常工作中应该做什么，不该做什么，甚至对员工完成某项工作的动作都有要求。这种程序化的管理制度完全没有对员工的关心，只是一味地以提高生产效率为目的，员工迫于自身利益的考虑也只能服从这种强制制度。

2. 约束制度

随着时代的发展和周围环境的改变，员工渐渐会反抗过于苛刻的制度，争取自己的权利。相应地，管理者在一定程度上修改制度，出现了“软化”的趋势。正如“人际关系之父”罗伯特·欧文提出的改善工作条件、制定童工法、缩短工作时间等管理方法。可以明显地看到，这些措施的提出，已经不再把人当作“经济人”，而是一种“社会人”来看待了。此时的管理制度着重对人本身的关心和思考。

3. 人性化制度

未来的管理制度将由“软化”的约束制度，逐步向人性化制度转变。在倡导人文理念的今天，对企业的管理更要提倡一种人文精神，强调人性化管理的方法，甚至可以说，人本管理意识是企业的管理之本。詹姆斯·昌佩和尼丁·诺利亚在其撰写的《管理的变革》中指出，未来的企业组织将以特有的形式出现。它应该是以信息为基础，在组织上分散而又被技术紧密连接，有快速敏捷的应变能力；既有创造性又有团队合作精神；员工中拥有各种类型的知识人才；有自我控制能力。在这种新型组织中，管理将不再是生产的基本动力，在大多数情况下，自我管理型的网络组织会自行发展。同时，管理者和工人的区别会进一步消失，管理的作用不再是传统意义上的计划、控制、组织、人事等。同样，经理人员的职能也超出了今天传统的领导范畴，而会转向预测、协调和激励。

二、现代企业制度的层次

现代企业制度是指以市场经济为基础，以完善的企业法人制度为主体，以有限责任制度为核心，以公司企业为主要形式，以产权清晰、权责明确、政企分开、管理科学为特征的新型企业制度。其主要内容包括：企业产权制度、企业组织制度和企业经营管理制度三个层次。企业产权制度是企业制度的核心，企业组织制度和经营管理制度是以产权制度为基础的；现代企业制度通过规范的科学的组织制度，使企业的权力机构、监督机构、决策机构和执行机构之间职责明确，并形成制约关系。企业制度是一个动态的范畴，它是随着商品经济的发展而不断创新和演进的。

现代企业制度有着十分丰富的内涵，它是当前最为发达的一种企业体制。市场经济较为发达的西方国家，已建立起一整套较为完善的现代企业制度。在我国社会主义市场经济条件下所要建立的现代企业制度，主要包括现代企业产权制度、现代企业组织制度、现代企业管理制度三个方面的主要内容。

现代企业管理制度由一整套系统性、专业性相统一的规定和准则构成，从而要求员工在职务行为中按照企业经营、生产、管理相关的规范与规则来统一行动、工作，以实现企业的经营目标和发展战略。具体来说，现代企业管理制度具有以下明显特征：

（1）现代企业管理制度具有明确的实物边界和价值边界，具有确定的出资人行使所有者职能，并切实承担起相应的出资者责任。

（2）现代企业管理制度具有健全的内部治理结构，按照《公司法》的要求，形成由股东代表大会、董事会、监事会和高级经理人员组成的相互依赖又相互制衡的公司治理结构并有效运转。

（3）现代企业管理制度以生产经营为主要职能，有明确的盈利目标，各级管理人员和一般职工按经营业绩和劳动贡献获取收益，住房分配、养老、医疗及其他福利事业由市场、社会或政府机构承担。

（4）现代企业管理制度具有合理的组织结构，在生产、供销、财务、研究开发、质量控制、劳动人事等方面形成了行之有效的企业内部管理制度和机制。

（5）现代企业管理制度有着刚性的预算约束和合理的财务结构，可以通过收购、兼并、联合等方式谋求企业的扩展，经营不善难以为继时，可通过破产、被兼并等方式寻求资产和其他生产要素的再配置。

任务2　熟悉企业管理制度体系

一、管理制度体系建设的必要性和重要性

企业管理制度体系是由企业经营目标、经营理念及各层次、各类型规章制度，包括从法人治理结构到经营活动、业务流程及行为规范等一系列管理规定构成的有机整体。健全的管理制度体系是企业管理工作的基础，它以一定的标准和规范来调整企业内部的生产要素，调动职工的积极性和创造性，提高企业的经济效益。企业内部的管理制度缺一不可，如果缺少哪一方面的制度，就会造成管理制度上的空缺，形成经营管理中无规则可循，一部分人就会钻制度的空子，做出影响企业形象的行为，或者导致有损企业利益的问题发生，降低企业运作效率。因此，管理制度体系建设已经被越来越多的企业所重视，加强管理制度体系建设成为提高企业竞争力的有效途径。

二、企业管理制度体系的构成及内容

从管理制度的内容来看，完整的企业管理制度包括法人治理制度、基础管理制度、职能管理制度和业务管理制度四大体系，其基本构成如图13－1所示。

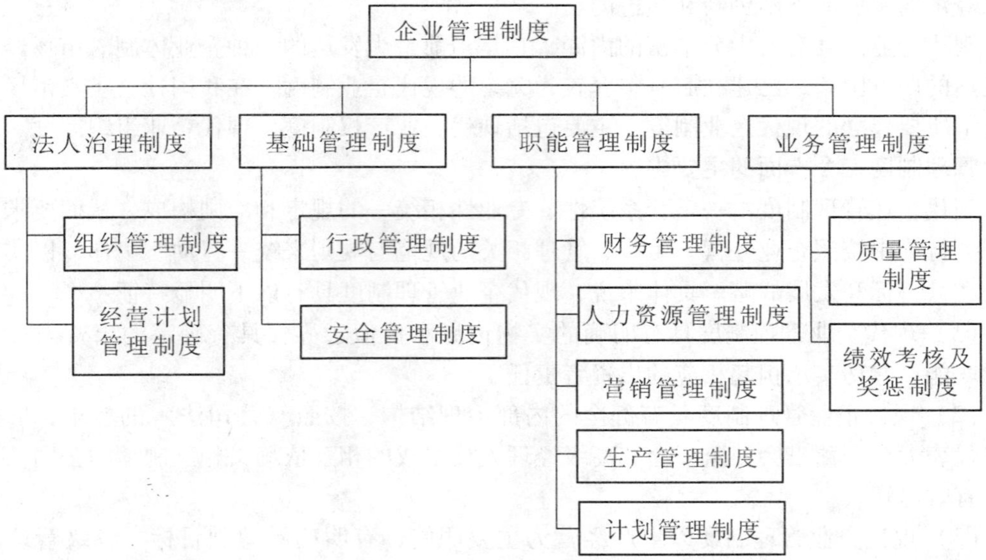

图13－1　企业管理制度体系的构成

三、常用的企业管理制度

（一）组织管理制度

一般而言，一套完整的企业组织管理制度主要包括以下内容：

1. 公司组织管理制度设计的原则规定

根据公司的目标和特点，确定公司组织管理制度设计的原则、方针和主要参数。

2. 职能分析和设计规定

规定公司组织管理职能及其结构，并层层分解到各项管理业务和工作中，进行管理业务的总体设计。

3. 结构框架的设计规定

具体表现为公司的组织系统图，要求设计出各个管理层次和部门、岗位及其责任、权利的规范。

4. 联系方式的设计规定

按照规范控制、信息交流、综合、协调等方式和规定的设计。

5. 管理规范的设计规定

即规范管理工作流程、管理工作标准和管理工作方法等管理人员的行为规范的设计。

6. 人员配备和培训规定

根据结构框架设计，对配备和培训各级各类管理人员的过程进行管理。

7. 运作规定的设计规定

设计管理部门和人员绩效考核规定，设计精神鼓励和工资奖励规定。

8. 反馈和修正制度

将运行过程中的信息反馈回去，定期或不定期地对上述设计进行必要的修正。

（二）行政管理制度

企业行政管理制度包括行政事务管理、办公事务管理、企业文化管理等制度。具体包括相关制度的制定和执行推动、日常办公事务管理、人文管理、员工礼仪和工作纪律、办公物品管理、文书资料管理、档案管理、会议管理、印鉴管理、涉外事务管理，生活福利、车辆、安全卫生管理等内容。一些中小型企业为提高效率，还把人力资源和财务管理统统纳入到公司行政管理的范围中。

（三）人力资源管理制度

人力资源管理制度是提升企业基于人力资源管理的核心竞争优势的保证。企业人力资源管理制度主要包括人力资源规划、员工手册、岗位管理、人员招聘录用、劳动合同管理、定期考核、员工培训、奖惩、薪酬分配、职业安全与劳动保护、社会保障、干部竞聘上岗、后备干部管理、员工职业生涯管理、员工合理化建议和员工申诉等制度。

企业的可持续发展和不断为人才拓展施展才华的平台，需要企业不断致力于人力资源管理制度的建设。对于创业企业来说，构建人力资源管理制度应在借鉴绩优企业成功思路及明确本企业现状（发展阶段、业务性质、组织机构、人员素质、管理水平、企业文化、战略目标、政策环境等）的基础上，找准人力资源管理制度建设的切入点，通过岗位分析与人员分析，搭建人力资源管理制度基础平台；按照“吸引人、甄选人、任用人、考评人、引导人、培育人、激励人、保障人、留住人”等职能模块，共享人力资源管理信息库，贯彻人力资源战略规划，体现人力资源管理各职能模块内在的本质联系，从而个性化定制适合本企业特点的人力资源管理制度体系。

（四）经营计划管理制度

经营计划管理制度是对计划管理组织体系、企业长远发展规划、年度经营计划、经营计划目标、经营计划编制原则及方法、计划指标体系、经营监控以及偏差分析等方面及其流程进行设计和规范。完整的经营计划体系包括整体计划、部门计划、工作计划及周计划、月计划及项目计划、改善计划，还包括经营计划、销售计划、生产计划、财务计划、物料计划、人事计划等。其目的在于通过经营计划的制订（短期与长期）及对同行业内外适当的基准点进行比较分析，明确本公司的发展方向、经营策略及阶段性的工作重点，合理配置各种资源，保障企业健康、有序、持续的发展。

（五）营销管理制度

企业营销管理制度主要包括销售计划管理、营销组织管理、营销人员管理、销售价格管理、营销渠道管理、品牌管理、客户服务管理、营销绩效管理等制度。

营销管理制度的实质是对营销业务流程的具体描述，每个部门和岗位都必须遵循业务流程的统一规范，使每个部门及人员都明确自己在每一个流程环节的工作内容、完成时间、工作标准、工作结果、向谁汇报结果、结果评估标准、工作业绩考核等。此外，企业在推行营销管理制度体系时，还应该遵循“计划—执行—检讨—改进”的循环路径，使每项管理制度都能够相互关联、相互影响，从而在营销体系的运作过程中产生“自我造血”功能，动态评估管理制度执行的成效，并且及时加以调整。

企业应该根据整体营销模式和关键业务的要求，制定出系统的关键营销管理制度，通过严格的规范来明确业务运作过程中的工作标准，并对工作结果进行有效评估，从而保障营销活动和关键业务的正确执行。企业还须注意，制定营销管理制度时不能大而全，什么都想管反而什么都管不好，而且营销管理制度必须与战略目标相关联，充分反映出关键业务的要求。

（六）生产作业管理制度

生产作业管理制度主要包括生产计划管理、生产调度管理、生产统计管理、生产异常处理、安全管理、生产现场管理、生产成本管理、设备管理、现场工艺技术管理及现场质量管理等制度。通过这些具体管理制度的制定与实施，指引和规范企业生产作业活动，使企业生产活动顺利有序地进行。

（七）财务管理制度

企业财务管理制度是指一个企业正常运行所需要建立的一系列财务制度，包括预算、投筹资、利润分配、现金流转、内部监督等制度。企业财务管理制度的构架如图 13－2 所示。

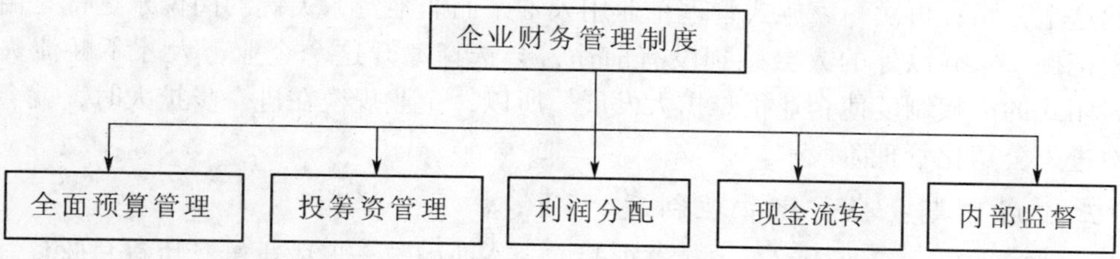

图 13－2　企业财务管理制度构架

任务 3　创业企业管理制度的制定

一、创业企业管理制度的现实特征

现实中，创业企业从创业到发展成熟，不同的时期大多会采取不同的组织形式和管理制度。其总体特征是：创业企业在创立期、成长期一般采用家长式管理制度和家族式的管理制度，而企业规模进一步扩大时，会进入公司化管理制度阶段。

（一）创立期：家长式管理制度

在萌芽期和开创期，创业企业的员工较少、资金少、产品少，企业实行的是一种典型的家长式管理制度。这时期，企业还没有一个严密规范的组织结构，其组织结构非常简单，企业的所有权和经营权高度集中，创业者是真正负责企业经营的企业家，他们要求独立经营，并能够完成控制企业的营运；企业实行的是直线式指挥模式，企业管理和经营的大多数工作，例如经营计划、人事、资金、开发和销售等都集中于总经理一个人身上，而总经理就是企业业主，企业内部不存在相互平衡的治理结构。在企业的经营过程中，家庭观念起着非常重要的作用，企业内部的人际关系模仿家庭内部的结构来进行着，用血缘、地缘、人缘关系作为企业内部的凝聚力。

（二）成长期：家族式的管理制度

进入成长期以后，当企业规模扩大到一定程度，特别是企业有了稳定的产品、项目后，家长式管理将不再适应企业内外部环境的变化。这时，企业的创业者们一般会在不放弃家庭式管理方式的前提下，让更多的家庭成员或准家庭成员来分担部分工作，以减轻个人的有限理性、精力的限制，这就形成了家族式的管理制度。这种家族式的内部管理制度与家长式管理制度相比并没有实质性的变化，只是稍加改变而已。创业者以自身为核心，把家族近亲放在监督、财务、采购、销售等关键职位，使家族成员分布在生产、技术、管理的各个环节。在家族式管理制度企业中，把家庭成员和准家庭成员都视为家人，互惠和信任的家庭价值观，把工作关系变成私人关系，利用传统文化来谋求企业的发展。这种家族式管理制度在企业还处于小企业阶段时具有重要作用，但是随着企业的不断壮大，其弊端也慢慢显露出来：首先，家族式的企业以个人决策为主，完全凭个人经验，一旦决策失误，整个家族企业将面临崩溃；其次，选择接班人方面会有偏差，他的下一代不一定能够支撑起这个公司；再次，家族式管理企业用人唯亲而非唯贤，关键的岗位永远都是由特殊的人来把握，家族以外的人会感到没有前途，会选择离开这个企业，人才不断流失；最后，封闭式的产权制度使企业很难扩大发展。所以，企业规模在进一步扩大时，就会自然而然地进入公司化管理阶段。

（三）成熟期：公司化管理制度

进入成熟期后，企业建立公司化管理制度。企业内部会形成决策、执行与监督制度的治理结构，组织结构和各种管理制度不断建立完善，能够有效地推动企业快速、高效地发展。公司化管理制度与前两种管理制度不同，其组织形式、领导制度、组织结构和财务结构等方面都会进入制度化、规范化管理阶段。

二、创业企业管理制度制定的原则

（一）实体制度制定的基本原则

（1）在国家法律法规框架内，要建立可以对其他制度进行指导和制约的“根本大法”（类似于国家的宪法），其他制度一旦与它冲突都应该宣布无效。

（2）主体要明确。要明确企业的立法（制定制度）和执法（执行制度）主体，就是解决谁有权制定制度，制定什么样的制度和制度由谁来执行与监督，执行与监督哪些制度等问题。

（3）制度要自成体系，并且要明确各个部分制度的效力，包括制度的生效和废止时间、制度对哪些员工有效、哪个制度可以制约另一个制度等。

（4）内容要合法且合理。合法是指合乎宪法、法律、行政法规、地方性法规等，不得与法律法规相抵触；不得与劳动合同和集体合同的约定相冲突；不得违反社会公德及公序良俗。同时，制定管理制度要把握好合理的“度”，能为大多数具有普遍认知能力的职工所认同，具有操作性。

（5）有专门的部门负责企业的制度管理工作，在制定制度时负责各个部门制度的协调，对企业的制度进行汇编，发现新旧制度冲突时，要及时宣布废止旧制度，以确保新制度的执行。

（二）管理制度制定的基本原则

（1）制定管理制度必须经过民主讨论的程序。如法律规定，用人单位在制定直接涉及劳动者切身利益的诸如劳动报酬、休息休假、劳动纪律等规章制度和决定重大事项时，应当经过职代会或者团体职工讨论，提出方案和意见，与工会或者职工代表协商确定。

（2）向全体员工公示。法理上的一个原则是，未经公示之条文于公众无制约力。所以，企业管理制度当然也应经过公示程序方能生效。企业在公示管理制度时，最好将其内容编写成公司企业员工手册，注入“我已经认真阅读本手册内容”等文字，并让员工签字，企业存档。

（3）及时修改不合适的制度。按照企业发展的需要，及时更新管理制度，使之与企业的运行相适应。制度的改变也是人本管理的一种，更新制度的过程体现出的是企业民主管理方式和随机应变的管理方法。

三、创业企业管理制度的制定

（一）制定管理制度的一般程序

企业管理制度的建立和完善是一个漫长的过程。创业企业要建立适合自己的管理制度，就要从自己的实际情况出发，慢慢摸索，不断实践，总结经验，逐渐完善和规范企业管理制度。创业企业管理制度的形成和制定过程，一般有以下基本步骤。

1. 明确企业宗旨

每一个企业的诞生，都有它的目标与宗旨，企业只有明确自己的目标与宗旨，确定中心主题，所有的规章制度才能紧紧围绕这个中心主题去编制、执行、维护，一旦与这个中心产生冲突都应该无效。

2. 成立“立法”部门

企业应成立专门负责制度管理工作的部门，编制或协助各个部门编制各项制度，使各项制度的编制都建立在企业的立场上，而非从各个部门的角度出发。“立法”部门负责推行企业制度建设工作。

3. 制度草案提出、讨论和审查

由有关部门和人员根据管理工作的需要，提出制度制定要求。经上级有关部门和人员同意后，进行充分的调查研究，提出制度草案。制度草案提出后，要广泛征求相关各方的看法和意见，集思广益，在充分讨论、研究的基础上，改正其中不切合实际之处，弥补疏漏，调整与其他制度矛盾、重复之处，使制度草案进一步完善化。修改后的制度草案要报请上级管理部门审批。

4. 宣传、沟通、教育

员工的素质参差不齐，要员工马上改变以往不良的工作习惯是不切实际的，因此，“立法”部门与企业各阶层治理人员应不断地对员工进行制度宣传、教育、沟通，了解员工的心态，帮助员工树立积极的态度，使员工了解制度建设的目的和意义，增强员工执行制度的自觉性。

5. 编制文件

企业制度不是某个领导口头表达的，也不能朝令夕改，必须以文件的形式予以确定，并保持相对稳定。当然，制度文件必须符合国家法律法规的规定，不能凌驾或超越国家的法律法规。

6. 试行和执行

制度草案经上级管理部门审批后，可以试行。试行的目的是在实践中进一步检验和完善，使之成熟化、合理化。对于新制定的制度规范，试行是必不可少的一个阶段。制度经过一段时间试行、完善后，即可稳定下来，形成正式的、具有法律效果的制度文本，按照确定的范围和时间正式执行。与此同时，要向相关方面说明情况，报送上级管理机关备案。

7. 维护与矫正

在制度实施过程中，“立法”应对各项制度进行维护，并成立稽核小组，专门负责监督企业制度的执行情况，矫正不规范的行为。同时要调查分析制度的合理性、时宜性，一旦发现制度存在缺陷，应及时进行矫正，废除过期制度，以保证制度的有效性和科学性。

（二）根据企业发展阶段构建管理制度

创业企业实行制度化管理并非一蹴而就的，要根据企业发展所处的不同阶段，适时建立和完善相关的管理制度，并在动态中推进制度化管理进程。

1. 初创期：建立符合国家法律法规要求的基本规章制度

初创期是指企业从创立到基本能够实现以收抵支的发展阶段。对初创期的小企业来说，管理的首要目标是确保企业得以生存，管理的主要任务是如何把握各种可能的发展机遇，规避可能对企业造成致命打击的威胁，推动企业顺利渡过难关。为此，初创期企业管理的主要任务是信念管理、激情管理和机遇管理。首先，创业者必须对企业的成功树立坚定的信念，并把这种信念扩散至整个企业。其次，创业者需要促使每个员工都能以忘我的精神投入到为企业的发展而努力的行动中。要达到这一境界，需要创业者满怀激情，并为员工描绘出美好的前景，提供宽松的事业发展环境。再次，企业需要把发现机遇、创造机遇和把握机遇放在十分突出的位置。

基于上述特点，复杂的管理制度不仅无助于初创企业的发展，而且会束缚创业者和员工的手脚。衡量员工行为是否适当的首要标准，不是是否遵守了企业的规章制度，而是是否最有利于企业的生存。因此，在制度管理层面，企业并不需要建立非常细致的内部规章制度，而只需根据国家法律的要求，建立最为基本的管理制度，确保企业全体员工在符合国家法律法规要求的范围内为企业的生存而努力。因此，企业需要建立的管理制度主要包括出资人协议、公司章程、财务会计制度等。

2. 成长期：建立质量管理制度和人力资源管理制度

成长期是指企业从基本实现以收抵支到能够在激烈的市场竞争中站稳脚跟的发展阶段。中小企业在立足期迎来了第一次高速成长，不仅表现为经营规模的迅速扩张，而且表现为竞争力的显著提升。

处于立足期的中小企业，生存的压力已经大为缓解。管理的首要目标是实现高速成长，管理的主要任务是融入环境、把握机遇、努力壮大企业。这一时期，主导企业的是战略管理、生产现场与过程管理、营销管理。首先，面对众多的市场机会和十分有限的资源，企业只能集中有限资源，找准自身的战略定位，选择最佳的业务领域和适宜的竞争战略。其次，优质的产品与服务是中小企业在这一阶段赢得市场的基础，但现实条件却常常向企业提出严峻的挑战，时刻威胁着产品与服务的质量。为此，企业必须把生产现场与过程管理放在特别重要的位置，确保产品与服务的品质。再次，作为市场中的新加入者，在争夺市场的过程中，中小企业必须高度重视市场营销工作，加强营销管理。

在生产现场与过程管理、营销管理等制度建设方面，重点在于引导员工按照企业提出的要求积极开展工作，充分发挥每个部门、人员的积极性。一方面，企业有必要在生产过程中引入现场管理制度、质量管理制度，如推行全面质量管理等，以不断提高产品与服务的质量；另一方面，面对日益膨胀的员工队伍，企业必须构建人力资源管理制度，特别是人员选拔制度、考核制度、薪酬制度和奖惩制度，确保把每一个员工选派到最适合其工作的岗位上去，保证员工的贡献都能得到客观公正的评价，并因此获得与贡献相一致的报酬、福利等。

3. 成熟期：重构产权制度和法人治理结构

随着企业业务的发展，中小企业的生存压力得到缓解，创业者的心态也从如履薄冰转变为踌躇满志。此时，企业成长中积聚的各种内部矛盾冲突逐渐浮现出来，能够及时得到调整的中小企业，将会迎来更加广阔的发展空间；调整不力的中小企业，则往往因此元气大伤。

中小企业在这一时期管理的主要目标是理顺内部关系，管理的主要任务是通过广泛协商，以和平的方式化解管理高层的矛盾冲突，形成高效的领导团队。因此，在管理制度建设方面，最重要的是在清晰界定不同创业者股权的基础上重构企业的产权制度，并以此为契机建立规范的企业法人治理结构，形成以财产权利为基础、既分工协作又相互制衡的企业领导体制，在企业高层决策机制中引入制度化管理。与此同时，企业已经建立的财务管理制度、质量管理制度、人力资源管理制度等都需要相应地予以完善。

4. 再创业期：建立规范、完备的企业制度管理体系

再创业期是指企业在完成内部调整、理顺内部关系之后所迎来的第二个高速成长阶段，并将成长为实力强劲的市场竞争者。在这一阶段，中小企业管理的主要目标是把企业打造成为一个具有较强竞争实力的市场竞争者，企业管理的主要任务是如何有效管理日益庞大的业务群和不断壮大的员工队伍。此时，企业高层管理人员已经无法单纯依靠个人的能力来统驭所有的业务和员工，企业必须建立和完善各种管理规范，推行制度化管理成为这一阶段的重要工作。企业所有的部门、岗位、人员等，都需要建立详细的规章制度，真正实现从“以人管人”转变为“以制度管人”。除了先前已经建立的管理制度之外，企业还需要建立战略规划制度、年度计划制度、季度计划制度、月度计划制度、周计划制度、统计制度、采购制度、营销管理制度、技术创新管理制度、资本运营制度、后勤管理制度，行政事务管理制度等。

当然，在中小企业成长为大型企业的过程中，有些制度也可能成为企业成长的制约因素，企业需要在动态中不断完善甚至废止某些制度。但总体而言，不断推进制度化管理伴随着中小企业成长的全过程。

（三）创业企业管理制度制定的途径及方法

1. 同行同业，借鉴学习

作为新建企业在借鉴学习其他企业先进的管理制度时，管理者要活学活用，绝不能生搬硬套其他企业的制度体系，而是要围绕自身企业的实际，学习同行业先进企业的管理新理念；要大胆地解放思想，追求管理制度创新，彻底摒弃陈旧的管理观念和过时的规章制度，将所学到的、借鉴的科学管理理念、制度体系来统一企业员工的认识和行动，使全体员工的思想观念、工作作风符合企业发展目标要求，主动参与管理、配合支持管理。

2. 结合自身，不断总结

在新建企业的生产经营管理过程中，应当结合自身实际和需要，在管理工作实践中，不怕困难，不怕挫折，认真审视自己管理工作中的不足和问题，并不断总结、完善、修正，以提升管理工作水平，建立健全真正意义上的科学的现代企业管理制度。

3. 循序渐进，不能急于求成

新建企业的管理制度在管理工作过程中一般是沿着从无到有，从简单到复杂，从困难到容易的顺序进行的，所以循序渐进原则也是管理规律的反映。贯彻循序渐进的管理原

则，要求做到：一是管理制度设计者要按照管理的系统工程进行编制，不能想当然地让制度缺失或泛滥；二是管理者要从企业管理的实际出发，由低向高，由简到繁，通过日积月累，逐步提高管理制度的针对性和实效性；三是管理制度要贯彻到企业各项工作环节中，如行政管理制度、人力资源管理制度、安全生产管理制度、财务制度等，做到现代企业管理中责、权、利的有效结合。

4. 正确评估，审视自身，构建企业自身特色的管理制度

新创企业要形成自我特色的企业管理制度，一是要对制度进行有效宣传，得到员工的普遍认同，这样才有可能得到贯彻和执行；二是对制度执行过程中不断出现的问题和困难，应当有一个正确的认识和评估，既不附和，也不盲从；既不骄傲自大，也不悲观消极，要以科学的客观公正的态度对待它；三是对制度进行适时修改和完善。因地制宜地适时进行修改和完善制度是一个正常的过程，需要管理者有足够的勇气去自我调整或自我否定。

5. 提高制度执行力

现代企业管理制度强调针对性和实效性，注重责、权、利的明晰和统一，因此，新建企业管理制度一旦形成后就要着手解决执行力问题。提高制度执行力要重点考虑三大方面的因素：一是领导管理风格决定企业的管理整体水平和效果；二是中层管理队伍的管理艺术和水平决定企业管理的综合实力；三是职工队伍对管理制度的理解和支持程度决定企业管理制度的最终命运。

实操训练

一、选择题

1. 全面预算管理制度属于（　　）。

A. 营销管理制度　　B. 组织管理制度
C. 财务管理制度　　D. 生产运作管理制度

2. 现代企业制度最典型的形式是（　　）。

A. 民营企业　　B. 合资企业　　C. 合伙人企业　　D. 公司制企业

3. 公司法人产权集中在（　　）。

A. 董事会　　B. 股东大会　　C. 董事长　　D. 总经理

4. 董事会与总经理之间的关系是（　　）。

A. 信任托管关系　　B. 多层制约关系　　C. 委托代理关系　　D. 没有任何关系

5. 在公司法人治理结构中，作为公司最高权力机关的是（　　）。

A. 董事会　　B. 股东大会　　C. 监事会　　D. 总经理

二、问答题

1. 简述现代企业管理制度发展的基本趋势。
2. 现代企业制度的基本内容是什么？

3. 现代企业产权制度有哪些特点?
4. 企业管理制度体系包括哪些内容?
5. 什么是公司法人治理结构?法人治理结构的层次关系是怎样的?
6. 制定科学的企业管理制度应遵循哪些基本原则?
7. 建立完善的企业管理制度体系有何重大意义?
8. 试述创业企业管理制度制定的途径及方法。

项目十四　创业企业的营销管理

【能力目标】

1. 能根据企业内外环境和条件特点，开展产品目标市场定位；
2. 能运用 SWOT 等分析工具进行环境分析，开展目标市场营销战略的选择；
3. 能根据产品生命周期各阶段营销策略进行策划；
4. 能对产品销售渠道策略、包装策略和品牌策略进行策划和选择；
5. 能编制简单的市场营销策划书。

【知识目标】

1. 理解市场细分的依据，掌握目标市场定位的程序和方法；
2. 理解目标市场营销战略选择的影响因素及策略；
3. 理解产品生命周期及各阶段特征，以及产品生命周期各阶段的营销策略；
4. 理解策划和选择销售渠道要考虑的因素，掌握销售渠道策划的原则和方法；
5. 理解产品定价策略、包装策略、品牌策略的选择；
6. 掌握市场营销策划书的格式、内容以及编制方法与要求。

任务1　创业企业的目标市场定位

一、在市场细分中发现市场机会

市场细分能够给企业带来市场机会。所谓市场机会是指市场未被满足的需求。哪里出现未满足的需求，哪里就有创业企业的市场机会。

一般情况下，新创企业资源有限，无法为广阔市场上的所有顾客服务。因为这样一个市场上的顾客人数太多，分布太广，顾客的需求差异也太大。因此，明智的企业不会随便到处与人竞争从而浪费宝贵的资源，他们会借鉴“田忌赛马”的策略，即用自己的优势迎战别人的劣势，也就是确定最有吸引力的、本企业可以提供最有效服务的细分市场，在细分市场上确立自己的经营优势。

（一）市场细分是新创企业营销成败的关键

1. 市场细分有利于新创企业分析、挖掘和发现最好的市场机会

案例1　“妙士”如何敲开中高档餐厅的大门

妙士是在消费品行业内比较神秘的一家民营公司，它的知名度与影响力虽难以与其他

乳品巨头比肩，但是却创造出一流的销售业绩和保持良好的财务状况，是乳品行业中令人尊重的品牌。妙士乳业创立于1992年，经过十余年的快速增长，今天，人们想到餐厅奶就会很自然想到"妙士"。它由区域品牌发展到全国性品牌，先后建立了八家生产基地，基本完成了全国市场战略布局，设立了十余家销售公司，总部也由保定迁至北京，改变了其区域品牌形象。

妙士乳业成立之初，资源极度匮乏，既无国有企业背景，也无强势资本注入，身处消费水平不高的城市。在经过了细致的市场调研后，发现在中国人的餐桌上，人们在宴席上总是习惯举起杯来一干而尽，结交朋友，化解矛盾，决定合作。林林总总的酒历来都是不可或缺的助兴之物，成为饮食文化中重要的一部分，从传统的烈性茅台酒到近年来流行的红葡萄酒、啤酒等，但是餐厅奶却留有巨大的市场空白，而妙士系列乳产品以乳酸菌饮料为主、屋顶装为主要包装形式，符合就餐饮用乳饮料的需求。经过反复分析与评估，妙士乳业果断地放弃传统套路，确定了企业的细分市场与发展方向——"以餐店为主要终端，开创了牛奶饮料上餐桌的先河"。这一发展策略经受了市场的考验，经过了十余年的努力与积累，妙士几乎成为餐厅奶的代名词，在餐饮渠道拥有绝对优势，令其他传统餐饮奶难以逾越。

（资料来源：http：//www. 28013. com/manage）

从案例中，我们可以发现市场细分是企业发现良机、发展市场营销战略、提高市场占有率的有力手段。特别是初创企业一般资金少、资源薄弱，在整个市场上或较大的子市场上竞争不过大公司。创业企业通过市场营销研究和市场细分，就可以发现暂未被满足的需要，找到力所能及的良机，见缝插针，拾遗补缺，使自己在日益激烈的竞争中能够生存和发展。

2. 市场细分有利于制定和调整营销策略，提高经济效益

新创企业通过市场细分来选择目标市场，就可以有的放矢地采取适当的市场营销措施，当目标市场需要变化时，新创企业能够及时地、正确地调整产品结构或者开发新的产品，使其产品适销对路；同时企业可以相应地、正确地调整和安排分销渠道、广告宣传等，使产品能顺利地、迅速地送达目标市场；新创企业还可以统一使用人力、物力、财力，使有限的资源集中使用在"刀刃"上，从而以最小的成本取得最大的效益。

（二）市场细分是新创企业营销的第一步

企业营销管理的过程，实质上体现了价值流动的过程，主要包括三个阶段：

第一阶段：选择价值。此时企业在细分市场的基础上，确定自己的目标市场并进行有效的市场定位，这是营销的核心内容。

第二阶段：提供价值。接下来，企业进行产品或服务的研发及生产，并制定适宜的价格，选择合适的渠道进行市场销售。这时的营销需要综合决定企业产品的质量、性能、价格、渠道等方面。

第三阶段：传播价值。通过广告、市场推广等营销方式，传播和促销产品，完成整个营销过程。

新创企业在营销管理中常常会面临各种问题，如：我的顾客在哪里？他们对产品有些

什么要求？我的产品能满足顾客的需要吗？顾客的需求是无限的，但是企业的资源有限，要正确解决这些问题，就需要在市场细分的基础上去制订正确的营销管理策略。市场细分是新创企业营销所必需的第一步，也是新创企业成败的关键。没有市场细分，企业在经营时就会面临大海捞针的困境，根本无法锁定自己的目标市场，也就不能形成明确的市场定位，打造差异化的、独特的品牌形象就无从谈起，当然就不能很好地满足消费者的需求。

（三）如何开展消费者市场细分

1. 消费者市场细分的依据

（1）地理细分。新创企业可以根据消费者所在的地理位置、地形气候等变数来细分市场，即根据不同地域的消费者行为特征来加以区分，然后选择其中一个或几个分市场或子市场作为目标市场。对于销路广阔的消费品，地理细分往往是进行市场细分的第一步。尤其像我国幅员辽阔，人口和民族众多，风俗差异很大，则更是这样。

（2）人口细分。企业按照人口统计因素来细分市场就叫做人口细分。人口细分变数很多，例如年龄、性别、职业、收入、受教育程度、家庭人数、家庭生命周期、宗教、种族、国籍以及社会阶层等。显然，这些人口变量与消费者的欲望、偏好和使用率等差异性之间存在着密切的因果关系，并且人口变数相对其他变数更容易测量，因而一直以来人口变数都是细分消费者市场的重要变数。

（3）心理细分。心理细分是指按照消费者的心理特征，即按照消费者的生活方式、个性、购买动机、态度等心理变数来细分消费者市场。

（4）行为细分。行为细分就是企业按照消费者不同的消费行为来细分消费市场。消费行为的细分变数非常多，包括消费者购买或使用某种产品的时间、消费者所追求的利益、使用者情况、消费者对某种产品的使用率、消费者对品牌（或商店）的忠诚程度、消费者待购阶段和消费者对产品的态度等。许多营销专家认为：行为变数是进行市场细分的最佳起点。

2. 企业进行市场细分的步骤

（1）依据需求选定产品市场范围。

（2）列举潜在顾客的基本需求。

（3）分析潜在顾客的不同需求，初步划分市场。

（4）移去潜在顾客的共同需求。

（5）为细分市场定名。

（6）进一步认识各分市场的特点。

（7）测量各分市场的大小，选定目标市场。

经过以上七大步骤，新创企业就基本完成了市场细分的工作，接下来便是结合自身的实际情况来确定目标市场并采取相应的目标市场策略。

二、创业企业目标市场选择

（一）目标市场与目标市场营销

目标市场是企业的市场目标，是企业在进行市场细分后并对其评价的基础上，决定要进入的市场，即企业决定所要销售的产品或服务的目标客户群。

目标市场营销，又称STP营销，是指企业在市场营销环境分析的基础上，实行市场细分，并选择其中一个或几个分市场作为目标市场，运用适当的市场营销组合，集中力量为目标市场服务，从而满足目标市场的需要。STP营销包括三大步骤：细分市场、选择目标市场和市场定位。具体操作如下：

1. 细分市场

如前所述，细分市场就是企业按照市场需求的多样性和购买行为的差异性，根据不同的细分变量将市场划分为不同的顾客群。新创企业应明确不同的细分市场的方法，勾勒出细分市场的轮廓。

2. 选择目标市场

在市场细分的基础上，企业根据自身优势，从细分市场中选择一个或若干个子市场作为自己的目标市场，并针对目标市场的特点展开营销活动，以期在满足顾客需求的同时，获取更大的利润。

3. 市场定位

市场定位是指企业在选定的目标市场上，根据自身的优劣势和竞争对手的情况，为本企业产品确定一个位置，树立一个鲜明的形象，以实现企业既定的营销目标。换句话说，就是确定企业的竞争地位及其向每个目标市场提供的产品。

（二）细分市场的分析与评价

创业初期，对于创业项目的考察可以说是非常关键又相当头疼的。通过市场细分，新创企业发现了各种细分市场的机会。接下来，新创企业需要认真分析和评估各个细分市场，弄清细分“是否值得我来做”和“我是否能做”这两个关键问题，然后根据自己的营销目标和资源条件来选择适当的目标市场，并策划目标市场的营销方案。

细分市场的分析与评估要着重考虑三方面因素：细分市场的规模、细分市场的内部结构吸引力和企业的资源条件。细分市场要有适度的需求规模和规律性的发展趋势，其中需求规模是由消费者的数量、购买能力、需求弹性等因素决定的；细分市场内部结构吸引力取决于该细分市场的竞争状况，竞争者越多，竞争越激烈，细分市场的吸引力就越小；企业资源条件也是选择目标市场的一个关键性因素，它要求细分市场的需求规模和吸引力要与企业的发展目标相一致，才能使企业的人力、物力、财力、技术等资源优势得到充分发挥。

案例2

北京日化三厂在生产之初，根据消费者的年龄、性别、收入的不同，把化妆品消费市场细分为若干个子市场。通过大量调查得知，在化妆品市场中还有许多尚未开发的子市场，尤其是中年以上人口的需求长期以来没有得到满足。进一步分析论证得出的结论是：目前市场上尚无抗衰老、延缓皱纹增生的雪花膏类护肤品。随着人们生活水平的提高，中年妇女为了美容，舍得花钱购买这类产品。其需求量也是北京日化三厂的生产能力远远不能满足的。经过一年的研制，新产品投产，取名奥琪。结果表明，市场效果很好，产品深受消费者欢迎。

（三）目标市场营销战略及其优缺点

选择了目标市场，接下来，新创企业就要确定以何种营销策略成功打入目标市场。常用的目标市场选择的策略主要有如下三种。

1. 无差异性市场营销策略

实行无差异化市场营销策略，是指忽略顾客实际存在的需求差异，而将整个市场视为一个同质的目标市场，提供单一的产品，并采用单一的营销组合策略。企业重点关注的是产品的共性需求，希望能引起最广泛的顾客的兴趣。这就要求产品在内在质量和外在形体上必须有独特风格，才能得到多数消费者的认可，从而保持相对的稳定性。这种策略的优点是产品单一，容易保证质量，能大批量生产，降低生产和销售成本。

但如果同类企业也采用这种策略时，那么在最大细分市场里就会出现激烈竞争，而较小细分市场的需要却难以得到满足。因此，无差别策略也有其局限性。

案例3

"世界性的清凉饮料"公司——美国可口可乐公司从1886年问世以来，一直采用无差别市场策略，生产一种口味、一种配方、一种包装的产品，满足世界156个国家和地区的需要。由于百事可乐等饮料的竞争，1985年4月，可口可乐公司宣布要改变配方的决定，不料在美国市场掀起轩然大波，许多电话打到公司，对公司改变可口可乐的配方表示不满和反对，不得不继续大批量生产传统配方的可口可乐。

2. 差异性市场营销策略

实行差异性市场营销策略，是将整个市场细分为若干个子市场，针对不同细分市场的特征，设计不同的产品，制定不同的营销策略，满足不同的消费者需求，并为每个有明显差异的细分市场精心设计不同的营销方案。

采用这种策略时，重视市场需求的差异性，针对性强，有利于提高企业的竞争力，但是它需要较大的配套的销售资源来实施。

案例4

宝洁公司在洗发水市场上拥有多个品牌，从而能满足不同顾客群的需要。"海飞丝"的个性在于去头屑，"潘婷"的个性在于对头发的营养保健，而"飘柔"的个性则是使头发光滑柔顺，"沙宣"的个性在于美发定型，等等，于是宝洁构筑了一条完整的美发护发的产品线，最大限度地瓜分了市场。

3. 集中性市场营销策略

实行集中性市场营销策略，是指在市场细分的基础上，企业集中力量选择一个或少数几个细分市场作为目标市场，实行专业化的生产和销售。企业采用此策略在某些市场上集中精力创建品牌，提高市场占有率。但由于其目标市场的范围较窄，当这些目标市场情况发生突变或是决策失误时，企业面临的风险较大。

企业选择目标市场营销策略时，三种策略并不是相冲突的，只是提供一种努力的方向和可能性，在实践中企业需要根据不同的情况结合使用，为自己创造更好的商机和利益。

案例5

日本尼西奇起初是一个生产雨衣、尿布、游泳帽等多种橡胶制品的小厂，由于订货不足，面临破产。总经理多川博在一个偶然的机会，从一份人口普查表中发现，日本每年约出生250万个婴儿，如果每个婴儿用两条尿布，一年需要500万条。于是，他们决定放弃尿布以外的产品，实行尿布专业化生产。一炮打响后，又不断研制新材料、开发新品种，不仅垄断了日本尿布市场，还远销世界70多个国家和地区，成为闻名于世的“尿布大王”。

（四）目标市场营销战略选择的影响因素

选择目标市场作为企业的一种营销策略，具有长期性的特点。因此在做决定时，不能随随便便，而要结合企业自身的特点及产品和市场的状况。企业在选择确定目标市场时，必须参考以下因素。

1. 企业的实力

每个企业所拥有的资源各有不同，如果新创企业资源丰富，如拥有大规模的生产能力、广泛的分销渠道及良好的品牌信誉等，可以选择无差异性市场营销策略；如果新创企业拥有杰出的设计团队和优秀的管理水平，则可以考虑选择差异性市场营销策略。而对于大多数处于创业初期的中小企业来说，明智的选择是采用集中性市场营销策略，在积累了一定的经验和资源后再灵活考虑其他策略来扩大市场份额。

2. 产品的特性

如果企业经营的产品性质相近，或者用户不怎么重视其区别的，例如食盐等产品，宜采用无差异性市场营销策略；而对于那些差异性大的产品，例如服装等产品，宜采用差异性市场营销策略或集中性市场营销策略。

3. 市场需求的差异情况

从市场需求角度来看，如果消费者对某产品的需求偏好、购买行为相似，则称之为同质市场，可采用无差异市场营销策略；反之则为异质市场，采用差异市场营销和集中市场营销策略更合适。

4. 产品所处的生命周期阶段

一种产品在市场上的销售情况和获利能力并不是一成不变的，随着时间的推移，也经历了诞生、成长、成熟和衰亡的过程，这一过程被比喻为产品生命周期。

新创企业要学会根据所经营产品所处的生命周期阶段的变化，实时地调整自己的市场营销策略。在产品处于导入期和成长期时，竞争者较少，宜采用无差异市场营销策略或是集中性市场营销策略，以进一步探测市场需求和潜在需求；当产品进入成熟期时，由于竞争加剧，宜采用差异性市场营销策略，以开拓新市场；当产品进入衰退期时，宜采取差异性市场营销策略或集中性市场营销策略，将力量聚集在最有利的细分市场，以延长产品的寿命周期。

5. 竞争者的目标市场进入策略

孙子云：“知己知彼，百战不殆。”新创企业在做决策时，应充分了解竞争对手的策略。如果竞争对手采用无差异性市场营销策略，则自己宜采用差异性市场营销策略，以提高产品的竞争能力；若竞争对手采用差异性市场营销策略，新创企业就应该进一步细分市场，实行更有效的差异性或集中性市场营销策略。

三、创业企业的市场定位

（一）创业企业如何开展市场定位

1. 市场定位的含义

市场定位是根据竞争者在市场上所处的位置，针对消费者或用户对本企业所能提供的产品或服务的某种特征或属性的重视程度，强有力地塑造出本企业与众不同的、给人印象鲜明的个性或形象，并把这种形象生动地传递给顾客，从而使本企业在市场上确定适当的位置。

案例6 万宝路：由漂亮变帅气

大概谁也不会想到，风靡全球的万宝路香烟是在1854年以一家小店起家的，1908年正式以品牌Marlboro（Man always remember lovely because of romantic）形式在美国注册登记，1919年成立菲利普莫里斯公司，而在20世纪40年代就因惨淡经营而宣布倒闭的一家公司。

万宝路刚进入市场时，是以女性作为目标消费者的，它的口味也是特意为女性消费者而设计：淡而柔和。为此它打出的广告口号是：像五月的天气一样温和。从产品的包装设计到广告宣传，万宝路都致力于明确的目标消费群——女性烟民。然而，事与愿违，尽管当时美国吸烟人数年年都在上升，但万宝路香烟的销路却始终平平。这是因为，当时女性消费者市场本身不大，男人又嫌脂粉气太浓，而且其形象还一度成为美国西部小说中描写的那样，万宝路烟是嫖客在嫖完妓后甩给妓女的嫖资，所以销售十分萧条。女士们抱怨香烟的白色烟嘴会染上她们鲜红的口红，很不雅观。于是，莫里斯公司把烟嘴换成红色，可是这一切都没能挽回万宝路女子香烟的命运。莫里斯公司终于在20世纪40年代初停止生产万宝路香烟。

二战后，美国吸烟人数继续增多，万宝路把最新问世的过滤嘴香烟重新搬回女士香烟市场并推出三个系列：简装的一种、白色与红色过滤嘴的一种以及广告语为：与你的嘴唇和指尖相配的那种，然而万宝路的销路仍然不佳，吸烟者中很少有人抽万宝路的，甚至知道这个牌子的人也极为有限。

1954年莫里斯公司找到了当时非常著名的广告大师李奥贝纳，希望他解决“如何才能让更多的女士购买万宝路香烟”的问题。李奥贝纳突破了莫里斯公司限定的任务和资源，对万宝路进行了全新的变性手术，大胆向莫里斯公司提出，将万宝路香烟改变定位为男子汉香烟，变淡烟为重口味香烟，增加香味含量。并大胆改造万宝路形象，包装采用当时首创的平开盒盖技术，并以象征力量的红色作为外盒的主要色彩。广告上的重大改变是，万宝路香烟广告不再以妇女为主要诉求对象，广告中一再强调万宝路香烟的男子汉气概，以浑身散发着粗犷、豪迈、英雄气概的美国西部牛仔为品牌形象，吸引所有喜爱、欣赏和追求这种气概的消费者。通过这一重新定位，万宝路树立了自由、野性与冒险的形象，在众多的香烟品牌中脱颖而出。由于李奥贝纳突破资源和任务的大胆策划，彻底改变了莫里斯公司的命运，在万宝路改变定位策略的第二年，即1955年，万宝路香烟在美国香烟品牌中销量一跃排名第10位，之后便扶摇直上。从20世纪80年代中期到现在，万宝路香烟一直居世界各品牌香烟销量首位，成为全球香烟市场的领导品牌。

（资料来源：http：//blog. sina. com. cn）

2. 市场定位的步骤

（1）明确潜在的竞争优势。新创企业要做好这一步，需要从顾客、竞争者和自己这三方面的情况出发，分析寻找潜在的竞争优势。

（2）以顾客为中心，倾听他们对产品的评价。市场是由顾客的真实需求所组成的。新创企业要积极地研究顾客希望拥有什么样的产品，他们最重视产品的特点是什么，哪些产品因素是影响顾客最终决定购买的主要因素；目前市场上已经出现的产品是否能真正满足顾客的需求，还有哪些潜在的需求未能被满足。分析顾客最期待的产品特色，这对新创企业市场定位十分关键。

（3）关注竞争者，分析竞争者的市场定位的特点。新创企业应多关注竞争者的市场定位情况，了解他们的产品特点及市场营销策略，以便从中找出自己的定位、与竞争者的差异及优劣势。

（4）结合自身资源，明确企业的定位。新创企业掌握了潜在顾客的真正需要的利益要求和竞争者的市场定位后，接下来，就要认真审视自己的产品和所拥有的资源了，看看自己应该和能够做些什么。

（5）选择相对竞争优势。对于新创企业，可能会同时拥有好几个竞争优势，但是在市场定位中不一定能全用上。企业市场定位能否成功，要看企业是否能抓住最重要的优势。一般情况下，从顾客的角度，我们需要找出对于他们最重要、最关心的因素，比如说价格、质量、包装、形象等；从竞争者角度，我们需要分辨自己产品的独特性所在，以便能与竞争者的产品区分开来；从自身角度来看，我们也应尽量创造领先的、不易模仿的一些优势，如技术优势、管理优势等。

（6）传播独特的竞争优势。新创企业必须采取具体步骤建立自己的竞争优势，通过策划一系列的宣传促销活动，将其独特的竞争优势准确传播给潜在顾客，并在顾客心目中留下深刻印象，让目标顾客了解、熟悉、喜欢甚至偏爱本企业的市场定位；强化目标顾客的感情来巩固与市场相一致的形象；注意目标顾客对其市场定位理解出现的偏差，或由于企业市场定位宣传上失误而造成的目标顾客模糊、混乱和误会，及时地矫正与市场定位不一致的现象。

（二）新创企业可供选择的市场定位策略与方法

1. 市场定位的策略

（1）避强定位策略。作为新创企业，希望在自己力量尚未足够强大时能避开实力最强的竞争对手，于是市场定位通常会强调自己的产品与竞争者相比具有显著差异，从而避开强大竞争对手。

（2）迎头定位策略。这是一种与在市场上居支配地位的竞争对手“对着干”的定位方式，即企业根据自己的实力，为抢占较佳的市场位置，选择与竞争对手相似或相同的市场定位策略，争取同样的目标顾客，而彼此在产品、价格、分销、供给等方面的差别也较小。这样的例子很多，例如同一条街上，有肯德基的地方，离它不远处就会有麦当劳。

(3) 重新定位策略。如果是比较成熟的市场，那么它将拥有较完善的市场定位体系。如果新创企业能够很好地分析和评价已有的市场定位体系，通过努力来建立新的市场定位体系，就会获得竞争优势地位。由于种种原因，市场是不断变化的，消费者的需求和偏好也不是一成不变的，因而原有的定位有可能不适应新的市场形势，这就需要重新定位。

2. 市场定位的方法

(1) 档次定位。根据企业及其产品所形成的品牌在消费者心目中的价值高低，而区分出不同的档次。这是最常见的一类市场定位方法。如果定位于高档次的产品，便传达了产品或服务高品质的信息，也会让顾客受尊重、有优越感。高档次产品往往会通过高价位来体现其价值。例如酒店、宾馆按星级划分为 1 ～ 5 个等级，便是档次定位法的运用。

(2) 比附定位。这是指企业以竞争者的品牌作为参照物，依附竞争者进行市场定位。新创企业在选择比附对象时，要尽量挑选那些行业的领先者，通过与强大对手的有效对比，提升自身品牌的价值与知名度。

案例7

20 世纪 60 年代，美国 DDB 广告公司为艾维斯租赁汽车创作的“老二宣言”，便是运用比附定位取得成功的经典个案。由于巧妙地与市场领导者建立了联系，艾维斯的市场份额大幅上升了 28 个百分点，大大拉开了与行业排行老三的国民租车公司的差距。

(3) 使用者定位。使用者定位是指企业通过明确指出其产品的使用者，并借助使用者代表进行劝说，达到吸引目标消费者从而实现定位的方法。新创企业采用这种方法时，应具备三个条件：首先，使用者的类型、心理或行为特征应十分集中。如果存在两个或两个上以上的使用者类型，这种定位方法将难以达到预定目标；其次，产品的使用者代表要选择适当；最后，产品提供的利益明显，足以吸引适用者。金利来靠一句“金利来领带，男人的世界”而风靡全国，成为我国专为男人打造服饰的著名品牌；而太太药业专为妇女提供药品，定位于妇女健康而取得了巨大成功。

(4) 情景定位。这是将品牌与一定环境、场合下产品的使用情况联系起来，以唤起消费者在特定的情景下对该品牌的联想的方法。广告里反复播放“怕上火，喝王老吉”的广告，而当顾客怕上火或者预防上火的情景出现时，就会想到王老吉。

(5) 类别定位。类别定位是指根据产品类别建立起品牌联想。类别定位法，试图在消费者心目中造成该品牌等同于某类产品的印象，以成为某类产品的代名词或领导品牌，在消费者有了某类特定需求时就会联想到该品牌。如 1996 年，喜之郎提出了“果冻布丁喜之郎”的口号并不断向顾客强化这一概念，在产品和行业之间建立起了一对一的联想，于是人们提到果冻布丁就会想起喜之郎，提到喜之郎就想起果冻布丁。这一概念让喜之郎曾占据 70% 的市场份额。

(6) 文化定位。这是指将某种文化内涵注入品牌之中，形成文化上的品牌差异。文化定位将普通商品升华为情感象征物，更易获得消费者的心理认同和情感共鸣，不仅可以大大提高品牌的品位，还有利于使品牌形象独具特色。

案例8

中国自古流传"舍得"哲学，"实无所舍，亦无所得，是谓'舍得'"，意味着一种人生知行理念和方法论或人文精神境界。在高档白酒市场中，沱牌集团将"舍得"酒定位于"中华第一文化酒"，以继承和弘扬中国国学文化的精髓为己任，让消费者理解"舍得"是一种富有中华传统精髓的、玄妙的生活艺术，是一种智者的哲思，在传播中华文化的同时，在目标消费者心目中树立了"舍得"酒的独特文化内涵，也树立了"舍得"酒的高端白酒实力品牌形象。

（7）USP定位。USP（Unique Selling Proposition），即独特的销售主张，通俗讲就是卖点，指企业产品或服务区别于竞争者的独特、显著的个性。USP定位依据品牌向消费者提供的利益定位，并且这一利益点是其他竞争者无法提供或没有诉求过的，是独一无二的。

如P&G（宝洁）公司运用USP品牌定位相当成功。以洗衣粉为例，产品汰渍声称"去污彻底"，产品快乐声称"洗涤并保护颜色"，产品波尔德声称"使衣物柔软"，产品德来夫声称适于洗涤婴儿衣物，产品象牙雪声称"去污快"，产品伊拉声称"去油漆等顽污"。

任务2　创业企业的市场营销策划

市场营销策划是根据企业的营销目标，以满足消费者需求和欲望为核心，设计和规划企业产品、服务和创意、价格、渠道、促销，从而实现产品销售的过程。营销策划是为了改变企业现状，完成营销目标，借助科学方法与创新思维，立足于企业现有营销状况，对企业未来的营销发展做出战略性的决策和指导，带有前瞻性、全局性、创新性、系统性。营销策划适合任何一个产品，包括无形的服务，它要求企业根据市场环境变化和自身资源状况做出相适应的规划，从而提高产品销售，获取利润。营销策划的内容包含市场细分、产品创新、营销战略设计、营销组合4P战术等四个方面的内容。

市场营销策划包括六个步骤：情景分析、设立目标、制定战略、制定实施战略的战术、预算和控制。

（1）情景分析。企业首先要明确所处环境的各种宏观力量（经济、政治/法律、社会、文化、技术）和局内人——企业、竞争者、分销商和供应商。企业可以进行SWOT分析（优势、劣势、机会、威胁）。

（2）设立目标。对于情景分析中确认的那些最好的机会，企业要对其进行排序，然后由此出发，定义目标市场、设立目标和完成时间表。企业还需要为利益相关者、企业的声誉、技术等有关方面设立目标，比如海尔的企业口号"真诚"。

（3）制定战略。任何目标都有许多达成途径，战略的任务就是选择最有效的行动方式来完成目标。

（4）制定实施战略的战术。战略充分展开成细节，包括4P和各部门人员的时间表和任务。

（5）预算。企业为达到其目标所计划的行为和活动需要的成本。

（6）控制。企业必须设立检查时间和措施，及时发现计划完成情况。如果计划进度滞后，企业必须更正目标、战略或者各种行为来纠正这种局面。

一、销售渠道策划与选择

销售渠道是指产品或服务从生产者转向最终消费者或用户所经过的途径或环节，或者说是指企业将产品传递给最终购买者的过程中所使用的各种中间商的集合。

从不同角度来划分，销售渠道有多种分类方法。按照产品或服务的所有权归属，销售渠道大致可分为三大类：

（1）经销中间商。

（2）代理中间商。

（3）辅助机构。

（一）策划和选择销售渠道的策略

销售渠道策略是企业面临的最重要的策略之一。新创企业所选择的渠道将直接影响其他所有营销策略，而且渠道策略还意味着公司对其他公司较长期的承诺，一旦确立，在一定时期内很难改变，所以新创企业在建立和选择渠道之初就要认真谨慎地规划布局，一般需要考虑渠道的长度、宽度和各种渠道的联合策略等。

1. 销售渠道的长度策略

销售渠道的长度策略，是指企业根据产品特点、市场状况和企业自身资源条件等因素来决定渠道的级数。新创企业一般面临两种渠道长度策略：短渠道策略和长渠道策略。短渠道策略是指生产者利用一个中间环节或自己来销售产品；长渠道策略是指生产者利用两个或两个以上的中间商，把产品销售给消费者或用户。

2. 销售渠道的宽度策略

销售渠道的宽度是指企业在某一区域目标市场上并列使用多少个中间商。新创企业在制定销售渠道宽度策略时面临三种选择：

（1）独家分销。

（2）密集性分销。

（3）选择性分销。

3. 销售渠道的联合策略

传统营销渠道由独立的生产者、批发商和零售商组成，每个成员都是作为一个独立实体追求自己的利润最大化，即使它是以损害系统整体利益为代价也在所不惜。没有一个渠道成员对于其他成员拥有全部的或者足够的控制权。传统渠道可以说是一个高度松散的网络，各成员间各自为政，各行其是。

按照销售的组织形式，现代销售渠道系统可分为垂直渠道系统、水平渠道系统和密集性渠道系统三种策略。

（1）垂直渠道系统。垂直渠道系统是由生产者、批发商和零售商根据纵向一体化的原理所组成的统一的渠道销售系统。

（2）水平渠道系统。水平渠道系统是指分销渠道的同一环节由两个或两个以上的企业通过不同的方式联合起来，创造开发新的营销机会的渠道系统。

（3）密集性渠道系统。这是指同一家企业建立两种或两种以上的分销渠道，以达到一个或更多的顾客细分市场的做法。

（二）策划和选择销售渠道要考虑的因素

企业在渠道选择中，要综合考虑渠道目标和各种限制因素或影响因素，主要制约因素有市场因素、产品因素、生产企业本身的因素、政府有关立法及政策规定、中间商特性。

1. 市场因素

主要包括：

（1）目标市场的大小。假如目标市场范围大，渠道则较长；反之，渠道则短些。

（2）目标顾客的集中程度。假如顾客分散，宜采用长而宽的渠道；反之，宜用短而窄的渠道。

2. 产品因素

主要包括：

（1）产品的易毁性或易腐性。假如产品易毁或易腐，则采用直接或较短的分销渠道。

（2）产品单价。假如产品单价高，可采用短渠道或直接渠道；反之，则采用间接促销渠道。

（3）产品的体积与重量。体积大而重的产品应选择短渠道；体积小而轻的产品可采用长渠道销售。

（4）产品的技术性。产品技术性复杂，需要安装及维修服务的产品，可采用直接销售；反之，则选择间接销售。

3. 生产企业本身的因素

这些因素包括：

（1）企业实力强弱。主要包括人力、物力、财力。如果企业实力强可建立自己的分销网络，实行直接销售；反之，应选择中间商推销产品。

（2）企业的治理能力强弱。假如企业治理能力强，又有丰富的营销经验，可选择直接销售渠道；反之，应选择中间商推销产品。

（3）企业控制渠道的能力。企业为了有效地控制分销渠道，多半选择短渠道；反之，假如企业不希望控制渠道，则可选择长渠道。

4. 政府有关立法及政策规定

如专卖制度、反垄断法、进出口规定、税法等。

5. 中间商特性

各类各家中间商实力、特点不同，诸如广告、运输、储存、信用、练习人员、送货频率方面具有不同的特点，从而影响生产企业对分销渠道的选择。

（三）最佳销售渠道的策划和选择

最佳销售渠道是指销售费用少、销售效率高、产品销售快、经济效益好的渠道。其策划选择要解决的主要问题如下：

1. 销售渠道优化

即在各种销售渠道中，选择一条最佳渠道。渠道最优还要求根据具体情况，比较分析，选择一条或几条有利的销售渠道。

2. 确定销售范围

就是在某一特定市场范围内，确定中间商的数量。是选择大量的中间商经销，还是几家或独家经销，这是销售对象确定多大范围的问题。

3. 确定销售网点

销售范围确定后，再确定每一个对象范围内的经销网点，也就是解决各个范围内的批发商、零售商或代理商的挑选问题。他们的地理位置、财务状况、商店信誉、营业能力、服务质量和管理水平的相互比较，是具体挑选的依据。

（四）策划和选择最佳销售渠道的步骤

1. 分析消费者需要，明确渠道目标及其影响因素

设计分销渠道的第一步，是必须了解其所确定的目标市场中消费者的需要状况，包括：买什么、何处买、为何买、何时买、如何买等问题，这些问题也是消费者对渠道的要求所在。本田公司在分销渠道设计方面的成功经验表明，作为有效率的企业分销商，它必须能为消费者提供四种服务：空间条件便利、产品品种众多、等候时间短以及批量购买选择自由等。

在市场竞争较为激烈的情况下，企业必须在明确渠道目标的前提之下选择中间商。在明确了消费者需求状况后，一般说来，每个企业都需要根据来自产品、中间商、竞争对手、企业政策及环境变动等方面的影响因素明确其渠道目标。新创企业应考虑所设计的渠道能充分发挥不同形式的中间商的优点，尽量避免选择那些已经被竞争对手所使用的渠道。当经济面临不景气时，新创企业所选定的渠道必须能够保证以最为经济的方式将企业的产品推入市场，这时的企业分销决策即为缩短渠道策略式。此外，新创企业要充分衡量设计渠道的可行性和运作成本，合理地确定渠道目标。

2. 确定渠道选择方案

新创企业已经明确了目标市场并进行了恰当的市场定位之后，接下来需要确定其主要渠道选择方案，包括三类基本问题，即确定中间商类型、中间商数目以及各分销渠道参与者的资格与责任。

在选择中间商时，其业务专长和营销经验应当作为最基本的条件。新创企业结合自身的目标和产品特性来选择代理商、经销商或分销商等，同时还须注意开发新的渠道来降低风险。

案例9

当年，易晓钟在美国创业时，曾经尝试推销自己做的东北饺子，发现推销起来很困难，无可奈何之下，他只好另寻出路，突发奇想不妨到美国西餐厅和超市去试一试，通过一系列别出心裁的设计和努力后，易晓钟的东北饺子在华商界的超市和餐厅都成了一种热卖食品，特别是一些西餐厅，竟相在餐厅中间设置起专门用来煎烤东北饺子的工作台，销售量迅速增长，使公司获利甚丰。

新创企业在确定分销渠道方案时，不仅应对渠道成员进行资格条件的选择，而且还应当使各分销渠道参与者明确自己的资格和责任。为此，生产企业与中间商要在双方的权、责、利关系方面达成协议。协议内容应包括价格政策、销售条件、区域权利以及具体服务安排等，各方责任是生产企业分销渠道方案中必须得以体现的重要内容，尤其是当企业采

取特许经销和独家代理渠道时，更需谨慎操作。

3. 评估和选择最优渠道方案

从理论上讲，当企业确定了几种可供选择的分销渠道方案之后，应在所有的备选方案中找出最优化的方案，得到最好的效果——要求用最少的成本来确定各渠道任务在中间商之间的分配是最有效的。但实际上，要求设计者考虑所有的可能因素，列示出所有的可能方案，这样成本就太高了，因此寻求最优的方案是不可能的。新创企业在评估过程中，可采用经济性标准、控制性标准和适应性标准。经济性标准所解决的是不同分销方案的成本收益比较，控制性标准所处理的是中间商的分销行为与企业营销目标的一致性问题，适应性标准要求企业在确定中间商时应能在合同中体现出责任与权利的对等性和灵活性。

二、如何制定定价策略

为了满足市场的需求，实现自己的营销目标，新创企业可以采取具体的定价策略来确定和调整产品的价格。

（一）新产品定价策略

1. 撇脂定价策略

它是指将新产品的价格定在远远超过其成本的水平，以求在短期内获得高额利润的定价策略。运用这种策略时必须具备两个条件：一方面，产品的质量、形象必须与高价相符，且有足够的消费者能接受这种高价并愿意购买；另一方面，产品必须有特色，竞争者在短期内不易打入市场。

2. 渗透定价策略

它是指将新产品价格定在略高于产品成本的水平，即俗称的“薄利多销”。这种方法需满足两个条件：一方面，产品的潜在市场较大，需求弹性较大，低价可增加销售；另一方面，企业新产品的生产和销售成本随销量的增加而减少。

3. 满意定价策略

它是一种折衷的定价策略，指企业将新产品价格定在买卖双方都能获利的适中水平。

（二）差别定价策略

差别定价策略是指企业根据不同顾客、不同时间和场所来调整产品价格，实行差别定价，即对同一产品或服务定出两种甚至多种价格，但这种差别与成本的变化关系不大。主要有以下几种形式。

1. 顾客差别定价

顾客差别定价指针对不同的顾客给予不同的价格。通常是对于价格敏感的顾客或对企业贡献度大的顾客（例如会员），企业就给予较低的价格；反之则价格相对较高。

2. 产品形式差别定价

产品形式差别定价是对样式不同的产品给予不同的价格。样式不同的产品是指内在价值相同，但是包装、样式有一定差异的同种产品。造成价格不同的根本原因，是与购买者的购买目的和产品的用途直接相关的。例如一些日用品有礼品装、普通装和家庭特惠装等三种不同的包装，其内在的产品的质量等一样，但是由于购买者的购买目的不同，造成了三种包装下产品的不同价格。

3. 销售地点差别定价

销售地点差别定价指企业对同一产品在不同地点销售制定不同价格的策略。例如一包同样容量和品牌的方便面，在小卖部可能只卖3.5元，但在火车上可能卖5元，在高级酒店可能会卖10～15元。不过创业者要注意，一般情况下，按销售地点差别定价，通常是对远地的市场会制定较高的价格，因为远地市场会存在更多的运输费用等问题。但某些企业的产品在国内市场定价较高，在出口海外时选择制定较低的价格，以求快速抢占海外市场份额，这会存在一定风险，因为其实际上已呈现出产品倾销的性质。

4. 销售时间差别定价

销售时间差别定价是指根据产品在不同时间上满足顾客的需求的程度不同，而采取不同的价格进行销售。例如一支玫瑰，平时卖1元1支，但在情人节可能会增至5元1支。

以上各种定价方法并不是一成不变的，由于客观环境和市场情况的变化，新创企业应及时对价格进行修改和调整。

（三）心理定价策略

心理定价策略是运用心理学原理，根据不同类型的顾客在购买商品时的不同心理需求来制定价格，以吸引顾客增加购买量。心理定价策略通常包括声望定价、整数定价、尾数定价、习惯定价和招徕定价等。

1. 声望定价

声望定价是指企业利用消费者仰慕名牌商品或名店的声望所产生的某种心理来制定产品的价格，故意把价格定成整数或高价。当顾客认为其消费选择与自己的身份地位相关时，往往愿意以超过产品实际价值的价格来购买产品，这是声望定价的原理。如一位出售香水的老板发现，当他将30mL/瓶的香水价格从20元提高到100元后，这种香水的销售量不降反而上升了。对于香水、高档汽车这样的自我意识敏感的产品来说，使用声望定价法尤为见效。

2. 整数定价

在某些行业，价格以整数结尾，往往给顾客以安全、质量好的感觉。例如，一款标价“8888元”的璀璨钻石项链，明显感觉要比“8799.99元”要来得踏实。一般而言，整数定价多用于价值较高的耐用品。

3. 尾数定价

尾数定价是指利用消费者数字认知的某种心理，尽可能在价格数字上不进位，而保留零头，使消费者产生价格低廉而卖主又经过认真的成本核算才定价的感觉，从而使消费者对企业产品及其定价产生信任感。

案例10

A企业M产品售价9.9元，而B企业M产品售价11元。虽然9.9元与11元之间的差距不大，但是顾客会认为A企业所卖产品只需要花几块钱便可以买到；但是B企业所卖的产品却需要十几块钱才能买到。尾数定价正是利用了人们贪图便宜的心理，这种定价方法经常用在低价日用品上。

4. 习惯定价

习惯定价是指某种产品由于同类产品多，在市场上已经形成了一种习惯价格，个别生产者难以改变，降价甚至会引起顾客对产品品质的怀疑，涨价则可能会受到顾客的抵制。这时，新创企业应尊重产品市场的习惯价位来定价。

5. 招徕定价

招徕定价是指零售商利用部分顾客求廉的心理，特意将某几种商品的价格定得较低以吸引顾客，而当顾客真正购买廉价商品的同时也选购了其他正常价格的商品。

三、如何制定品牌策略

案例11　娃哈哈——看得见的品牌奇迹

谁也没想到，一间狭小的校办工厂，竟成了今日神州大地的名牌。它就是杭州娃哈哈营养食品厂。这家校办工厂确定产品时，就开始向社会征集品名，于是什么“宝”呀、“乐”呀的品名雪花似地飞来。结果却出乎意料，他们却选了一个不像名称的名称——“娃哈哈”。是的，要的就是这份新奇，这个不一样！

他们的选择是对的。因为品牌的名称必须有助于产品区别于其他同类产品。否则，就会使消费者因对品牌的认识不清而对企业产生模糊印象，从而造成不必要的损失，如“前列康”和“贝贝血宝”在医药市场上知名度很高，但很少有人把他们与浙江云山制药厂联系起来，甚至有客户把云山制药厂的订单寄到广州白云山制药厂去了。云山制药厂有苦难言。

对消费者而言，品牌名称是引起其心理活动的刺激信号，其基本心理功能是帮助消费者识别、记忆商品。从语音角度看，“娃哈哈”三字都是开口音，牙牙学语的孩子都能发出来；而且它体现了产品为儿童的保健、增加营养，使儿童更加欢乐的精神内涵；再者，当时全国各地小学都在唱并且流行着这首“娃哈哈”的新疆儿歌，可谓借船出海。

据浙江省国有资产评估中心评估，“娃哈哈”这个商标价值已达1亿元。“娃哈哈”重视品牌战略，重视品牌的宣传，善于利用品牌名称的心理效果，最终得到了奇迹般的回报。

（一）品牌对企业及其产品的重大意义

品牌是企业用以区别其他类似产品的名称、术语、符号和设计，或者是四种的组合，因此，它是一个笼统的名称，包括品牌名称、品牌标志和商标。例如“可口可乐”、“海尔牌电冰箱”、“美的变频空调”等，都属于可以用语言称呼的品牌名称；而“永久”牌自行车是以“永久”两个字画成的一个自行车图案作为其品牌标志的。在竞争日益激烈的买方市场条件下，品牌对企业及其产品具有重大意义。

1. 品牌可以提升企业的形象，促进产品销售

2. 品牌可以保护所有者的权益

3. 品牌有利于企业营销活动的顺利进行

4. 品牌是企业重要的无形资产

（二）创业企业的品牌策略

如图 14－1 所示，新创企业品牌策略主要包括品牌化决策、品牌所有权决策、品牌名称决策以及品牌设计决策等。

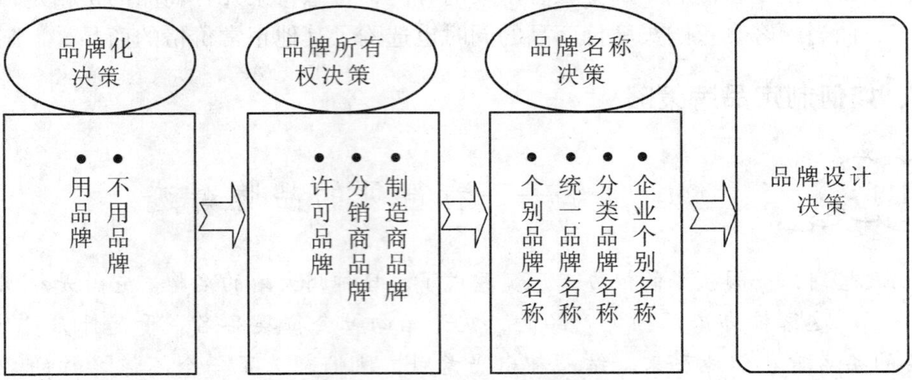

图 14－1　新创企业品牌策略图

1. 品牌化决策

品牌决策首先从品牌化决策开始，新创企业要决定关于产品是否使用品牌，则存在两种策略，即用品牌或者干脆不用品牌。

随着社会和经济的发展，顾客对产品的需求也日新月异地变化着。如今，大到飞机轮船，小到水果食盐，都被贴上了某些品牌的标签，产品品牌化的现象已经非常普遍。然而企业想拥有自己的品牌并且得到顾客的认可，必定需要一番投入，这会增加企业的生产经营成本；同时，一些包装简易、价格便宜、标准较低的产品，如果采用品牌化的策略，当出现对品牌有负面影响的事件或行为时，可能会因此而遭受损失。当某些品牌还未成为名牌时，有些顾客在购买时宁愿它没有品牌的标示。新创企业应综合考虑市场需求、自身的实力和产品的属性来决定是否使用品牌策略。

2. 品牌所有权决策

品牌所有权决策是指企业决定如何使用品牌，主要有三种选择：产品可以使用自己的品牌进入市场，也可以以中间商的品牌推入市场，还可以使用混合品牌推入市场。

当制造商的品牌形象良好、在市场上一直很有号召力时，新创企业可以考虑使用自己的品牌，例如我们熟悉的索尼、海尔等制造商都是使用自己的品牌；而著名运动员李宁退役后选择从商时，直接创立了“李宁”牌体育用品品牌。

当制造商在不熟悉的新市场上销售产品或者自己的声誉远不如中间商的商誉时，新创企业就要考虑使用中间商的品牌，以利用中间商在顾客中建立的良好信誉使自己的产品快速进入目标市场。例如早期许多企业在海外拓展市场时，都是先将自己的产品销售给诸如沃尔玛、马狮百货等世界闻名的中间商品牌，再由这些中间商使用自己的品牌将产品转卖出去。

当新创企业的产品种类较丰富且良莠不齐时，对部分产品可以使用自己的品牌，另一部分产品使用中间商品牌，即同时使用制造商品牌和中间商品牌，这种策略被称为混合品牌策略。

3. 品牌名称决策

面对企业生产的各种不同产品，是使用同一个品牌，还是分别使用不同的品牌？关于品牌名称决策，通常包括四种策略。

（1）个别品牌名称。这是指企业对不同的产品分别使用不同的品牌。例如，百丽女鞋为其产品建立的百丽（Belle）、思加图（Staccato）、真美诗（Joy&Peace）、天美意（Teenmix）等品牌，采用的就是个别品牌策略。新创企业使用个别品牌名称，可以透过品牌有效传递产品特色，便于顾客识别和选购，同时当个别产品出现信誉危机时，可以最大限度地保证企业产品的整体信誉。不过这种策略会增加企业的品牌广告宣传费用，并加大企业的管理难度，新创企业要量力而为。

（2）统一品牌名称。统一品牌名称是指企业所有的产品都统一使用一个品牌。例如，立顿生产的奶茶、红茶、茉莉花茶、柠檬茶等多种产品，都使用“立顿”这个品牌。新创企业采用统一品牌名称，可以利用已经成功的品牌推出新产品，节约推新产品的费用，同时容易让顾客产生信任感。但是，如果某个产品信誉出了问题，则将会严重影响企业的整体形象。

（3）分类品牌名称。分类品牌名称是指企业对不同大类的产品（或者产品线）分别使用不同的品牌名称。新创企业可以衡量，如果所经营的各类产品之间的差别非常大，那么可以根据产品的不同分类来分别命名。例如宝洁公司在中国销售洗衣粉时，使用的是“汰渍”、“碧浪”等品牌名称；而销售薯片时，使用的是“品客”品牌名称。

同样，如果同类产品有不同的质量档次或特色，也可以考虑分别用不同的品牌名称。如美国的大西洋和太平洋茶叶公司在销售其一级品、二级品和三级品时，所使用的品牌就分别为安·蓓姬、苏塔娜和爱奥娜。这样的策略有利于企业保持品牌形象和知名度的连贯性。

（4）企业加个别品牌名称。这是指对不同的产品使用不同的品牌名称，但是在相应产品品牌前统一加上本企业的名称。以企业名称标明产品的好处，以个别名称标明产品的特点。如美国可口可乐公司与百事可乐公司几乎同时向市场推出低糖的健怡类饮料。百事可乐将其取名为“健怡百事可乐”，而可口可乐公司取名为“泰森”。结果，“泰森”败在同类产品“健怡百事可乐”手下。因为“泰森”虽能迎合消费者的品味，但却未能将可口可乐的大名延伸过来。可口可乐公司吸取教训，重新命名产品，推出“健怡可口可乐”，立即被消费者接受，“健怡可口可乐”很快成为美国第三大饮料产品。“健怡可口可乐”的成功，正是企业名称和个别品牌策略正确运用的结果。

4. 品牌设计决策

新创企业要设计一个好的品牌并不容易。必须先明确品牌的价值定位，在此基础上，做好包括选择品牌名称、建立品牌名称的丰富联想，以及管理好品牌与顾客的所有关系，并使之符合品牌形象与顾客的期望等工作。成功的品牌设计，需要掌握几个关键性的原则：

（1）简洁醒目，容易记忆，有足够的感染力。

（2）构思巧妙，揭示产品属性。优秀的品牌设计，可以使品牌有效地传递产品的优点和特征，揭示产品的优良品质。

（3）个性独特，内涵丰富。没有个性的品牌，不容易让人记住；没有内涵的品牌，就像是没有灵魂的空架子。优秀的品牌设计，应该使品牌赋予独特的个性和内涵。

（4）合理、合法。新创企业在进行品牌设计时，要充分考虑市场所在地的风土人情，应尊重当地的社会文化习俗，合情合理，易于被顾客所接受。

品牌设计还必须符合市场所在地的法律规范。例如瑞典的国旗为蓝色，该国禁用蓝色作为商标，如果用蓝色作商标就会被认为是对他们国家的不尊重，自然就难以获准注册；澳大利亚禁忌用兔的图形作商标；西方国家禁用黑猫的图形作商标；印度以及阿拉伯国家禁用猪的图形作商标等。

（三）创业企业品牌建设的途径及对策

1. 走出悖论，因企制宜选择品牌策略

新创企业常常面临着这样的悖论：企业的发展需要品牌，但品牌的塑造往往又受到企业资金和企业规模的限制。如果超越自身发展阶段、忽视自身产品的特点，一味追求所谓品牌战略，结果弄不好还可能为品牌拖累。因此，不少新创企业在运行中实行的是非品牌策略。企业应走出其品牌运营的悖论，因为企业规模大小是相对的，而不是绝对的。企业资源能够适应品牌，品牌也能适应企业资源约束。对于没有品牌的企业来说也可以用租借他人的品牌或购买市场的二线品牌进行销售，利用自己拥有的某些优势，借用他人品牌的影响力迅速拓展销售市场。

2. 准确的品牌定位

品牌定位不仅是营销战略展开实施的必要手段，也是企业与潜在消费者进行传播沟通的工具。品牌广告不仅要告诉人们这个品牌是什么，能带给消费者什么益处，还要告诉人们这一品牌能带给你怎样的心境。品牌的定位对企业来说是至关重要的，尤其是对于各种资源都有限的新创中小企业来说。

3. 注重品牌内涵建设

新创企业要给自己的品牌赋予文化的内涵，只有具有文化内涵的品牌才有生生不息的生命力。品牌文化正好赋予品牌独特的内涵和个性，增进消费者对品牌的好感度和美好联想，形成自身竞争优势。另外，企业还要建立与客户的良好关系。没有顾客就没有品牌，所以品牌的价值就体现在品牌与顾客的关系之中。

4. 根据企业发展的不同阶段，选择合适的品牌策略

品牌策略要克服自身特点对其品牌运营的限制，企业还可根据企业发展的不同阶段，选择合适的品牌策略。

（1）企业创立初期，实施无品牌策略。结合企业自身的实际，在企业的成立初期，由于受到各种条件的限制，新创企业可以选择放弃品牌策略，从某种意义上讲，暂时放弃品牌是一种时间后延式的品牌策略。因为建立一个品牌的成本很高，一些中小企业在发展的初期给别的企业做加工，或采用零售商品牌，经过一段时间的发展和积累之后，便开始突出自己的品牌，甚至建立自己的品牌。

（2）企业成长期，采取单一品牌和区域品牌。单一品牌策略，成本低、渗透力强、广告宣传费低、管理容易；建立区域品牌相当于为区域内的企业建立了一个区域形象平台。从另一个角度说，成长期的企业规模小，提供产品和服务的能力有限，因此一般情况下也不需要全国性的品牌。

（3）企业发展成熟期，采取扩展品牌策略。企业经过一定时期的发展，自有品牌的知名度和美誉度逐步扩大，在一个区域内成为领军品牌后，要扩大自己的市场占有率，这时需要快速地增强品牌的实力，扩展与创新品牌策略，帮助企业品牌快速成长。随着全球经济一体化趋势的形成，成熟中小企业可以采用国际化品牌策略。

5. 注重品牌的管理

新创企业正处于一个发展的过程中，经过一段时间的发展，虽然有一定的基础，但竞争的压力与发展的阻力较大。因此，为了实现可持续发展，企业不仅要选择一个合适的品牌策略，还要重点建设好品牌，以各种手段丰富品牌内涵，提升品牌形象，壮大品牌实力，逐步成长为市场的优势品牌，更要对品牌加强管理、维护与创新，以实现中小企业的可持续发展。

四、如何制定包装策略

在市场营销实践活动中，企业利用包装把林林总总的商品妆扮得五彩缤纷，魅力无穷。世界上最大的化学公司——杜邦公司的营销人员经过周密的市场调查后，发现了著名的杜邦定律：63%的消费者是根据商品的包装和色彩进行购买决策的；到超级市场购物的家庭主妇，由于被精美包装和色彩所吸引，所购物品通常超过她们出门时打算购买数量的45%。可以看出，包装是商品的脸面和衣着，它作为商品的“第一印象”进入消费者的视野，刺激着消费者购买与否的决策。

（一）包装的含义及作用

1. 包装的含义

包装（Packaging）是指对某一品牌产品设计并制作容器或包装物的一系列活动。

包装物可分为四大类：

主要包装：指产品的直接容器或包装物，如装酒的酒瓶。

次要包装：指保护主要包装的包装物，例如装酒瓶的纸盒子。

运输包装：指为了便于储存、识别和运输产品所需要的装运包装，例如装运酒的大瓦楞纸箱。

标签：指打印或直接贴在包装上随包装一起出现的说明产品的信息。通常，标签上包含了产品的主要成分、品牌标志、产品质量等级、生产厂家、生产日期和有效期、使用方法等信息，例如装酒的纸盒子印刷着精美的产品说明信息。

2. 包装的作用

不同性质的产品，包装所起的作用不同。对于价格较低的五金商品，包装的作用或许并不起眼；但是对于其他一些商品，比如化妆品等，包装能够起到画龙点睛的作用。产品包装在现代市场营销活动中的地位和作用越来越令人瞩目。

（1）保护产品。

（2）促进销售。

（3）提升产品和企业的形象。

（二）包装的要求及策略

1. 包装的要求

（1）安全。这是包装设计的基本要求。

（2）包装应与产品的价值或质量水平相适应。

（3）科学经济。

（4）美观大方，突出特色。

（5）符合法律规定，尊重宗教信仰和风俗习惯。

2. 包装的策略

（1）类似包装策略。类似包装策略是指企业经营的所有产品在外形风格上采取相同或近似的包装，在视觉上形成一个包装系列。这种策略可以提高企业的整体形象，节约包装成本，也便于顾客识别本企业的产品。但这种包装策略只适合于那些产品属性相近、质量等级等相似的产品，而产品差异较大、质量水平悬殊的情况不宜采用。

（2）透明包装策略。透明包装策略是指采用透明的塑料、玻璃纸等材料，使内装物品一目了然，既能体现商品的自然美感，又可直接让消费者体会、认识产品的品质，方便其购买。透明包装有全透明的，也有非全透明的，如一些开窗式纸盒包装、纸板式泡罩包装袋等。

（3）差异化包装策略。差异化包装策略。指对同一种产品，根据顾客的不同需求和不同的购买目的，个别采用个性化的包装，以此来争取不同层次的消费群体。

（4）配套包装策略。配套包装策略是指将几种有关联性的产品组合在同一包装物内的策略，如化妆品的组合包装、节日礼品盒包装等，都属于这种包装方法。

（5）再使用包装策略。再使用包装策略是指包装物内的产品被消费完毕后，包装物仍可用作其他用途，这样，购买者可以得到一种额外的满足，从而激发其购买产品的欲望。

（6）附赠品包装策略。附赠品包装策略是指在包装上或包装内附有赠品以激发消费者购买的策略。

（7）更新包装策略。更新包装策略是指企业包装策略随着市场需求的变化而改变的做法。

五、如何开展客户管理

（一）客户的分类及客户资料的收集

企业的经营目标是创造客户。在实践中，许多初创企业并不是没有认识到客户的重要性，而是不清楚该如何正确地看待客户，以及对其进行有效的管理。客户，就是帮助企业销售产品、为企业盈利的人，客户资源是初创企业的重要资源。客户管理简单来说，是以“客户为中心”，借助先进的信息技术、数字化硬件，以及优化管理方法，通过开展全面的客户研究来提高客户满意度和忠诚度，改善客户关系，从而提高企业的竞争力。客户管理本质上是将“客户”视作资产，并对其开发、维护、经营从而使其增值。

1. 客户的分类

客户管理是一个发现、维持和增加可获利客户的过程，那么，首先要做的就是采取合理有效的方法对客户进行分类。

（1）从时间上来划分，主要分为三大类：老客户、新客户和未来客户。留住一个顾客要比开发一个潜在的顾客所获得的收益大，因此，初创企业应以老客户和新客户为重点管理对象。

（2）从交易过程来划分，主要分为三大类：曾经有过交易业务的客户、正在进行交易的客户和即将进行交易的客户。对于第一类客户，不能因为交易中断而放弃对其进行管理；对于第二类客户，需逐步充实和完善其管理内容；对于第三类客户，重点是全面搜集和整理客户资料，为即将展开的交易业务准备资料。

（3）从客户性质来划分，主要分为：机关团体（政府机关、学校以及社会团体、社会名流等）、特殊公司（如与本公司有特殊业务，是主要的合作伙伴等）、普通公司（临时的业务往来）、顾客（个人）和交易伙伴等。初创企业应根据客户性质、需求特点、需求方式、需求量等不同，对其实施不同的客户管理方法。

（4）ABC 分类法。ABC 分类法又称帕累托分析法，是指由意大利经济学家帕雷托提出的“二八原则”，其原理是根据企业利润额的构成划分客户。一般情况下，企业在对某一产品的客户进行分类和管理时，按照利润额来源的多少对客户进行排序会发现，该产品80%的利润来源于20%的客户，这20%的客户是A类客户，另外该产品不足20%的利润是由70%的客户带来的，这些客户被划分为B类客户，最后10%的客户被称为C类客户，他们为企业带来的利润很少，甚至会减少企业的盈利水平。初创企业客户管理的重点应放在A类客户上。

2. 客户资料的收集

信息具有区分不同价值客户的作用，初创企业应尽可能多地收集现有客户和通过调查研究得到的潜在客户的相关资料信息。

（1）客户资料来源。初创企业可以利用每个工作机会来收集信息，例如在与客户交往的过程中，或是促销活动现场以及促销回访时进行资料收集工作，获取公司内部包括公司现有的客户资料和公司各项销售记录；通过客户企业年度报告、广告、产品介绍、技术刊物、产品目录，或是通过外部渠道获得客户信息，包括网络查询、专业信息服务公司、行业调研报告以及国家统计信息等。

（2）客户资料内容。首先，客户的基础性资料，这是企业能获得的第一手资料，具体包括客户代码、名称、地址、邮政编码、联系人、联系方式、银行对公账号、企业对口营销人员代码和客户类型等；其次，企业与客户的交易信息，包括企业与客户沟通交易的时间、地点、方式和费用开支、提供产品和服务的记录、报价记录、优惠条件、付款条款、付款信用记录、销售限额、交货地点、发票寄往地、合作与支持行动、为争取和保持每个客户所做的其他努力和费用等信息；再次，客户背景信息，包括客户所在地区的生活水平、人均收入、地区经济状况、文化氛围、风俗习惯、消费倾向和信用情况等；最后，客户调查分析资料。主要是通过客户调查分析所得的第二手资料，包括客户对企业的态度和评价、履行合同情况及存在的问题、摩擦、信用情况、与其他竞争者交易情况、需求特征和潜力等。

(3) 客户资料搜集方式。初创企业收集客户信息，可利用的渠道很多，例如可以使用电话、传真、互联网和邮件等通讯工具，可以采取召开客户座谈会、走访客户等面对面的方式，还可以利用市场及客户管理人员的反馈信息、客户来函等资料收集客户信息。

(二) 客户档案的建立

进行客户管理，首先必须建立客户档案资料，将客户的各项资料加以科学化记录、保存，并分析、整理和应用，以此巩固双方的关系，从而提升销售业绩。目前，“客户资料卡”是一种很常用的客户档案建立工具。

一般，客户资料卡中至少应包含基础资料、客户特征、业务状况、交易现状等四方面的内容，如表 14－1 所示。

表 14－1 客户资料卡的填写

类　别	详　细　内　容
基础资料	客户最基本的原始资料，主要包括客户的名称、地址、电话、所有者、经营管理者、法人代表及他们个人的性格、爱好、家庭、学历、年龄、创业时间、与本公司的起始交易时间、企业组织形式、业种、资产等
客户特征	主要包括服务区域、销售能力、发展潜力、经营观念、经营方向、经营政策、企业规模、经营特点等
业务状况	主要包括销售实绩、经营管理者和销售人员的素质、与其他竞争对手之间的关系、与本公司的业务关系及合作态度等
交易现状	主要包括客户的销售活动现状、存在的问题、保持的优势、未来的对策、企业形象、声誉、信用状况、交易条件以及出现的信用问题等方面

(三) 客户资料卡的利用

初创企业在第一次拜访客户后就应该开始整理并填写“客户资料卡”。填写好的“客户资料卡”应适当保存，并在开展业务过程中充分加以利用。充分利用“客户资料卡”的功能可以有效地提升业绩。

但在利用客户资料卡时，初创企业应注意以下事项：

(1) 每周至少检查每位业务员的客户资料卡 1 次；

(2) 提醒业务员在访问客户前按规定参考资料卡的内容；

(3) 要求业务员出去访问时只携带要访问的客户资料卡；

(4) 要求业务员访问回来时交回客户资料卡；

(5) 在每月或每季末，区域主管应分析客户交易卡，作为调整业务员销售路线的参考；

（6）应参考客户资料卡的实际业绩，从而拟定“年度区域销售计划”；

（7）将填写客户资料卡视为评估该业务员绩效的一项重要指标；

（8）业务主管更应提醒自己是否常与业务员讨论前一天（或数天前）客户的交易成果；

（9）检阅销售、收款是否平衡，有无逾期未收货款。

（四）创业企业开展客户管理的原则

1. 动态管理原则

客户资料卡建立后，还需要将各种信息不断地进行更新，在资料卡上对客户的变化进行追踪，使客户管理保持动态性。

2. 集中管理原则

初创企业在保管客户资料卡时，应注意两种情况：一是资料卡分散在业务人员手中，可能导致客户是业务人员的客户而不是企业的客户，当业务人员离开企业后，客户及业务也随之离去，给公司造成重大的经济损失。二是资料卡分散在企业各个部门。虽然可以杜绝个人掌握企业客户资源的问题，但也会引出部门之间、部门与整个企业之间平衡利益关系的问题。要解决分散化的问题，初创企业应对客户资料卡进行集中管理，进行统一授信，全面跟踪，及时抑制可能出现的问题。

3. 分类管理原则

利用 ABC 分类法，主要是基于客户对企业的重要性和客户资料卡管理费用的考虑。企业客户规模的大小不一，对企业销售额的贡献程度也相应不同，理应区别对待；同时，进行客户档案管理也要考虑到成本效益原则，尽量使有限的资源发挥最大的经济效用。

六、不同阶段的营销组合策略

（一）企业生命周期及各阶段特征

20 世纪 80 年代，美国管理学家伊查克·爱迪思提出了企业生命周期理论，认为企业同生物一样都遵从“生命周期”规律，都经历从出生、成长到老化直至死亡的生命历程。企业家们对此曾有过不少论述。日本经营大师松下幸之助曾说过：“松下电器也会自然消亡。”

企业生命周期理论认为企业诞生后，一般要经过创立期、成长期、成熟期和衰退期四个阶段。处于创立期的企业称为初创企业，或者说是初创阶段的企业，企业能经过创立期存活下来，一般会较快地转入成长期；企业坚持过了成长期，就会进入成长速度放缓，但利润率提高的收获季节，称为成熟企业；成熟期的企业如果不能成功地蜕变的话，就会沦为衰退企业。

企业在不同的生命周期阶段，会呈现出不同的情况和特征，如表 14－2 所示。

表 14－2　企业生命周期各阶段的特征

阶段＼表现及特征	功能主要表现	主要特征
初创期	企业建成、登记注册、开始营运	①人员磨合较差，人与人之间、人与物之间尚待熟悉； ②产品、质量波动较大，产量不稳定； ③企业实力弱、知名度不高
成长期	企业有了自己的主导产品，销售量、利润迅速上升，企业从默默无闻到小有名气	①产销两旺，实力增强； ②逐步建立了管理制度； ③专业化水平提高较快，行业中有点名气
成熟期	企业形成了自己的特色产品甚至名牌产品，但市场已饱和	①产量继续增长，但由于市场环境已趋饱和，利润上升势头减弱； ②企业已有一套较完善的管理制度； ③专业化水平在行业中较有名气，占领了某地区本行业的大部分市场
衰退期	企业产量、销量、利润急剧下降，呈负增长趋势	①市场疲弱，销量下降，出现亏损； ②机构臃肿，人员老化，思想僵化； ③行业已逐步被新兴行业取代

必须注意的是，企业所处的生命阶段，通常不是以时间长短来确定，也不以规模大小为前提。就时间来说，有不少百年老店依然“年轻”，也有不少刚刚建立的企业已经“老态龙钟”；就规模来说，某些世界排名领先的巨型企业依然生机盎然，而有些小型企业已经被送进了重症监护室。判断企业年龄的尺度，是灵活性和可控性的消长情况。成长期的企业灵活性较强，要注意增强可控性；盛年期到衰老期的企业可控性很强，要提高灵活性，多一点创业精神，多一点新产品。

（二）创立期的营销组合策略

针对创立期企业的特点，从市场营销的角度，总体上采取的是发展战略。初创企业最重要的工作是给产品正确定价和扩大销售。创业初期市场营销的投入，有时甚至不能盈利——为了吸引顾客从消费其他人的产品或服务转移到自身的产品或服务上，即使不赚钱甚至赔钱也得投入。所以创业初期的销售收入增长很快，但由于成本增加更快，加上价格往往在成本附近，所以会出现销量很大但却没有利润的现象。

此时，新创企业要进行大量的市场调研工作，结合市场的需求，为产品合理定价；多利用促销策略，向潜在顾客宣传自己的产品及形象；同时，确定渠道策略，确定产品在什么地方能买到。灵活运用市场营销组合，努力寻找适合自己的盈利模式，从而打开销路占领市场，并培育自己的顾客群。

案例12 大名鼎鼎的凡客诚品，由原卓越网创始人陈年先生创立，最初是做男士系列服装的电子商务公司。2007 年时还是个名不见经传的小公司，从2008 年起，在陈年的努力下找来风投公司赞助，开始了铺天盖地的广告攻势。在腾讯、新浪等主要门户和专业网站，都可以看到凡客大量的广告投放和链接；2009 年至2010 年，陆陆续续在全国各大城市的公交、地铁等户外广告和媒体上频频露脸，引导消费者到凡客的网上销售平台去，为打造 VANCL 的品牌、宣传 VANCL 的文化都起到了举足轻重的作用。

（三）成长期的营销组合策略

随着企业进入成长期，创业团队应对已有的销售行为进行规范，要对客户进行筛选和细化管理，要对产品售前、售中、售后整个过程进行监控，整合所有销售相关的资源，把销售工作当成经营来做，逐步使销售收入与利润实现同步增长。

此阶段，重点是完善产品和拓宽销售渠道。这个阶段企业虽然有了自己的主导产品，但名气并不大，此时，应完善产品的质量和性能，努力打造自己的品牌特色，规划产品的定位战略甚至产品组合战略。渠道方面也应积极努力，寻找新的利润突破口，做好库存管理。

任务3　市场营销策划书的制定

一、认识市场营销策划书

市场营销策划书是营销策划的书面表达形式，也是营销策划的具体成果。营销策划书编写的规范性有助于营销决策人员和组织实施人员最大限度地认识到策划者的意图和策划思想，在充分理解的基础上选择和执行营销方案，使策划的效果尽可能得以实现。

营销策划书没有固定的格式，但却有必备的项目或条件，以及构思、表现等方面的技巧。概括起来，营销策划书大体上包括以下八大要件：

（1）何事——企业策划的目的与内容。

（2）何人——策划团队与相关人员。

（3）何时——策划操作起止时间。

（4）何处——策划实施环境场所。

（5）何因——策划的缘由与背景。

（6）何法——策划的方法与措施。

（7）预算——人财物与进度的预算。

（8）预测——策划实施效果的预测。

以上这八个方面是构成营销策划书的八个基本因素，其中何法、预算和预测是策划书区别于计划书和其他报告的三个最显著的特征。

二、市场营销策划书编制的原则

为提高营销策划书编制的准确性与科学性，编制市场营销策划书时应注意把握以下主要原则。

1. 逻辑思维原则

营销策划书编制的目的在于解决企业营销中的问题，因此要按照营销问题的逻辑关系来构思和编制策划书。首先是设定情况，交待策划背景，分析产品市场现状，确定营销策划目标；其次是对具体策划内容详细阐述；三是明确提出解决问题的对策。

2. 简洁朴实原则

营销策划书编制要注意突出重点，抓住企业营销中所要解决的核心问题，深入分析，提出可行性的相应对策及措施，针对性强，具有实际操作指导意义。

3. 可操作原则

营销策划书旨在指导营销实际活动，其指导性涉及营销活动的方方面面及各环节关系的处理，因此其可操作性非常重要。实际工作中缺乏可操作性的策划方案，即使创意再好也无任何实际价值。

4. 创意新颖原则

要求策划的“点子”新、内容新、表现手法也要新，这样才能给人以全新的感受，产生更好的效果。新颖的创意是营销策划书的核心内容。

三、市场营销策划书编制内容与步骤

（一）依据战略目标要求，分析企业面临的内外环境，提出营销策划的目标

1. 企业 SWOT 分析

通过前期的资料分析和对比，在企业优势与劣势、威胁与机会的比较中，知己知彼，找到建立在企业自身资源基础上的机会，形成企业的“阳光战略”。

2. 行业环境分析

一般来说，对初创企业进行行业环境分析时，需要综合分析行业总体形势、行业生命周期、行业经济结构和行业竞争形势这四个方面。这里，我们重点介绍美国哈佛大学商学院教授波特（M. E. Poter）提出的波特模型。波特提出，一个行业中的竞争，远不止在原有竞争对手中进行，而是存在着五种基本的竞争力量，即潜在的进入者、现有的竞争者、替代品、供应商的讨价还价能力、购买者的讨价还价能力，如图 14－2 所示。

经过五种行业力量的分析，初创企业应当能对该行业的吸引力作出判断，从而衡量是否有机会获得足够甚至超常的投资回报。通常情况下，竞争力量越强大，行业中的企业能够获得的回报就会越少。波特模型要求企业对五大竞争力量分别进行分析，根据其综合影响确定市场竞争情况，在分析企业自身的优势和劣势的基础上，确定初创企业的策略。

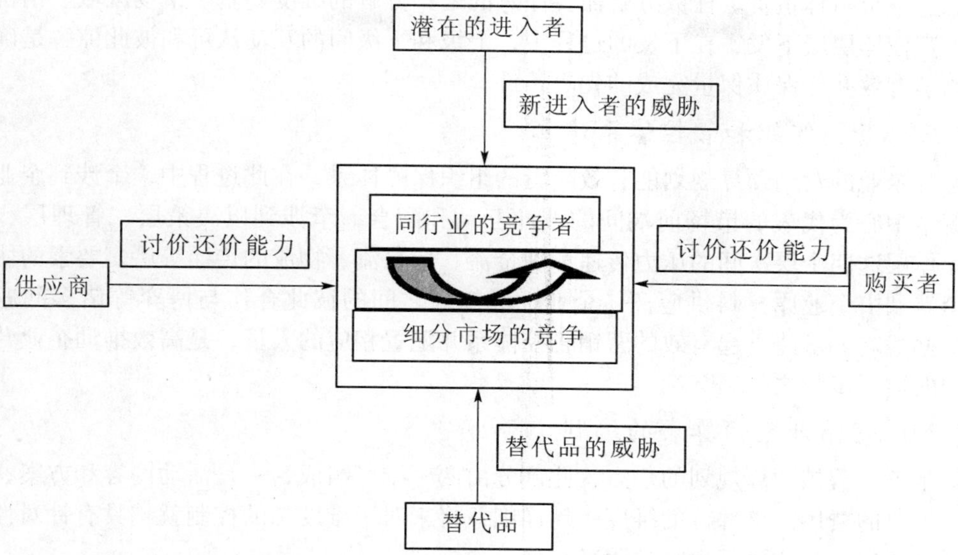

图 14－2　波特五力竞争模型

（资料来源：谭开明，魏世红．企业战略管理．大连：东北财经大学出版社，2010）

（二）依据各种环境的假设，设定当年销售目标

销售目标有三个，首先是理想目标，该目标是企业在最理想的前提下发挥企业最大优势形成的理想状态下的销售目标；其次是适度目标，该目标以中庸的心态衡量企业的销售目标；最后是保守的销售目标，该目标是假设情况最糟时企业所需要完成的销售目标值。在这三个目标中，彼此之间的差距为10%～15%。一般来说应以保守目标作为预算指标的衡量值，以理想目标作为下达任务的指标值，以适度的预算指标作为最终考核值，这样才可能保证企业以最少的投入产生最大的收益。

（三）制定营销策略

该策略是营销规划的核心内容，主要原则是“因地制宜，一地一策”。营销无一定之规，只有适合于市场的策略方为最正确的策略。在此过程中，以下营销策略要点需要重点考虑：

（1）产品策略。主要是每一个区域的老品牌策略和新品牌策略制定内容。

（2）渠道策略。涉及渠道的宽度、广度和深度的设计与规划内容。

（3）促销推广策略。每一个区域的推销方案和定点爆破的推广策略内容。

（4）品牌策略。基于全市场的广告投放规划和评估手段以及其他辅助的品牌推广方案。

（5）服务策略。如何将服务和营销有机地整合在一起，以便为消费者提供价值最大化的商品。

（四）任务分解

将当年度的销售任务、费用指标、利润完成情况层层分解，使得各级各部门及营销人员都对这三个指标负责。任务分解需要注意的是：分解的维度要基于市场区域、销售人员这两个责任体层层下发，在下发的过程中，上级和下级间的互动认可和彼此谅解是确保该任务科学有效并能保质保量完成的先决条件。

（五）营销组织和管控体系建立

这是企业的营销预算规划能有效执行的组织保障体系，在此过程中，牵涉到企业后台和以营销中心为代表的市场前端间的彼此互动和配合，牵涉到以决策层、管理层、执行层、操作层这四个层次间的压力传递和现金流、信息流、物流的传递等诸多要素的协同合作，牵涉到由企业原材料供应商、企业、经销商之间的彼此合作与博弈等诸多问题。因此，依据战略要求建立起有效的营销管控体系并配置相应的人员，是高效推动企业营销预算规划的重要步骤之一。

（六）营销计划预算表的编制

这是整个营销预算规划的焦点，此部分由两个维度组成，一是活动内容和方案，二是活动所需要的费用。该部分的维度一越详细，将来对于维度二的控制就越具有针对性，对于以后操作层的具体执行也就越明确。

（七）营销策划方案的评估与控制

营销规划的主要目的是实现销售目标，获得企业利润，这种经营是非静态的，是企业永续经营的内容主题，除非企业退出这场“马拉松比赛”。因此，当企业完成年度规划后，要对该预算规划执行后对未来产生的营销进行评估，其主旨是为了实现企业战略目标，并为下一年的持续发展奠定良好的基础。

实操训练

一、选择题

1. 消费者市场的四个主要细分变量是（　　）。

A. 行为、利益、人口、心理　　B. 行为、心理、人口、地理

C. 时机、态度、人口、利益　　D. 气候、收入、态度、个性

2. （　　）是市场细分的条件之一。

A. 竞争性　　B. 可衡量性　　C. 效益性　　D. 适应性

3. 有效市场细分的基本要求有（　　）。

A. 可衡量性　　B. 价值性　　C. 可达到性　　D. 相对的稳定性

4. 美国宝洁公司开发了多种功能的多个品牌，如去头屑的海飞丝、让头发飘逸的飘柔、营养发质的潘婷等，体现了何种营销策略？（　　）

A. 品牌策略　　B. 产品策略　　C. 价格策略　　D. 目标市场策略

5. 按（　　）可以把购买动机划分成求实动机、求名动机、求廉动机、求新动机、求美动机。

A. 消费者的心理动机　　B. 消费者的生活习惯

C. 消费者的个性　　　　　　　　D. 消费者的年龄

6. 若市场上某类产品存在着很多种的品牌，只购买其中的两三个品牌的购买者属于（　　）。

A. 坚定的忠诚者　B. 动摇的忠诚者　C. 喜新厌旧者　D. 无固定偏好者

7. 新产品刚上市时，消费需求往往没有太多的差异。这样的市场可称为（　　）。

A. 同质市场　B. 新质市场　C. 异质市场　D. 旧质市场

二、问答题

1. 选择目标市场的步骤是什么？
2. 产品生命周期理论包含哪几个阶段？各有什么特点？
3. 定价时，创业者应该考虑哪些因素？
4. 创业者如何选择自己的分销渠道？
5. 创业者应该如何培育自己的品牌？

项目十五　创业企业的财务管理

【能力目标】

1. 认识企业财务管理的基本原则和目标，能科学运用创业企业财务管理的方法及技巧；

2. 能针对创业企业特点，制定和完善财务管理制度以及制度执行的保障机制和措施；

3. 能阅读财务报表，并运用比率分析法进行创业企业的财务指标分析；

4. 能识别创业企业常见的财务危机，并能提出相应的防范与控制措施；

5. 能识别创业企业增值税、营业税和所得税的税收筹划空间，并能运用相应的策略和技巧进行税收筹划。

【知识目标】

1. 理解企业财务管理的涵义、基本原则和目标，掌握创业企业财务管理的方法及技巧；

2. 理解创业企业财务管理制度的作用、构成及主要内容，掌握提高财务管理制度执行效果的途径和措施；

3. 理解创业企业财务危机产生的主要原因及防范与控制措施；

4. 理解开源节流、勤俭立业的意义和途径，掌握赊销和应收财款管理的原则和措施；

5. 理解企业税收筹划的含义、特点，税收筹划与避税的主要区别；

6. 熟悉税收筹划“五步排查法”的基本原理及内容；

7. 熟悉企业增值税、营业税和所得税的纳税特点及相关法律法规，掌握创业企业增值税、营业税和所得税税收筹划的主要策略及技巧。

任务1　认识创业企业财务管理

一、充分认识创业企业财务管理的重要性

新企业的创设及成长是一项复杂的系统工程，涉及技术、市场、财务、管理、政府等方方面面，包含的风险也很多。企业财务管理以价值形式对企业活动进行管理、控制和监督，既能严格掌控预算支出和耗费，又能监督其是否合格，因而，财务管理是创业企业经营管理的核心，也是其生存和可持续发展的基础。然而，由于创业者在创立初期追求高成长，重视经营，忽视管理，尤其忽视财务管理，使企业在财务管理方面存在明显缺陷，如投资决策盲目、融资困难、财务控制薄弱、缺乏有效的风险管理等，造成大量的创业期企业由于财务风险而失败。因此，加强财务管理对创业企业尤为重要。其重要性可概括为以

下方面。

（1）通过对财务活动进行管理，可以降低财务风险，避免发生较大的经济损失；

（2）可以更好地掌控企业财务状况，为管理决策提供可靠保障；

（3）可以规范企业管理，通过合理的税收筹划和支出，控制降低企业运营成本；

（4）可以保证企业对下属部门、子公司的有效监管与控制；

（5）可以为企业年度目标及中长期目标计划的制订提供依据等。

二、认真做好财务规划

财务规划是对企业财务活动的整体性决策，其着眼点不是当前，而是未来，是立足于长远的需要对企业财务活动的发展所作出的科学谋划、判断和安排。

财务规划是一个由多种要素构成的复杂系统，各种要素之间存在着相互联系、相互影响、相互制约的关系，任何一个环节出现失误，都会影响整个规划的实施运行。因此，科学合理的财务规划，应该是一个各种要素协调一致、互相配合的完整体系。

做好企业财务规划的作用可以概括为以下方面：

（1）有利于明确相关关系。财务规划能明确企业不同经营活动的投资计划与企业可行的融资选择之间的相关关系。

（2）提出备选方案。财务规划使企业能够清楚各种投资和融资选择。在财务规划所列出的各种方案中，企业需要了解何为最优就必须对各个方案进行评价。

（3）分析可行性。不同的规划须适应于公司总的目标，即股东财富最大化。

（4）避免意外变动。财务规划须指出如果某一特定事件出现将会发生什么情况。

三、创业企业财务管理目标

企业财务管理目标是企业经营目标在财务上的集中和概括，是企业一切理财活动的出发点和归宿。制定财务管理目标是现代企业财务管理成功的前提，只有有了明确合理的财务管理目标，财务管理工作才有明确的方向。因此，企业应根据自身的实际情况和外部环境的特点及变化对企业财务管理的要求，科学合理地选择、确定财务管理目标。

中小创业企业的规模小，自有资金短缺，筹资困难。对于筹到资金的，又要面临还债的成本风险，企业经营中承受损失的能力有限，这使得企业经营活动既要注重生存问题，也要考虑发展问题，要把短期效益和未来持续发展统一起来，因此创业企业财务管理目标的现实选择应是企业价值最大化。通过企业财务的合理经营，采用最优的财务政策，充分考虑资金的时间价值和风险与报酬的关系，在保证企业长期、稳定发展的基础上使企业总价值最大。

在财务管理总体目标的指导下，企业还应确定具有反映其自身特点、与其他管理工作不同的具体目标，这样才能对财务管理活动具有实际意义。创业企业财务活动及决策主要包括筹资、投资和分配三方面的内容，因此相应地具有不同的管理目标。

四、创业企业财务管理的基本原则

根据《企业财务通则》的规定：“企业财务管理的基本原则是，建立健全企业内部财务管理制度，做好财务管理基础工作，如实反映企业财务状况，依法计算和缴纳国家税收，保护投资者权益不受侵犯。”根据这一基本原则，结合创业企业自身实际，创业企业财务管理应遵循以下具体原则。

1. 合法原则

财务管理工作必须遵守国家有关的法规，依照法规要求开展财务活动、处理与各方面的财务关系，以维护和保持正常的社会经济秩序。

2. 平衡原则

财务管理工作应力求资金存量与流量的综合协调平衡。通过资金活动的组织和调节使各项物资资源间形成适当的构成比例，以保证各种形态资金的适度占用和资金活动的继起性，保证生产经营活动的顺畅进行，确保资金周转不致中断。

3. 分级管理原则

在全面协调、统一的前提下，按照管理物资与管理资金相结合、使用资金与管理资金相结合、管理责任同管理权限相结合的要求，实行各级、各部门共同承担责任的财务管理，将各项管理措施落到实处，务求有效。

4. 风险收益均衡原则

收益风险均衡，就是要求企业对每一项具体的财务活动全面分析其收益性和安全性，按照风险和收益适当均衡的要求制定方案，趋利避害，力争做到既降低风险，又能取得较高的收益。

5. 资源优化配置原则

从整个企业的全局和长远利益出发，充分考虑各类资源的机会成本，不断对各种财务方案进行分析、比较和选择，努力实现有效资源的合理配置，使资源利用效率达到最高，从而使得企业的生产经营活动取得最大经济效益。

6. 企业目标控制原则

企业各项财务管理活动都要服从和服务于企业目标，并以此为依据制定一定时期内财务管理的具体措施目标，以此作为控制、检验财务管理各项具体工作的标准和依据。

7. 系统协调统一原则

财务管理工作是一个既有分工又有统一的运动过程，财务管理工作面向企业的人、财、物，涉及面广，为了取得有效成果，要在统一领导的前提下，实行财务目标的归口分级管理，并要妥善处理各种财务关系，保证责权利相统一。

8. 战略性管理原则

应从财务目标出发，在对整个财务环境包括经济周期、经济政策、税收政策、同行业竞争对手等情况进行充分研究的基础上，结合实际情况制定出宏观规划，掌握发展方向，开展具体的运营活动。

五、创业企业财务管理的方法及技巧

1. 建立、健全财务管理组织机构，强化财务管理职能

财务管理是公司经营管理的一个重要方面，企业要合理设置企业财务机构，配置相应人员，明确职责，建立岗位责任制；公司财务管理部门对财务管理工作负有组织、实施、

检查的责任，财会人员要认真执行《会计法》，坚决按财务制度办事，并严守公司秘密。

2. 努力提高资金的运用效率

如何做到使资金运用产生最佳效果，是企业财务管理所追求的基本目标。为此，首先，要使资金来源和资金运用得到有效配合，如决不能用短期借款来购买固定资产，因为这样会造成借款到期而投入资金还未收回的局面，势必从其他渠道筹资来偿还短期借款，导致资金周转困难。其次，要合理地进行资金分配，使流动资金与固定资金有效配合，才能产生最佳经营效果。最后，要充分预测资金收回和支付的时间，如应收账款什么时间可收回、什么时间应进货等，都要做到心中有数，否则，就容易造成收支失衡和资金拮据。

3. 要形成合理的资本结构与财务杠杆

中小企业由于受规模的限制，承受财务风险的能力比较低，因此，形成合理的资本结构，确定合理的负债比例就显得尤为重要。企业要学会用负债去经营、去赚钱，同时需要确定一个合理的比例，如负债过多，一旦情况发生变化，就会造成资金周转困难；如负债过少，又会限制企业的长期发展。企业的长期发展需要外来资金和自有资金的相互配合，既要借债，又不能借得太多，以形成合理的资本结构。

4. 加强现金流量预算控制

企业财务管理首先应该关注现金流量，而不是会计利润。中小企业应该通过现金流量预算管理来做好现金流量控制。现金流量预算的编制采用“以收定支，与成本费用匹配”的原则，采用零基预算的编制方法，按收付实现制来反映现金的流入流出。经过企业上下反复汇总、平衡，最终形成年度现金流量预算。同时，根据年度现金流量预算制定出分时段的动态现金流量预算，对日常现金流量进行动态控制。

5. 要建立一整套科学的财务管理制度

首先，要建立健全财产物资管理的内部控制制度，在物资采购、领用、销售以及样品管理上建立合适的操作程序，从制度上保证操作规范，堵住漏洞，维护安全。其次，财产管理和财产记录一定要分开，形成有力的内部牵制，不能把财产管理、记录、检查核对等一系列工作交由一个人去做。再次，要定期检查盘点，以揭露问题和促进管理的改善及责任的加强。最后，要不定期地突击检查，加强内部审计，督促管理人员和记录人员保持警戒而不至于疏忽。

6. 严格控制企业盲目扩充

对于中小企业来说，扩充一定要有适当的计划，要对未来情况有一定的了解，特别是要充分考虑资金问题，如果没有办法获得适当的资金，宁可保持其现状，也不能盲目依赖借贷扩充。

任务 2 财务制度制定与执行

一、建立科学规范的企业财务管理制度

监控和管理的起点是制度，因此建立一套成熟、规范的内部企业财务管理制度，不仅能为企业进行财务监控和管理提供依据，而且也是企业保持健康发展的基础条件。企业要

不断进行管理制度创新，建立和完善内部财务管理制度，明确财务监管责任，进一步加强企业内部财务管理与控制，提高企业财务监管能力和综合竞争能力。

财务管理制度是财务管理工作的权威基础和约束机制，使财务管理各项工作有“法”可依、有“法”必依、执“法”必严，有利于对违反制度规定的事及相关人员追究责任，并严肃处理。

二、做好记账管理

（一）记账管理不可忽视

案例1　会计失误记账　出纳趁机贪污

2007年7月17日，唐某在担任江西省安远县国营甲江采育林场出纳期间，收到卢某交给该林场的货款30 000元。在其收款后便将收款收据、记账联及银行缴款单交给财务会计刘某做账。由于刘某记账发生失误，造成账面现金收入短少30 000元，而甲江采育林场所监管的银行存款的现金科目则溢余了30 000元。出纳员唐某在明知其所保管的林场现金溢余30 000元的情况下，既不向会计刘某反映，也不向单位领导汇报，在2008年4月30日移交出纳工作时，故意不将该款列入移交，将此30 000元据为己有。

2008年5月31日，江西省安远县人民法院公开开庭审理了该起贪污案，被告人唐某犯贪污罪，判处其有期徒刑一年六个月，缓刑一年六个月。

（资源来自：法易网 www. 148365. com　引用有所删节）

本案例中，唐某利用职务之便侵吞公款，其行为已构成贪污罪，受到法律的制裁，由此也警示我们：在企业财务制度不健全的情况下，会计人员即使在记账业务方面发生的一些失误也会给企业和社会带来重大的损失。

（二）强化记账管理的主要途径

（1）严格按照记账规则和记账管理制度进行操作，避免发生错账、漏账等问题。

（2）提高财务人员的职业素质和业务能力。

（3）委托专业财务公司代理记账。

这样可以让小企业老板摆脱繁琐的程序性工作，有更多的精力去考虑业务开拓和公司发展的问题。

（4）告别手工记账，善用记账管理软件，提高记账效率。

根据实际需要，选用比较成熟适用的记账管理软件，提高会计电算化程度；同时还可以考虑选用“在线网站”向中小企业提供管理软件“钱掌柜”，帮助新创企业提高记账效率和记账管理水平。

三、强化财务核算管理

会计核算是企业财务管理的支撑，是企业财务最基础、最重要的职能之一。会计核算作为一门管理科学，而且是一门硬科学，它有一套严格的确认、记量、记录、报告程序与方法，必须依据国家统一的会计法规和会计制度，如《会计法》、《财务通则》及《会计准则》等。

（一）遵守会计核算基本要求

会计核算基本要求包括：

（1）及时性；

（2）可比性；

（3）统一性。包括对外披露的会计报表指标统一，会计凭证、会计账簿、会计报表等会计资料的内容和要求符合国家统一规定。

（二）遵守会计核算组织程序

采用记账凭证汇总表核算程序，其组织程序如下：

（1）根据审核后的原始凭证填制记账凭证；

（2）根据原始凭证汇总表编制记账凭证汇总表；

（3）根据记账凭证汇总登记总分类账；

（4）根据原始凭证登记现金日记账和银行日记账；

（5）根据记账凭证及所附的原始凭证登记各明细分类账；

（6）月终，根据总分类账和各明细分类账编制会计报表。

四、切实加强企业内部资金管理

中小企业创业期的主要问题是现金流量短缺，许多企业因为种种原因没有安排好现金流出的结构和进度，现金收入的回笼力度小，结果造成资金链的断裂。中小创业企业加强现金管理的主要途径包括：

1. 实施有效的营销措施，尽快扩大销售

中小企业在创业初期，必须尽快拉动销售攀升，增强企业自身的“造血”能力，为企业获利奠定基础。

2. 尽快收回应收款，增加现金流入数

中小企业创业期内，为了扩大市场占有率，常常赊销给顾客，反映到财务账上是应收款过多。不合理的应收款影响企业资金循环，造成资金短缺。

3. 解决当前企业运营中的关键问题，切实落实各项管理制度

企业创业期，面临的管理问题繁琐而复杂。管理层应深入企业进行调查研究，找到当期企业亟待解决的关键问题，集中力量加以解决，全面落实企业制度的各项管理制度，并通过实际运用，不断完善管理制度和措施。

4. 加强内部控制的研究，最大限度地调动员工的积极性，稳定员工队伍

中小企业的员工人数较少，常常是一人多岗，身兼数职。由于企业规模较小，企业文化几乎没有或不成系统，员工对企业的认同感不高。这些问题需要加强内部的精细化管理，从成本费用角度分析企业中的岗位种类和职责，在不违背不相容职务应分离的原则下，设计合理的薪酬制度，一方面通过各项激励政策增强企业凝聚力，另一方面也促使员工多面手技能的发展和实践，这对企业和员工长远发展而言，能达到“双赢”效果。

五、财务管理制度贵在执行

（一）制度执行力低下是创业企业不可忽视的问题

由于中小创业企业普遍依靠前期市场运营来获得企业的发展，而经营者的管理能力与管理经验不足，导致企业内部的基础管理显得比较薄弱，各层管理干部的综合素质也偏低，进而导致企业的转型与提升愿望难以实现，财务管理制度在执行过程中都被大打折扣，甚至变得面目全非，给企业带来许多危害。

（二）影响创业企业财务制度执行的主要因素

1. 法人治理结构不完善

现阶段，我国许多中小创业企业是典型的家族式企业，企业的所有权与经营权高度统一，企业的投资者同时又是企业的经营者，企业领导集权现象十分严重，企业财务人员没有参与决策的权利，只是决策的具体执行者。法人治理结构不健全、不完善，企业的财务管理缺乏良好的内部环境，难以发挥应有的作用，从而使财务监控失灵，会计信息失真。

2. 财务管理机制不健全

中小创业企业规模相对较小，加上法人治理结构不完善，内部财务机构的设置、财务人员的岗位安排随意性较大，财务人员职责分工不清，权责不明，缺乏有效的制衡和约束机制，财务管理机制不健全，难以形成有效的内部财务控制。

3. 财务人员素质不高

中小创业企业由于受到自身组织结构等因素的制约，财会人员的任用“家族化”现象严重，使得中小创业企业无法吸引和留住高素质的专业人员。任人唯亲的用人观念，造成在实际工作中财会人员素质较低，不仅难以起到决策参谋作用，而且直接影响到财务管理制度执行的效果。

4. 财务会计信息不透明，甚至失真

不透明的财会信息不仅使企业内部财务管理混乱，财务风险隐患丛生，影响企业的正常决策，危及长远的发展，同时酿造了中小创业企业的信用危机。

5. 注重“任人唯亲”，排斥“外部”人才

不少家族式经营色彩浓厚的私营企业中，员工往往被分为“自己人”和“外人”两个部分。企业业主在比较重要的位置上安排的都是“自己人”，除极少数情况外，“外人”是很难得到这些位置的。这种“任人唯亲”的用人模式，容易引发“内部人”地位上的优越感，使他们变得更加专制和跋扈，使制度执行中出现不受约束的“特权”，久而久之就会导致其他员工不按制度办事的连锁反应。

6. 缺乏有效的财务激励和约束机制

许多中小创业企业缺乏有效的财务激励与约束机制，未能处理好积累和消费、积累与扩张之间的关系；有的片面注重财力的积累，忽视了分配的激励作用，影响了员工的工作热情；有的片面注重分配，不注重资本的长期积累，影响了企业的规模扩张和长期发展。

六、奖惩分明是财务制度执行的有力武器

创业企业如何做到奖惩分明，提高财务管理制度的执行力呢？

1. 要明确每个员工的工作目标

要做到奖惩分明，谁应该奖，谁应该惩，就要让员工明确工作目标和岗位职责，否则就无从评价。为此，首先要明确企业的发展方向，必须拟定企业发展的战略规划，并且落实到企业的经营目标；然后再根据企业的经营目标设定科学的组织结构与人员编制，这样才能真正将企业的经营目标分解到每个员工的工作目标中。

2. 要明确每个员工的工作标准

光有目标，没有相应的工作流程、工作规范和工作标准，就难以让员工完成相应的工作目标，那么奖惩也就失去了意义。为此，要对企业的业务流程进行梳理，对工作的流程、规范、标准进行科学的设定与划分，从而建立现代企业财务管理的基础体系，做好评价考核的基本依据。

3. 建立科学的评估与持续改进系统

有了明确的目标和明确的工作标准，企业的财务基础管理就比较扎实了，随即就要建立一套科学的、可操作的评估系统，对每个员工进行科学的评估，以确定"谁应该奖，谁应该惩"，并根据评估结果对各项工作进行持续改进。

4. 对员工进行有效的奖惩

如何做好"该怎么奖，该怎么惩"？要做好以下两点：一是奖惩的方式，二是奖惩的尺度。一般说来，奖惩的方式包括物质与精神两个方面，物质方面主要有工资升降、奖金分配、福利分配、职位升降、经济处罚等；精神方面主要有职业定位、评先进、通报表扬、非正式表扬与体现成就感、社会地位等。奖惩的尺度则应该在不同的时期制定不同但是却有连贯性、有企业特性的执行方案。

七、公私分明是财务管理制度执行的重要保证

1. 老板公私分明，自觉带头遵守财务制度，才能在员工中发挥榜样作用

案例2

张某是广东东莞市虎门一家服装厂的老板，由于家庭需要，便从公司提取了25万元买车，但是汽车登记在他自己的名下。两个月后，税务机关查出这一账目，不允许税前扣除，企业不仅补交了所得税还被处罚；而同样是私企老板的赵某为了避免税费的缴纳，使用公司名义购买私人物业，不幸公司破产，私人物业也被用作公司财产偿还债务。

事实上，私营企业想要做大做强，除了和经营有关外，与企业的财务管理制度也密不可分，否则现金流出现问题便有可能导致企业衰落。上述案例中，如果将公司和家庭的财务分开，独立核算，就具有两方面的功能：一方面可以使得企业业主家庭合理避税；另一方面可以避免将家庭财务风险与企业财务危机交叉混合。

2. 对待员工要公私分明，一视同仁，制度执行才有保障

在麦当劳的员工守则中，有23种立即解聘的行为，其中有三条是这样规定的："三、未经批准挪用公司的钱财，或不及时将公司的钱放入保险柜或安全的地方。五、不全额支付或未得到正常的批准，擅自拿取或赠送麦当劳的食品和麦当劳的财产给他人。八、在非工作时间内未经批准或未付款就使用公司食品。"

这说明，在麦当劳中，公私不分和侵占公司财物是非常严重的行为。有人会觉得，占用公司一本稿纸、一支圆珠笔没有什么大不了的，这些不值钱的东西，用一用没有什么关系。其实，这种想法是错误的。麦当劳针对员工公私不分的行为实行严厉的处罚，有力地促进了公司各项管理制度的贯彻落实。

3. 公私分明，还需充实老板财务知识

目前，不少私营企业老板最匮乏的便是财务知识。一些企业业主公私账户混为一体，家庭需要资金支出便从企业提取，企业资金周转不灵便将家里的钱往公司砸，“赚了钱都投入企业，花钱时企业掏腰包”，发觉公司账面不平便让财务通过做账解决，通过做假账来掩盖业务流程的不合理，甚至设计出另外一种业务过程来达到少交税的目的。

由于财务知识的复杂性和财税政策的地方差异性，私企老板需要不断充实财务税务知识，也可通过专业的财务人员或者筹划机构对财务及税务进行规划，使得私企老板可以在增加企业收益和家庭财富间取得平衡点。也只有在思想上有了这些认识，才能将公私分明的财务制度落实在实际行动上，而不会只停留在口头上或形式上。

任务3　做好企业财务指标分析

下面针对 ABC 公司财务报表，学习如何对企业财务报表进行财务分析。

表 15－1　ABC 公司 2008 年 12 月 31 日资产负债表

编制单位：ABC 公司　　　　2008 年 12 月 31 日　　　　单位：万元

资　产	行 次	年初数	期末数	负债和所有者权益（或股东权益）	行 次	年初数	期末数
流动资产：				流动负债：			
货币资金	1	152 380	164 552	短期借款	68	28 500	8 500
短期投资	2	113 519	107 395	应付票据	69	75 018	242 610
应收票据	3	95 608	110 432	应付账款	70	180 688	206 376
应收股息	4	0	0	应付工资	72	0	99
应收账款	6	182 057	288 071	应付福利费	73	3 948	3 408
其他应收款	7	76 585	147 094	应付利润	74	282	237
存货	10	645 703	594 130	应交税金	76	－24 689	－51 285
待摊费用	11	198	451	其他应交款	80	5 207	6 239
一年内到期的长期债权投资	21	0	0	其他应付款	81	15 624	12 798
其他流动资产	24	918	0	预提费用	82	7 253	721
流动资产合计	31	1 271 542	1 424 666	一年内到期的长期负债	86	58 654	56 973
长期投资：				其他流动负债	90	0	0

续表 15－1

资　产	行次	年初数	期末数	负债和所有者权益（或股东权益）	行次	年初数	期末数
长期股权投资	32	14 513	15 202	流动负债合计	100	350 485	487 676
长期债权投资	34	0	0	长期负债：			
长期投资合计	38	14 513	15 202	长期借款	101	600	0
固定资产：				长期应付款	103	0	0
固定资产原价	39	383 217	412 912	专项应付款	106	0	0
减：累计折旧	40	108 324	133 303	其他长期负债	108	0	0
固定资产净值	40	274 893	279 609	长期负债合计	110	600	0
工程物资	44	47	0	递延税款贷项	111	981	858
在建工程	45	41 634	38 365	负债合计	114	352 066	488 534
固定资产清理	46	35	86	所有者权益（或股东权益）：			
固定资产合计	50	274 611	276 423	实收资本	115	216 421	216 421
无形资产及其他资产：				资本公积	120	406 449	406 516
无形资产	51	44 549	45 082	盈余公积	121	481 303	482 968
长期待摊费用	52	12 211	2 380	其中：法定公益金	122	93 866	94 699
其他长期资产	53	0	0	未分配利润	123	161 038	168 226
无形资产及其他资产合计	60	56 760	47 462	所有者权益（或股东权益）合计	124	1 265 211	1 274 131
资产合计		1 617 426	1 763 753	负债和所有者权益（或股东权益）总计	135	1 617 426	1 763 753

表 15－2　ABC 公司 2008 年利润表

编制单位：ABC 公司　　　　2008 年 12 月 31 日　　　　单位：万元

项　　目	行次	本年累计数	上年实际数
一、主营业务收入	1	951 462	1 070 721
减：主营业务成本	4	832 110	910 793
主营业务税金及附加	5	5 792	5 130

续表 15－2

项　　目	行次	本年累计数	上年实际数
二、主营业务利润（亏损以“－”号填列）	10	113 560	154 798
加：其他业务利润（亏损以“－”号填列）	11	8 688	8 892
减：营业费用	14	103 354	112 724
管理费用	15	24 553	25 460
财务费用	16	－7 829	－5 241
三、营业利润（亏损以“－”号填列）	18	2 170	30 747
加：投资收益（损失以“－”号填列）	19	12 026	1 644
营业外收入	23	877	781
减：营业外支出	25	4 263	16 392
四、利润总额（亏损总额以“－”号填列）	27	11 161	16 832
减：所得税	28	2 027	5 223
五、净利润（净亏损以“－”号填列）	30	8 854	11 595

表 15－3　ABC 公司 2008 年度现金流量表

编制单位：ABC 公司　　2008 年度　　单位：万元

项　目	行次	金　额
一、经营活动产生的现金流量：		
销售商品、提供劳务收到的现金	1	991 185
收到的其他与经营活动有关的现金	8	25 225
现金流入小计	9	1 016 410
购买商品、接受劳务支付的现金	10	693 670
支付给职工以及为职工支付的现金	12	37 917
支付的各项税费	13	62 657
支付的其他与经营活动有关的现金	18	84 822
现金流出小计	20	879 066
经营活动产生的现金流量净额	21	137 344
二、投资活动产生的现金流量：		

续表 15－3

项　目	行次	金　额
收回投资所收到的现金	22	167 897
取得投资收益所收到的现金	23	16 435
处置固定资产、无形资产和其他长期资产所收回的现金净额	25	345
收到的其他与投资活动有关的现金	28	0
现金流入小计	29	184 677
购建固定资产、无形资产和其他长期资产所支付的现金	30	22 586
投资所支付的现金	31	264 404
支付的其他与投资活动有关的现金	35	0
现金流出小计	36	286 990
投资活动产生的现金流量净额	37	－102 313
三、筹资活动产生的现金流量：		
吸收投资所收到的现金	38	800
借款所收到的现金	40	38 500
收到的其他与筹资活动有关的现金	43	0
现金流入小计	44	39 300
偿还债务所支付的现金	45	60 100
分配股利、利润或偿付利息所支付的现金	46	1 360
支付的其他与筹资活动有关的现金	52	0
现金流出小计	53	61 460
筹资活动产生的现金流量净额	54	－22 160
四、汇率变动对现金的影响	55	－697
五、现金及现金等价物净增加额	56	12 174

一、认识企业财务报表

财务报表是在对日常会计核算进行综合整理的基础上编制而成的，是用来总括地反映某个会计单位在一定时期内的财务状况和经营成果的报告文件。企业主要通过三种财务报表来反映其财务状况和经营成果，即资产负债表、利润表和现金流量表。在财务管理工作中，能够阅读、分析财务报表对企业经营者来说具有非常重要的作用。

作为初创业的管理者，首先要明白财务三大报表的含义，要知道三大报表各有它表述的重点信息。资产负债表重点表达企业的钱从哪里来，企业把这些资金投资在哪种资产上；损益表主要表达各类成本结构以及利润的水平；现金流量表侧重于表达营运、理财、投资等三种活动的现金流入和流出状况。总之，三大报表是个整体，综合运用三大报表才能看到完整的企业经营结果。

（一）资产负债表

资产负债表是反映企业某一特定时间资产、负债、所有者权益等财务状况的会计报表。资产负债表是根据“资产 = 负债 + 所有者权益”这一会计等式编制的。

资产负债表中，资产项目列在报表的左侧，负债和所有者权益列在报表的右侧，从而使资产负债表左右两侧保持平衡，即满足会计恒等式。

例如，ABC 公司 2008 年的资产负债表如表 15 – 1 所示。

从 ABC 公司的资产负债表可知，资产负债表的左侧是资产，包括流动资产、长期资产、固定资产、无形资产和其他资产等，这是按资产流动性由大到小次序排列的。资产反映了企业的资金的具体占用形态。

资产负债表的右侧是负债和所有者权益。负债是企业向外面借来的、约定到期还本付息的资金，反映的是债权债务关系；所有者权益是企业接受投资人投资的资金。负债和所有者权益共同构成了企业资金的具体来源。

（二）利润表

利润表又称损益表，是反映企业在一定期间（如月份、季度、年度）经营成果的会计报表。利润表是根据“利润 = 收入 – 费用”这一等式编制的。

例如，ABC 公司在 2008 年的利润表如表 15 – 2 所示。

利润表主要反映以下几方面的内容：

（1）主营业务利润。主营业务收入减去主营业务成本、主营业务税金及附加，即为主营业务利润。

（2）营业利润。主营业务利润加上其他业务收入和投资收益减去其他业务支出、销售费用、管理费用、财务费用，即为营业利润。

（3）利润总额。利润总额是一家公司在营业收入中扣除成本消耗及营业税后的剩余，这就是人们通常所说的盈利，它与营业收入间的关系为：

$$利润总额 = 营业收入 - 成本 - 营业税$$

（4）净利润，利润总额减去所得税费用，即为净利润。净利润的计算公式为：

$$净利润 = 利润总额 \times (1 - 所得税率)$$

净利润是一个企业经营的最终成果，净利润多，企业的经营效益就好；净利润少，企业的经营效益就差，它是衡量一个企业经营效益的主要指标。

（三）现金流量表

现金流量表是反映企业在一定时期内现金流入和现金流出状况的会计报表。现金流量表是根据“现金净流量 = 现金流入量 – 现金流出量”这一等式编制的。

例如，ABC 公司 2008 年度的现金流量表如表 15 – 3 所示。

现金流量表以收付实现制为理论基础。根据收付实现制，收到了现金一定要反映在现金流量表当中，而应收账款不反映在现金流量表中，因此现金流量表是一个非常真实、非常客观的衡量现金流动的报表，它能最真实、客观地反映企业偿债能力，最真实地反映企业获取现金的能力。

我国的现金流量表是一张年报表，一个年度编制一份现金流量表，因此它是一个时期的报表，反映企业一年中现金流入和流出的情况。而利润表、资产负债表都是月报表，其中利润表也是一个时期的报表，是动态的报表；资产负债表是一个时点报表，是静态的报表。

二、创业企业财务指标分析方法及实例

企业财务报表分析是指以财务报表和其他资料为依据和起点，采用专门方法，系统分析和评价企业过去和现在的经营成果、财务状况及其变动。财务分析最基本的功能就是将大量的财务报表数据进行加工、整理、比较、分析并转换成对特定决策有用的信息，着重对企业财务状况是否健全、经营成果是否优良等进行解释和评价，减少决策的不确定性。

从企业总体来看，财务报表分析的基本内容主要包括以下三个方面：

（1）分析企业的偿债能力，分析企业权益的结构，估量对债务资金的利用程度；

（2）评价企业资产的营运能力，分析企业资产的分布情况和周转使用情况；

（3）评价企业的盈利能力，分析企业利润目标的完成情况和不同年度盈利水平的变动情况。

以上三个方面的分析内容互相联系，互相补充，可以综合地描述出企业生产经营的财务状况、经营成果和现金流量情况，以满足不同使用者对会计信息的基本需要。其中偿债能力是企业财务目标实现的稳健保证，而营运能力是企业财务目标实现的物质基础，盈利能力则是前两者共同作用的结果，同时也对前两者的增强起推动作用。

根据分析的目的不同，财务分析常用的基本方法有比率分析法、比较分析法、因素分析法等。创业企业及中小企业的财务报表分析主要是运用指标分析。一般通过对某些财务指标进行分析，对企业经济效益的优劣作出判断，因此财务指标的选择和运用尤为重要。依据反映综合绩效的四个方面能力，即偿债能力、营运能力、盈利能力和发展能力，分别建立相应的财务分析指标体系。本节以 ABC 公司为例，说明各类指标的分析和运用。

（一）偿债能力分析

企业的偿债能力指企业用其资产偿还长短期债务的能力。企业有无支付现金的能力和偿还债务的能力是企业能否健康生存和稳定发展的关键，因此对企业的偿债能力分析尤为重要。根据债务偿还期限的长短，可以分为短期偿债能力分析和长期偿债能力分析。

1. 短期偿债能力分析

短期偿债能力是企业偿付下一年度的流动负债的能力，是衡量企业财务状况是否健康的重要标志。企业债权人、投资者、原材料供应单位等使用者通常都非常关注企业的短期偿债能力。评价短期偿债能力的指标主要有流动比率、速动比率、现金比率等。

（1）流动比率是衡量企业短期偿债能力最常用的指标，即用变现能力较强的流动资产偿还企业短期债务。计算公式为：

流动比率 = 流动资产 ÷ 流动负债

该指标值越大，说明企业短期偿债能力越强，但流动比率过高，表明企业占用流动资金过多，会影响资金的使用效率和企业获利能力。该指标值一般以 2 为宜。

根据表 15－1 ABC 公司的资产负债表，计算其流动比率如下：

年初流动比率＝流动资产÷流动负债＝1 271 542÷350 485＝3.63

年末流动比率＝流动资产÷流动负债＝1 424 666÷487 676＝2.92

（2）速动比率。

速动比率是指速动资产与流动负债的比率，它是衡量企业在某一时点运用随时可变现资产偿付到期债务的能力。速动比率是对流动比率的补充。速动比率越高，表明企业未来的偿债能力越有保证。该指标值一般以 1 为宜。计算公式为：

速动比率 = 速动资产 ÷ 流动负债

其中：速动资产＝货币资金＋短期投资＋应收票据＋一年内应收账款

＝流动资产－存货－预付账款－待摊费用－待处理流动资产损失

根据表 15－1 ABC 公司的资产负债表，计算其速动比率如下：

年初速动比率＝（1 271 542－645 703－198）÷350 485＝1.79

年末速动比率＝（1 424 666－594 130－451）÷487 676＝1.70

（3）现金比率。

现金比率也称为超速动比率，是现金及其等价物与流动负债的比率。现金等价物是与现金几乎具有相同变现能力的银行存款、短期有价证券、可贴现和转让票据等，它们可以随时提现、转让变现或贴现变现。现金比率计算公式为：

现金比率＝（货币资金＋短期投资＋应收票据）/流动负债

现金比率是最保守的短期偿债能力指标，它更能反映短期负债偿还的稳定性和安全性。但若现金比率过高，则说明企业的现金资产未能充分利用。通常认为现金比率为 10%～20% 较为理想。

根据表 15－1 ABC 公司的资产负债表，计算其现金比率如下：

年初现金比率＝（152 380＋113 519＋95 608）÷350 485＝1.03

年末现金比率＝（164 552＋107 395＋110 432）÷487 676＝0.78

以上短期偿债能力指标的计算结果表明：ABC 公司 2008 年的流动比率、速动比率和现金比率远高于经验值，一方面说明公司流动资产中应收账款、存货等不能立即变现的资产所占比例很大，另一方面说明 ABC 公司短期偿债能力很强，流动负债偿还有保障，但要提高资金营运效率。

2. 长期偿债能力分析

长期偿债能力是公司按期支付债务利息和到期偿还本金的能力。长期偿债能力主要从保持合理的负债权益结构角度出发，来分析企业偿付长期负债到期本息的能力。

（1）资产负债率。

资产负债率是负债总额与资产总额之间的比率。它表明企业资产总额中，债权人提供资金所占的比重，以及企业资产对债权人权益的安全保障程度。计算公式如下：

资产负债率＝（负债总额÷资产总额）×100%。

通常来说，该比率越小，表明企业的长期偿债能力越强；该比率过高，表明企业的财务风险较大，企业重新举债的能力将受到限制；资产负债率以不高于70%为宜。如果资产负债率大于1，说明企业已经资不抵债，有濒临倒闭的危险。

根据表15－1 ABC公司的资产负债表，计算其资产负债率如下：

年初资产负债率＝(352 066÷1 617 426)×100%＝21.8%

年末资产负债率＝(488 534÷1 763 753)×100%＝27.7%

（2）产权比率。

产权比率又称负债权益比率，反映所有者权益对债权人权益的保障程度，能从另一个角度反映企业的长期偿债能力。计算公式如下：

负债权益比率＝(负债总额÷股东权益总额)×100%

ABC公司2008年的产权比率计算如下：

年初产权比率＝(352 066÷1 265 211)×100%＝27.8%

年末产权比率＝(488 534÷1 274 131)×100%＝38.3%

一般说来，产权比率越低，表明企业长期偿债能力越强，债权人权益的保障程度越高，承担的风险也越小，但企业不能充分发挥负债的财务杠杆作用。因此，在保证债务偿还安全的前提下，应尽可能提高产权比率。

（3）利息保障倍数。

利息保障倍数是企业一定时期息税前利润与利息支出的比率，它反映了获利能力对债务偿付的保证程度。其计算公式为：

利息保障倍数＝息税前利润总额÷利息支出＝(利润总额＋利息支出)÷利息支出

利息保障倍数是衡量企业偿付到期利息能力的指标。一般来说，利息保障倍数应大于3，但过高的利息保障倍数可能表明公司未能充分利用财务杠杆效应。相反，如果利息保障倍数小于1，则说明企业存在严重的债务危机，不但没有还本的能力，连偿还分期利息都有困难。

根据表15－2利润表，ABC公司2008年利息保障倍数计算如下：

利息保障倍数＝(11 161＋7 829)÷7 829＝2.43

上述长期偿债能力指标的计算结果表明：ABC公司的资产负债率很低，公司资金来源主要是股东投入的资本；债权对股权的比率为0.38倍，股东权益资本对债权资本的保障程度很高；尽管资产负债率和产权比率都很低，但利息保障倍数并不高，说明公司通过盈利用于偿还长期负债的能力不够强。总体上，ABC公司长期负债的偿还目前不会出现问题，其偿还能力还是不错的，但这主要是过低的资产负债率所致。存在的主要问题是融资渠道单一（主要是股东投入资本），资本结构不尽合理，融资策略太过保守，未能合理利用财务杠杆。

（二）营运能力分析

营运能力分析是通过企业生产经营资金周转速度的有关指标所反映出的企业资金利用效率，它表明企业对拥有的各种资产和资源的经营管理能力。对于新创企业来说，均匀与持续是其营运能力的核心问题，也是企业生存、发展的基本前提。

1. 存货周转率

存货周转率是指一定时期内销售成本与平均存货余额的比率。它用于衡量企业在一定时期内存货资产的周转次数，是反映企业购、产、销平衡的效率的一种尺度。计算公式如下：

存货周转率 = 产品销售成本 ÷ 平均存货成本

其中：平均存货成本 =（期初存货成本 + 期末存货成本）÷ 2

一般情况下，存货周转率越高越好。存货周转率高，说明存货的流动性较好，存货的管理也具有较高的效率，销售形势也好。

根据表 15－1 资产负债表和表 15－2 利润表，ABC 公司 2008 年存货周转率计算如下：

平均存货成本 =（645 703 + 594 130）÷ 2 = 619 916.5（万元）

存货周转率 = 832 110 ÷ 619 916.5 = 1.34（次）

2. 应收账款周转率

应收账款周转率也称收账比率，是指一定时期赊销收入净额与应收账款平均余额的比率，用于衡量企业应收账款周转快慢。应收账款周转次数越多，表明其回收速度越快，可减少或避免发生坏账的可能，而且还能提高企业的短期债务的偿还能力。应收账款周转率计算公式如下：

应收账款周转率 = 赊销净额 ÷ 平均应收账款余额

其中：赊销净额 = 销售收入 － 现销收入 － 销售退回、折让、折扣

平均应收账款余额 =（期初应收账款余额 + 期末应收账款余额）÷ 2

根据表 15－1 资产负债表和表 15－2 利润表，ABC 公司 2008 年应收账款周转率计算如下：

平均应收账款余额 =（182 057 + 288 071）÷ 2 = 235 064（万元）

应收账款周转率 = 951 462 ÷ 235 064 = 4.05（次）

计算结果表明，ABC 公司 2008 年应收账款周转率为 4.05 次，周转速度慢，销售情况不理想，表明公司催款效率较低，或信用政策过宽，应加强销售过程和应收账款管理。

3. 流动资产周转率

流动资产周转率是企业一定时期内主营业务收入净额与平均流动资产余额的比率，它反映企业流动资产的运营效率。通常来说，这个指标越大，企业的经营越高效。其计算公式如下：

流动资产周转率 = 主营业务收入净额 ÷ 平均流动资产余额

其中：平均流动资产余额 =（年初流动资产总额 + 年末流动资产总额）÷ 2

根据表 15－1 资产负债表和表 15－2 利润表，ABC 公司 2008 年流动资产周转率计算如下：

平均流动资产余额 =（1 271 542 + 1 424 666）÷ 2 = 1 348 104（万元）

流动资产周转率 = 951 462 ÷ 1 348 104 = 0.71（次）

计算结果表明，ABC 公司流动资产周转率为 0.71 次，表明流动资产在生产和销售等环节占用时间长，公司流动资产的运营效率不高。

4. 总资产周转率

总资产周转率是企业一定时期内主营业务收入净额与平均资产总额的比率，用来分析

企业全部资产的运营效率。一般来说，总资产周转率越高，表明企业全部资产的使用效率越高；反之，则表明企业全部资产的使用效率越差，并最终会影响企业的盈利能力。总资产周转率计算公式为：

总资产周转率 = 主营业务收入净额 ÷ 平均资产总额

其中：平均资产总额 =（年初资产总额 + 年末资产总额）÷ 2

根据表 15 – 1 资产负债表和表 15 – 2 利润表，ABC 公司 2008 年总资产周转率计算如下：

平均资产总额 =（1 617 426 + 1 763 753）÷ 2 = 1 690 589（万元）

总资产周转率 = 951 462 ÷ 1 690 589 = 0.56（次）

计算结果表明，ABC 公司总资产周转率为 0.56 次，表明公司流动资产的运营效率不高。

（三）盈利能力分析

企业盈利能力是指企业经营活动中赚取利润的能力。对于创业企业来说，利润是企业生存的首要目标，是投资者取得投资收益、债权人收取本息的资金来源，是衡量企业长足发展能力的重要指标。通过对盈利能力的分析，有利于判断新创企业经营的综合成果，考察经理人的经营业绩，及时发现存在的问题，以便采取措施。评价创业企业的盈利能力主要有如下指标：

1. 销售净利润率

销售净利润率是指企业一定时期内销售净利润占销售收入的百分比，它反映企业每销售一元所获取的净利润，该比率越高，说明企业的获利能力越强。其计算公式为：

销售净利润率 = 净利润 ÷ 销售收入 × 100%

根据表 15 – 2 利润表，ABC 公司 2008 年销售净利润率计算如下：

销售净利润率 = 8 854 ÷ 951 462 × 100% = 0.93%

计算结果表明，ABC 公司销售净利润为 0.93%，说明公司整体业务经营环节盈利较弱。

2. 成本费用利润率

成本费用利润率是指企业一定时期内利润总额与成本费用总额的百分比，它反映企业为取得利润而付出的代价情况。这个指标越高，说明企业的投入所创造的利润越多。计算公式如下：

成本费用利润率 = 利润总额 ÷（主营业务成本 + 销售费用 + 管理费用 + 财务费用）

根据表 15 – 2 利润表，ABC 公司 2008 年成本费用利润率计算如下：

成本费用利润率 = 11 161 ÷（832 110 + 103 354 + 24 553 – 7 829）× 100% = 1.17%

3. 净资产收益率

净资产收益率是指一定时期内净利润与平均净资产的百分比，它表明所有者每一元钱的投资能够获得多少净收益，是评价创业企业盈利能力的核心指标。该指标通常也是越高越好。其计算公式如下：

净资产收益率 = 净利润 ÷ 平均净资产 × 100%

其中：平均净资产 =（年初所有者权益 + 年末所有者权益）÷ 2

根据表 15 - 1 资产负债表和表 15 - 2 利润表，ABC 公司 2008 年净资产收益率计算如下：

平均净资产 =（1 265 211 + 1 274 131）÷ 2 = 1 269 671（万元）

净资产收益率 = 8 854 ÷ 1 269 671 × 100% = 0.70%

4. 总资产利润率

总资产利润率指标反映企业总资产能够获得利润的能力，该指标越高，表明资产利用效果越好。其计算公式为：

总资产利润率 = 利润总额 ÷ 平均资产总额 × 100%

平均资产总额 =（年初资产总额 + 年末资产总额）÷ 2

根据表 15 - 1 资产负债表和表 15 - 2 利润表，ABC 公司 2008 年总资产利润率计算如下：

平均资产总额 =（1 617 426 + 1 763 753）÷ 2 = 1 690 589（万元）

平均资产总额 = 11 161 ÷ 1 690 589 × 100% = 0.66%

从 ABC 公司的资产盈利能力的计算结果看，其净资产收益率仅为 0.70%，总资产利润率也只有 0.66%，表明所投入资产并未获得更多盈利，结合该公司 2008 年度年报相关数据，我们发现 ABC 公司的盈利能力不强，其未来盈利能力已不容乐观。

任务 4　努力避免财务危机

一、认识财务危机

财务危机是指企业明显无力按时偿还到期的无争议债务的困难与危机。

一般来说，财务危机主要有以下几种表现形式：第一，从企业的运营情况看，表现为产销严重脱节，企业销售额和销售利润明显下降，多项绩效评价指标严重恶化；第二，从企业的资产结构看，表现为应收账款大幅增长，产品库存迅速上升；第三，从企业的偿债能力看，表现为丧失偿还到期债务的能力，流动资产不足以偿还流动负债，总资产低于总负债；第四，从企业现金流量看，表现为缺乏偿还即将到期债务的现金流，现金总流入小于现金总流出。

财务危机的形成是企业内外部环境发生变迁与综合作用的结果。外部环境包括经济环境、法律环境、金融环境等；内部环境包括企业战略、经营风险、财务风险、制度缺陷等方面的原因。尽管导致企业财务危机的原因很多，但结局一定相同，那就是资金周转难以维系企业继续生存。

财务危机是导致企业生存危机的重要因素，因此，需要针对可能造成财务危机的因素，采取监测和预防措施，提高企业财务管理水平，建立财务危机防范与控制机制，尽量避免和化解危机发生。

二、创业企业财务危机的表现及主要原因

1.“以短支长”，造成财务危机

2. 过度负债，导致财务危机

案例3

大宇集团在政府政策和银行信贷的支持下，走的是一条“举债经营”之路。试图通过大规模举债，达到大规模扩张的目的，最后实现“市场占有率至上”的目标。当1997年亚洲金融危机爆发后，大宇集团已经显现出经营上的困难，其销售额和利润均不能达到预期的目的。此时，如果大宇集团不再大量发行债券进行“借贷式经营”，而是像韩国其他四大集团一样进行自律性结构调整——重点改善财务结构，努力减轻债务负担，恐怕大宇集团今天仍是韩国的五大集团之一。然而，大宇却认为，只要提高开工率，增加销售额和出口就能躲过这场金融危机，于是，一意孤行地继续大量发行债券，进行“借贷式经营”。由于经营不善，加上资金周转困难，韩国政府于1999年7月26日下令债券银行接手对大宇集团进行结构调整，加快了这个负债累累集团的解散速度。由此可见，大宇集团举债经营所产生的财务杠杆效益是消极的，不仅难以提高企业的盈利能力，反而因巨大的偿付压力使企业陷入无法解脱的财务困境。

韩国大宇集团的解散，就是财务杠杆消极作用影响的真实体现。无数事实表明，负债经营运用得好，可以促进企业迅速发展壮大。运用得不好，会给企业带来风险，甚至造成财务危机。

3. 内部财务管理混乱，造成财务危机

例如，应收账款管理不当是造成资金回收风险的重要方面，一些企业财务关系混乱，资金使用没有有效的监督与控制，使财务活动陷入困境。因呆账无法收回导致企业财务危机的案例也很多。

4. 预算失误，现金断流，造成财务危机

准确的现金流量预算，可以使经营者作出适当的决策；对企业未来的经营活动、筹资活动、投资活动所需要的现金流量需要事先进行准确的预算，以此为基础作出经营、投资、筹资决策，使企业的人力、物力、财力各方面达到一个较佳的平衡点。

但现实经济活动中，一些企业往往不重视现金流规划和预算，缺乏财务风险防范和现金流管理的能力，造成企业现金流的断裂，导致企业经营失败。

三、创业企业财务危机防范与控制的途径及对策

（一）财务危机防范的主要途径

1. 选择合适的所有制形式和组织结构形式
2. 完善债务结构
3. 做好现金流量规划
4. 建立和完善科学的财务管理体制，提高财务管理水平
5. 建立财务危机预测和监测机制

（二）加强对财务危机控制的对策

在企业可能发生或已经发生财务危机的时候，企业可通过一定的方法化解当前面临的危机。

1. 开源节流

对于新创企业，下列措施有利于实现开源节流。

(1) 尽量简化作业流程。

(2) 勤俭立业。

(3) 严控赊销。

2. 盘活债权

加快应收账款的回收速度，改善公司流动资产结构，是盘活债权的关键。

3. 债转股

债转股是挽救企业财务危机的重要手段之一。债转股意味着企业资本金增加，负债减少，企业的债务利息负担减轻，财务费用及资产负债率降低，资本结构优化，这是企业扭亏为盈的一个重要物质基础，可能使债务企业经营者获得再次创业的机会。

案例4

茂名石化公司114.2亿元债转股后，迅速扭转经营的不利局面，资产负债率从79.2%大幅降至38.5%，而其旗下的茂名乙烯企业更是一举扭亏为盈，实现效益3.6亿元。

4. 改善成本

对于已经处于现金流危机边缘的企业而言，最快速的方法是将现金从日常的营运中解放出来。裁员、减薪、关闭生产线或卖掉价值贡献率不高的项目都是企业常用的手段。

5. 战略转移

企业对市场变化的趋势、进程作出正确的判断，抓住时机，果断变革，及时而又灵活地做好“加、减”法，适时调整战略重点和主营业务，不失时机地创造市场。

6. 对财务危机做出合理处理

企业在启动应急机制和统一对外宣传口径之后，就要立即深入调查财务危机情况，分析财务危机发生的根本原因和反映的实质问题，采取相应的策略以控制事态的发展，这是财务危机处理中最为关键的一步。针对财务危机中不同的对象，做出合理有利的决策与处理，以最短的时间、最低的成本平息财务危机事件。

任务5　认识创业企业税收筹划

一、认识税收筹划

每一类企业都存在进行税收筹划的空间，但不同的企业进行税收筹划的空间大小并不相同。税收筹划的空间比较大的企业主要有：新办或正在申办的企业、资产和收入规模较大的企业、组织结构复杂的企业、涉及税种及税收政策复杂的企业以及财税核算比较薄弱的企业等。这些企业可能存在较多的税收风险，因此，更应该进行税收筹划。

企业设立时期是企业进行税收筹划的关键期。新设立的企业适用的税法政策较多，能够进行税收筹划的空间较大，而且很多税收政策尤其是所得税、增值税和营业税都是针对新设立的企业。因此，新办或正在筹办的企业更应该进行税收筹划，更应该就纳税安排进行税收筹划，以充分享受国家相关的优惠政策，尽可能减少企业的税负。

1. 税收筹划有助于纳税人实现经济利益最大化

纳税人通过税务筹划一方面可以减少现金流出，从而达到在现金流入不变的前提下增加净流量；另一方面，可以延迟现金流出时间，利用货币的时间价值获得一笔没有成本的资金，提高资金的使用效益，帮助纳税人实现最大的经济效益。有专家测算，合理的税收筹划可使企业的税负成本降低15%～20%。

2. 税收筹划有利于减少企业自身的“偷、逃、欠、骗、抗”税等税收违法行为的发生，强化纳税意识，实现诚信纳税

税收筹划的存在和发展为纳税人节约税收开支提供了合法的渠道，这在客观上减少了企业税收违法的可能性，使其远离税收违法行为。

3. 税收筹划有助于提高企业自身的经营管理水平，尤其是财务和会计的管理水平

4. 税收筹划有利于完善税制，增加国家税收

税收筹划有利于企业降低税务成本，也有利于贯彻国家的宏观经济政策，使经济效益和社会效益达到有机结合，从而增加国家税收。如税务筹划中的避税筹划，就是对现有税法缺陷作出的昭示，暴露了现有税收法规的不足，国家则可根据税法缺陷情况采取相应措施，对现有税法进行修正，以完善国家的税收法规。

税收筹划不同于避税。避税是指纳税人利用税法漏洞或者缺陷，在纳税前采取合乎法律规定的方法对经营及财务活动进行精心安排，以期达到纳税负担最小的经济行为。避税的产生有利益驱动方面的主观原因，也存在税收法律、法规和规章本身的漏洞以及沉重税收负担、激烈的市场竞争、税收征管制度不完善等的客观原因。税收筹划是充分利用国家规定的优惠政策、符合国家调整产业导向的行为，是正当的行为，因而具有合法性。

二、税收筹划“五步排查法”

（一）纳税政策识别与评估

纳税政策识别与评估是税收筹划“五步排查法”的第一步。企业要全面了解相关的行业、部门税收政策，理解和掌握国家税收政策及精神，争取税务机关的帮助与合作，这对于成功实施税收筹划尤为重要。同时，企业还必须了解政府的相关涉税行为，就政府对税收筹划方案可能的行为反应做出合理的预期，以增强筹划成功的可能性。

（二）纳税内控制度的建立与流程设计

许多企业出现纳税风险，重要的原因之一是企业缺乏完整的内控制度。企业要进行成功的税收筹划，必须建立完整的涉税内控制度。比如企业对外签订合同时或者进行重大营销激励政策调整时，必须经过严格的企业内部税务审核程序。但是，企业传统财务人员属于事后核算型财务人员，并不精通对可能发生的税务问题的事先评估。因此，企业往往存在较大的税收风险。企业建立纳税内控制度，重要内容之一是在财务部门之外，建立专门的税务部门，由专职税务人员从税务角度对企业政策调整进行控制。

（三）纳税风险的监测与评估

企业建立纳税内控制度后，需要严格按照内控制度的流程监测和评估企业存在的纳税

风险。完整的企业纳税风险监测和评估系统应该内外结合，即企业内控制度与外来监测相结合，以弥补企业内控制度可能存在的缺陷。在税务主管机关查账之前，企业有必要定期对财务和纳税状况进行审查，杜绝纳税风险给企业造成税款损失。

（四）最优纳税方案的设计与选择

国家税收政策会经常进行调整，因此在随时关注税收政策变化的同时，企业要有针对性地进行最优纳税方案设计，即不断完善自己的纳税方案。

1. 设计税收筹划的若干具体方案

税收筹划具体方案的设计一般按以下步骤进行：首先，对涉税问题进行认定，即涉税项目的性质、涉及哪些税种等；其次，对涉税问题进行分析，即涉税项目的发展态势、引发后果、税收筹划空间大小、需解决的关键问题等；最后，设计多种备选方案，即针对涉税问题，设计若干可选方案，包括涉及的经营活动、财务运作和会计处理确定配套方案。

2. 对具体方案进行分析、评价各个备选方案，并选择一个最佳方案

税收筹划方案是多种筹划技术的组合运用，同时需要考虑风险因素。方案列示以后，必须进行一系列的分析，主要包括：

（1）合法性分析。税收筹划的首要原则是合法性原则，对设计的方案首先要进行合法性分析，规避法律风险。

（2）可行性分析。税收筹划的实施，需要多方面的条件，企业必须对方案的可行性做出评估，这种评估包括实施时间的选择、人员素质以及未来的趋势预测。

（3）目标分析。每种设计方案都会产生不同的纳税结果，这种纳税结果是否符合企业既定的目标，是筹划方案选择的基本依据。对多种方案进行分析、比较和评估后，选择一个最佳方案。

（五）税企争议的处理与协调

由于纳税问题比较复杂，因此企业和税务主管机关之间出现争议的情况时有发生。在争议情况发生时，企业有必要外请专业机构如专业税务师事务所或专业税收筹划事务所为企业提供建议，以有效地处理税企争议。此外，在处理税企争议时，企业还要注意提供更多的证据以及其他内容，并运用信息反馈制度，对筹划方案的效果进行评价，考核其经济效益与最终结果是否实现税收筹划目标，对可能因为执行偏差、环境改变或者由于原有方案的设计存在缺陷而产生的争议或偏差的原因进行分析，适时对方案进行改进。

总之，税收筹划是一个系统工程。企业如果要进行有效的税收筹划，防范纳税风险，节省税款，就有必要按照税收筹划的原理以及税收筹划“五步排查法”进行税收安排和税收检查。

任务6　三大主导税种的税收筹划

一、增值税的税收筹划

现行增值税制充分体现了“道道课征、税不重复”的基本特性，反映出公平、个性、

透明、普遍、便利的原则精神，对于抑制企业偷税、漏税发挥了积极有效的作用。然而，税法中的多种选择项目为纳税人进行税收筹划提供了诸多空间。概括起来，增值税税收筹划的基本途径主要有以下方面。

1. 选择企业组织形式进行税收筹划

案例5

某农场是闻名全国的产粮区，生产优质小麦。2009年，根据市场调研，该农场决定新成立一家年生产能力达10万吨的面粉加工企业，预计2009年实现销售收入18 800万元，其中主产品面粉收入15 850万元，副产品麸皮收入2 950万元；加工成本15 600万元，其中小麦成本14 600万元，制造成本1 000万元；取得进项税金2 351.61万元，其中小麦进项税金2 181.61万元，制造成本进项税金170万元。假如现在设立企业有以下两种方式，比较分析两种方式的税负情况。

方式一：设立具有法人资格的独立核算面粉加工企业。虽然加工面粉用的原材料小麦仍是农场生产的，但农场与面粉加工企业是两个独立核算的、具有关联关系的企业法人，两企业间的业务应按独立交易原则分别进行购销业务处理。根据税法相关规定，面粉加工所需的小麦，对于面粉加工企业来说，属于外购的农业产品，不属于免税范围，应征收增值税；副产品麸皮为饲料，符合增值税免税条件，免征增值税。

这样，应纳增值税为：

$15\,850 \times 13\% - [2\,351.61 - (2\,950 \div 18\,800) \times 2\,351.61] = 77.89$（万元）。

方式二：设立不具有法人资格的非独立核算加工车间。这样，该面粉加工车间不具有法人资格，经碾磨工艺加工后所生产的面粉仍为农场自产农业产品，因而农场加工销售的面粉属于增值税免税范围，不征收增值税。这样，取得的制造费用进项税金170万元应作进项税转出处理，不得抵扣进项税金，应纳增值税为零。

本案例中，面粉加工企业独立核算时则不能免增值税，该农场只能在种植环节享受增值税免税优惠，但当采取“种植+加工”方式，面粉加工环节非独立核算时，就符合了“农业生产者销售的自产农产品”的条件，因此，该农场选择“非独立核算”比选择“独立核算”节税。

2. 利用一般纳税人和小规模纳税人身份特征进行税收筹划

一般纳税人增值税的计算是以增值额作为计税基础，而小规模纳税人的增值税是以全部收入（不含税）作为计税基础。在销售价格相同的情况下，税负的高低主要取决于增值率的大小。

例如，当税率为17%，征收率为3%时，

增值率平衡点 $= 3\% \div 17\% \div (1 - 3\% \div 17\%) = 21.43\%$

说明当增值率为21.43%时，两种纳税人税负相同；当增值率低于21.43%时，小规模纳税人税负重于一般纳税人，适宜选择一般纳税人；当增值率高于21.43%时，一般纳税人税负高于小规模纳税人，适宜选择小规模纳税人。

一般来说，在增值率较低的情况下，一般纳税人比小规模纳税人有优势，主要原因是前者可抵扣进项税额，而后者不能。但随着增值率的上升，一般纳税人的优势越来越小。

因此，在纳税筹划中，可能将一般纳税人故意降格为小规模纳税人，或者有条件成为一般纳税人的故意不作一般纳税人认定以便于避税。当然也有可能本不符合一般纳税人条件的企业通过各种手段以便被认定为一般纳税人，从而达到少纳税款的经济目的。但并不是所有纳税人均可以采用上述方法选择身份的。

3. 利用进项税额的税收筹划

案例6

一家汽车修配厂被税务主管机关认定为一般纳税人。在其所购买的零部件中，一部分能够取得增值税进项税额发票；另一部分由于是从散户处买来的，只能够取得普通发票。该厂如何才能够尽量减少税款？

税收筹划思路：该企业设立两个修配厂，取得两份营业执照，一份营业执照是小规模纳税人身份，另一份营业执照是一般纳税人身份，并且两厂距离不要太远。凡是能够取得增值税进项税额发票的材料采购，由具有一般纳税人身份的修配厂记账；只能够取得普通发票的材料采购，由具有小规模纳税人身份的修配厂记账。同时，修车的客户也由两个修配厂分别接待。索要增值税专业发票的工业企业、商业企业客户由具有一般纳税人身份的修配厂接待，而只索要一般发票的客户由具有小规模纳税人身份的修配厂接待。由于一般纳税人和小规模纳税人缴纳增值税的方法不一致，因此企业可以进行分类管理，从而使整体税务负担降到最低点。

4. 将混合销售中的业务进行分立经营进行筹划

混合销售行为是指一项销售行为既涉及增值税应税货物或劳务，又涉及非应税劳务。由于增值税一般纳税人增值税税率一般为17%，而营业税税率为3%，所以若能使混合销售行为中的非应税劳务不缴纳增值税而缴纳营业税便达到目的了。

5. 利用固定资产的规定进行筹划

政策规定，纳税人销售自己使用过的固定资产（包括游艇、摩托车、汽车），只要是属于企业固定资产目录所列的货物，并且是企业按固定资产管理的已使用货物，其销售价不超过购进该固定资产原值的货物就不纳税。如果不同时具备上述三个条件的，则无论企业会计制度规定如何核算，都要按4%的征收率减半征收增值税。

6. 利用增值税优惠政策的税收筹划

增值税征收有许多优惠政策，企业在进行税收筹划时，可以从利用特殊优惠政策入手，达到减少税负的目的。

案例7

偃师水泥厂利用建材产品税收优惠政策进行税收筹划

河南偃师水泥厂是一家国有企业，现年产水泥20多万吨，主导产品为“香山牌”425R普通硅酸盐水泥。1998年3月，该厂组成技术力量进行科技攻关，当年4月份即进入产品试验阶段，按照国家政策规定的废渣掺兑量，生产出水泥6 000吨，经送河南省水泥质量监督检测站检验，完全符合GB175—92标准。该批水泥投放市场后，用户反馈良好。此后，该厂继续作掺兑实验，稳定配料配方，于当年6月开始正式批量生产，7、8月份共生产水泥41 333吨，通过计量计算，实际利用废渣11 774吨，掺兑废渣量体积比达到36%，其中废渣代替黏土2 204吨，煤740吨，石灰石2 049吨，经河南省水泥质量监督检测站检验，水泥产品质量稳定，性能优越。经科学论证，该厂通过废渣利用，每年可使用煤矸石50 000吨，粉煤灰10 000吨，硫酸渣12 000吨，年产水泥21万吨。

该厂于1998年8月正式向洛阳市资源综合利用认定考核小组提出了“资源综合利用企业”的申请。1998年9月，洛阳市经贸委会同重工局、国税局、地税局等有关部门组成联合审查小组，对该厂申报资源综合利用企业情况进行现场审查认定，最终被同意认定为“洛阳市资源综合利用企业”，并可以享受国家税收优惠政策。

为此，河南省偃师市水泥厂充分利用这一优惠政策，生产掺兑30%以上废渣的建材产品，三年中获得免征增值税639万余元，取得了很好的效益。

7. 企业签订经济合同时的税收筹划

企业在采购环节签订合同时，要明确价格里面是否包含增值税，因为含税与不含税的价格将直接影响企业缴纳税额或抵扣额的大小。

案例8

一种原材料，售价100元的与售价102元的区别在于前者是含税价格，后者不含税。生产型企业作为买家，按100元的含税价格购买，支出100元，可以抵扣14.53元的进项税，实际成本是85.47元；按102元的不含税价格购买，直接支出102元，可以抵扣17.34元的进项税，实际成本84.66元，显然卖价高的原材料划算，所以采购时一定要注意分清卖方提供的价格是含税价还是不含税价。

通过对以上的案例进一步分析，我们可以得出结论：同样的价格条件下，价格含税对卖家有利，对买家不利；价格不含税对买家有利，对卖家不利。

二、营业税的税收筹划

1. 运用企业组织形式的税收筹划

税法对不同的组织形式的企业实行不同的征税办法。这些税收办法的差别性为企业利用不同的组织形式进行税收筹划提供了机会和空间。

案例9

张先生应该选择个人独资企业还是有限责任公司？

张先生准备成立一家公司，预计公司在未来1年内能够获利12万元，为了获得最大的税后利益，现有两个方案供选择：

方案一：成立个人独资企业。根据现行税法的规定，个人独资企业免收企业所得税，按个体工商户执行。本例中，企业年收入12万元，其适用税率为35%，缴纳的个人所得税为3.525万元（即12万元×35%），减去6 750元（依据个体工商性质得），最终税后收益为8.475万元（12万元－3.525万元）。

方案二：成立有限责任公司。有限责任公司中，企业所得税为12万元乘以33%，即需缴纳企业所得税3.96万元；缴纳企业所得税后当按规定代扣代缴20%个人所得税1.608万元，即(12万元－3.96万元)×20%。这样，该投资者的税后收益为6.432万元（12万元－3.96万元－1.608万元）。

对以上两个方案的税负比较可以看出，成立个人独资企业的税后收益比成立有限责任公司的税后收益多出2万多元，因此从税收角度来讲，张先生的投资应选择个人独资企业。

当企业规模做大后，设立分支机构时，要考虑是设立分公司还是设立子公司的问题。因为分公司不是一个独立的法人，它所发生的亏损可冲减总公司的账面利润，但却不能享受相关税收优惠政策；子公司是独立的法人，母、子公司分别单独纳税，虽然能享受税收优惠政策，但子公司的亏损不能并入总公司的账面上。因此，当企业扩大规模到外地设立分支机构时，组建初期生产经营处于起步阶段，发生亏损可能性较大时，设立分公司较有利，可以用外地发生的亏损冲减总公司的盈利，以减轻总公司的税负。而当生产经营正常、产品打开销路、扭亏为盈后，应考虑设立子公司，以享受当地的税收优惠政策。这是创业企业在进行企业内部组织结构选择时必须加以考虑的。

2. 区分兼营销售与混合销售的税收筹划

混合销售行为既涉及增值税的问题又涉及营业税问题，所以在营业税的缴纳中，要注意对混合销售行为进行纳税筹划，正确区分和处理营业税与增值税的关系。通常情况下，营业税的税收负担会轻一些，尤其是在混合销售中进项税额相对较少的情况下更是如此。

3. 利用分解营业额进行纳税筹划

营业税的特点是：只要有取得营业收入，就要缴纳营业税，而不管其成本、费用的大小，即使没有利润，只要有了营业额，也要依法缴税。对此的纳税筹划做法是：通过减少纳税环节，分解应税营业额，达到合理节约税收的目的。对某些要支付租金的营业活动，可以通过分解应税营业额，或者减少纳税环节，达到合法节约税收的目的。

案例10

2009年4月，某展览公司在市展览馆举办产品推销会，参展的客户共有400家，共取得营业收入3 500万元，取得收入后，要向展览馆支付租金等费用1 500万元。该展览公司取得的收入属于中介服务收入，应按“服务业”税目计算缴纳营业税，其应缴纳营业税＝3 500×5%＝175（万元）。

筹划方案：该展览公司在发出办展通知时，可以规定参展的客户分别交费，其中2 000万元服务收入汇到展览公司，由展览公司给客户开具发票，另外1 500万元直接汇给展览馆，由展览馆给客户开具发票。由于改变收款模式可能会给展览馆增加收款工作量，双方可以对此洽谈回报方式。

筹划后，1 500万元营业额经过形式上的转换不需要缴纳营业税，该展览公司只须就取得的提供服务的收入2 000万元缴税，其应缴纳营业税＝2 000×5%＝100（万元）。可见，该展览公司通过将营业额进行分解，在保证双方收入不变、客户和展览馆的税负不变的前提条件下，少缴纳营业税75万元。

4. 改变收入性质进行营业税筹划

案例11

某宾馆将其所属的一栋饭店出租，该饭店的房产原值为500万元。职工李某经过竞标，以年租金50万元获得6年的承租权。根据双方事先约定，李某在财务上独立核算，享有独立的生产经营权。针对出租饭店这项业务，该宾馆每年应缴纳的税款如下：

应缴纳营业税=50×5%=2.5（万元）

应缴纳城建税和教育费附加=[2.5×(7%+3%)]=0.25（万元）

应缴纳房产税=50×12%=6（万元）

该宾馆共应缴纳税款=2.5+0.25+6=8.75（万元）

筹划方案：该宾馆可以要求李某既不办理独立营业执照，亦不办理税务登记证，同时也不签订租赁合同，每年按时把原来的“上交租金”改为“上交管理费”，把饭店视作该宾馆的内设机构，即仍以宾馆的名义对外经营饭店，那么宾馆收取李某房屋租金部分的房产税、营业税及其附加就可以免除，只负担房产原值部分的房产税，而此时房产税也以“管理费”形式上交给宾馆，这样宾馆承担的税负就大大降低了。

筹划后，由李某承担的房产原值部分房产税以“管理费”形式上交给宾馆，该宾馆再按规定向地税部门缴纳房产税，该房产税=[500×(1-30%)×1.2%]=3.36(万元)，比筹划前少缴纳税款5.39万元（8.75万元-3.36万元）。

因此，对于那些企业内部职工在本企业从事的营业行为，企业可以将其设置为内设机构，在依法不办理税务登记的情况下，既可以免除营业税纳税义务，又可以降低其他部分的税负。

5. 利用减免税政策进行纳税筹划

案例12

某公司2005年3月在北京注册成立，注册资金2 000万元人民币。该公司的主营业务是汽车租赁，年营业额达1 000万元人民币。按照5%的营业税率，该公司每年至少交50万元的营业税；按照10%的租赁行业利率，该公司每年应缴纳33万元的所得税；加上每年约5万元的附加税，该公司每年应缴纳的总税额在88万元左右。

税收筹划解决方案：

(1) 通过安置下岗失业人员获得税收优惠。财税2002年208号文件规定，如果服务性企业安置下岗失业人员达到其员工总数的30%，企业可以免缴三年营业税，三年企业所得税以及城建、教育等其他附加税种。该公司主营业务是汽车租赁，属于服务性行业，对招收员工的学历知识水平的要求不会太高，完全有能力招收一部分失业下岗人员作为员工。因此，如果该公司能够安置超过30%的下岗失业人员，就可以免缴三年的营业税、企业所得税以及附加税。

(2) 通过安置退伍军人获得税收优惠。财税2004年93号文件规定，如果服务性企业安置军队退役士官达到其员工总数的30%，企业可以免缴三年营业税、企业所得税和其他附加税。因此，如果该企业租赁公司能够依此招收部分军队退役士官作为其员工，就可以在三年内免缴营业税、企业所得税和附加税。

6. 建筑工程承包的税收筹划

现行营业税暂行条例规定：建筑业的总承包人将工程分包或者转包给他人的，以工程的全部承包额减去付给分包人或者转包人的价款后的余额为营业额。对工程承包公司与建设单位是否签订承包合同将划归营业税两个不同的税目。建筑业适用的税率是3%，服务业适用的税率是5%。工程承包公司承包建筑安装工程业务，如果工程承包公司与建设单位签有建筑安装工程承包合同，则无论其是否参与施工，均应按“建筑业”税目征收营业税。如果工程承包公司不与建设单位签订合同，而只负责工程的组织协调等业务，则对工程公司的此项业务收入应按“服务业”5%的税率计征营业税。

7. 对外投资的营业税筹划

案例13

某内资企业准备与某外国企业联合投资设立中外合资企业，投资总额为6 000万元，注册资本为3 000万元，中方1 200万元，占40%，外方1 800万元，占60%。中方准备以自己使用过的机器设备1 200万元和房屋建筑物1 200万元投入，投入方式有两种：

1. 以机器设备作价1 200万元作为注册资本投入，房屋、建筑物作价1 200万元作为其他投入。

2. 以房屋、建筑物作价1 200万元作为注册资本投入，机器设备作价1 200万元作为其他投入。

上述两种方案看似字面上的交换，但事实上蕴含着丰富的税收内涵，最终结果也大相径庭。

方案一：按照税法规定，企业以设备作为注册资本投入，参与合资企业利润分配，同时承担投资风险，不征增值税和相关税金及附加。但把房屋、建筑物直接作价给另一企业，作为新企业的负债，不共享利润、共担风险，应视同房产转让，需要缴纳营业税、城建税、教育费附加及契税，具体数据为：

营业税 $=1\,200\times5\%=60$（万元）

城建税、教育费附加 $=60\times(7\%+3\%)=6$（万元）

契税 $=1\,200\times3\%=36$（万元）（由受让方缴纳）

方案二：房屋、建筑物作为注册资本投资入股，参与利润分配，承担投资风险，按国家税收政策规定，可以不征营业税、城建税及教育费附加，但需征契税（由受让方缴纳）。

同时，税法又规定，企业出售自己使用过的固定资产，其售价不超过原值的，不征增值税。在方案二中，企业把自己使用过的机器设备直接作价给另一企业，视同转让固定资产，且其售价一般达不到设备原价，因此，按政策规定可以不征增值税。其最终的税收负担：

契税 $=1\,200\times3\%=36$（万元）（由受让方缴纳）

从上述两个方案的对比中可以看到，中方企业在投资过程中，虽然只改变了几个字，但由于改变了出资方式，最终使税收负担相差66万元。这只是投资筹划链条中的小小一环，对企业来说，投资是一项有计划、有目的的行动，纳税又是在投资过程中必尽的义务，企业越早把投资与纳税结合起来规划，就越容易综合考虑税收负担，达到创造最佳经济效益的目的。因此，建议企业从投资开始，把纳税筹划纳入企业总体规划范畴。

三、企业所得税的税收筹划

1. 利用总分支机构的税收筹划

企业在生产经营规模扩大，需要设立新的营业机构时，采取设立分支机构就会较为有利。由于分支机构不具有法人资格，就可以与总机构合并纳税，可以享受盈亏互补的好处，减少当期的应纳税所得额，达到少纳企业所得税的目的，或者至少可以获得资金的时间价值。

2. 利用小型微利企业和高科技企业的低税率优惠筹划

新企业所得税法的低税率优惠包括对小型微利企业和高科技企业的低税率优惠。按照新企业所得税法和实施条例的规定，小型微利企业适用20%的税率，国家需要重点扶持的高科技企业适用15%的税率优惠。

小型微利企业是指从事国家非限制和禁止行业，并符合下列条件的企业：

（1）工业企业。年度应纳税所得额不超过30万元，从业人数不超过100人，资产总额不超过3 000万元；

（2）其他企业。年度应纳税所得额不超过30万元，从业人数不超过80人，资产总额不超过1 000万元。

3. 充分利用税收优惠的税收筹划

我国企业所得税税收优惠较多，主要有高新技术、第三产业、资源综合利用、老少边穷地区受灾、安置下岗职工、社会待业人员、校办、福利、乡镇、劳教、农业、渔业、特区等，内容十分广泛，条件也较宽松。充分利用税收优惠是最主要的税收筹划措施。

4. 利用固定资产折旧进行所得税筹划

固定资产折旧是影响企业所得税的一个重要因素，因此利用固定资产折旧进行税务筹划是企业税务筹划的重要内容。影响固定资产折旧大小的因素有固定资产原始价值、预计使用年限、预计净残值和固定资产折旧方法。

案例14

施工企业A为了更好地完成这次施工任务，决定采购一项大型的机械设备。该设备预计使用年限是15年，但是计入固定资产的时候，该项设备的折旧年限是10年。

施工企业A平时很注意对企业的设备等大型固定资产进行维修保养。但是，施工企业A在维修保养过程中，除了必要的修理外，并不将保养修理期集中在一起，使之一次性发生较大金额的支出。

本案例中，施工企业A采取直线法计提折旧，尽管设备能使用15年以上，但是在账面上折旧时，在税法规定范围内的，以10年的最短折旧期限来达到节税目的。折旧具有抵减所得税的作用，通过尽可能短的时间内折旧，能够将后期的费用在前期抵减所得税，推迟了所得税的纳税义务时间。不仅可以缩短固定资产的投资回收期，加快企业的资金周转，同时将收回的资金用于扩大再生产，也取得了资金的时间价值。

同时，施工企业A还利用固定资产的大修理费用形成的递延费用来延缓所得税的纳税义务时间。

5. 利用存货计价方法的税收筹划

国家税法规定，存货的计价方法主要有先进先出法、后进先出法、加权平均法、移动平均法。在税率不变的情况下，如果物价持续上涨，采用后进先出法可以使企业期末存货的成本降低，本期销货成本提高，从而降低应纳税所得额，达到减少所得税的目的；反之，如果物价持续下降，采用先进先出法，可以使企业期末存货的成本降低，本期销货成本提高，从而降低应纳税所得额，也达到了少缴纳企业所得税的目的；而在物价上下波动时，采用加权平均法或移动平均法可使企业应纳税所得额较为均衡，避免高估利润，多缴纳所得税。

6. 利用金融机构借款的税收筹划

案例15

某企业利用10年时间积累了1 000万元，用这1 000万元购买设备，进行投资，其收益期为10年，平均每年盈利200万元，所得税适用税率为33%，则该企业盈利后每年平均缴纳所得税为200×33%=66（万元），即10年纳税总额为66×10=660（万元）。

筹划方案：假如企业通过银行等金融机构贷款1 000万元，则该企业可节省资金积累的10年时间。在这10年里企业贷款1 000万元，平均每年盈利200万元，年支付利息15万元，平均每年息后盈利185万元，这样企业每年纳税额为185×33%=61.5（万元），10年纳税总额为61.5×33%=610.5（万元）。银行利息按15%税率纳税，则10年共纳税22.5万元（2.25×15%×10）。

显然，该企业以银行贷款方式进行投资，不仅可以提前10年进行投资活动，而且由于贷款利息可以在税前扣除，减轻了企业税负。

7. 利用销售收入时差的税收筹划

纳税人如果能够推迟应纳税所得的实现，则可以使本期应纳税所得减少，从而推迟或减少所得税的缴纳。对一般企业来说，最主要的收入是销售商品的收入，因此推迟销售商品的收入的实现是税收筹划的重点。在企业销售商品方式中，分期收款销售商品以合同约定的收款日期为收入确认时间，而订货销售和分期预收货款销售则在交付货物时确认收入实现，委托代销商品销售在受托方寄回代销清单时确认收入。这样企业可以选用以上的销售方式来推迟销售收入的实现，从而延迟缴纳企业所得税，同时企业要综合运用各种销售方式，既使企业延迟缴纳企业所得税，又使企业的收入能够安全地收回。

实操训练

一、选择题

1. 影响企业价值的两个最基本的因素是（　　）。

A. 风险和报酬　　B. 利润和成本　　C. 风险和贴现率　　D. 时间和利润

2. 我国财务管理的最优目标是（　　）。

A. 企业价值最大化　B. 利润最大化　C. 股东财富最大化　D. 总产值最大化

3. 下列评价指标中，其数值越小越好的指标是（　　）。

A. 净现值率　B. 投资回收期　C. 内部收益率　D. 投资利润率

4. 下列筹资方式中，资本成本最高的是（　　）。

A. 发行普通股　B. 发行债券　C. 发行优先股　D. 长期借款

5. 下列投资项目评价指标中，不受建设期长短、投资回收时间先后及现金流量大小影响的评价指标是（　　）。

A. 投资回收期　B. 投资利润率　C. 净现值率　D. 内部收益率

6. 下列各项中，没有直接利用净现金流量计算的指标是（　　）。

A. 现值指数　B. 会计收益率　C. 净现值率　D. 内部收益率

7. 下列各项中，不会对投资项目内部收益率指标产生影响的因素是（　　）。

A. 原始投资　B. 现金流量　C. 项目计算期　D. 设定折现率

二、问答题

1. 下列每一类比率试图衡量什么？分别列出可能对每一类比率感兴趣的使用者名单。

（1）流动性；（2）偿债能力；（3）获利能力。

2. AAA 公司 2009 年取得销售额的 10% 的利润。为评价这一结果还需要哪些资料？

3. 假设对一个行业中的两个企业进行比较。一个规模大，另一个规模小。在这种情形下，相对数还是绝对数更有价值？

4. 延缓偿付应付账款，是否可以确保有更多的资金用于营运，加快存货周转，使企业扩大销售收入？请对此建议进行评论。

5. WWW 公司的销售收入和利润是近五年来增长最快的商业企业。这个公司的流动比率高于同行业平均水平。可是在支付应付账款和工资方面发生了问题，你对此有何评价？

6. 下列哪种行业一般拥有较低的流动比率？哪种行业的流动比率接近于速动比率？

（1）零售业；（2）制造业；（3）房地产业；（4）银行业。

项目十六　创业企业的风险管理

【能力目标】

1. 能辨别创业企业失败的原因；
2. 能诊断和识别创业企业的现实风险和潜在风险；
3. 能针对创业企业的风险原因和性质，制定防范风险方案；
4. 能根据企业危机性质、特点与现实条件，提出企业危机解决方案。

【知识目标】

1. 理解创业失败的原因；
2. 理解创业风险的类别与识别；
3. 掌握企业危机的诊断与分析；
4. 掌握创业各阶段风险的防范；
5. 掌握解决创业企业危机的措施。

任务1　了解创业企业失败的原因

根据《中国企业管理百科全书》中的定义，企业失败是指由于外部环境和内部条件的不断变化，企业不再能有效地完成投入产出功能，最终失去生存的基础，被市场所取代，从而在法律上、市场上消失。一项调查显示，国内创业企业每100家企业中，只有20家到30家可以熬过1年，而熬过3年的企业只占这其中的30%；至于如今流行的大学生创业企业，其失败率更是高达99%。创业企业从无到有，创业者需要做资金分配与调度、人才招募、营销策略制定、管理控制，以及面对来自竞争和市场的变化，因此，任何一个环节出现问题，对于脆弱的创业企业而言都是致命的。那么，有哪些因素导致创业企业失败？创业企业失败的主要原因是什么？

一、创业企业失败的主要原因

创业企业失败的影响因素既有来自外部的宏观经济因素，如国家政策、产业格局、经济周期等，也有自身因素，如企业生命周期、发展战略、企业类型、企业规模、核心产品等。总之，创业企业失败的影响因素是多方面的，是企业内外各种因素综合作用的结果，主要原因如下。

（一）被家族体制扰绕

家族企业最初的权力来源往往依托于伦理关系，如父亲较儿子有权力，兄长较弟妹有权力，儿子较女婿有权力，女婿较侄子有权力，等等，但这种权力结构是不稳定的。最糟糕的结果是家属成员各立山头，貌合神离，企业权和亲情权相互撕咬，终因内乱而归于寂灭。

（二）缺乏长远规划

战略是一个企业长期发展下去的目标选择，其主要解决企业的定位与选择问题。在不同的发展阶段，企业必须进行战略分析和决策，其定位与选择决定了企业能够获得相应的竞争能力。能否发掘企业的增长潜力，决定了企业在市场上的最终命运。

战略失误导致企业失败的例子比比皆是，如过大规模的投资、不切实际的并购、多元化经营失误、过度依赖某一市场等。失败企业的一个显著特点是高层管理者在环境变化莫测中对管理战略因素重视不够，所以在管理行动与环境所需之间存在差距，如低估了环境变化风险、未能做到未雨绸缪等。同样，习惯于错误估计形势并令事态进一步恶化也是危机企业的典型特征。

（三）管理是弱项

管理既是一门科学，也是一门艺术。许多快速发展中的企业之所以失败，是因为管理者缺乏管理方面的知识与技能。在企业规模较小时，他们还可以胜任当时的工作，管理好自己亲手创办的企业。但是，随着企业经营规模的不断扩大，他们管理起来就会越来越吃力，到最后甚至可能无法控制企业。

领导者和管理者的管理哲学和管理理念最终决定了企业的发展方向和发展道路，是关系企业生死成败的关键因素。管理哲学和管理理念存在着各种各样的模式，没有最好和完美的选择，但一定有合适和不合适之分。不适合具体企业的某种模式的采用，将为企业的失败留下诱因。同时，不适当的模式也会导致不适当的企业文化的发展，无法吸引和激励企业员工，人力资源管理效率低下，进一步提高了企业失败的概率。

（四）财务失控

过度扩张在快速发展的企业中普遍存在，其结果就是导致企业财务状况恶化，不过下列因素对财务恶化起了推波助澜的作用：

1. 不考虑资金结构的过度投资
2. 准备不充分的仓促投资
3. 企业多元化失控

二、易于导致企业陷入困境的因素

（一）创业者的性格缺陷

1. 信心不足

对一些创业者的心理进行的专门研究表明：成功者往往有积极的人生态度，有赚钱动机，内部冲突很少，勇于为结果承担责任，同时还具备风险控制和耐心这两个关键的因素；失败者普遍有悲观主义倾向，遇到问题总爱责怪别人，遇到挫折容易灰心丧气。

创业的过程中难免遇到困难和挫折。越是在遇到危机的时候，创业者的乐观精神就越重要。如果创业者是一个悲观主义者，碰到暂时难以解决的问题就灰心丧气，再无当初的激情和雄心壮志，尤其是作为企业的领导者，这种悲观主义情绪会感染整个团队，使困难看上去比实际大得多。当整个团队都处于被危机压倒的状态中时，失败是在所难免的。

2. 急功近利

缺乏赚钱以外的事业心，导致企业业主容易分心。具体表现为会羡慕别人炒股、炒房赚了钱，会羡慕别人放高利贷赚了钱，更容易被种种不是机会的机会所吸引。

由于资本的稀缺性和市场的不确定性，人们很难对投资的长期获利性怀有信心，因此都希望今天播种，明天就收获，希望投入的每一分钱都能得到超额回报。这种急功近利在创业中期表现得最为明显。特别是经历了创业初期的煎熬，在企业小有成绩后，终于看到成功希望的创业者往往会迫不及待地加速扩张。

从企业经营的角度来看，创业者的急功近利主要表现为：在市场看好的情况下，为了短期利益，不顾能力所限地扩大生产规模，导致经营或管理失控，最终走向失败。

从社会责任的角度来看，创业者的急功近利主要表现为：以牺牲社会公众利益为代价获取高额利润。

3. 好大喜功

企业进入快速发展阶段，创业者往往会因成功而头脑发热、好大喜功。企业组织机构膨胀和过度扩张及挥霍浪费等，特别是过度扩张就是头脑发热、好大喜功的直接后果。不断成功，以及周围人的恭维和媒体的渲染，容易使经营者变得自以为是，于是什么热门都要做。而且习惯按照过去成功的经验去做未来的事情，经营范围做大了，问题也就随之而来了，因此也就严重削弱了企业的竞争力，最终只有坐以待毙。

如曾经夺得中央电视台广告标王的孔府宴、秦池、爱多，无一不是在通过媒体广告追求到极度辉煌的光环后慢慢窒息而亡的。

4. 好高骛远

从某种程度上来说，企业失败的另外一个重要原因是因为企业的扩张超越了企业能力边界，企业已力不能及。由于创业者过度超越能力边界，超常发展使得企业像脱缰的野马，根本无法有效控制。如：三株在创立的短短3年时间内，就在全国各地注册了600个子公司，成立了2 000个办事处，促销人员超过15万，总部根本无法消除大量员工违规行为的发生，无法对新老员工进行有效的管理；亚细亚在创办4年时间内先后开办了15家大型连锁百货分店，在自有资本不足4 000万元的条件下，进行近20亿元的超级扩张，结果是这些分店开业之日即是亏损之时。

三株、亚细亚创业历史不长，主业不突出，发展根基不稳定，财力、物力、人力以及管理能力、科技能力、创新能力，特别是核心竞争力仍不具备，在这种情况下，仅凭激情和勇气，盲目大规模扩张，难免在市场竞争中败北。

5. 缺乏诚信

2000年美国出版的《百万富翁的智慧》一书，对美国1 300万富翁的调查结果表明，成功的秘诀在于诚实、有自我约束力、善于与人相处、勤奋和有贤内助。诚实被摆在了第一位，诚信是企业立足于社会、立足于市场的基础。

如果创业者只想“过把瘾就死”，那么诚信就可以抛在一边。秦池的川酒勾兑、三株的虚假广告、南德的虚张声势、德隆的盲目扩张最终使它们走上了不归路。如果企业要谋求可持续发展，诚信是维持长期市场穿透力的基本前提。在信用受到怀疑的社会里，诚信的作用比较有限，甚至讲诚信的企业可能要吃点眼前亏，但即便是这样，客户为了减少交易成本，仍会对诚信给予特别的关注，对讲诚信的企业情有独钟。

（二）计划不周全

创业，走的是一条创新之路、冒险之路，任何一步都需要深谋远虑加机智灵活，空有一番雄心而无明确且符合实际的完美计划是很难走远的。计划不明就意味着创业是盲目的，碰壁是必然的，盲目者的成功属于小概率事件。

1. 低估起步阶段所需要的时间

一家企业，从无到有、从小到大需要一定的时间，这段时间只有投入而不见盈利。从创业过程来看，一家企业在盈利之前必须完成大量的工作，且对创业初期少有客户光临应有足够的心理准备。

2. 成本控制不到位

创业的起步成本不能过高。有些创业者在起步阶段追求豪华甚至奢侈，选址在商业中心的高级写字楼，精装修的宽敞办公室配高级办公家具，出门坐高级轿车，应酬开销也是高标准，消费一律不看账单，这样创业不败才怪。

3. 目标不明确

除了能力、努力、天时、地利、人和等因素外，成功最根本的原因是具有明确而一贯的目标。

见到市场上什么项目有前景就立即放弃原来经营的项目，跟着潮流不断下马旧项目、上马新项目。

有的企业看似创业成功，多业并举，一派繁荣，其实主业副业不分，亏本的多，挣钱的少，一旦出了问题就拆东墙补西墙，说起产业来如数家珍，其实都是“夹生饭”。

（三）创业准备不充分

1. 市场认识不够

创业成功在很大程度上依赖于一定规模和容量的市场，没有市场或市场规模太小也就没有创业的可能。在创业之前，一次的错误估计可能意味着整个经营计划成了没有基础的空中楼阁。所以说，不做市场调查，导致最后的产品没有市场是创业失败的首要原因。在有市场且规模够大的情况下，如果产品或服务的某些属性不符合购买力或消费意愿的主导因素，也不会获得成功。有些产品，尽管它是一种创新，而且也很实用，但可能因为高昂的价格而无人问津。

竞争无处不在，绝大多数企业都有许多竞争对手。进入某个市场之前，首先要了解该市场的现状和发展趋势，以及现有和潜在竞争对手的情况。看似平静的新市场可能因为一个新企业的进入而掀起价格战或促销战，因此进入企业前必须充分估计发生竞争的可能性、竞争的激烈程度、竞争的方式等。不能合理估计竞争状况就不能正确评估自己的竞争力，不了解竞争对手就不能制定有效的竞争策略。没有足够的竞争实力就参与竞争，无异于以卵击石；对可能产生的竞争不做好相应的准备就进入市场，一旦遇到竞争就会措手不及，迅速败下阵来。

2. 资金不足

在现代社会，空手套白狼的创业奇迹越来越少了。在创业初期，企业很不成熟，与供应链上下游的关系还不稳定，如果没有足够的流动资金就很可能无法继续运转，结果就是被迫关门。但是，多数创业者都比较缺乏资金，或者资金十分有限，如果一开始在固定资产和存货上投入过多，剩余的资金就可能难以维持正常周转，即使勉强维持也难以应付临时增加的流动资金使用需求，从而使企业陷入财务危机。

3. 客户关系网络缺乏

现代社会，社会的专业化分工越来越细，人与人之间、企业与企业之间以及企业与员工之间的联系也越来越紧密，要成功就不能做“鲁滨逊”，不同任何人发生联系是不可能取得成功的。

创业是一项复杂的工程，根本不是凭着一个人的努力可以完成的。创业者需要同客户打交道，需要同政府部门打交道，需要同合作伙伴打交道，需要和员工打交道，等等，因此，必须建立并维护良好的人脉和团结有力的创业团队。成功培训大师戴尔·卡耐基说：一个人的成功，只有15%来自于专业上的技能，另外的85%则来自于人际关系上的成功，这种来自于同事、团队、合作伙伴等方面的支持与互动，对我们的成功起着非常关键的作用。孤军奋战只会令我们疲于应付，根本不可能令我们取得大的成功。

（四）企业实力不足

1. 新产品研发乏力

产品一般有自己的生命周期，它要经历诞生、成长、成熟和衰退4个阶段。当产品走过成熟期后，如果不及时更新，就会不可避免地步入衰退期，并有可能影响企业的生命周期，导致企业失败。企业应该重视产品的研究和开发，不断进行技术创新，一方面要采取措施，延长产品的生命周期；另一方面要及时开发或引进新产品，加速产品的更新换代。但创业企业由于自身实力限制，无法投入足够的资源进行新产品的研发，导致企业逐步被市场淘汰，最终导致企业失败。

2. 企业文化冲突

随着企业的发展和扩张，机构急剧膨胀，人员构成日益复杂，也必然将不同的文化和价值观带进企业。是企业文化同化了他们，还是他们引起企业文化的变形，这要看双方力量的对比与消涨。企业文化由此面临着严峻的考验和巨大的挑战。企业文化与内部不同文化和价值观之间发生实力相当甚至企业文化占下风的冲突，就可能出现行为混乱、效率低下、沟通困难等一系列直接影响企业运行的问题。

3. 人才匮乏

企业发展过快，人才储备就会严重不足，主要表现在严重缺乏受过本企业文化熏陶并适应企业快速发展所需的各类人才，尤其是中高级管理人才。因为企业在规模较小时无法储备大量高素质的管理人才，往往是心有余而力不足，一则企业本身缺乏足够的事业吸引力，二则企业财力不允许。在这种背景下，企业所需的大量管理人员如果硬是从企业内部提拔，必然使企业的整体管理水平下降；而如果大量从外部引进，必然带来企业文化和管理方式的巨大冲突。

任务2　识别创业风险的类型

一、创业风险的概念与类型

（一）创业风险的含义

风险是与不确定性紧密联系的，其核心含义是“未来结果的不确定性或损失”。

创业风险是指企业在创业过程中存在的各种风险。由于创业环境的不确定性，创业机会与创业企业的复杂性，创业者、创业团队与创业投资者的能力和实力的有限性而导致创业活动结果的不确定性，就是创业风险。

市场经济中，收益总是与风险相伴相随的，风险越大，回报越高、机会越大。因此，如何判断风险、选择风险及规避风险，继而驾驭风险、管理风险，在风险中寻求机会创造收益，对创业活动和经营活动都具有重大意义。

（二）创业风险的分类

1. 按创业风险产生的原因划分

（1）主观创业风险。是指在创业阶段，由于创业者的身体和心理素质等主观因素导致创业失败的可能性。

（2）客观创业风险。是指由于客观因素，如经济周期、政策的变化、竞争对手的出现及创业资金缺乏等导致创业失败的可能性。

2. 按创业风险产生的内容划分

（1）技术风险。是指由于技术方面的因素及其变化的不确定性而导致创业失败的风险。

（2）市场风险。是指由于市场情况的不确定性而导致创业企业或创业者失败的风险。

（3）政治风险。是指由于战争、国际关系变化或有关国家政权更迭、政策改变而带来的风险。

（4）管理风险。是指因创业企业管理不善而产生的风险。

（5）生产风险。是指创业企业提供的产品或服务从小批试制到大批生产的风险。

（6）经济风险。是指由于宏观经济环境发生大幅度波动或调整而导致的风险。

3. 按创业过程划分

（1）机会的识别与评估风险。指在机会的识别与评估过程中，由于各种主客观因素，如信息不足、机会把握不准确或推测偏误等使创业一开始就面临方向错误的风险。另外，由于创业而放弃了原有的工作所面临的机会成本，也是该阶段的风险之一。

（2）准备与撰写创业计划风险。指创业计划制定过程中，各种不确定性因素与制定者自身能力的限制，给创业活动带来风险。创业计划往往是创业投资者决定是否投资的依据，因此创业计划是否合适将对具体的创业产生影响。

（3）确定并获取资源风险。指由于存在资源缺口，无法获得所需的关键资源，或即使可以获得但获取的成本较高，从而给创业活动所带来的风险。

（4）新创企业管理风险。主要包括管理方式，企业文化的取向，发展战略的制定，组织、技术及营销管理等各方面存在的风险。

二、创业风险的识别

创业风险识别，是指创业者在分析预测各种风险因素基础上，依据创业活动的性质，对创业企业面临的现实以及潜在风险，运用各种方法加以判断、归类并鉴定风险性质的过程。企业经营者如不能正确、全面地认识企业可能面临的所有潜在损失，就不可能及时发现和预防风险，难以选择最佳处理方法。因此，风险管理的第一步就是要正确、全面地认识可能面临的各种潜在风险。

（一）创业风险因素的识别

创业风险因素多种多样，既有现实的因素也有潜在的因素。从来源看，主要包括自然因素和人为因素两大类。

1. 自然因素

比如说，地震多发区、台风多发区和炎热地区等自然现象和自然条件，与企业的选址、项目选择有着密切关系。同时，对于许多行业来说，自然现象和自然条件还会影响到原料供应、能源、农产品以及交通等问题。

2. 人为因素

主要包括企业周边的经营环境、社会文化环境、国家或地区的政治制度、经济制度、法律政策及民情民俗等因素。

（二）创业风险识别的基本方法和步骤

1. 创业风险识别的基本方法

（1）业务流程法。以业务流程图的方式，将企业从原材料采购直至送到顾客手中的全部业务经营过程划分为若干环节，每一环节再配以更为详尽的作业流程图，据此确定每一环节进行重点预防和处置。

（2）咨询法。以一定的代价委托咨询公司或保险代理人进行风险调查和识别，并提出风险管理方案，供经营决策参考。

（3）现场观察法。通过直接观察企业的各种生产经营设施和具体业务活动，具体了解和掌握企业面临的各种风险。

（4）财务报表法。通过分析资产负债表、损益表和现金流量表等报表中的每一个会计科目，确定某一特定企业在何种情况下会有什么样的潜在损失及其成因。由于每个企业的经营活动最终要涉及商品和资金，所以这种方法比较直观、客观和准确。

为避免造成重大经济损失和社会不良影响，每个创业者都应花大力气进行风险预防。创业者应选择那些发生概率大、后果严重的事件，进行重点防范。

2. 创业风险识别的步骤

（1）信息收集。首先通过调查、询问及现场考察等途径获得相关信息；其次，需要敏锐的观察和科学的分析对各类数据及现象作出分析处理。

（2）风险识别。根据对风险信息的分析结果，确定风险或潜在风险的范围、发生概率及可能造成的损失程度。

（3）重点评估。根据量化结果，运用定量分析、定性分析、假设和模型等方法，进行风险影响评估，预计可能会发生的后果，提出方案选择。

（4）拟定计划。提出风险防范、风险处理的方法和行动方案。

3. 风险识别要注意的问题

（1）信息收集要全面。收集信息可以通过两个途径：一是内部积累或者专人负责；二是借助外部专业机构的力量。后者可获得足够多的信息资料，有助于全面、良好地识别面临的潜在风险。

（2）因素罗列要全面。根据创业及经营过程中可能遇到的风险，逐步找出一级风险因素，然后再进行细化，延伸到二级风险因素，再延伸到三级风险因素，力争分析全面具体。例如管理风险属于一级风险因素，管理者素质属于二级风险因素。

（3）最终分析要进行综合。既要进行定性分析，也要进行定量分析，把定性分析与定量分析结合起来。

三、创业风险的来源

创业环境的不确定性，创业机会与创业企业的复杂性，创业者、创业团队与创业投资者的能力与实力的有限性，是创业风险的根本来源。研究表明，由于创业的过程往往是将某一构想或技术转化为具体的产品或服务的过程，在这一过程中，存在着几个基本的、相互联系的缺口，它们是上述不确定性、复杂性和有限性的主要来源。也就是说，创业风险在给定的宏观条件下，往往就直接来源于此缺口。

（一）融资缺口

融资缺口存在于学术支持和商业支持之间，是研究基金和投资基金之间存在的断层。其中，研究基金通常来自个人、政府机构或公司研究机构，它既支持概念的创建，也支持概念可行性的最初证实；投资基金则将概念转化为有市场的产品原型，这种产品原型有令人满意的性能，对其生产成本有足够的了解并且能够识别其是否有足够的市场。创业者可以证明其构想的可行性，但往往没有足够的资金将其实现商品化，从而给创业带来一定的风险。通常，只有极少数基金愿意鼓励创业者跨越这个缺口，如有远见的个人或机构专门进行早期项目的风险投资，以及政府资助计划等。

（二）研究缺口

研究缺口主要存在于仅凭个人兴趣所做的研究判断和基于市场潜力的商业判断之间的差异。当一个创业者最初证明一个特定的项目或技术突破可能成为商业产品的基础时，他仅仅停留在自己满意的论证程度上。然而，这种程度的论证后来不可行了，在将设想的产品真正转化为商业化产品的过程中，即具备有效的性能、低廉的成本和高质量的产品，在能从市场竞争中生存下来的过程中，还需要大量负债而且耗资巨大的研究工作，从而形成创业风险。

（三）信息和信任缺口

信息和信任缺口存在于技术专家和管理者或投资者之间。也就是说，在创业中，存在两种不同类型的人：一是技术专家，二是管理者或投资者。这两种人接受不同的教育，对创业有不同的预期、信息来源和表达方式。技术专家知道哪些内容在科学上是有趣的，哪些内容在技术上是可行的，哪些内容根本就是无法实现的。在失败类案例中，技术专家要承担的风险一般表现在学术上、声誉上受到影响，而没有金钱上的约束。管理者或投资者通常比较了解将新产品引进市场的程序，但当涉及具体项目的技术部分时，他们不得不相信技术专家。如果技术专家和管理者或投资者不能充分信任对方，或者不能够进行有效的交流，那么这一缺口将会变得更深，带来更大的创业风险。

（四）资源缺口

资源与创业者之间的关系就如颜料和画笔与艺术家之间的关系。没有了颜料和画笔，艺术家即使有了构思也无从实现，创业也是如此。没有足够的创业资源，创业者将一筹莫展，创业也就无从谈起。在大多数情况下，创业者不一定也不可能拥有所需要的全部资源，这就形成了资源缺口。如果创业者没有能力弥补相应的资源缺口，那么创业就无法起步，或者在创业中受制于人。

（五）管理缺口

管理缺口是指创业者并不一定是优秀的企业家，不一定具备创业和经营活动的管理能力。现实中，进行创业活动主要有两种：一是创业者利用某一新技术进行创业，他可能是技术方面的专业人才，但却不一定具备专业的管理才能，从而形成管理缺口；二是创业者往往有某种“奇思妙想”，可能是新的商业点子，但却欠缺战略规划和战略决策能力，或者不擅长于企业经营管理，从而形成管理缺口。

所以，创业应该针对以上风险带来的缺口，采取相应的措施，以达到合理规避风险的目的。

四、创业企业风险管理的基本方法

创业企业风险管理的主要方法可以概括为六种：减少可避免的风险、实行损失管理、分散风险、通过非保险方式转移风险、自担风险、通过保险方式转移风险。以下仅对这些方法作简要分析。

（一）减少可避免的风险

当创业企业发现从事某项活动会涉及过高的风险时，可决定减少或放弃这项活动，以便减少甚至完全避免风险。例如，不在洪水区域建造工厂就可以避免洪灾损失，不在人烟稠密的地区建造危险性高的工厂等。

避免风险有两种方式：一种是完全拒绝承担风险，另一种是放弃原先承担的风险。然而，根据收益与风险相关原则，这种方法的适用性很有限。首先，避免风险会使企业丧失从风险中可以取得的收益；其次，避免风险的方法有时并不可行，例如，避免一切责任风险的唯一办法是取消责任；最后，避免某一种风险可能会产生另一种风险，例如某企业以铁路运输代替航空运输等。

（二）实行损失管理

损失管理计划可分为防损计划和减损计划。防损计划的目的在于降低损失发生频率或消除损失发生的可能性。建造防火建筑物、质量管理、驾驶技术考核、颁发安全条例、提供劳动保护用品、检查通风设备及产品设计改进等均是降低损失频率的措施。减损计划是设法控制和减轻损失程度。例如，轮换使用机器设备、限制车速、安装自动喷水灭火系统和防盗警报系统、对工伤者及早治疗、建立内部会计监督及限制保险柜内的现金数量等。

（三）分散风险

人们常说的“不要把鸡蛋都放在同一个篮子里”，讲的就是风险分散的原理。分散风险是通过增加风险单位的个数，减少风险损失的程度。这样，企业一方面可以比较准确地预测风险损失；另一方面，可以减少预防风险损失所需预备的资金。

风险的分散又可分为隔离与兼容两种方法。风险隔离是将现在的资产或活动分散在不同的地方，万一有地方发生损失，不至于影响其他地方各项业务的正常进行，例如将存货分别放在不同的地方，将原料分由几家供应商供应，投资项目组合、分散等。风险兼容是通过增加新的风险单位，达到分散风险的目的。例如准备一套备用机器，随时替代机器损坏的风险，以保证生产的顺利进行等。

（四）通过非保险方式转移风险

在风险管理中，较为普遍使用的非保险转移风险的方式有合同、租赁和转移责任条款。例如，一家公司在与某建筑承包商签订新建厂房的合同中可以规定：建筑承包商对完工前厂房的任何损失负赔偿责任；再如，打印机的租赁合同可以规定租赁公司对打印机的维修、保养及损坏负责；又如，一出版商在出版合同中可加入转移责任条款，规定作者对知识产权的问题自负法律责任，等等。这些都是企业风险管理中常用的非保险转移风险的方式。

（五）自担风险

自担风险是指企业使用自有资金或借入资金，以补偿灾害事故损失的管理措施。自担风险有被动和主动之分，即无意识、无计划的和有意识、有计划的。当风险管理人员没有觉察到所面临的风险，或者觉察到风险的存在，但没有做出应对风险的决策时，这样的自担风险是被动的。当风险管理人员觉察到风险存在，并相应地采取了应对风险的办法时，这种自担风险是主动的。

（六）通过保险方式转移风险

保险转移是一种转移风险的办法，它把风险转移给保险公司。一旦发生意外损失，保险公司就要承担补偿被保险人的损失责任，这实际上是把少数人遭受的损失分摊给同险种的所有投保人。对于创业企业来说，投保是其对企业各类纯粹风险进行管理的最为有效的手段之一。

任务3　企业危机的诊断与分析

企业危机很少会在一夜之间形成。从最初产生困境到危机表露，其间往往要经过一定的酝酿时期。因此，分析在危机的酝酿阶段会出现的征兆或信号，对于企业主动防范和处理危机具有重要意义。俗话说，成功的企业各不相同，失败的企业多有雷同。

一、企业危机的预测

因为危机是在一定时间内逐渐产生的，而且往往是关键性错误日积月累的结果，所以人们不由得会提出这样一个问题：如何进行危机的预测？对危机进行预测的最明显好处就是能够使企业家、员工和重要的外部人员，诸如投资者、贷款人、债权人甚至于顾客都能发现危机酝酿的蛛丝马迹，并及时采取纠正措施。

（一）危机预测的模型

危机预测模型的建立有很多种方法。下面将要介绍的两种方法在计算上很简便，而且所用的信息都能够从一般的财务报表上获得。由于大多数创业企业在管理报告的编制上都相当薄弱，因此在危机预测模型中所使用的信息最好是从一般的财务报告中就能够获得的。

1. 净现金结余与总资产比

可以用一个模型对贷款的偿债拖欠情况进行预测，而且这一模型能够相当准确地预测两年之内所发生的偿债拖欠情况。

净现金结余与总资产比 = 净现金结余 / 总资产

其中：

净现金结余 =（现金 + 有偿证券）-（应付票据 + 契约规定的义务）

这个模型明确地体现了现金的重要性。在流动资产账户中，区分了经营性资产（比如存货和应收账款）和金融性资产（比如现金和有偿证券）。对负债也做了同样的区分，即把应付票据和契约规定的义务作为金融性负债，而应付账款则作为经营性负债。

随后用金融性资产减去金融性负债，所得数据即净现金结余，可以把它理解为“自由现金”，即企业用来应付意外事故的现金。由于这一余额是一旦发生销售变化、款项回收延期或是利率变化时的临时性应急款，因此能够真正衡量清偿能力，将这一数额除以总资产就得到了用于预测危机的比率。

2. 非数量化信号

引起危机的形式和行为多样化，企业成长各阶段通常会有一些发生危机的征兆，以及可以加以控制的关键变量。

有时也可使用一些非数量化的信号以显示危机发生的可能性大小，虽然每个信号都无法单独对任何迫在眉睫的危机进行预测。然而一旦产生其中的几个信号，并且其他信号在随后的几天或几周内接连发生的话，危机也就近在咫尺了。以下是危机预测可选择的可控制的关键变量：

（1）管理层或是顾问，如董事、高级管理人员或者其他专业顾问的变动。

（2）无法及时编制财务报表。

（3）会计人员的合理建议不被采纳。

（4）企业领导人的表现出现反常变化（例如不接电话或迟到）。

（5）出现新的竞争。

（6）一个“庞大项目”的启动。

（7）研究和开发支出减少。

(8) 资产注销。

(9) 信用额度降低。

(二) 加强企业危机预警管理

我国家电行业龙头老大——海尔集团总裁张瑞敏曾说："我在战战兢兢、如履薄冰般地经营着我的海尔。"美国微软公司曾提出"微软公司距离破产只有十个月"。著名危机管理专家迈克尔·里杰斯特认为："任何公司都需要有危机管理的措施，唯一不同的是根据企业的性质和大小，其实施情况有所变化。无论怎样，我们都要抓住问题的关键，那就是组建危机管理小组来制定或审核危机处理方案及其方针和工作程序。"企业应当通过建立危机管理机构、建立危机管理计划等措施建立起企业危机管理系统，这是企业响应危机预警系统的危机信息后能够迅速应急的合理措施。很多企业的做法更多地偏向于当危机已经明显来临时才采取措施进行应对。加强对危机预警系统的管理是一个至关重要的环节，更是一个容易忽略的环节。企业须将其已经建立的危机管理机构细分为危机预警管理机构和危机管理机构，前者专门对危机预警系统的运行过程进行管理，这样才能充分响应危机预警系统的预警，使企业对危机预警系统的反应更加敏捷和顺畅，使企业的整个危机管理工作做得更加周密和有效。

二、企业危机诊断分析

诊断分析的工作会因混合了战略和财务上的错误而变得相当复杂。例如对于一家应收项目数额巨大的企业来说，需要解决的问题是弄清应收项目数额过于庞大的原因是由于不良的信用政策，还是因为公司所在行业需要利用更为自由的信用条件参与竞争。概言之，企业危机诊断分析可以从 3 个方面开展：企业适当的战略分析、对管理层的分析以及对数据的分析。

(一) 战略分析

在企业试图摆脱危机的阶段进行这一分析的目的是要对企业是否有能力在其中参与竞争的市场进行确定，以及制定相应的竞争战略。据解决危机的专家了解，在小规模公司中，大多数的战略失误与企业涉足无利可图的产品线、顾客和地理区域有关。

(二) 管理分析

管理分析包括与管理团队成员进行面谈，以及就哪些人才是企业真正合适的管理人员做出客观评价。解决危机的专家们无法就如何具体实施给出固定的公式，而只有根据以往的经验做出判断。

(三) 数据分析

数据分析具体所涉及的是对现金流量的分析，它能够为制定补救行动提供启示。数据分析的工作是要准确识别企业经营的核心盈利点，并将之以量化的方式进行表述。

1. 确定可利用的现金

首先需要确定企业在近期可以获得多少现金。这可以通过核对银行存款余额、应收项目金额（除去作为担保的款项）以及经确认的订货积压来进行了解。

2. 确定资金的流向

这一工作要比看起来复杂得多。其中需要经常用到的一项技术叫做分类账分析，即要找到所有记录现金的账户，并把它们按照现金支出的数额由大到小地进行排列，随后仔细观察这些账户。通过这样能够发现问题出现的环节。例如，以这种方式就曾发现一家公司在单据上写的是公司地址而不是收取支票的企业的银行存款邮箱地址，而这一失误会对公司的款项结清工作造成两天的延误。

3. 销售百分比计算

按企业经营的不同领域计算销售百分比，并分别进行成本趋势分析，这些趋势具有很高的代表性，其中很多能够显示出相应成本发生变化的“拐点”。举例来说，一家承接了一项大型项目的公司存在着销货成本不断提高的问题，并同时发现了与之相关的生产能力的扩大和对广告投入的增加。然而进一步的分析表明，这一项目根本就没有为增加企业利润作出足够贡献，因而丝毫没有存在的必要。而一旦取消这一项目，就能够通过减少过剩生产能力来降低公司的盈亏平衡点。

4. 经营重组

在确定了现金来源及其流向之后，接下来的一个步骤就是将企业业务经营的现状调整到理想状态。这就涉及对企业的经营进行彻底的重组。比如可以着手开展现金预算的工作，以及根据既定的销售量对账款回收、付款方式等进行确定。另外一个方法，也可以通过确定人工、材料和其他直接成本以及制造费用的最优化金额，以保证实现既定的销售量。通过上述方式就能够制定出现金流量形式的经营计划。

5. 找出差别

最后，以现金流量表示的企业经营计划是与企业的预计资产负债表和损益表相配套的。理想的现金流量计划以及预计财务报表可以与企业的当期财务报告进行比较。例如，可以将预计损益表与现有的报表进行比较，以发现可以减少费用的地方。预计财务报表与实际报表之间的差别构成了制定脱困计划和采取相应补救行动的基础。

一般情况下，最容易发现需要改进的地方有：

（1）营运资金管理，包括对订单处理、账单编制，以及应收项目、存货控制和现金的管理；

（2）员工工资；

（3）超负荷及利用不足的资产。

三、对企业经营的介入

陷入困境的企业往往会需要一位专门帮助企业走出困境的外部顾问。企业的外部顾问在干预阶段所发现的情况通常一点也不鼓舞人心。因为企业基本上失去了清偿能力，而且净资产是负值。它很可能早就被供应商列入了必须以现金结算的名单；它可能拖欠债务，或者即便没有拖欠也违反了贷款合约的规定；催款通知可能已经送达；债权人甚至可能试图使企业破产，而且企业组织的士气也十分低落。

这时的关键任务就是要迅速地对情况做出诊断，了解企业对于债权人的讨价还价能力，以及制定一个详尽的现金流商业计划以摆脱困境。

所以，解决危机的专家往往能够迅速发出变化来临的信号。他们会提升财务的功能，让“钟情于现金的人”来掌管企业的经营。他们将对所有的现金支付进行控制，直至问题得到诊断并采取了相应的补救行动，然后再告知企业的债权人关于公司所面临的困境。

任务4 创业各阶段风险与防范

风险贯穿于整个创业过程，各个阶段的创业风险既有共同的特征，也有自身独特的特征。创业风险在各个阶段的表现形式各不相同，所以，应对和化解风险的方法和手段也不同。

一、创业前期的主要风险与防范

创业前期是指从打算创业到创业初期的这个阶段。万事开头难，对于一个第一次创业的人来说，低估任何创业风险都可能使创业计划和事业夭折。

（一）无米之炊

创业需要资源，这是常识。创业资源包括人才、资金及市场等。

缺少资金也会使很多创业者遭受挫折。事实上，只有企业经营到一定程度以后，才会产生资金的回流。所以，创业者必须充分估计到资金的需求量，而且一定要留出相当的资金余地，以备不时之用，努力降低创业成本。

但是，风险也意味着机会。例如，浙江是人均资源综合指数居全国倒数第三的“资源小省”，但现在却成了中国最大的“内资”输出省份。市场上流传一句话：哪里有市场，哪里就有浙商。也有人说：哪里有浙商，哪里就有市场。这说明，作为一个创业企业，不仅要善于追逐市场，而且要善于创造市场。

（二）匹夫之勇

创业如同其他经济活动一样，其本质是以最小的费用取得最大的效用。创业问题不仅涉及技术，还涉及天时、地利、人和等诸多因素。在日趋激烈的市场竞争中，仅凭匹夫之勇而没有智谋是难以取胜的。

创业不等于赌博，不是仅凭匹夫之勇就可以成功的，它需要更精明的头脑、可靠的方案、长远的眼光和可行的方法。如果没有这些，创业只是一个玩笑和冒险。

当今社会，体制趋于成熟，消费趋于理智。那种单纯凭借着自己的一技之长，加上胆大妄为就能成为百万富商的年代已经成为过去，光有一点经济实力和一个好的项目就能在业界独占鳌头的时代也已经成为历史。

（三）自暴自弃

打算创业的人，在开始时就应该耐得住寂寞，守得住目标。自暴自弃是创业成功的头号天敌。其实，大部分创业者在创业过程中难免会遇到一些挫折，真正一帆风顺的创业者微乎其微。在失败和挫折面前，是用积极态度还是消极态度面对，直接决定了创业者未来的命运。向挫折和失败投降的人，永远失去了成功的可能性，而乐观的态度对一个创业者和企业来说是至关重要的，跌倒了，可以重新站起来。

案例1

屡败屡战的孙剑波

稀饭网CEO孙剑波在创业的头两年，曾经和好友做过出版、广告、媒体及代理等多个行当，但很少人知道他刚出校门的第一个项目其实是设计一种“卫比斯心情T恤”，想用可怜的资金打造一个个性T恤衫的品牌。这并非一个很差的创意，个性T恤在美国流行文化的带动下确实开创了很大的市场，而两个年轻小伙子也确实具备打造一个品牌的创意能力和设计能力。但是，他们忽略了国内消费者的成熟程度和服饰市场渠道的复杂局面，更关键的是，忽略了盗版服装的巨大威胁。更加雪上加霜的是非典的袭击，使得他们开店卖T恤的计划彻底破产了。于是，他们只得先开一个电子商务网站来贩售T恤。客观上说，正是这样的无奈让他们节约了部分资金，而不至于让这第一跤跌得更惨。

这一段短短的创业历程，几乎成为接下来两年间他们转而从事出版和广告等行当的缩影，用孙剑波的话来说，就是一个挫折接着一个挫折，一个失败接着一个失败。创业者犯过的错误，他们都犯过了；创业者可能遇到的艰辛险阻，他们也都遇到过；创业者传奇中的好故事，他们倒是一个都没碰上。短短两年，他们以极大的密度经受了别人在其他环境下十年才能经受的磨难，用最短的时间从学校人变为了社会人。

“我创业3年多，从来不知道什么叫一帆风顺。”孙剑波说，“挫折和困难甚至让我丧失尊严和自信，但而今回头去看，全是财富。”

(四) 计划不明

计划不明，意味着行动是盲目的。计划是创业过程中指导性、方向性的东西，计划如果是错误的，或者是不明确的，尤其是关键的地方、关键的步骤不明确，那么，失败几乎是不可避免的。

创业的道路上充满着荆棘和艰辛，不能光凭满腔热情和雄心壮志，还需要有明确的目标和实现这些目标的详细计划。

(五) 仓促上阵

由于没有充分了解该行业，在创业初期，容易犯一个低级错误。如不注意经营场地的选择，在租厂房的时候没有考虑仓库，等到发现这个问题时，企业已在这个小场地上投入了不少资金，已经没有足够的资金再去寻找其他场地了。创业的仓促与盲目，往往使得困难不断，除了场地问题，销路也是问题。因此，在创业的时候，一定要谨慎投资而不能仓促上阵。

二、创业过程中的主要风险与防范

(一) 朝三暮四

进行创业，一定要坚持不懈，绝不可朝三暮四、见异思迁。

企业发展最重要的是企业自我定位的问题。在创业的道路上，往往有很多诱惑。当你遇到一项新的投资时，要经得住诱惑，只有专注于自己的事情，才会把这件事情做好；如果放弃自己的事情，改去做别的项目，最后可能会导致全部失败。

（二）急功近利

每一个创业者都想做一个成功、优秀的人，只不过在众多诱惑之下，往往会失去耐心。成功是要讲储备的，存储的东西越充足，成功的机会就越大，才可能走得更远。在创业过程中，基础的积累将会起到决定性的作用，如果先天不足，为了眼前小利就匆匆上阵，很容易导致失败。

（三）单打独斗

创业需要一个好的团队，还需要一些比较成熟的人脉资源；在经营过程中，创业者更需要与客户、供应商、员工、政府部门等打交道。一个人是不可能取得创业成功的。因此，创业过程中，不注重创业团队建设，没有足够的人脉积累，不善于公共关系处理，那么创业失败的风险可能随时光顾。

（四）争权夺利

创业伙伴之间发生争斗的事情比较普遍。但是，如果创业者能够更加谨慎地选择他们的创业伙伴，那么，大多数的争吵都可以避免。多数的争吵并不是因事而起，而是因人而起的。如果创业团队成员中矛盾或冲突处理不当，甚至导致关键人物的出走，则可能会给企业带来潜在风险。

因此，创业者不要掩饰自己的疑虑，不要因为怕疏远朋友而拉他入伙；也不要因为某人有某种用得上的技能就一起开公司，而不管大家的目标是否一致。一个初创公司最重要的因素就是人，所以在这方面千万不能马虎。

（五）固执己见

创业者要有自己的主见，但并不意味着要固执己见。世事变化无穷，人的智力有限，不可能所有的事做得都正确。重大问题一旦决策失误，就会造成极大风险。创业更像是从事科学研究，创业者应该遵循自然规律而不是主观臆断，应该心胸开阔，海纳百川，虚心听取各方面意见和建议，提高决策的科学性。

案例2

比尔·盖茨是一个没有老板架子的老板，但他有脾气，到处都能听到他的吼声和尖叫。别人也同样可以对他发脾气，但他绝不会记恨别人的冒犯。他不在乎礼仪，只在乎效率。在微软公司，人们有什么不同意见，就直截了当地说出来，不必管对方听了心情如何。

有一次，比尔·盖茨跟行政助理马凯斯小姐发生了争论，两人都气得砸桌子，你砸一拳，我砸一拳，各不相让，但事后却像什么也没发生过一样。盖茨也欢迎员工的挑战，他不怕遭到下属的反驳。他非常要强、固执，但并不是一个武断的人。有时，他会声嘶力竭地与某人争论一个观点，一两天后，他可能会承认自己的观点错了，并诚心地接受他人的意见。

比尔·盖茨很尊重那些敢于反对他、冒犯他的人，他不喜欢“应声虫”。有时，他甚至会故意反对某人的意见，以试探对方是否真的对自己的意见有把握，并且，不惜因此冒犯他。总之，他要英雄，不要奴才。

三、创业后期的主要风险与防范

俗话说，创业容易守业难。创业成功以后，创业者和企业仍然面临着各种各样的风险，有的风险甚至会导致创业者功败垂成。

创业成功以后，不管创业者选择转让所有权或经营权，或者继续发展和开拓事业，保留企业的所有者和经营者的身份，企业都要经历一个休整期，这是不可避免的阶段。在这个阶段，许多风险会迎面扑来，如果不及时化解这些风险，就会直接影响到企业的生存和持续发展。

（一）盲目冒进

秦池酒厂就是一个因企业盲目冒进而失败的典型案例。

秦池模式成败的关键在于获取和延续广告效果。它以广告宣传为先导，又以广告效果为归宿。广告投入越大，预期市场就越大；预期市场越大，销售规模就越大；销售规模越大，平均到每一件产品中的广告费就越少。秦池模式的风险在于：如果预期市场不能成为现实市场，巨额广告费就会成为企业沉重的负担，除非是拥有巨大财力的企业，一般企业必定会被拖垮。

（二）心理失衡

据有关专家对部分创业者失败原因的分析表明，他们有许多共同的地方，就是创业前期成功以后心理失衡。其主要表现在：

（1）好高骛远。务实的态度是创业的基础，好大喜功、好高骛远最后会导致“竹篮打水一场空”。

（2）忘乎所以。比如，禹作敏在成功后派头十足，并用封建帝王的那一套来管理大邱庄，俨然成了割据一方的诸侯，到最后，甚至公然对抗国家司法机构。为商先为人，如果丢失了做人之本，也就失去了发展的根本。

（3）坑蒙拐骗。曾有“中国大陆首富”之称的牟其中，最终因犯外汇诈骗罪而被判无期徒刑，靠欺骗手段建起来的基业最终也只能是“空中楼阁”。

（4）胆大妄为。赖昌星创业之初是搞运输的，也算是一名创业者，然而生意越做越大，胆子也越来越大，甚至到了胆大包天的地步，最后成为中国历史上最大一起走私案的直接策划者和领导者。

（三）义气过剩

具有儒家传统的中国人向来都把“义”看得很重，而义气就是甘于承担风险或牺牲自己利益的气概。但是，真正的友谊和义气有本质的区别。作为哥们义气来讲，它是一种基于无知和盲从的情感冲动，是一种非理智的行为，创业者如果盲目讲义气，则可能会给企业带来危机甚至是灭顶之灾。

（四）坐享其成

有的创业者创业成功以后，失去了创业初期的进取心和创新精神，骄傲自满，不思进取，没有进一步去巩固成果并去开拓新领域，或者采取一些消极、拙劣的手法维持现状，给企业生存和发展蒙上阴影。其主要表现在：

（1）固步自封。不愿学习、接受新的东西，最终被市场、社会淘汰。

（2）照搬照抄。照搬照抄其他利润丰厚的企业，仅仅学到皮毛，内部管理和经营理念等深层次经营要素学不到，所以别人成功了，自己却失败了。

（3）臆断前景。所做的预测，根据现状想当然来完成，没有科学的依据。

（五）挥霍浪费

创业获得初步成功以后，一些创业者淡化艰苦创业、开源节流的意识，加上管理制度方面的漏洞，产生享乐主义思想，甚至发生挥霍浪费现象，久而久之就可能出现坐吃山空的局面。

（六）缺乏创新

创新是企业发展的不竭动力。然而，一些创业者成功之后，急功近利，只顾追求市场和产量，不主动要求创新，管理工作流于形式，最终导致技术创新能力慢慢衰竭，核心竞争力无法形成。

（七）管理危机

创业成功后，企业面临的主要问题是管理问题，管理跟不上就会导致管理危机，这给企业失败埋下重大风险。创业者应该认真避免和解决创业成功后的管理危机问题。管理危机具体表现为以下方面：

（1）创业者疲于奔命，顾此失彼；

（2）决策得不到有效执行，管理开始失控；

（3）利润状况徘徊不前；

（4）老员工缺乏继续创新的动力；

（5）新老员工之间开始出现矛盾冲突；

（6）创业者的家庭压力开始增大。

任务5 解决企业危机的措施

一、制定可行的企业脱困计划

当企业经营过程中出现危机时，一个主动、积极的措施就是从企业实际出发，根据危机的性质和影响程度，制定一个可行的脱困计划，以使企业尽快摆脱困境。

企业的脱困计划不仅确定了补救行动，而且还是一套详细的预算估计，能用来对脱困的行动进行监督和控制。而且，短期的措施可能无法解决现金短缺的困境，因此脱困计划有助于增加企业的信用度，从而为其采取其他的补救行动赢得一定时间。

脱困计划可以帮助企业解决组织上的问题。它以一套清晰明了的行动计划与责任分配代替了原来的不确定性。由于它可以向组织发出已经采取了行动的信号，将极大地有助于员工们改变他们的“保全模式”，从而重新激励和鼓舞全体员工的士气。

最后，脱困计划还是一个重要的谈判能力来源。通过发现问题和提供补救行动，它赋予了企业顾问与债权人进行接洽的实力，详尽地告知他们将如何及何时进行债务的清偿。

如果脱困计划能够证明债权人与继续经营的企业进行合作要比让企业破产清算对他们更为有利，他们也会更愿意就付款要求和偿债方式进行和解。

二、尽快得到现金

化解企业危机的第二种措施是想办法得到现金，弥补现金流缺口。在理想的情况下，脱困计划能够使债权人建立足够的信心，从而为企业筹集资金或把利用不足的资产变现争取时间。下面一些方法能够改善现金流量的状况。

（一）应收账款的贴现

应收账款是流动性最强的非现金资产。可以通过应收账款的代理收账方式来进行融资，不过采取这一途径需要花费的时间较长。获得现金的最佳途径就是进行应收账款的贴现。应收账款能够获得多少贴现取决于它们为贷款提供的保障程度。一种常用的方法是在一定的时限内规定一个优惠贴现率，而超过时限则不再提供贴现。这一方式可以鼓励顾客立即付款。

（二）清理存货

存货项目虽然不如应收账款的流动性强，但是仍然能够通过清理产生现金流入，但是对存货中所谓“火急贱卖”的看法存在着分歧。最主要的反对原因是过剩的存货往往是已经过时而被淘汰的。因此，企业目标应是要利用政策的杠杆作用首先解决现金问题，其次是应收账款问题，最后才是存货问题。

（三）暂停支付应付账款

暂停支付所有的应付账款是另一种解决方案。无疑这能够在短期内缓解现金周转的负担。尽管在这个阶段中需要就如何支付供应商的款项做出相应的安排，不过此时现金最重要的作用还是支付工资及偿还贷款。供应商显然不会满意这种安排，但是对于一家现金流量为负值的企业来说，需要为现金的使用顺序按优先程度做出安排。而供应商是最不可能迫使企业破产的，因为根据破产法的规定，他们的清偿顺序排在后面。

三、与债权人交涉

接下来的一步就是与债权人进行协商了。如果债权人愿意继续与企业进行合作的话，为使他们满意，就需要制定一个可行的长期解决方案。

与债权人交涉中谈判能力很重要，从战略角度分析，谈判能力主要来自两个方面的原因。一是贷款人尽管受偿顺序较高，破产仍然不是一个有吸引力的结果；二是信用度。企业在专家的帮助下，已经对发生的问题进行了诊断分析，并制定出了一个涵盖了最好和最坏两种情况的详细脱困计划，并表明有能力进行支付，这样就能够使企业处于更有利的谈判地位。

关于谈判中的担保问题，当贷款人所得的抵押品的担保能力很弱时，就别无选择而只能寻求与企业进行合作，以避免更大的损失。

积极争取贷款人预支资金。交涉成功的话，贷款人往往愿意向公司预支资金，使其能够及时支付工资。这主要是出于对公共关系方面的考虑。否则，如果公司无法及时进行工资的支付，将使贷款人面临突如其来的危机而措手不及。然而，必须明白这样一点：这一举措固然能够解决贷款人的问题，但是却会使企业重新陷入困境，因此企业要有新的脱困措施相配套。

四、与购销债权人交涉

在与购销债权人进行交涉时，第一步是要了解企业的谈价能力。购销债权人在公司破产时的被清偿顺序最靠后，因而也最愿意进行和解，因为如果公司一旦破产的话，购销债权人所能得到的赔偿寥寥无几。

企业对于购销债权人拥有谈价能力优势的另一个原因是脱困计划的制订。只要企业能够证明：购销债权人允许企业继续经营会比企业破产使购销债权人得到更为有利的结果，他们将会乐意进行和解。而且，购销债权人必须处理顾客关系方面的问题。当他们认为和解有助于保护其市场时，他们也会愿意与陷入困境的企业进行合作。此外，购销债权人在谈判上的相对劣势也使双方能够成功地就一些重要问题达成和解协议。

第二步是把购销债权人按照他们对企业脱困的重要性排列出清偿的先后顺序。企业因此需要格外注意那些最重要的购销债权人。比如，有位企业家告诫其总会计师千万不要作无法兑现的承诺。而最重要的供应商们则被告知，一旦有情况发生而他们实在需要提早得到支付的话，只需提前将情况通知公司，公司就会竭尽全力地满足他们。

与购销债权人交涉的第三个步骤则是在必要时替换供应商。清偿顺序最靠后的供应商最终会要求企业以现金的方式进行支付，或者是干脆拒绝交易。因而陷入困境的企业要有能力替换供应商，而企业与优先级别高的供应商之间的良好关系将会对此有所帮助，因为他们可以提供资信调查。

与购销债权人交涉的第四步则是要进行有效的沟通。如果公司能够做到诚实，贷款人就不再需要采取别的行动了，至少他还能够预先做好准备。

五、裁员行动

裁员意味着可以缩减费用开支，因此对于一个试图走出困境的企业来说，裁员是不可避免的。

在企业中宣布裁员措施时需要强调它是一次性的裁减行动，而且必须保证实施时的一步到位。同时还要努力做到尽快对下岗员工进行补偿，因为只有在切实感到有具体的保障措施时，员工们才会恢复他们的生产能力。而且，企业实际裁减的人数应该比表面看来需要裁减的人数更多一些。因为一旦其他的补救行动无法得到成功的实施，就不得不通过再次裁员来实现。当然，着手裁员的阻力是非常大的，这与出售或是转租一半的厂房相比完全是两回事。

六、更为长期的补救行动

如果脱困计划能够为企业建立起足够的信用度，并能为企业争取更多的时间的话，就可以实施更为长期的补救行动了。这些补救行动通常可以分为以下三大类：

（1）制度和程序。可以对在一开始曾造成问题的制度和程序进行改进，然后加以实施。

（2）资产的处置。对在较短时期内无法清理的资产进行清理。例如，可以将房产进行清理。很多规模相对较小的公司，尤其是那些比较老的公司，它们的房产在资产负债表上的价值大大低于实际价值。可以通过出售和售后回租的方式来筹集资金。

（3）富有创造性的解决方案。制定富有创造性的解决方案取决于适合的环境。比如说，一家企业有着大量对经营毫无用处的存货。然而，它发现如果把存货组装成零部件的话就有可能找到市场。于是公司把这批存货运到牙买加进行装配，因为那里的劳动力成本低。这样，公司不但售出了所有的积压存货，而且还获得了相当高的收益。

七、企业和解、重组与破产

所谓和解是指企业及其所有者和债权人通过"协商方式"解决债务纠纷的一种债务结清方式。重组是针对企业亏损严重、无力偿还到期债务的情况下，由企业及其所有者双方达成和解协议并经过法院认可，对企业的生产、技术、管理等诸方面进行调整、改进和完善，以达到扭亏增盈、恢复正常偿债能力之目的。我国《破产法》规定：企业由债权人申请破产，上级主管部门申请整顿并且经企业与债权人会议达成和解协议的，中止破产程序。这就是说，在法院受理债权人申请债务人破产的情况下，允许企业与债权人之间进行和解，并给予重组的机会，从而尽量减少破产案件的发生。

对企业失败的处理方式，取决于财务危机程度的大小和债权人的态度。如果企业失败并面临宣告破产，不仅会给企业的投资者、职工、债权人造成严重后果，而且会对社会稳定造成威胁。因此，当企业失败是属于暂时的经济失败、暂时的资不抵债以及技术性无力清偿时，企业及其所有者和债权人之间往往会通过谈判达成和解协议，要求企业进行重组，帮助企业走出困境，尽可能使企业有机会生存下去。

（一）企业和解与重组的条件

（1）企业的经营失败是由于技术性无力清偿造成的，只要债权人能够宽限时日或减免部分债务，企业即可走出困境，或企业允诺在一定时期内偿还债务，并得到债权人的同意。

（2）企业资不抵债是暂时性的，只要企业采取切实有效的重组措施即可扭转局面，且重组计划已征得债权人的认同。

（3）企业的经济性失败具有暂时性，或虽出现经济性失败，但其投资者愿意继续投资。

（4）企业财务危机的原因已经找到，并且经过重组完全可以排除。

（二）企业和解的方式

1. 债务延期

它是指债权人同意延长到期债务的偿还期限，以便陷入财务困境的企业有机会生存下去，并偿还全部债务。企业要获得债务延期，必须有良好的商业道德和信誉，确实愿意忠实地履行其对债权人的义务，而不会试图利用各种可能优先将企业资产转做他用。同时，企业要具有扭转财务危机、偿还债务的能力，还应具备良好的有利于企业恢复正常经营的外部环境。债务延期还必须得到所有债权人的同意，通常的做法是由主要债权人组成债权人会议（或委员会），负责与全体债权人协商，并与企业协商确定能够满足各方利益的计划。

2. 债务减免

它是指债权人同意减少失败企业偿还的本金数额，或同意降低利息率，或同意将一部分债权转化为股权，或将上述几种选择混合使用。债务减免也需经全体债权人同意，减免的具体方法和比例由债权人会议（或委员会）与企业及其所有者共同协商。如果债权人认为债务减免所收回的款项高于或接近于其在企业清算中支付法律费用后的所得，则债权人一般愿意接受债务减免，否则企业只能终止经营进行清算。

3. 自愿清算

它是指债权人与失败企业之间通过协商私下解决债务纠纷的一种方式。自愿清算不仅可以避免冗长的法律程序和昂贵的费用，而且还可以使债权人更多地收回自己的资金。因此，自愿清算成为西方企业和解的一种重要方式。自愿清算的一般做法是债权人经过协商后将失败企业的资产交由一个指定的清算委员会处理。清算后失败企业将正式解散而不复存在。由于自愿清算必须征得所有债权人的同意，所以，这种方式仅适用于债权人人数较少且发行在外证券为不公开持有的企业。

（三）企业破产

企业破产，是指因经营管理不善或严重亏损，不能清偿到期债务，可依法宣告破产。破产是优胜劣汰的法律机制，同时也是市场经济活动中必然出现的客观现象。有市场竞争，就有优胜劣汰，就必然有企业破产现象。当有的债务人因亏损而丧失债务偿付能力时，为了不影响市场经济秩序的发展，公平保护债权人、债务人的利益，就出现了破产还债这种处理债权债务关系的特殊形式。

实操训练

一、选择题

1. 运用财务报表分析法和会计原始资源分析，对于风险管理人员分析资产负债表，应关心的是资产的（　　）。

A. 账面价值　　B. 市场价值　　C. 历史价值　　D. 重置价值

2. 风险管理人员在分析风险时，最经常、最普遍使用的方法是（　　）。

A. 威胁分析法　　B. 事故分析法　　C. 编制风险清单法　　D. 事故树分析法

3. 对保险这种风险控制措施描述正确的是（　　）。

A. 集合各类的、大量的风险，利用大数法则，收取保险费，支付保险金

B. 集合各类的、大量的同类风险，利用大数法则，收取保险费，支付保险金

C. 集合各类的、大量的独立风险，利用大数法则，收取保险费，支付保险金

D. 集合各类的、大量独立的同类风险，利用大数法则，收取保险费，支付保险金

4. 保险这种经济制度体现了一定的经济关系，在投保人与保险人之间，是一种(　　)。

A. 国民收入的再分配关系　　B. 商品交换关系

C. 国民收入的初次分配关系　　D. 经济体之间的互助关系

5. 从法学角度看，保险是一种合同行为，保险人的主要义务是（　　）。

A. 当约定的风险事故发生时向被保险人给付保险金

B. 当约定的风险事故发生时损失举证

C. 当约定的风险事故发生时现场保护

D. 当约定的风险事故发生时及时告知

6. 面临风险的经济单位，通过参加保险，将风险转移给（　　）。

A. 保险公司　　B. 保险受益人　　C. 保险经纪人　　D. 被保险人

二、问答题

1. 分析创业失败的主要影响因素和主要原因。
2. 简述创业风险的类别与识别方法。
3. 试述企业危机的诊断方法与注意事项。
4. 如何诊断和分析创业各阶段风险？如何防范？
5. 试述解决创业企业危机的措施和途径。

项目十七 成熟企业的再创业

【能力目标】

1. 能辨识再创业与创业的本质区别；

2. 熟悉再创业企业战略转型的基本路径，并能对行业趋势及选择进行评价；

3. 熟悉再创业企业制度、组织、管理变革与创新的主要途径及方法；

4. 能运用相关理论和方法，诊断评价创业企业组织结构、管理制度、运行机制等存在的主要问题，并能根据再创业目标提出改进或重组的建议。

【知识目标】

1. 了解再创业的理论基础，理解再创业的涵义、特征、目标和本质；

2. 理解再创业企业战略转型的基本路径，掌握再创业行业趋势及选择评价分析方法；

3. 理解创业企业的创新方式、创新内容，掌握再创业企业制度、组织、管理等变革与创新的主要途径及方法；

4. 理解再创业企业领导理念和领导方式的变革，掌握管理沟通、激励与考核体系变革及重构的途径与方法。

任务1 再创业的本质：持续发展

一、创业与再创业

（一）企业发展过程就是创业和再创业

一个企业在经历了一次创业之后，本身已经具备了较强的实力，按照事物发展的客观规律，如果没有一种变革，那么企业一定会衰亡。要想让企业继续发展下去，实现更高的目标，只有对企业进行根本性的改造，才有可能让企业在一个新的台阶上重新开始发展。再创业，就是企业在取得高速增长之后，为了谋求进一步的发展而进行的内部变革过程，其实质是企业发展到一定阶段所进行的一次战略转型，是企业发展过程中的一次革命性的转变。

市场退出是为了实施某种市场战略而暂时或永久性地退出某一区域或产业并结束市场活动的过程。它与市场进入一起组成企业发展战略的两个大部分。市场进入与市场退出是辩证统一的关系，即从局部的适度退出是为了大规模地进入。

市场退出并不意味着资源的永久性“失业”。除了一小部分资源可能在退出的过程中流失和泄露外，退出的资源通过流动、转移，可能会寻找到更加有利的投资领域。同样，进入新的业务领域后也不是永久性地固定、沉淀下来，而是随着企业的成长，又必须考虑资源的新的战略性转移。在多元化企业中，还必须有效地进行资源配置，将资源从低机会的领域转移到高机会的领域中去。

（二）再创业与创业的区别

企业的发展是一个复杂的系统工程，具有连续性和阶段性，不可能一蹴而就，需要一步一个脚印地前进。再创业是企业发展史上的一个新阶段，是一次创业的延续，这是两者的联系。但两者又有本质的区别：再创业绝不是初次创业的简单延续，而是在初次创业的基础上搭建企业发展更高的平台和框架，目标是实现企业的发展规划，其内涵更加深刻，任务也更加艰巨繁重。它不仅包含完成生产经营任务、提高经济效益、加快技术进步、扩大生产规模等物质层面，还包含彻底改革体制机制、调整结构、创新管理模式、确立新的理念等深层次方面的任务，所产生的深刻变革将是前所未有的。

二、再创业的目标

再创业是对较早发展起来的中小企业而言的，是已经完成了原始积累，有了一定规模的企业如何向更高层次过渡，再树辉煌形象的问题，因此再创业企业要确立和瞄准新的目标。

（一）规模经济

经济学上所讲的规模经济，是适度规模，太大不行，太小不好。在再创业中，企业可以适当地扩大规模，实行规模经营，提高技术含量，降低成本，提高经济效益。

（二）结构提升

再创业在规模经营基础上，着力改善产品结构、技术结构，推进一体化、多元化经营，拓展生产领域和经营渠道，使企业在更高层次上提高盈利能力和盈利空间。

（三）管理规范

随着规模扩大和结构提升，昔日管理小企业的、甚至家庭作坊式的管理方式已经很不适应。因此，再创业企业要着力加强管理，规范管理，建立和完善一系列规范而科学的运行规则和管理制度，提高企业的整体素质——关键时候企业的强弱，就表现为长期管理中铸就的企业素质。

（四）品牌和信誉

创业企业在急剧扩展的时期，一定程度上存在着模仿、粗制滥造的问题，对品牌、商誉等问题注意不够，可以说带有某种必然性，但不是长久之计。因此，再创业企业塑造自己的品牌和商誉已经刻不容缓。知名品牌意味着市场占有率，意味着“回头客”，意味着同样的产品可以卖更高的价钱。品牌本身就是商誉的重要组成部分，但商誉通常还包括信誉，良好的信誉可以带来融资的方便。

（五）制度变革

据发达国家的企业发展史的经验，一般的企业开始都是家族式企业，随着经济生活中出现的新问题，也随着法制的逐渐健全，家族色彩越来越淡化。即使是家族式的企业，实质上也有两种不同的家族制。一种是比较原始的家族制，一种是生长在比较成熟的市场经济中的现代家族制。现代的家族企业制也注意参股、股权的多元、人才的吸纳和管理的规范等。这种现代家族制通常是与现代市场经济相适应的，是更接受规范的现代企业制度的。因此，再创业企业制度变革的方向，是向现代的家族制过渡，在这一过渡过程中逐步淡化家族制色彩，并最终过渡到现代企业制度。

任务2　再创业的核心：战略转型

一、企业战略转型的框架

再创业的核心是实现企业经营战略的转型，其战略转型的基本路径主要有：从外销向内销转型；从代工向自主品牌转型；从低端向高端升级；从制造向服务转型；整合产业链资源；从粗放经营向精细管理升级。这六种转型路径构成如图17－1所示。

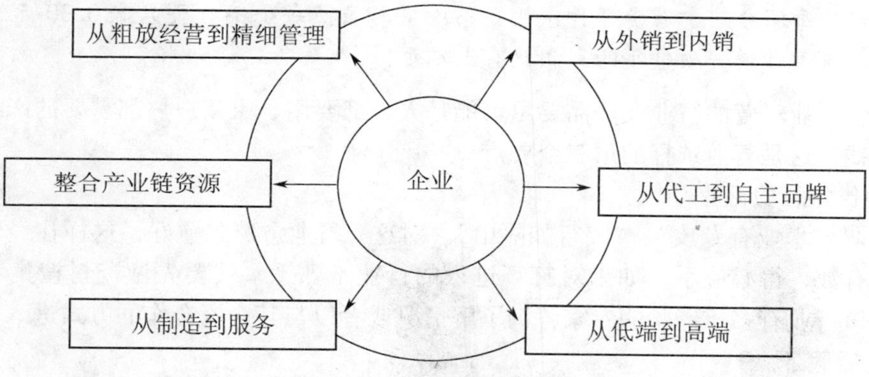

图17－1　企业战略转型框架

二、再创业的行业选择

大多数人都希望能拥有一个属于自己的能够长远经营、稳健发展的事业，但是在物竞天择、竞争残酷的当今社会，却天天有人破产，天天有人失败，原因何在？除了经营与管理不善之外，还有另一个非常重要的因素：那就是没有正确选择所经营的行业。现实中，不是每一行业都可创业，也不是每一种行业都有创业与再创业的时机，因此再创业企业要对行业进行详细的可行性分析，选准要进入和发展的行业和领域。

1. 必须选择趋势性的、有前景的朝阳行业

朝阳产业是指这个产业或产品在未来的5～20年中将很有前景、很有市场，将被消费者广泛地接受和使用。大多数富豪都是因为具有超前的智慧与眼光，选择了很有前景的朝阳产业才成为亿万富豪的。如世界首富比尔·盖茨，他在大学时期就具备了超人的智慧和眼光，能清晰地看到在未来的生活中人人将离不开电脑，家家户户都将拥有电脑，因而毅然放弃学业，创立了微软公司，致力于小型家庭电脑及应用软件的开发。正因为他当初

选择了世界上最有前景的朝阳产业，所以今天他是世界首富。

2. 所选择的行业需市场空间大，竞争对手少

很多人在选择行业的时候，往往是看到别人在一个行业中赚到了钱，然后也跟着去从事那个行业，其实这是一种严重的错误。为什么呢？因为你不是在这个地域中最早从事这个行业的人，大块的市场和利润已经被别人所占领，你会模仿，其他人也会很快模仿竞争，最后的结局就是大鱼吃小鱼，实力小的被淘汰出局。因此，选择好行业的第二个要素就是市场空间大，竞争对手少，也就是说还没有人或很少有人从事这个行业的时候，你要抢先一步，才有可能领先一路。

3. 市场需求量大，量大才能赚钱

案例1

劳斯莱斯轿车是专门针对社会上层人士所设计的价格昂贵的轿车，但这家公司并不是世界上最赚钱的汽车厂，反而比本田、丰田、福特等汽车厂赚的钱少，其原因很简单：销量不大，99.99%以上的消费者买不起。又如台湾的7-11便利店24小时通宵达旦营业，各地共有2 000家分店，生意都很好，每家分店都有卖一种东西：茶叶蛋。虽然每个茶叶蛋只赚0.30元，但由于需求量大，仅茶叶蛋一项每年的利润就有上亿元！

因此，企业经营的行业及产品要尽可能是人人都要用、家家户户都需要的产品，量大就能赚大钱，这是行业选择的第三个要点。

4. 寻找熟悉的行业

正所谓"术业有专攻"、"隔行如隔山"。对这一行业愈熟悉愈好，这样在经营时才能做到心中有数，得心应手。如果对打算进入的行业不熟悉，就要先做资料搜集和调研工作，寻找该行业有多年经验的专家咨询了解情况或者以与其合资合作的方式进入。

5. 售后服务少

如果所进入行业是需要长期不断地做售后服务的行业，将会浪费很多宝贵的人、财、物等资源，因为售后服务通常是不赚钱的，但为了长期拥有客户及良好的信誉，企业必须随时准备为客户服务，否则就会影响企业的信誉和竞争力。

6. 突出竞争优势

选择行业时要认真考虑自身在该行业能否给顾客提供强于他人的产品或服务，跟竞争对手相比具备哪些竞争优势，并且能否始终保持这一优势等。

三、再创核心能力

企业核心竞争力是企业所拥有的，独特性的，获取利润、谋求生存、持续发展的能力，其独特性表现为难以简单模仿又无法直接购买，其外在表现为企业把握商机、管理风险的综合能力。衡量企业核心竞争力的一个重要标准就是一个企业所拥有的核心竞争力是否覆盖了企业的各个部门和所有产品，它是否能够抵御不可预期的市场风险，它在多大程度上实现了企业的预期目标。企业拥有了这种核心竞争力就能够依托这一竞争优势迅速占领目标市场，赢得客户的信任，形成自己独特的消费群体。那么，再创业企业怎样才能再创和保持其核心竞争力呢？

（一）确立合理的竞争目标是创业企业再创核心竞争力的前提

企业之间对最终产品市场份额的争夺，从深层次分析，却是企业素质间的竞争。企业间的竞争表现在四个层次上，并构成一个竞争层级。一是开发构成核心竞争力要素的竞争；二是对这些战略要素整合的竞争；三是核心性中间产品的竞争；四是核心性最终产品的竞争。核心性产品就是指企业所拥有的，以产品形式出现的核心竞争力。因此，核心性中间产品的竞争是企业竞争层级中最关键的竞争环节，把握了核心性中间产品的竞争主动权，就把握了整个市场的主动权，并将实现最终产品的竞争主动权，这是再创核心竞争力应确立的竞争目标。

（二）从重视企业对环境的适应性转向强化企业自身素质的提高

传统管理观念强调企业战略对环境的适应性，如战略管理专家安索夫的ESO模型、波特的行业“五力”模型等，都侧重从企业所处的环境切入，将竞争分析的注意力重点放在企业的外部环境上，认为行业性质是企业盈利水平的决定性因素，即市场结构是决定行业内部和行业间的绩效差异的主导力量。因此，市场结构分析成为企业制定竞争战略的主要依据。

但现实情况却不是这样。随着市场环境的变迁，行业内长期利润率的差异程度比行业间的利润率差异程度要大3到5倍，这与传统管理观念的市场结构解决论假设是相悖的。决定企业常胜不衰的根本性要素是企业自身的素质。换言之，对于企业的竞争优势来说，企业内部条件比其所面对的外部条件更具决定性影响，企业获取超额利润和保持长期竞争优势的关键就在于企业能力、资源和知识的积累。

因此，创业企业再创业过程中，要把竞争分析的注意力集中到企业自身上来，以培育企业核心性的竞争能力为主方向，以创造企业可持续性的竞争优势为战略目标，不断提高企业自身素质，以确保企业在激烈的竞争环境中长盛不衰。

（三）从注重全面管理转向注重做好关键环节管理

再创业要达到的发展目标是无止境的，而支持企业发展的战略资源却是非常有限的。企业经济学的本质就是研究如何优化配置稀缺战略资源，争取有限的投入得到最大产出。这里提倡集中的原则，它强调企业要把自己的物力、人力、财力投向企业的经营管理关键环节上去，而对非关键的环节仅要求做到合格，达到正常运转状态即可。只要关键环节得到强化，就能带动其他环节的提升。从竞争角度考虑，一个企业方方面面的工作不错，只能保证企业的一般性竞争力较强，仅能具备一般性的竞争优势。只有企业某一关键性竞争力比竞争对手优越时，才能使企业具备独特的竞争优势，才能确保企业获得长期的竞争主动权。而要做到这一点，就必须集中使用资源、精力、时间，创造关键环节上的绝对优势，形成企业的核心能力。

（四）从纵向多元化发展转向对价值链关键环节的把握

传统管理理论提倡纵向多元化发展战略，其主要动机是：

（1）控制的需要，即企业为了加强对所需原材料、零部件的控制而向上游发展，为了加强对其产品分销渠道的控制而向下游发展；

（2）节约交易成本，把企业原先通过市场进行的资源配置活动转化为企业内部的资源配置活动，以期实现对交易成本的节约；

(3) 增加规模，将现有产品、上游或下游产品的生产集于一体，以达到扩大企业规模、争取范围经济效益的目的。

但纵向一体化也存在一些致命性的制约和弊端。如资产专用性问题、需要更多资源的投入、过长的战线分散了管理者的精力和时间等。最严重的莫过于导致“大而全”的企业病，拖垮企业。创业企业要从纵向多元化发展转向对价值链关键环节的把握，成为产业价值链的某一环节，尤其是在关键环节上成为最优秀的生产厂家，这样才能把握竞争的主动权，确保自己在行业中的强者地位。为此，企业应该努力创造在产业价值链关键环节上的独特优势，把握这一环节生产经营的核心技术，从而获取这一关键环节中间产品的最大市场份额。

（五）从横向多元化扩张转向业务归核化发展

横向多元化是向其他非相关的事业域延伸的另一种发展战略。企业横向多元化发展是传统管理观念的必然产物，也是企业发展的一种内在本能。在企业的长期发展过程中，往往会发现不少企业经营的产品线愈来愈长，经营的产品品种愈来愈多，经营的事业域愈来愈宽。然而，许多研究与现实证明，企业横向多元化经营战略是风险性最大的一种发展战略。当企业进入一个自己不熟悉的事业域时，尤其是新事业要求企业所应具备的关键性能力与企业现有能力不相吻合时，企业就会失去自身优势，变得十分被动，难免遭致失败。

企业经营业务归核化有两层涵义：一是回归主业，二是回归以核心竞争力为“轴心”的同心多元化。强大的主业是企业生存的基础，要集中精力将主业做好做强。当然，归核化并不是简单地反对多元化，而是反对没有根基的多元化。企业成功同心多元化的“圆心”就是企业所具备的核心竞争力。凡是企业核心竞争力优势能得到较好发挥的事业域，就是企业多元化战略有把握成功的新领域；凡是企业核心竞争力优势无所作为或不能很好发挥作用的地方，企业多元化战略往往要失败。因此，再创业企业在考虑选择多元化战略的新事业域时，必须准确判断该领域所要求的关键性能力是否能与企业核心竞争力相匹配。

（六）从分散企业风险转向努力增强企业实力

传统管理理念认为，“不要将鸡蛋装在同一个篮子里”，或者是“东方不亮西方亮”，这也是企业横向多元化经营的重要理由与动机。这种以保守方式被动应对风险的经营思想，是一种消极的经营理念，很难使企业有所作为，充其量只能得到平庸的业绩。

再创业企业应对风险要从消极被动转向积极主动，只有强化企业自身的素质，才能增强抵抗风险的能力。企业要努力把核心业务做大、做强，通过集中对核心业务领域内资源与能力的整合与升华，加快对核心产品、核心技术和核心能力的培育，形成自己的核心竞争力。以不变应对万变，才是应对风险的根本性对策。核心竞争战略要求企业对其所在行业内外环境的未来变化有深刻的洞察预见力，要及时准备未来所需的核心竞争力——不断地再次创造企业核心竞争力，要求企业对现有的核心竞争力不断地进行调整、补充和完善，确保在行业中的领先地位，使企业具备更强的预防和应对风险的能力。

（七）从产品组合管理转向技术组合管理

传统战略管理十分注重产品组合管理，并提出了许多很有影响力的分析模型，如BCG矩阵、GE九方图、产品寿命周期、企业实力矩阵等，这些模型统称为PPM模型，即产品组合管理模型。这些模型从产品的市场潜力和企业自身实力两个角度来判别企业产品的战略地位，以作为企业制定战略的依据。然而产品组合分析遗漏了一个重要的信息，它忽视了支持这些产品组合后面的企业技术组合状况，因为企业间的产品竞争从深层次上可以归结为企业间的技术竞争，不断创新的技术组合将给企业的产品组合赋予持续性的活力。技术组合管理能给企业更多的发展商机，而且这些商机往往是更隐蔽的，用传统产品组合管理的眼光不易发现。因此，再创业企业要适时从产品组合管理转向技术组合管理，通过各类技术的整合、充实、完善和创新，培育出自己的核心技术，形成企业核心竞争力。

（八）从追求规模经济转向培育持续竞争优势

传统经济学理论基础认为，随着企业规模的扩大，产品的单位固定成本降低，有条件采用更先进的生产工艺和拥有自己的研发部门，与经销商谈判能力增强，能获得规模市场和营销的好处，最终获得规模经济效益。然而，在很多情况下要把企业做大是很困难的。建造大规模企业需要大投入，即使资源没问题也要受到市场的制约，能否在激烈的市场竞争中获得足够大的市场份额来支持这样大的规模，能否避免“大企业病”，等等，都是很难解决的问题。

因此，再创业企业发展首先是要“做强”，而不仅仅限于“做大”。企业只有做强了，才有条件做大。即便是受条件限制，无力做大，中小企业仍然可以通过培育自己的核心竞争力来取得独特的竞争优势，保持长期性的竞争主动权，获取高于行业平均水平的利润回报，这是核心竞争力的经济效益。

任务3　再创业的焦点：创新推进

创新的概念起源于美籍经济学家熊彼特在1912年出版的《经济发展概论》。通常认为，创新就是利用已存在的自然资源或社会要素，创造新的矛盾共同体的人类行为。创新是企业发展的永恒主题，面对多变的环境和强有力的国内外竞争，企业要想获得持久的竞争优势必须依靠持续的创新。

一、企业创新能力及构成

企业创新能力是指通过各种方法手段，应用知识和人的智力，使企业满足或创造市场需求，增强企业竞争的能力。企业创新能力的大小反映企业在多大程度上能够系统地完成与创新有关的各项活动的能力。企业创新能力主要由以下几方面的能力构成。

1. 创新资源投入能力

创新资源投入是指获取稀缺生产要素并在创新活动中的投入；而创新资源投入能力则指投入创新资源的数量和质量。知识经济强调，知识是最重要的经济资源，然而，知识的重要性不只是在于对知识的拥有和控制，更重要的是蕴藏在知识背后的能力及其发挥，而且企业的利润主要归结于对知识和智力的大量投入带来的递增收益。所以，在后工业社会，资源投入的数量和质量衡量就更加复杂，主要是从企业的经营效率和效益来体现其差异性。

2. 创新管理能力

创新管理能力表现为企业发展和评价创新机会、组织管理创新活动的能力。一个善于管理创新的企业应具有明确可行的创新战略和有效的创新机制。由于组织化是现代企业创新的基本特征之一，因此，有效的创新机制是指企业创新人员得到合理安排使用，企业内部研究开发、生产、营销与综合管理部门存在畅通的联系渠道，有良好的沟通方式，部门间能够开展旨在实现创新的协调和具有良好的激励机制，企业与外部在组织、信息、人才等方面都有很好的交换方式和制度。

3. 创新激励能力

没有创新愿望，一切创新活动都不会产生。企业创新不是单纯的企业守业活动，而是企业员工追求卓越、积极进取的过程，是企业文化中首创精神的体现。创新激励能力就是使企业产生创新愿望，鼓励将愿望变成现实的能力，是使员工具有创新主动性和前瞻性的能力。

4. 创新实现能力

创新实现能力是相对创新过程而言的。从技术创新过程来看，基本上经过几个阶段，即由基础研究与应用研究得到设想或新的思想，然后经过研究开发出模式、样品或实验数据，经过中试过程，最后生产出新产品投入市场，并在营销中取得创新的效益。根据创新过程，可以认为创新实现能力包括以下内容：

（1）企业研究开发能力。研究开发能力是创新资源投入积累的结果。但是创新资源投入能力不能代替研究开发能力，前者既强调研究开发投入，又强调非研究开发投入，后者则强调研究开发产出；

（2）生产能力。生产能力指将研究开发成果从实验室成果转化为符合设计要求的批量产品的能力；

（3）营销能力。创新所需要的营销能力不仅是指产品开发出来后所具有的销售能力，而且还包括研究市场，使消费者接受新产品，通过企业用户和竞争者反馈信息以改进产品，从而提高新产品的市场占有率和扩大市场范围的能力。

二、培育和提升创新能力的基本途径

1. 制度创新是基础

许多中小企业和国有企业产权不清晰、组织和管理不对称等使企业竞争力大大减弱，所以首先要明确企业的所有权和经营权，强化监督权；其次，分析内外环境，找准自己的核心竞争力；再次，加强企业对信息的获取能力和管理机制；最后，要建立有效的创新激励机制，实现人力资本的最大限度发挥。企业制度的创新，有利于营造创新的企业文化，增强员工的创新意识，提高企业竞争力。

2. 加强企业组织创新，提高企业的运行效率主要是再造与动态环境相适应的柔性化、扁平化的组织机构；建立以目标任务为导向，充分发挥个人能动性和多方面才能的自我管理小组，并增强组织适应环境变化的敏感性。

3. 稳定优秀的科技人才队伍，加强与高校科研所的技术合作

目前我国很多企业普遍缺乏激励机制和考核机制，提升企业竞争力就应该从变革人力资源管理人手，树立以人为本观念。企业不仅要留住自己内部的人才，还要重视外部人才。目前高校科技成果往往与市场脱节，造成了巨大浪费，因此，企业应加强与高校或科研机构的沟通合作，加速科技成果的转化。

任务4　再创业的支撑：组织变革

一、治理结构调整

公司治理的核心是在所有权和经营权分离的条件下，降低代理成本，保证经理层能以股东的利益和公司的利润最大化为目标。其基本内容是对企业的所有者、支配者、管理者和监督者之间的权责利关系进行规范，从而解决企业的不同利益主体之间的利益与风险、激励与约束等问题，建立起企业的权力机构、决策机构、经营机构和监督机构之间相互独立、相互制衡的高效率的企业领导制度，确保企业各方利益的均衡和合理目标的实现。

（一）家族治理结构模式的缺陷

对于大多数新创企业而言，其治理采用的是一种典型的家族治理模式，企业的所有权主要掌握在由血缘、亲缘和姻缘为纽带组成的家族成员手中，主要经营管理权由家族成员把持，企业决策程序按家族程序进行。家族治理模式的特点主要表现在：企业所有权和经营管理权主要由家族成员控制；企业决策家长化；经营者激励约束双重化；来自银行等金融机构的监督较弱等。

在企业发展的初期，采用家族治理模式有利于增强企业的凝聚力，提高企业的稳定性，加快企业的决策速度，因而是有效率的，对企业的成长具有一定的作用。但是随着企业规模扩大和产业资本社会化，家族治理模式所具有的缺陷便暴露无遗，并逐渐成为阻碍再创业企业可持续发展的重要因素。

（二）治理结构调整的途径及措施

（1）制定完备、规范的公司章程。

公司章程是企业运作的基本规范，公司章程应该对股东会、董事会和管理层的权利义务给予清晰界定，以确保全体股东的利益；保证控股股东依法在董事会、股东大会上发挥作用。

（2）建立和完善以董事会和监事会为中心的法人治理结构。

利用公司治理结构和机制，明确不同公司利益相关者的权力、责任和影响，处理好企业经营者与所有者之间的委托代理关系，建立委托代理人之间激励兼容的制度安排。

（3）在内部建立各级分职授权、相互制衡的管理机构并颁布各项内部管理制度，加

强内部控制各子系统的作用。

（4）建立企业内部审计制度，保障企业内部控制制度的有效执行。

（5）提高企业经营透明度。

企业应该建立正式的信息披露制度，定期、主动向股东和其他外部利益相关者披露信息，让利益相关者能够及时、准确了解企业的经营状况及发展趋势，并据此做出判断和决策。

（6）充分发挥人的作用，以人为本，积极提高员工素质，塑造与内部控制制度相结合的企业文化。

二、组织结构变革

（一）组织结构变革的客观必然性

企业组织结构是实现企业持续发展的一种重要工具。实践证明，一个僵化的组织结构必将对企业持续发展产生重大制约，会使良好的发展战略流于形式，因此，企业组织结构应随企业发展阶段及目标的变化及时进行调整与变革。

企业组织结构不能仅仅为调整而调整，而应根据环境变化和企业发展要求来调整和变革相应的组织结构，使组织结构与经营战略相匹配。引发企业组织结构变革的原因包括经济全球化、经济发展速度加快、产品开发周期缩短、企业之间的竞争加剧、市场范围的扩大，等等。同时，企业规模扩大、新供应商、新客户、新竞争者的介入以及产品产量的增加等是企业组织结构变革的内在原因。

（二）组织结构变革的趋势及措施

1. 减少组织层级

大多数新创企业组织结构是直线职能型，企业不论大小均自上而下自成体系，“麻雀虽小，五脏俱全”，属于典型的层级组织。这种组织结构垂直一体化程度高，组织边界层次分明，指挥统一，管理效率高，但随着经济环境的变化，其弊端也愈来愈明显。因此，需要根据环境变化和企业实际对传统的直线职能制进行变革，减少组织层次。如联想集团于2004年调整了企业战略，并作了相应的组织结构变革，使之趋于偏平化，收到了良好效果。

2. 建立以流程为导向的工作团队

在流程变革的基础上，将过去以功能分工的组织方式改变为以“流程”、“网络”为导向的工作小组。其目的和意义在于：将过去分散于各职能部门的工作由一个小组结合起来，承担起满足社会需要的所有工作，各组成小组构成了一个非中心化的联合体网络，这样不但可以避免传统企业内部广泛存在的“官僚主义”所导致的管理低效率，而且也使各组成小组的界限不再严格地局限于功能和层次。

3. 内部市场化

在组织结构调整的基础上，让组织内部的各个单元形成自己的利润中心，这些单元可以根据自己的情况和市场环境选择与组织内部或者外部的其他企业进行交易。如购买原材料、产品或服务以及对外部单位进行投资，以便更好地根据市场条件确定业务。这样，企业组织内部不存在垄断，利润中心有从组织内部和外部各单位购买产品或服务的自由，同时，这些利润中心也必须把他们的产品或服务以竞争性的方式销售给内部或外部的单位。

4. 完善措施，提高组织运营效率

在企业运用信息技术来改变其组织结构并提高运营效率的过程中，管理信息结构成本可能会以新的形式出现。为此，一方面，企业需要调整原有的组织结构，使其适应管理信息化的要求，确定组织结构调整的目标，然后实施企业组织结构变革；另一方面，企业组织结构变革改变了既定的权力分配形式，及时处理利益相关方的冲突；第三，业务流程以及管理方法的改变，意味着工作方式和技能的改变，人们必须按照新的规则行事；第四，企业需要对员工进行新技能的培训，员工也要在工作之余努力学习。

三、业务流程变革

（一）业务流程变革成功的关键点

企业业务流程变革包括企业战略、企业组织、企业生产流程、质量控制系统、市场营销、企业文化等流程的变革与完善，是一项复杂的系统工程，需要若干关键因素的支持和配合。如果处理不好，变革就会遇到很大的困难，甚至失败。因此企业业务流程变革要把握好以下关键因素：

（1）再造的时机。企业经营管理水平上台阶。

（2）再造的核心。将纵向一体化结构转变为平行的网络流程结构。

（3）再造的目标。以顾客满意度最大化为目标。

（4）再造的动力。参加企业业务流程变革的人包括领导者、流程负责人、再造小组、指导委员会、再造总监和其他全体员工，因此要发挥每一个员工的积极性和主动性。

（5）再造的保证。领导全力推进、企业文化渗透。

（二）业务流程变革的程序

业务流程变革就是优化、完善和重新安排企业的整个生产、服务和经营过程，使之合理化，即通过对企业原来生产经营过程的各个方面、每个环节进行全面的调查研究和细致分析，对其中不合理、不必要的环节进行彻底的变革。在具体实施过程中，可以按以下程序进行。

1. 分析诊断现有流程的功能和效率，发现其存在问题

现有的作业程序是与过去的市场需求、技术条件相适应的，并由一定的组织结构、作业规范作为其保证的。当市场需求、技术条件发生变化，现有作业程序难以适应时，作业效率或组织结构的效能就会降低。因此，根据企业现行的作业程序，从以下方面分析诊断现行作业流程的问题：

（1）功能障碍。随着经济技术的发展，技术上具有不可分性的团队工作，个人可完成的工作额度就会发生变化，这就会使原来的作业流程存在问题，造成权责利脱节，并会造成组织机构设计的不合理，形成企业发展的瓶颈。

（2）重要性。不同的作业流程环节对企业的影响是不同的。随着市场的发展，顾客对产品、服务需求的变化，作业流程中的关键环节以及各环节的重要性也在变化。

(3) 可行性。根据市场、技术变化的特点及企业的现实情况，分清问题的轻重缓急，找出流程再造的切入点，并深入现场，具体观测、分析现存作业流程的功能、制约因素以及表现的关键问题。

2. 设计新的流程改进方案，并进行评估

要设计更加科学、合理的作业流程，必须群策群力、集思广益、鼓励创新，因此在设计新的流程改进方案时，可以考虑以下因素：

(1) 将现在的数项业务或工作组合，合并为一；

(2) 工作流程的各个步骤按其自然顺序进行；

(3) 给予职工参与决策的权力；

(4) 为同一种工作流程设置若干种进行方式；

(5) 工作应当超越组织的界限，在最适当的场所进行；

(6) 尽量减少检查、控制、调整等管理工作；

(7) 设置项目负责人。

对于提出的多个流程改进方案，还要从成本、效益、技术条件和风险程度等方面进行评估，选取可行性强的方案。

3. 制定与流程改进方案相配套的组织结构、人力资源配置和业务规范等方面的改进规划，形成系统的企业再造方案

企业业务流程的实施，是以相应的组织结构、人力资源配置方式、业务规范、沟通渠道甚至企业文化作为保证的，所以，只有以流程改进为核心形成系统的企业再造方案，才能达到预期的目的。

4. 组织实施与持续改善

实施企业流程变革方案，必然会触及原有的利益格局。因此，必须精心组织，谨慎推进，既要态度坚定，克服阻力，又要积极宣传，形成共识，以保证企业再造的顺利进行。

企业再造方案的实施并不意味着企业再造的终结。在社会发展日益加快的时代，企业总是不断面临新的挑战，这就需要对企业再造方案不断地进行改进，以适应新形势的需要。

四、激励与考核体系的重建

（一）激励体系的重建

许多企业在调动员工积极性、激励员工方面，往往采取增加工资、奖金、福利等办法和手段。这种不计成本、手段单一的激励形式，虽然可能短时奏效，但很难维持长久。根据赫茨伯格的“双因素”理论，如果管理者没有考虑到内在的激励因素，单纯的保健因素甚至会引起员工的逆反心理。从员工的角度看，员工不仅需要获得工资、奖金、医疗、住房等属于保健因素的激励，更需要获得提升、赏识、分配具挑战意义的工作等激励因素的激励。忽视内在激励因素和外在激励因素的区别而采取单纯的薪金激励，是很多企业激励的缺陷之一。

针对创业中小企业激励机制存在的问题，要重设激励体系可以从以下几个方面去努力：

1. 建立有效的绩效考核制度和激励淘汰机制

绩效、考核和激励淘汰之间是辩证统一的关系，因绩效而考核，因考核而激励、淘汰，因激励、淘汰而有绩效，彼此间是互动的关系。因此，完善绩效考核制度，科学的考核是奖惩的主要依据。以“绩效”为主线的员工考核是完善激励机制的核心内容。创业企业要运用正式的评价系统，准确、公正、积极地对员工做出考核和评定。实施员工绩效考核，不仅能够激发员工比业绩、论贡献的积极性，还能为发现人才、培养人才、使用人才提供可靠的依据，从而有效促进员工队伍整体素质的提升。考核方法应该有科学性，应该将定性与定量相结合，应该使考核制度化、规范化。

2. 改革薪酬管理制度，完善科学的薪酬体系

研究表明：在缺乏科学、有效激励的情况下，人的潜能只能发挥出20% ～30%，科学有效的激励体系能够让员工把另外70% ～80%的潜能也发挥出来。所以创业企业能否建立起完善的激励体系，将直接影响到其生存与发展，要想真正发挥薪酬管理对员工的激励作用，就要深化薪酬改革，进一步完善激励体系。

（1）要建立一整套规范的职位管理体系，包括规范的职位设置、职位序列、职位说明书等；

（2）要运用科学的量化评估系统对职位价值进行评价，即职位评估；

（3）员工能力要与职位要求基本匹配。在职位价值报酬制中，通过采用职位分析、职位评价、职位比对等一连串客观的流程理论，一层一层归纳分析的科学方法筛选比对出各职位价值“相对排序”。以此为基准，配合外部同业薪资市场调查及公司内部薪资策略，定出各职位应有的相对报酬。这样按职位价值确定报酬，可以让员工从注重职位高低转变到注重自身能力的提高上来，以价值贡献换得报酬，有利于促进个人、企业的长远发展和企业价值最大化。

3. 将激励和约束有机地结合起来

约束与激励是有机结合、缺一不可的，对员工的约束也包括系统、科学的规章制度，完善的责任制度和严格规范的业绩考核制度等。要通过对员工合理的激励与约束，实行优胜劣汰，提倡竞争上岗，建立能进能出、能上能下的人事管理制度，促进人才的有序流动，做到人尽其才，才尽其用，形成职业竞争压力。

4. 激励方式的多样化

（1）物质激励与精神激励要紧密结合。

（2）个体激励要与集体激励相结合。

（3）短期激励要与长期激励相结合。

（4）要有针对性、有区别地实施激励。

（二）考核体系的重建

1. 不同发展阶段的绩效考核特点及要求

（1）初创期。投入多，产出少，以人治为主，对企业经营业绩评价的必要性未能体现。

（2）成长期。经过了原始积累，扩张速度快，经营战略目标得到确定，这时围绕企业战略目标，如何通过提高各部门工作效率保证目标实现的问题显得非常必要且重要，因此企业绩效考核被摆到重要位置上，得到应用并处于不断完善状态，可促进企业发展。

（3）成熟期。发展速度减慢，企业进入最佳发展时期，绩效考核经过了完善过程进入成熟状态，有效地促进了企业的发展。

（4）衰退期。业务发展阻滞，组织需要变革，绩效考核处于次要位置，其对企业的促进作用减弱，甚至停止。

（5）再创业期。通过产品技术、人力资源整合，企业进入新一轮的成长期，绩效考核也会随着企业变更及成长进入一个新的创新发展期。

2. 再创业企业重建考核体系的意义

（1）通过重建考核体系，建立科学的目标分解系统，将考核指标与部门职责、岗位职责相关联，保证员工实际行动与核心价值取向和公司整体战略目标相一致。

（2）通过规范化的考评标准设定、全过程沟通反馈与多级绩效审查系统，管理和评估组织与个人的绩效结果以及关键影响因素。

（3）通过全面、系统的绩效反馈和考评结果应用，强化绩效改进、管理改进措施的贯彻与落实，帮助每个员工提升工作绩效与工作胜任力，进而提高组织整体工作效能。

（4）通过体系试运行和跟踪辅导，使各级管理者真正意识到绩效管理的作用，掌握绩效管理的方式方法，提高各级管理者的领导水平，促进管理者与员工之间的沟通与交流，提升企业基础管理能力。

（5）依靠制度性的规范与约束，建设以业绩为导向的企业文化，激励各级员工开发潜能，帮助员工提高绩效创造能力。

3. 重建绩效考核体系的方法及措施

（1）尽量量化考核指标、完善考核标准。在绩效考核体系中，应明确工作绩效标准和工作绩效评价系统，把员工能力与成果的定性考察与定量考核结合起来，建立客观明确的考核标准，定量考核，用数据说话，以理服人。

（2）制定合理的考核周期。企业应该根据不同的考核指标来合理制定企业的考核周期。在具体的实践中，创业企业的考核周期应该采用月度考核与年终考核相结合的方式；对于管理人员和专业技术人员，只有在比较长的时间内才能看到他们的工作绩效，因此对于他们的业绩考核的周期就应该相对长一些。

（3）提高对绩效考核工作的认识，实现全员观念的转变。人力资源部在推行绩效考核时，根据绩效考核制度，要对绩效考核的发展、概念进行全员性宣传，使得绩效考核深入人心；同时，要通过强化学习和培训的手段，使考核者、员工掌握绩效管理的基础知识，起到互相学习、沟通的作用，提高各项绩效考核技能和效果。

（4）注重绩效考核反馈，建立绩效面谈制度。绩效反馈的主要目的是为了改进和提高绩效，因此应该加强绩效考核结果的反馈。为了有效进行考评结果的反馈，应建立与员工面谈的制度。

（5）充分运用考核结果。绩效考核的目的是在持续提升员工能力的基础上，使其持续地改进绩效，通过员工绩效的提升来推动企业绩效的提升，所以绩效考核结果应该作为人事决策提供信息和依据，以及帮助员工制定职业生涯规划。

任务5 再创业的保证：管理重组

一、改善心智模式的途径

心智模式是指在人们的长期记忆中，隐含的心灵地图。心智模式日积月累会逐渐影响长期根深蒂固的信念。心智模式的形成是习惯，习惯牵引着我们心智模式的运作。传统思维是一种不健全的心智模式，是指我们的习性，这种习性久而久之，自然而然习以为常。当心智模式未曾改变，传统思维占主导时，面对新问题、新情况，必然反射出传统的习性，而让思维陷入传统的窠臼中。改善心智模式的途径包括：

（1）鲜明的主体精神。

即不受别人摆布，有自己的思想和分析能力，不人云亦云和盲目跟从。具有能激发人积极向上的理想，具有为了达到更高的目标而对现实进行超越的精神，在赚钱之后具有更大的愿望，更强的趋利动机和事业心，具有善于发现人家没发现的、实现人家没有实现的精神。

（2）良好的心理素质。

表现为：控制及指挥的欲望，自信自立，紧迫感、危机感，脚踏实地，情绪稳定，敢于冒风险、迎接挑战，大胆、果断、理智，充满激情，敢做敢当，勇于开拓，勤奋好学，乐观热情，有较强的承受力和控制力，愈挫愈勇。并积极进行心态的训练，让积极去战胜消极。作为一个领导者，工作中应该知人善任，扬长避短，充分发挥每个人的优势。如果只看到别人的短处而看不到优点，那他就会觉得身边没有可用之人，自己烦恼，下属也会因为不能发挥自己的作用而郁闷，这样势必会影响整个部门或公司的工作效率。所以，任何人都应该有积极的人生态度，这样才能有一个丰富多彩的人生。

（3）创造性思维方式。

当一种战略或一种生产方式被行业广泛采用时，它本身将不构成任何竞争优势，因此，创新思维就成为企业家必备的素质之一。它要求企业家变被动思维为主动思维，变单一思维为多元思维，变从众思维为异众思维。要能够透过纷繁的表面现象，洞察事物背后的本质；善于举一反三，触类旁通。

（4）乐观坚强的意志。

要勇于竞争，善于在风云变幻的市场环境中明辨是非，迅速而合理地做出决策，果断而坚定地执行决策；要锲而不舍，顽强地克服那种见异思迁、虎头蛇尾的不良意志；要专注做好每一件事情，不断追求卓越，具备在失败之时能奋起拼搏的毅力和能力；要有面对危机能从容应对的实力，具有能够牺牲眼前利益的战略眼光和忍耐的心理品质，分析企业面临的问题，综合考虑各种影响因素，洞察到未来变化的趋势，理性地做出决策。

总之，当你改变心念，你就会改变想法；当你改变想法，你就会改变态度；当你改变态度，你就会改变行为；当你改变行为，你就会改变表现；当你改变表现，你就会改变人生。

二、再创业必须解决的认识问题

中国人民大学李义平教授认为，要顺利实现再创业，提升企业档次，创业企业管理者必须解决如下的认识问题：

（1）进一步解放思想。

解放思想要克服自卑与自负两个方面的问题。根据党的十五大的报告和修改后的宪法，应当充分认识到民营经济是社会主义市场经济的重要组成部分，从而理直气壮地推进民营经济的壮大和提升。

（2）认识民营经济的发展空间是相当大的，绝对不仅仅是像既有理论所讲的那样，即只有生产力水平低的领域才适合民营经济。

一些地方民营经济高科技异军突起，完全证明了民营经济可以在更为广阔的领域里大显身手。解决自身方面的问题也包括两个层面：一是不要认为自己过去干得不错，今后就会无往而不胜；要知道在此一领域干得不错，在彼一领域不一定干得不错。二是一些早期的民营企业家文化水平普遍较低，不要以自己的文化水平低照样可以成事为骄傲的资本，从而瞧不起受教育程度高的人，这就像当年毛泽东批评的工农干部的经验主义，这样容易窒息自己的进步。

（3）继续发挥自己的比较优势。

所谓市场经济，说到底就是每个人、每个企业、每个地区都发挥自己的比较优势，然后双双进行交换，这样做不仅可以把自己做大做强，也可以把社会的蛋糕做得更大。民营经济最初的成功者基本上都是发挥了自己的资源优势，找到了自己的生存空间。现在之所以强调这一点，是想告诉那些最初的成功者，不要盲目铺摊子，不要盲目进入自己并不熟悉的领域。历史的经验多次证明，东施效颦是注定要失败的。

（4）要弄清什么样的企业才是优秀的企业。

我们思考这个问题的背景是市场经济而不是计划经济。计划经济下以产值、固定资产投资规模论英雄，当然是越大越好。此外，计划经济下那些地处偏远、没有形成“族群”配套的企业，也不得不大，所谓的肝胆俱全的大而全（小的也要全）。此外，“大”了行政级别以及与之相关的待遇也高。而在市场经济下，则主要看企业的竞争力，看企业的滚动发展能力。必须明确，企业无论在战略还是战术上，都必须把增强竞争能力、把挣钱放在首位，做大，还是做小，都必须服从这一战略目标。

三、人本管理

以人为本的管理的基本思想就是人是管理中最基本的要素。人是能动的，与环境是一种交互的作用：创造良好的环境可以促进人的发展和企业的发展；个人目标与企业目标是可以协调的，将企业变成一个学习型组织，可以使得员工实现自己的目标，在此过程中，企业进一步了解员工，使得企业目标更能体现员工利益和员工目标；以人为本的管理要以人的全面发展为核心，人的发展是企业发展和社会发展的前提。

“以人为本”的管理，指在管理过程中以人为出发点和中心，围绕着激发和调动人的主动性、积极性、创造性展开的，以实现人与企业共同发展的一系列管理活动。其具有下列几个特点：

（1）以人为本的管理主要是指在企业管理过程中以人为出发点和中心的指导思想。

（2）以人为本的管理活动围绕着激发和调动人的主动性、积极性和创造性来展开。

（3）以人为本的管理致力于个人与团队的共同发展。

以人为本管理的重要性在于它是提高企业知识生产力的重要条件。企业的知识生产力是指企业利用其知识资源创造财富的能力，是适应企业国际化经营的基本管理方式，是建立企业中人与其他要素良好关系的必要条件，是企业持续发展的基石。

实操训练

一、选择题

1. 关于管理者和领导者的下列说法中，不正确的是（　　）。

A. 管理者的影响力来自于他们的职位所赋予的正式权力

B. 领导者可以不经任命而从一个群体中产生出来

C. 有效的领导者是权力和威信的统一体

D. 所有的领导者都应该首先是个管理者

2. 赫塞—布兰查德领导模型认为，随着下属由不成熟走向成熟，相应的领导行为应分别是（　　）。

A. 命令型、参与型、说服型、授权型

B. 命令型、说服型、参与型、授权型

C. 说服型、命令型、参与型、授权型

D. 说服型、参与型、命令型、授权型

3. 企业领导者的首要职能是（　　）。

A. 确保任务完成　　　　B. 制定科学的经营决策

C. 强化组织管理　　　　D. 选好用好干部

4. 途径—目标理论认为，可以激励员工奋发进取并有望使下属发挥出自己最佳水平的领导方式是（　　）。

A. 指示型　　　　B. 支持型

C. 参与型　　　　D. 成就向导型

5. 将沟通分为人际沟通、群体之间的沟通和组织之间的沟通是按照（　　）划分的。

A. 沟通媒介不同　　　　B. 沟通对象不同

C. 沟通信息的传递方向不同　　　　D. 沟通的信息是否有反馈

6. 适用于高科技、高智力、需要创造性工作的部门或者下属的素质较高的单位的领导方式是（　　）。

A. 独裁型领导　　　　B. 民主型领导

C. 参与型领导　　　　D. 放任型领导

7. 属于自下而上的沟通是（　　）。

A. 营销经理同财务主管的沟通

B. 管理层给员工的家里寄信告诉他们新的病假政策

C. 公司老板召开非正式的提意见座谈会

D. 生产主管向一线管理者下达生产任务

8. 领导理论发展的最早阶段是（　　）。

A. 领导模糊理论阶段　　B. 领导特质理论阶段

C. 领导行为理论阶段　　D. 领导权变理论阶段

二、问答题

1. 何谓心智模式？如何改善管理者心智模式？
2. 比较几种常用管理风格的优缺点及适用管理情境。
3. 简述企业人本管理的特点。
4. 现代创业企业要树立什么样的经营管理理念？
5. 管理者如何推进人际沟通的改进？

参考文献

[1] 陈德智. 创业管理［M］. 北京：清华大学出版社，2001.

[2] 温志宏. 中小企业创业与管理：上册［M］. 武汉：华中科技大学出版社，2004.

[3] 陈文彬，吴恒春. 创业实务教程［M］. 广州：暨南大学出版社，2010.

[4] 贺尊. 创业学概论［M］. 北京：中国人民大学出版社，2011.

[5] 郑石明. 商业模式变革［M］. 广州：广东经济出版社，2009.

[6] 曾楚红，朱仁宏，李孔岳. 基于价值链理论的商业模式分类及其演化规律［J］. 财经科学，2008（6）：102－110.

[7] 原磊. 商业模式体系重构［J］. 中国工业经济，2007（6）：70－78.

[8] 李国光. 企业改制司法解释条文精释及案例解析［M］. 北京：人民法院出版社，2003.

[9] 孙淑英. 公司概论［M］. 北京：北京交通大学出版社，2008.

[10] 高程德. 现代公司理论［M］. 北京：北京大学出版社，2000.

[11] 魏建. 管理层收购的成功之路［M］. 北京：人民出版社，2005.

[12] 王吉鹏. 集团管控［M］. 北京：中国发展出版社，2006.

[13] 里娃·莱森斯基，高建. 创业宝典：未来企业家之路［M］. 4 版. 北京：清华大学出版社，2011.

[14] 盖伊·川崎（Guy Kawasaki）. 创业的现实：另类创业百科［M］. 李亦敏，译. 北京：中信出版社，2010.

[15] 杰弗里·蒂蒙斯，小斯蒂芬·斯皮内利. 创业学［M］. 周伟民，吕长春，译. 6 版. 北京：人民邮电出版社，2005.

[16] 吴瑕. 融资谈判需要掌握哪些策略［J］. 国际融资，2010（4）.

[17] 李文中. 创业管理：案例分析·经验借鉴·自我评估［M］. 北京：化学工业出版社，2011.

[18] 肖怡. 零售学［M］. 北京：高等教育出版社，2007.

[19] 杭忠东. 超市经营与管理［M］. 北京：中国商业出版社，2006.

[20] 曹富莲，李学荟. 连锁门店开发与设计［M］. 大连：大连理工出版社，2009.

[21]（美）杰斯汀·G，隆内克. 小企业管理［M］.《小企业管理》翻译组，译. 大连：东北财经大学出版社，2000.

[22]（美）阿玛尔. 毕海德（Amar V. Bhide）. 新企业的起源与演进［M］. 魏如山，马志英，译. 北京：中国人民大学出版社，2004.

[23] 阿玛尔，毕海德，等. 创业精神［M］. 北京：中国人民大学出版社，2000.

[24] 杰弗里·蒂蒙斯. 快速成长［M］. 周伟民，钱敏，译. 北京：华夏出版社，2002.

[25] 林汉川，邱红. 中小企业管理教程［M］. 上海：上海财经大学出版社，2006.

[26] 陈晓红，吴运迪. 创业与中小企业管理［M］. 北京：清华大学出版社，2009.

[27] 张玉利. 创业管理［M］. 北京：机械工业出版社，2008.

[28] 张海. 团队为赢［M］. 北京：中华工商联合出版社，2007.

[29] 黄丽霞. 财务管理问答与实例［M］. 广州：广东经济出版社，2005.

[30] 苏宁. 中小企业财务管理［M］. 北京：劳动社会保障出版社，2003.

[31] 唐平. 市场营销与技巧［M］. 北京：中国建材工业出版社，2003.

[32] 文岗. 创业管理人［M］. 北京：石油工业出版社，2000.

[33] 李时椿，常建坤. 创业与创新管理［M］. 南京：南京大学出版社，2008.

[34] 吕宏程．中小企业管理［M］．北京：北京大学出版社，2008.
[35] 张光辉，张日新．创业管理概论［M］．大连：东北财经大学出版社，2006.
[36] 程水源．创业理论与实践［M］．北京：中国科学技术出版社，2007.
[37] 张春景，魏劲松．挽救败局：企业危机运营［M］．北京：经济日报出版社，2002.
[38] 卢旭东．创业学概论［M］．杭州：浙江大学出版社，2002.
[39] 张勇．现代企业生命力：现代企业生命周期论［M］．北京：机械工业出版社，2007.
[40] 彭保红，董玲敏．为节税变更企业性质的失败筹划方案［J］．财务与会计，2010（8）.
[41] 肖太寿．新营业税暂行条例下四大筹划技巧［J］．财务与会计，2010（9）.
[42] 李嘉倩，王学戏．浅析企业财务风险的成因及防范对策——基于德隆集团的案例分析［J］．学术论坛，2009（4）.
[43] 刘晓斌，王晓波．非财务人员财务知识读本［M］．北京：中国纺织出版社，2005.
[44] 付刚，钱亚玲．中小企业财务管理工具箱［M］．北京：中国纺织出版社，2008.
[45] 朱乃平．中达股份财务危机案例剖析［J］．中华会计网校（www. chinaacc. com），2009－10－28.
[46] 彭保红，董玲敏．变更企业为节税 因小失大真后悔［J］．财务与会计，2010（12）.
[47] 主要网站：www. chinaqking. com（期刊门户－中国期刊网）、中华会计网校（www. chinaacc. com）、Baidu 百科、Baidu 文库、MBAJYZ. cn（MBA 加油站）、78. CN（创业商机网）、中小企业网、世界经理人网、阿里巴巴管理真经、慧聪网、中国人力资源管理网、财经书架网、温州网－温州商报、世界创业实验室、青年创业网 www. qncye. com、创业计划书 www. cyplan. cn 等.